임진왜란과 전라좌의병

임진왜란과 전라좌의병

임진왜란사연구회 엮음

보고사

책머리에

이 책은 임진왜란사연구회의 이름으로 나온 세 번째의 연구물이다. 첫 번째는 2007년 11월 9일 '임란의병장 고경명의 재조명'이란 주제의 학술행사(전쟁기념관)를 주선한 후, 이와 관련된 기존의 연구논문들을 모아 체계화하고 유관사료들을 함께 묶어서 『고경명의 의병운동』(국립진주박물관, 2008)을 펴냈었다. 그리고 2008년 11월에는 순천대학교 70주년기념관에서 '임진왜란사연구 백년기념학술발표회'를 개최하여 『임진왜란사 연구의 새로운 과제』란 제목의 작은 논문집을 발간하였다. 여기에는 이장희, 정구복, 장학근, 조원래 등이 쓴 네 편의 논문을 실었다.

본서가 계획된 것은 3년 전이었다. 2009년 말쯤 전라좌의병의 기병지인 전남 보성에서 임란의병에 대한 학술발표회를 갖자는 논의가 있었다. 당시 우리 연구회 측에서는 단순한 학술행사 이전에 충분한 시간을 갖고 연구논문을 집필하되, 경상우도에서의 전황과 영남의병의 동향이 반영된 연구를 통하여 단행본을 출간하기로 합의하였다. 그로부터 3년간에 걸쳐 6인의 논문을 모아 임진왜란사연구회의 이름으로 이 책을 내놓았다.

이 책에서는 임진왜란 초기에 있어서 호남의병의 활동양상과 의병운동의 성격을 검토한 다음, 전라좌의병의 성군기반에 관련하여 의병지도층의 사회적 배경에 대한 문제부터 서술하였다. 임란 의병관계사료가 가장 풍부하게 수록된 『난중잡록』을 사료적 측면에서 분석하기도 하였다. 아울러 임진란 시 경상우도에서 전개된 의병운동 전반에 대하여 고찰하는 한편, 그 가운데 원거리에 부원하여 뚜렷한 전과를 세운 전라좌·우의병의 활약상과 그 의미에 대해서도 논급하였다. 또한 개전 초부터 경상우도를 장악하여 소굴을 이루었던 일본군 주력부대의 동향과 현지의 전세에 관해서도 서술하였다. 이와 함께 역점을 두어 밝힌 부분은 의병장 임계영의 활동성향과 전라좌의병의 역할에 대해서였다. 전라우의병과 연합전선을 이루어 경상우도에서 펼친 전라좌의병의 활동은 임진왜란 7년전쟁을 통하여 확인되는 대표적인 타도 구원의 의병 사례였다. 특히 임진년 12월의 성주전투에서 세운 전라좌의병의 전과는 성주 개령지역을 수복함으로써 전세 반전의 계기를 마련했던 것이다.

본서는 논문 이외에 연구자들을 위해 관련 사료를 수집, 먼저 그에 대한 해제를 실은 후 그 자료들을 체계적으로 정리하여 뒤에 붙였다. 이 작업은 본 연구회의 책임을 맡고 있는 조원래 교수가 담당하였다. 이에 쏟은 학문적 노고에 감사드린다. 그리고 값진 논문을 깊이 있게 써주신 집필자 여러분에게 깊은 감사를 드리며, 『삼도실기』를 포함하여 문중의 여러 가지 자료들을 제공해주신 전라좌의병기념사업회 임행모 사무국장께도 심심한 감사를 드린다.

의병사 연구의 목적은 단순히 의병장 개인의 업적을 밝히는 데 있지 않다. 이는 자료상 어쩔 수 없는 것이다. 의병장 뒤에서 그를 따라 목숨을 바친 무명의 용사들과 군량을 조달해준 이름 모를 사람들이 있었기에 의병활동이 가능했음을 독자들은 이해해주시기 바란다. 이 책을 통하여 독자 여러분의 임진왜란에 대한 이해의 깊이가 더해진다면 다행이겠다. 나아가서 임진왜란사 연구 또한 더욱 심화되기를 기대하며, 잘못된 부분에 대해서도 질정해주기를 바란다.

2011년 12월

임진왜란사연구회 명예회장 정구복 씀

차례

임진왜란 초기 호남의병의 봉기와 활동양상

송정현[*]

I. 서론

임진왜란이 발발하자 위정자들은 어떤 대책을 강구해야 좋은 것인지 알지 못했다. 막연히 현지 관군이 왜군을 방어할 것으로 기대하고 있었으나 관군은 항전다운 전투를 하지 못했을 뿐 아니라 망풍붕괴 하는 극악의 상황에 이르렀다. 왜군이 부산에 상륙하여 불과 한 달 만에 우리 국토는 서해안 일대를 제외하고 모두 왜군에게 유린되는 참상을 갖게 되었다. 초기의 대왜전에서 우리가 일방적으로 당했던 것은 다음 몇 가지 원인으로 요약된다.

첫째는 정치기강의 해이와 경제·사회질서의 문란, 둘째는 위정자 상호간의 당리당략에 의하여 국방에 소홀한 점, 셋째 왜군은 잘 훈련되고 신무기인 조총을 사용한 반면 우리는 재래식 무기인 궁시弓矢를 주무기로 사용하였다는 점이다. 그리고 무엇보다도 지배자층의 계속된 학정으로 하여 민심이 이반되었다는 점에서 외침이 아니더라도 불길한 징조가 상존하고 있었던 것이다.

---

* 전남대학교 명예교수.

우리 역사에서 외침外侵이 있을 때는 언제나 관군이 전쟁을 수행하였다. 그러나 임진왜란의 초기에 보인 관군의 연전연패에 자극받아 각 지방에서 많은 의병이 봉기하여 관군과 협동작전을 펴기도 하고 독자적으로 행동하기도 하였다. 호남지방에서는 전라관찰사 이광의 무능으로 관군의 공주해산과 용인패전 등 잠시 군사적인 공백기가 되자 이를 대신하여 김천일, 고경명 등의 의병장이 봉기하여 민심을 안정시키고 대왜전을 전개하게 된다.

조정에서 관군의 보강을 위하여 각 지방에 관리를 파견하여 모병에 힘썼으나 조정의 위령으로서도 징모徵募가 어려운 상태에서 내부로부터 의병이 조직되고 향토에서 왜적을 물리쳤다. 의병장의 대부분은 전직관리였거나 관료예비군으로서 그들은 향촌에 튼튼한 세력기반이 있었다. 호남지방에서도 나주, 광주 그리고 남원 일원에서 유림기반이 강력한 것으로 보인다.

본고에서는 이러한 관점에서 임진왜란 중의 전라도의병 가운데서도 김천일, 고경명, 임계영, 최경회 등 주로 임진년에 봉기했던 의병장 중심의 의병활동과 그들의 역할에 대하여 살펴보고자 한다.

Ⅱ. 난초亂初의 실정과 호남지방의 동태

선조 25년(1592) 4월 13일, 왜군은 치밀한 계획 하에 약 20만의 병력으로 부산에 침입하였다. 부산진에 침입한 왜군은 14일에 동래를 함락시켰으며 계속 서울을 향하여 북진을 계속하고 있었다. 이러한 경상도 관찰사의 보고를 받은 조정은 어떤 조치를 취해야 하는지 망연자실하였고 백성들은 놀라서 동요를 일으키고 있었다.[1]

---

1)『선조실록』권19, 선조 18년, 경오.

경상도 관찰사는 보고에서 왜적의 병력이 50만 명이라 하였으나 유
언비어는 100만 명이라 부풀어져 왜적이 거침없이 경상도를 휩쓸고 북
진을 하였음으로 유언비어가 사실처럼 믿어졌다.

부산첨사 정발과 동래부사 송상현 등 극히 소수의 관리가 용감히 싸
워 순국한 예가 있으나 대부분의 관리가 왜적이 부산에 침노하였다는
소식을 듣고 성을 버리고 도주하기에 바빴다. 경상병사 이각李珏은 동
래부사 송상현의 만류를 뿌리치고 도주하였으며, 경상좌수사 박홍朴
泓, 경상좌병사 조대곤曹大坤, 밀양부사 박진朴晉 등도 도주하는데 예외
가 아니었다. 또한 경상우수사 원균元均은 군영을 불사르고 해상으로
나가 자기가 타고있던 배만 지키는 형편이었다. 이와 같이 관리들의
도주는 왜군이 신무기인 조총의 위력에 놀라기도 하였지만 평소에 가
렴주구로 백성의 원망의 대상이었기에 백성들의 불온한 움직임에 불안
하였기 때문이다.

왜적의 침략을 받지 않았던 전라도에서는 관군의 동원에 시간적 여
유가 있음에도 불구하고 전라도 관찰사 이광李洸은 아무런 조치를 취
하지 않았다.[2] 그러다가 조종에서 근왕병을 일이키어 적을 치라는 교
지를 받고 각 고을에 관군동원령을 내렸다. 각지의 수령들은 할당된
군대수를 채우느라 노약자나 연소자까지 황급히 모았다. 이러한 오합
지졸은 기일을 어기지 않으려고 주야겸행晝夜兼行의 강행군을 계속하
였기 때문에 고통에 견디지 못하고 탈주자가 발생하였다. 이광은 이러
한 상태의 관군을 인솔하여 여러 가지 구실로 행군을 지연시키다가 공
주公州에 이르러 왕께서 서울을 버렸다는 소식을 듣고 휘하 관군을 해
산시켰다. 이러한 부당한 군의 해산명령을 해괴하게 생각하지 않은 사
람이 없었고, 여러 수령이 그 잘못을 지적했으나 이광은 듣지 않았다.

---

2) 李洸이 羅州에 있었을 때 광주목사 丁允祐가 勤王을 권했으나 듣지 않았다. (『月坡
集』 권3, 일기, 4월 25일)

군사들은 해산하면서 욕 소리와 함께 이광은 근왕에 뜻이 없었고 우리들을 수고롭게 하기위하여 군사 행동을 일으켰다고 원망하였다.[3]

조정에서는 교리校理 심대沈岱를 특파하여 이광을 엄중이 문책하고 즉시 재차 근왕병의 동원을 명령하였다. 이와 거의 때를 같이하여 전前 북청판관이었던 백광언白光彦이 같은 향리의 군사를 이끌고 와서 근왕을 요구하였다. 조정의 재기병 요구와 주변의 권유에 이광은 어쩔 수 없이 관군의 동원령을 내리게 되었다. 그러나 제2차의 관군동원은 쉽지 않았다. 왜냐하면 전번의 공주까지의 행군에 고통을 경험하였던 관군이 이에 응하기를 꺼렸다. 이 관군 중에 옥과, 순창의 관군이 형대원邢大元과 조인趙仁을 두목으로 삼아 순창의 관사를 불 지르고 감옥을 파괴하기도 하였다.[4]

이광은 군율이 잘 시행되지도 않고 무질서한 4만 여의 관군을 둘로 나누어 2만 명은 자신이 인솔하고 나머지는 방어사 곽영郭嶸에게 맡기어 북상을 시작하였다. 이와 때를 같이하여 충청순찰사 윤선각尹先覺은 8천여 명, 경상순찰사 김수金睟도 백여 명의 기간병을 인솔하여 이광군에 온양溫陽에서 합류하였다. 3도의 연합군은 북상을 시작하여 충청군은 수원水原으로 직행하고 전라군은 수원과 용인의 중간을 택하여 북상키로 하였다. 전라도군은 삼도연합군의 중심이었던 만큼 군인수에서 압도적이었고 기계와 군자 치중이 넉넉하여 이 행군의 소문을 듣게 된 원근의 백성들은 미친 듯이 기뻐하였다.

당시 왜군은 와키자카 야스하루脇坂安治가 1천 6백의 군대를 1천 명은 서울에, 6백 명을 용인에 배치하고 있었다. 6월 4일 이광은 소수의 왜군을 공격하여 약간의 승리를 거두었으나 서울에서 구원군을 이끌고

---

3) 『제봉집』, 『정기록』, 『여재상서』.
4) 『선조수정실록』 권26, 선조 25년 5월.

온 와키자카 야스하루脇坂安治의 주력군의 기습으로 이광의 대군이 스스로 무너져 버렸다. 이 관군의 붕괴과정에서 이광은 교서와 인신까지 버렸고 막대한 양의 도검, 의복, 군량과 기재 등이 유기되었다. 이광은 겨우 약간의 잔병과 함께 전주로 돌아갔고 권율은 광주로, 이경복은 나주로 내려갔다. 또한 충청군을 인솔한 윤선각은 한번도 싸우지 못한 채 공주로, 경상도순찰사 김수도 경상도로 철수하였다. 조정에서나 하삼도 백성들의 기대를 저버리고 관군이 스스로 무너졌다는 소식은 믿기 어려운 일이었고, 그만큼 큰 불안을 호남지방에 끼쳤던 것이다.

호남지방에서 제1차의 관군동원까지는 이 지방의 유력한 인사들이 이에 협조하여 관군의 동원이 비교적 용이하게 이루어졌다. 그러나 제2차 이광의 동원령에는 이광의 무능함이 알려져서 성군이 여의치 않았다. 유력한 인사 중에 김천일金千鎰은 이광이 근왕에 게으른 일을 통렬히 비난하고 고경명에게 서신을 보내 먼저 그의 죄를 다스린 연후에 군대를 북상시키자고 하였으나 고경명이 만류하여 그만 두었다.[5] 이광의 무능을 알고서도 유력한 인사들이 협조하였던 것은 기축옥己丑獄이란 참사가 크게 영향을 미치었다고 생각되어진다.

기축옥이란 정여립鄭汝立의 모반사건에 연루된 인사들의 색출과 처벌을 말한 것으로 이로 인하여 호남지방의 사족과 백성들에 막대한 영향을 끼쳤던 것이다.

> 신(김천일)이 향리에 있을 당시 흉년으로 굶주리는 백성이 조석으로 흩어지려 소동인데 죄인을 잡아 호송하여, 끌려가는 죄인의 원망하는 소리가 도로에 가득하여 귀로 차마 들을 수가 없었다.
> … 중략 …
> 남민의 소요는 날로 심해지고 연좌죄인이 넘쳐나서 다른 고을의 감옥까

---

5) 『연려실기술』, 「임진의병」, 김천일.

지 가득했다. 죄인을 체포하려는 군졸이 원근의 길에 가득하니 추운 계절
에 옥중에서 얼어죽은 많은 사람의 원한과 로상에서 굶어죽은 사람이 길
을 메우고 있으니 나라의 무너짐의 근심이 극에 달했다.[6]

이 기록에서 보인 바와 같이 호남일대는 왜군의 침입에 앞서 정여립
사건으로 어수선하여 사족 상호간의 불신과 불안으로 위축되어 있었
다. 그러기에 고경명이나 김천일 같은 우국지사가 관군의 무능을 비판
하고 의병을 일으키려는 생각을 지니고 있었다 하더라도 이광에게 협
력하지 않을 수가 없었던 것이다.

죄에 관계되는 사람들의 엄중한 행벌이 성화같아 어리석은 백성들은
그 참혹한 화가 연좌죄에 이르니 앞 다투어 도주하여 많은 마을이 무인
지경이 되고 곤궁한 백성이 흩어질 때 왕을 욕하고 원망한 소리가 구천
에 사무쳤다.[7]

이러한 전라도에서 사족들은 자기 보신에 타를 돌아 볼 겨를이 없었
고, 그 위에 사사로이 의병을 모집한다는 것은 왜구가 침입한 비상시
라 할지라도 반역죄에 해당하기에 쉽게 행동으로 옮기기 어려웠다. 고
경명이 의병을 모집하자 이광 등의 관리가 의병에 응모하려는 사람의
처자를 구금하기도 하였다.[8] 남원부사와 관계가 밀접했던 양대박이
무기고의 무기를 점검하고 새롭게 무기를 재조하려하자 판관 노종령이
조정에서 군대동원에 대한 하등의 조치가 없다는 이유로 반대하기도
하였다.

조정에서는 이와 같은 사정을 감안하여 정여립의 연좌인에 대한 대

6) 『대동야승』, 「혼정편록」5.
7) 위의 책, 8.
8) 『정기록』, 「여재상서」.

사면을 내림과 동시에 소모의병의 봉기를 촉구하고자 8도에 사신을 급파하였다.[9] 조정의 이 조치는 전라에서 의병의 봉기를 촉구하는데 결정적인 영향을 미쳤다. 의병장으로서는 조정과의 관계를 가지게 되어 그들의 위신을 높이고 또 직함까지 부여되니 의병장은 고무되었던 것이다. 민중으로서도 믿지 못할 관군의 장수에 이끌리어 전선을 전전하기보다, 믿을 수 있는 의병장을 선택하여 동향인끼리 서로 의지하게 될 것이기 때문이다.

Ⅲ. 호남의병의 봉기양상

호남에서 창의를 부르짖고 격문을 작성하여 의병진에 참가를 호소하였던 사람은 유팽로柳彭老가 처음이었다.

임진 5월 2일 유팽로는 도내 열읍의 수령과 사민에게 알린다. …중략… 의기 하에 붓을 놓고 혹은 농구를 버리고 모일 것이며 또 수레에 양식을 싣고 오기 바란다. 아버지는 아들을, 형은 동생에 권하여 의군을 결성하여 선비는 의병장이 되고, 백성은 병졸이 되어 더욱 예기를 떨쳐야 한다.[10]

유팽로의 격문에 호응하여 전라도에서 의병을 일으킨 사람은 없다. 유팽로는 서울에서 고향으로 내려오다가 순창의 대동산에서 여러 읍의 불량배가 국난을 좋은 기회로 여겨 반란을 모의함을 목격하고 이들을 의병으로 변신시켰던 것이다.[11] 이러한 사례는 극단적인 행동으로 나온 민중의 양태이기는 하나 행동으로 나오지 않은 여타 지역의 민중들

---

9) 『선조수정실록』 권26, 선조 25년 5월.
10) 유팽로, 『월파집』, 「격도내문」.
11) 위의 책, 권3, 「임진일기」, 4월 20일.

도 관에 결코 호의적이지는 않았다. 유팽로는 500여 명의 불량배를 거느리고 옥과현에 이르러 유진시키고 있었으나 관군과 협력하여 북상할 생각도 없었고, 할 수도 없었다. 왜냐하면 그들은 불량배였지 왜적과 싸울 수 있는 의병이 아니어서 무기도 없었고, 훈련도 되어있지 않았기 때문이다.

유팽로는 하는 수 없이 전라좌도를 대상으로 유력인사를 직접 방문하였다. 그가 5월 5일 동복에 이르러 정암수를 만나 후일을 기약했고 7일 화순에서 최경회를 만나 의병봉기를 의논코자 하였으나 부재여서 뜻을 이루지 못하고 그의 자질에게 의병을 일으키도록 권장하였다. 다시 광주로 달려가 김덕령을 찾아 왜적 토벌의 방략을 문의하고 함께 왜적토멸을 기약하려 했으나, 노모를 이유로 사양하였기에 뜻을 이루지 못했다. 그는 다시 창평의 서봉사의 승려인 영규靈圭를 찾았으나 헛된 걸음이 되었고, 전 부사 정종명鄭宗溟, 전 현감 조효원趙孝元, 문관 등과 시사를 의논하였다. 그가 진원을 거쳐 정읍 임실을 지나 남원에 도착하였을 때는 양대박梁大樸이 창의소를 설치하고 의병을 모집 중에 있었다. 유팽로가 전라좌도에서 의병장으로 기대하였거나 점찍은 인사는 대략 위에 열거한 인사들이였으나 즉시 기병에 동의를 얻지 못했던 것이다.

한편 전라우도에서는 김천일이 의병을 일으켰다. 김천일은 거의함에 있어 다음과 같이 그 이유를 설명하였다.

국난을 당하여 왕은 서울에서 북쪽으로 옮기었다. 우리는 대대의 신하로서 어찌 숨어서 생명을 보존할 것인가. 나는 의군을 일으켜 국난에 달려가고자 한다. 강적을 무찌르지 못하면 죽음이 있을 뿐이다.12)

---

12)『대동야승』,「재조번방지」, 임진 6월조.

김천일의 의거에 호응하여 나주 공관에 참석한 인사는 송제민宋濟民을 위시하여 양산룡梁山龍, 양산숙梁山璹, 임환林懽, 이광주李光宙, 서정후徐廷厚 등이다. 이들은 김천일의 의거의 뜻에 창동하여 의병군의 형성을 이루었다. 이 의병군은 전라우도를 대표한 것이지만 나주를 주변으로 이루어져서 규모는 3~4백 명에 소수 부대였다.

김천일이 의병장으로 추대된 것은 모임에 참석한 인사 중 그와 의병장을 겨룰만한 사람이 없었기 때문이다. 이와 같이 그는 군말 없이 의병장에 추대되어 의병 4백 명과 군량, 전마를 확보한 뒤에 의병군을 정비하고 바로 북상을 개시하여 서울의 회복에 제1차의 목적을 이루었다. 그런데 김천일이 전라우도의 광범위한 지역의 의병규합에 노력함이 없이 독자적으로 북상을 서둘렀는지는 알 길이 없다. 이에 대하여 『정기록』과 『난중잡록』에 다음과 같은 기록이 보인다.

> 김천일은 영공(고경명)과 의병을 일으키기를 약속하였으나 그 군사는 다만 나주 한 고을에서만 징발되었기 때문에 먼저 출발하게 된 것이오. 가친은 몸소 다니며 여러 고을 군사를 수습하였기 때문에 맨 뒤에 출발하게 되었던 것입니다.[13]

위의 기록에 있는 바와 같이 김천일과 고경명 사이에는 아무런 대립도 없는 사이인데 상의도 없이 먼저 기병하였다면, 위에 든 것이 이유가 됨직하다. 그런데 필자의 억측이지만 기병의 선후는 두 사람의 성격차이에서 온 것이라 생각된다. 김천일이 이광의 실책을 규탄하고 실력행사를 하려고 한 것을 보더라도 그 성격이 강직하고, 모든 일에 적극적인 일면을 보인다. 이에 반해 고경명은 친지와 가족의 충고에 의하여 기병이 늦어지기도 하였다.[14]

---

13) 『정기록』 별지, 「난중잡록」, 임진 7월.

고경명도 의병군을 모집하기 위하여 다음과 같은 격문을 도내의 각 읍에 보냈다.

> 백 년 동안 길러 놓은 백성들 가운데 어찌 한 사람의 의기 남자가 없다는 말인가. … 남조에 사람다운 사람이 없다는 비방은 진실로 통탄할 일이다. … 우리 여러 고을의 수령이나 사민은 어찌 충성함과 임금을 잊을 것인가. 의로서 국가를 위하여 마땅히 죽을 때이다. 모든 사람들은 병기로서 혹은 군량을 바쳐서 도와야 한다.[15]

여기에서 고경명은 스스로 의병장과 행부호군行副護軍을 일컫고 각 읍의 수령과 모든 민중의 궐기를 촉구하였다. 그가 행부호군을 내세운 것은 지방관과의 있을지도 모르는 알력을 피하고 또 공적인 군대라는 인식을 민중에게 알림으로써 그들이 주저함이 없이 의병진에 참가하도록 하기 위함이라고 보여 진다.

고경명의 의병군에 합류한 양대박은 남원에서 제1차 이광의 관군동원에 적극 협조하였다. 그러나 이광에 기대할 것이 없다고 보고 남원의 광한루에 의병청을 설치하고 짧은 시일에 3천의 의병을 모집하고 훈련을 거듭하고 있었다. 그는 아들 경우에게 무기의 제조를 맡겨 무기장인 6·7명을 찾아내어 창극, 검 등을 제조하게 하였다. 양대박이 단시일 내에 3천의 의병을 모집하였던 것은 부사의 적극적인 협조가 있었지만 그보다 그가 고위관리가 아니었으나 학식이 높은 인격자였고 그 위에 호남에서 제일가는 재산가였기 때문이다. 그는 이 막대한 재

---

14) 격문이 완성되었으나 여러 친구들은 응하지 아니하며 말하기를, 본 도의 관군 사기도 온전하니 싸우는 데는 군사가 모자랄 염려가 없으며 서로 좋아하지 않은 자가 혹시 군사 일으킨 것을 가지고 모함하면 어찌하랴 하며 우리 가족도 이르기를 격문만 띠었으나 호응하지 않으면 유익함이 없고 도리어 해가 있을 것입니다.
   (위의 책, 임진 7월.)
15) 『대동야승』, 「재조번방지」, 임진 6월.

산을 아낌없이 의병의 결집에 사용하였다.16)

이러한 고경명과 양대박의 의병군이 담양에서 합류한 것은 6월 7일이었고, 8일에는 추성관에서 회맹하여 고경명을 의병대장에 추대하고 좌부장에 유팽로, 우부장에 양대박, 종사관 안영이 결정되었다. 그런데 의병대장의 추대과정에서 남원군사가 불만을 품고 소란을 일으켰다.

> 남원에서 온 의병들은 양대박이 대장이 되지 못하자 불평하고 모인 자리에서 떠나려 하자 양대박은 단상에 올라 칼로 단을 치며 "대사는 이미 결정되었는데 무슨 이의가 있는가. 우리 3인은 동심일체인데 너희들 역시 한 몸으로 받들어 시행함이 오늘의 동맹의 의로움이 아니겠는가."라고 일갈하자 일군이 이에 복종하여 다시는 소란을 일으키지 않았다.17)

여기에서 우리는 의병장의 요건으로 병사에 뛰어난 지식이나 용맹성이 아니고 관직의 높고 낮음, 연령 등이 고려되었던 것으로 여겨진다. 양대박은 고경명보다 10여 살 연하였고 관직 또한 비교가 되지 못하여 용맹함과 재산 등이 월등하였으나 이는 참고함에 불과했던 것이다. 김천일, 고경명, 양대박 같은 향촌에 잘 알려지고 영향력을 행사하는 의병장의 모병에는 어려움 없이 순조로이 이루어지고 또 관에서 무기나 식량의 원조도 받았다. 그러나 향촌에 기반이 없는 하급관리나 유생들은 어려움이 많았다.

임계영任啓英이 보성에서 의병을 일으키고자 격문을 각지에 보냈는데 그 일부에 다음과 같은 기술이 있다.

> 듣는 바와 같이 처음 거의의 격문이 오자 본 읍내서는 물리치려고 하는

---

16) 『양대사마실기』 권1, 「창의종군일기」상, 5월 22일.
17) 『월파집』, 「임진일기」, 6월 8일.

뜻이 있다고 하였으나 믿지 아니하였는데 과연 거짓이 아니었다. 군수의
뜻도 군사람과 한가지로 군수의 부탁이었음을 알겠다. 우리들의 의거는
공적이며 국가를 위한 행동이다. 그런데 이 군에서는 사병시하고 있다. 슬
프다. 이 군의 사람에게는 임금이 없단 말인가[18]

전 현감이었던 임계영은 근왕을 위한 의병의 공적 성격을 강조하고
있다. 그러나 지방관이나 민중이 의병진에 자진 참가를 꺼리고 있다.
군수는 관군의 충실을 위하여 모병이 필요했을 것이고, 민중은 관군의
징집에도 응하기를 꺼려하고 있는 실정인데 의병진에 자진참가는 더욱
당혹감을 가지고 있었을 것이다. 이런 처지의 임계영에 고을 유지가
읍중의 자제와 산망의 병사 등 2백 명을 거느리고 왔으며 장흥부에서
도 2백 명이 응모해 왔다. 여기에 개별적으로 응모한 수를 합하니 천
여 명이 되었음으로 마침내 의병군의 성군이 가능하였다. 최경회 의병
장은 초기 의병장인 고경명의 의병진에 참가하기를 권유받았으나 그는
상중에 있었고 건강이 좋지 않았기 때문에 후일을 기약했다. 그러던
그가 기병을 결심한 것은 고경명군의 금산패전이었다. 최경회는 금산
전에 패퇴한 군사들을 모으고, 화순을 중심으로 의병을 모집하여 의병
진용을 갖춘 것은 7월 26일이었다. 의병장 최경회, 전 부장(판관) 송대
창宋大昌, 좌부장(군수) 고득뢰高得賚, 후부장(현감) 허일許鎰, 우부장(경
력) 권극평權克平, 참모(진사) 문홍헌文弘獻 등이었다. 이와 같이 진용을
갖추고 약 8백의 의병군을 형성하였다. 9월 22일에 전라좌도의 의병군
인 임계영군과 전라우도 의병군인 최경회군이 남원에서 합류하였다.
장성에서 의병군의 기의起義과정을 상세하게 전해주는 기록으로 『오
산창의록』이 있다. 현군수 이귀李貴와 김경수金景壽 등이 장성 남문에
의병청을 설치한 것은 7월 19일이었다. 그리고 도내 여러 고을에 격문

---

18) 『난중잡록』 권2, 임진 8월.

을 보내고 의병규합에 노력하였으나 창의군의 결진은 11월 19일의 4개월의 시일이 소요되었다. 천여 명의 의병을 모으는데 4개월의 시일이 소요되었던 것은 순창, 고창, 부안, 정읍, 남원, 장성, 함평, 무안 등 광범위한 지방을 망라하였기 때문이다.

Ⅳ. 호남의병의 활동과 쇠퇴

호남의 의병군이 봉기하여 최초로 의병군만의 전투에서 왜군에 승리를 거둔 것은 운암전투였다. 무주에 있던 왜군이 영남으로 이동하리라는 정보를 접한 양대박은 6월 24일 1,450명의 의병을 이끌고 남원을 출발하여 전주에 이르러 초토사 고경명의 의병군과 합류하고자 북상하였다. 그런데 양대박의 의병군이 임실의 갈담역에서 진을 치고 있을 때 왜군이 운암에 진을 치고 있다는 민간인의 제보를 받았다. 이 적군은 고바야카와 다카카게小早川隆景가 이끄는 1만 명의 군대였다.

양대박의 의병군은 이 왜군을 무찌르고자 운암을 향하여 행군 중 척후병으로부터 적병이 운암장곡에 있음이 확인되었다. 이에 양대박은 의병군을 둘로 나누어 일군은 적의 정면에서 공격하게 하고 다른 군은 사잇길을 택하여 산에 매복하고 있다가 전투가 시작되면 좌우에서 협공하도록 명령하였다. 이리하여 적을 전방과 좌·우 후방에서 일제히 공격하니 적은 불의의 기습에 괴멸상태에 빠지고 도주하기에 바빴다. 이 전투에서 양대박의 의용군은 천여 명의 적을 죽이고 다수의 무기를 얻었을 뿐 아니라 포로로 잡혀있던 김수현 외 남녀 수백 명을 석방하였다. 이 전투로 양대박의 의병군은 적은 병력으로 일만 대군의 왜군을 패퇴시켜 전라도에 침입하려던 의도를 꺾어 버렸다. 양대박의 의병군은 6월 26일 전주에 이르렀고 초토사 고경명의 의병군과 합류하고자 북상을 계속한다. 그러나 양대박은 그간의 과로로 28일에 발병하여 7월 7일에 운명하니 50세의 아까운 나이였다.

호남 최대인 고경명이 이끄는 의병군이 담양을 출발한 것은 6월 11일이었다. 의병군이 태인을 거쳐 전주에 이르고 여기서 남원의 의병군과 합세하여 북상을 계속하였다. 초토사 고경명이 이끄는 의병군의 사기는 왕성하여 오희문吳希文은 과거의 관군에 비교할 바가 아니라고 말하고, 소수의 병력으로 왜적에 대항할 수 있으리라 믿으면서도 군량의 미비에다 의병장이 모두 유학자여서 군사지식이 부족한데다가 무기가 열악하여 성공을 의심하였다.[19] 이러한 지적은 의병군의 약점을 정확하게 본 것이다.

초토사 고경명의 의병군이 여산에 이르렀을 때 적장 고바야카와 다카카게는 7월 8일 이치에서 권율의 관군에 패퇴하여 금산으로 도주하였다. 초토사 고경명의 의병군은 근왕을 위하여 북상할 것인가 아니면 호남을 엿보는 금산의 적을 먼저 칠 것인가에 대하여 의논하였다. 이 회의에서 금산의 적을 치자는 의견으로 의병군은 은진을 거쳐 7월 1일 연산에 이르러 진을 치고 충청도 의병장 조헌에 서신을 보내 합세하여 금산의 적을 치기로 약속하였다.

고경명의 의병군은 7월 9일 금산에 진출하고 금산성을 공격하였다. 의병군은 성문을 파괴하려고 진천뢰를 사용하는 등의 필사적인 공격을 종일토록 멈추지 않았다. 그런데 방어사 곽영은 적이 웅거한 토성이 매우 견고하여 함락하기가 힘들고 또 우리 측의 사상자가 많음을 겁내어 공격을 중지하고 본진으로 돌아가 버렸다. 다음날 적은 전병력으로 관군이 취약함을 알고 집중적으로 공격하자 방어사 곽영군이 무너지고 영암군수 김성헌이 도주하였다. 적은 이어 관군인 광주진과 흥덕진에

---

19) 오희문, 『쇄미록』 1, 「임진남행록」.

침입하니 관군진은 연쇄적으로 흩어지고 말았다. 관군진이 무너졌다는 소식은 삽시간에 전군에 퍼져 고경명군도 동요를 일으켜 혼란에 빠지고 초토사 고경명을 비롯하여 유팽로, 안영, 고인후 등이 전사했고 6천의 의병군도 흩어져버렸다. 이로서 호남 최대 의병은 빛나는 전공을 세우지도 못하고 쓰러지고 말았다.

창의사 김천일의 의병부대는 북상의 도중에 이광의 용인패전 소식을 들었다. 이 패전소식에 의병군이 동요를 일으키자 김천일은 부하들을 달래어 사기를 높이고 패전으로 흩어지는 잔병을 수용하여 의병군을 증강시켰다. 또한 충청도 의병장 조헌과 소구책을 상의하기도 하였다. 그 후 최원崔遠의 관군과 협력하여 왜적과 싸우면서 강화도에 들어갔다. 창의사 김천일의 의병군이 북상하면서 두드러지게 전과를 올린 것은 없다. 그러나 그의 의병군이 경기도에 이르렀다고 전해지자 도망갔던 관리가 돌아오고 불안해하던 백성들에게 용기를 주어 왜적에 대한 항전의식을 고양시켰다.

당시 서울은 왜군의 최대 거점이었는데 창의사 김천일은 결사대를 지도하여 서울에 잠입시키고 항왜의식의 고취와 왜적의 살해로 상당한 성과를 올렸던 것이다.[20] 이와 같이 창의사 김천일의 의병군은 정면전을 펴지 않고 '게릴라'전법을 구사하며 적의 후방교란책과 민심의 안정에 기여하였으니 전라도, 충청도, 경기일원까지 그 영향은 적지 않았던 것이다. 이후 김천일의 의병군은 패퇴하여 남으로 물러나는 왜군을 쫓아 경상도에 이르러 활동을 계속한다.

한편 전라좌의병장 임계영군과 전라우의병장 최경회군이 장수로부터 남원에 진을 옮긴 것은 임진년 9월 22일이었다. 전라도 의병군이 남원으로의 진출은 다음과 같은 사정이 있었을 것이다. 즉 부산에서

---

20) 『난중잡록』 권2, 임진 11월.

전라도에 이르는 길은 여러 갈래가 있으나 함안, 의령에서 함양과 안의에 이르러 소백산맥의 팔량치와 육십령을 넘어 운봉과 남원 또는 장수와 진안으로 나아가는 것이 지름길이었다. 의병군은 장수에서 전라도에 침입하려는 왜군을 방어함과 동시에 금산 등지의 잔적을 감시하다가 왜군이 경상도로 후퇴함에 적을 쫓아 남원에 진을 쳤을 것이다.

전라좌·우의병군이 남원에 유진하고 있을 때 경상우도 순찰사가 조종도를 보내 원군을 요청하였다. 이때 의병군 중에서 "지금 적군의 기세가 사방으로 뻗치고 있는데 호남지방을 버리고 멀리 경상우도를 구원해야 합니까"라고 반대가 거세었다. 우의병장 최경회는 "호남지방도 우리나라 땅이요 영남지방도 우리 국토다. 의義를 위해 장수가 된 사람이 멀고 가까운 곳을 따라 구원하지 않을 수 있겠는가"라는 말로 부하를 설득시켰다. 그리고 바로 남원을 출발하여 함양과 산음을 거쳐 단성으로 진출하였는데 이는 왜군의 공격목표가 되어 있는 진주를 구원하려는 조치였다.

10월 5일에 시작한 제1차의 진주전은 진주목사 김시민 이하 장병들의 결사항전과 외원군으로서 의병장 곽재우군을 비롯하여 임계영, 최경회, 최강, 이원 등의 군사들, 즉 관·의병군의 합동작전으로 무난히 왜군을 격퇴하였다. 그 후 전라좌·우의병은 개령과 고령방면에서 전전하다가 경상우도 의병군과 협력하여 이듬해 계사년 성주성을 탈환하였다. 다음 해인 계사년 4월에 경상우병사 김면金沔을 대신하여 최경회가 경상도우병사가 되었다. 종래에는 의병장으로 비교적 독자적인 행동을 할 수 있었던 최경회는 상당한 제약을 받게 되었다. 2월에서 5월까지 관군과 의병군은 함안을 중심으로 선산, 의령등지에 포진하고 왜군의 동태를 감시하는 소강상태가 계속되었다. 그러던 중 왜군이 함안을 점령하고 낙동강을 건너 의령을 침략하였다. 바로 이 같은 왜군의 동태는 진주성을 침노하려는 징조였다.

함안 부근에 있었던 관군과 의병군은 진주성의 구원에 관하여 합동회의가 이루어졌다. 그런데 적의 대군을 대적하기 어렵다는 도원수 김명원, 순찰사 권율, 의병장 곽재우와, 죽음을 무릅쓰고 진주성을 지켜야 한다는 창의사 김천일과 경상우병사 최경회, 충청병사 황진 등으로 의견이 갈리었다. 진주성의 입성에 반대하는 대표자인 곽재우는

임기응변을 아는 자는 능히 용병할 수 있고, 지략이 있는 자는 적을 잘 헤아린다. 진실로 용병하면 승리를 취할 수 있고, 적을 알지 못하면 일을 그르치고 만다. 지금 적군이 많고 정예하며 누구도 당할 수 없는 형세인데 3리 밖에 안 되는 진주성으로 어찌 감당해 낼 수 있겠는가. 하물며 전군이 성내에 들어가 버리면 밖에서 호응할 군세가 없을 것이니, 나는 성 밖에 있어 원군이 되고 성중에 들어가지 않겠다. 내 한몸의 사생은 조금도 아까울 것이 없다. 그러나 내 어찌 휘하의 백전군졸을 사지에 내다 버리겠는가. 나는 차라리 자결할지언정 성에 들어가지 않겠다.[21]

라고 진주성의 입성에 반대하였다. 곽재우의 견해는 승산이 없는 진주성에 들어가 쓸데없는 희생이 되지 않겠다는 것이다.

이러한 입성반대에 김천일은 진주성을 죽음을 무릅쓰고라도 지켜야 한다고 주장하였다.

적의 계책은 헤아리기 어려워 그들이 다만 진주만을 공격하리라는 말은 믿기 어렵다. 지금의 호남은 국가의 근본이 되어 있고 진주는 호남과 밀접한 곳으로 입술과 이의 관계인데 진주를 버린다면 적의 화가 호남에 미칠 것이다. 그러기에 힘을 합쳐 진주성을 지켜 적을 막아야 한다.[22]

---

21) 『난중잡록』 2, 계사 6월 15일.
22) 『난중잡록』 2, 계사 6월 15일.

관군과 의병 그리고 명나라 군대의 연합전선을 펴서 왜군에 대적하더라도 승리를 장담할 수 없는 실정인데 불행하게도 진주성의 수성문제는 의견의 일치를 보지 못하고 각 장수들의 독자적인 행동에 맡기게 되었다.

도원수 김명원과 순찰사 권율 등은 남원과 운봉으로 떠났고, 순변사 이빈과 의병장 곽재우는 단성현을 거쳐 산음으로 돌아갔다. 또한 의병장 임계영은 대부분의 호남의병장의 진주입성에서 이탈하여 사천을 거쳐 호남으로 돌아가고 전라병사 선거이 등도 흩어져버렸다.

진주성에 들어간 관병과 의병군은 창의사 김천일, 경상우병사 최경회, 충청병사 황진, 복수의병장 고종후, 전라좌의병 부장 장윤, 적개의병 부장 이잠, 비의병장 민여운, 의병장 이계련이었다. 입성한 관군과 의병의 총 수는 약 3천여 명이며 이외에 진주목사 서예원이 지휘하는 병력이 있었다. 이에 대하여 왜군은 가토 기요마사加藤淸正, 고니시 유키나가小西行長 등이 이끄는 약 10만의 병력이 진주성을 공격하였던 것이다.

진주성이 위험에 직면하고 있을 때 명나라의 이여송은 서울에 진을 치고 있었는데 진주성의 위급함을 알고 남원성을 지키고 있던 명나라 참장 곽상지와 유격장 송대빈 등에게 진주를 부원토록 명령하였고, 또 대구에 있던 부총병 유정과 유격장 오유충에게 힘을 합하여 진주를 구원하라 하였으나 그들은 모두 적의 군세를 당할 도리가 없다 하여 이여송의 명령을 이행하지 않았다.

외부의 원군을 기대할 수 없었던 수성군은 김천일과 최경회가 도절제사가 되고 황진이 순성장을 맡았으며 그 외 부서를 정하여 경계태세를 갖추었다. 수성에 있어서 김천일은 의병장에 대한 절제를 맡았다면, 최경회는 관군의 지휘에 임했던 것으로 여겨진다. 다행히 진주성에 저장하고 있는 군량을 김천일이 조사한 바 수십만 석에 달하여 모든 장병이 기뻐하였다.

진주성의 전투는 6월 19일 시작되었는데 목사 서예원의 `비겁한 행동에 김천일은 최경회와 상의하여 전라좌의병 부장 장윤으로 목사직을 대신하게 하였다. 장윤은 용장으로 싸울 때마다 승리하였음으로 성중은 환호하였다. 피아의 사력을 다하는 혈투가 계속되고 있던 중 26일에 거제현령 김준민, 표의부장彪義副將 강희보가 전몰하고 28일에는 용맹을 떨쳤던 충청병사 황진이 전사하였다. 진주성 최후의 날인 29일에는 연이은 장맛비로 동문이 취약한데다가 구갑차를 이용한 적이 철정으로 성벽을 파괴하고 성내에 진입하였다. 이를 이종인과 장병이 잠시 물리쳤으나 서북문도 같은 수법으로 공격해오자 김천일의 창의군이 밀리기 시작하니 모든 군사가 와해되었다.

진주성 함락을 눈앞에 두고 장령들은 촉석루에 후퇴하게 되는데 김천일은 장자 상건과 양산숙이 모시고 최경회는 문홍헌이 호위하였으며 고종후는 김계휘, 고경원이 부축하여 북향재배를 마친 뒤 남강에 투신하였다. 또한 이종인, 강희열, 오유, 이잠 등 10여 명의 장수들이 최후까지 싸우다가 순국하였는데, 특히 이종인은 남강에 다다르자 적을 좌우팔에 한사람씩 안고 "김해부사 이종인이 여기서 죽노라"를 위치고 남강에 뛰어들었다. 진주성의 함락에 의하여 김천일, 최경회를 비롯하여 호남의병을 대표하는 많은 의병장이 전몰하여 의병활동은 주춤하게 되었다.

임계영의 의병들은 이후에도 활동을 계속하여 고성, 거제 등지의 왜군을 공격하여 전과를 올리고 있었다. 장성 남문의 의병도 호남의 초기 의병의 범주에 들 것이다. 현직군수인 이귀와 장성지방의 저명인사였던 김경수가 창의군을 규합했다는 일은 이미 언급하였다. 그런데 관군과 의병의 연합군을 규합하는데 4개월이 소요되어 결진을 완료한 시점은 11월 19일이었다.

이 의병진은 10여 고을의 관군과 의병의 집합체로서 그 성격은 관군이라 할 수도 없고 순수한 의병이라 볼 수도 없었다. 이들을 규합시키는데 주요 역할을 담당했던 이귀나 김경수가 의병장을 맡지 아니하고 각 고을에서 인솔하고 왔었던 소부대장의 합의에 의하여 제반사가 결정되었던 것으로 여겨진다. 장성 남문에서 의거한 창의군은 북상을 시작했지만 이때는 왜군이 경상도로 후퇴하는 시기였음으로 별다른 전투를 해보지 못하고 흩어졌다.

전쟁의 주도권이 점차 관군으로 넘어오기 시작하였다. 관군과 명나라군이 왜군을 압박하여 그들 왜군이 경상도로 물러나지 않을 수 없게 만들었고 후방에서는 의병의 활동으로 그들을 교란시키고 있었다. 그 위에 이순신의 수군은 제해권을 장악하여 해상에서 왜군의 군수보급을 차단하고 있었다.

"의병은 시간이 지날수록 그 수가 증가하였고 많은 문제를 일으키고 있었다. 임진년 10월에 의병진이 백여 진이 되었다"23)라고 기록되어 있는데 의병의 구성은 적게는 100여 명, 많은 것은 수천에 이르고 있었다. 이러한 의병진의 난립과 관군의 절제에 대한 거부 또는 민간인에의 작폐는 조정에서도 대책을 강구하지 않을 수 없게 되었다.

의병의 대책에 고심하고 있었던 조정에서 우려하였던 것은 의병이 관군의 통제를 받지 않고 민간에 피해를 끼치는 것만이 아니라 의병의 반관적反官的인 행동이 더 나아가 반란으로 확대되지 않을까 하는 위험 때문이었다. 조정에서 의병을 통제하려 해도 이것을 더욱 어렵게 하였던 것은 임진년 겨울부터 시작된 심각한 기근 때문이다. 이 기근으로 "도로에는 굶주림과 피곤에 지친 백성의 얼굴이 일그러지고 사람과 말의 시체가 서로 엉켜져 있다."24)라는 전국적인 기아의 고통속에서 관군에 대한 군량의 보급에도 차질을 가져와 전력에 큰 지장을 미치고

---

23) 『선조실록』 권26, 선조 25년 10월.
24) 『난중잡록』 권3, 갑오 4월.

있었다. 그 위에 명군에 식량의 보급이 이루어져야 하기 때문에 의병에게 식량의 지급이란 생각할 여지가 없었다. 의병의 성군이 어려웠던 이유는 의병장의 질적 저하에도 있었지만 보다 근본적인 요인은 군량의 확보가 어려웠기 때문이다.

선조는 의병관을 다음과 같이 토로하였다.

> 각 도에서 난으로 흩어진 사람들이 스스로 모여들어 혹은 영세한 적을 소탕하고 스스로 의병이라 칭하였으나 공을 세운 것을 보지 못했으며, 많은 폐단을 자아내어 물의를 빚고 있다.[25]

초기의 의병장은 각 도 또는 각 군에서 저명한 인사들이었고 향촌에 커다란 영향력을 가졌으나 세월이 갈수록 우후죽순처럼 봉기한 의병장 중에는 의병을 가탁한 자가 섞여 있어서 사욕을 채우는 사이비 의병장도 있었다. 이와 같은 의병장의 출현에 조신朝臣들 중에 의병장 중에는 자기의 보신을 위하여 의병을 결성하고 통섭과 절제를 받지 않음이 현금의 큰 폐단이라든가, 의병은 관직이나 탐내는 무리라는 말까지 나왔다. 조정에서는 이러한 의병문제의 대책으로 의병진에 대한 절제를 강화하였고 우수한 의병의 관군화를 추진하여 많은 효과를 거두었다. 사정이 이와 같은데 새로운 의병진의 구성은 어렵게 되고, 후기 호남의병장 김덕령과 기타 군소의 호남의병장 출현은 많은 시일이 소요되었다.

V. 결론

호남지방의 의병봉기는 관군의 무능무책에서 비롯된다. 호남지방은

---

25) 『선조실록』 권32, 선조 25년 11월.

왜군이 직접 침노하지 않았기 때문에 관군이 건재하였고, 또 누구나 그와 같이 믿고 있었다. 그런데 호남 관군의 실체가 폭로된 것은 전라도관찰사 이광의 관군이 공주까지 북상하였다가 왕이 서울을 내버렸다는 소식에 해산해버린 것이다. 이러한 이광의 행동은 왜구를 물리칠 것이라는 호남인의 기대를 송두리째 무너뜨려버린 것이다.

관군이 무너지자 호남의 인심은 흉흉해지고 혼란상태가 계속되었다. 이에 뜻있는 인사들이 지도력을 발휘하여 관군을 대신할 의병규합에 나서게 되었다. 조정에서도 전라도민을 짓누르고 있던 기축옥에 대한 사면이 내려지고 근왕병의 분기를 촉구하였다. 또한 의병장에 대한 서직의 특전을 베푸는 등 일련의 조치는 의병장의 봉기에 크게 영향을 주었다. 의병장의 대부분이 전직 관리였거나 관료 예비군이었던 유생들이기 때문이다. 그들이 창의를 외치자 민중들은 의병진에 자진 참가하게 되는데 이는 무능한 관군의 장군보다 평소에 직, 간접으로 관련되어 있는 의병장을 신뢰하였기 때문이다.

호남의 의병봉기는 경상도의 의병장 곽재우와 경상도관찰사인 김수의 예에서 보이는 극단적인 대립이 없다. 오히려 호남의 의병봉기 과정에서 다소의 예외는 있으나 관과의 협력이 순조로워 군량과 무기의 원조를 받기도 하였다. 호남의 의병군은 여타지역의 의병군에 비하여 대병력을 지향하였다. 이는 적침 하에 있지 않았기 때문이며 이로 인하여 시일이 걸리기도 하였다.

호남 의병군의 활동은 단독 작전이 아닌 관군과 협동한 정규전을 폈다. 또 활동무대는 김천일과 같이 충청, 경기, 경상도를 주무대로 하였으며 그 외 최경회, 임계영도 경상도가 작전지역이었다. 이는 경상도가 왜군의 활동지역이어서 당연하다고 생각되지만 진주성 수호에서 보인 바와 같이 타 지역에서 사전에 호남을 수호하려 하였던 것도 주목된다.

호남의병장의 구성은 거의 전직관료가 되었고 그들은 대소의 지주들이었다. 이러한 요인은 의병규합에는 강점으로 작용했지만 전술과 전략면에서 취약점으로 나타났고 관직과 연령의 고하로 의병장이 결정된 일도 전쟁의 수행에 도움을 주지 못했다. 그렇더라도 그들의 우국충정이 흩어진 민중의 안정에 기여했던 공은 전공에 못지않을 것이다.

임란 의병운동의 성격과 호남의병의 특성[*]

조 원 래[**]

Ⅰ. 머리말

『近世日本國民史』- 조선역朝鮮役의 저자 도쿠토미 이이치로德富猪一郎는 임진왜란을 일으킨 일본이 조선침략전쟁에서 실패한 것과 관련하여 몇 가지 요인을 지적하였다. '조선의 의병봉기'·'조선수군의 우세'·'명군의 지원' 등이 주된 원인이었음을 강조하였다. 특히 개전 초부터 조선 각지에서 의병이 일어나 유격전을 펼침으로써 일본군의 작전을 교란시키고 병참선을 유지시키지 못하게 했었다고 기록하였다.[1) 그는 조선의 의병을 '폭민'이라 표현하였으나 일본이 침략전쟁에서 실패한 요인을 분석한 것은 비교적 정확하였다. 그가 본대로 조선군이 임진왜란을 이겨낸 동력은 의병의 항전과 수군의 승첩에 있었음을 부인할 수 없다.

의병이란 비정규군인 민병을 말한다. 비정규군인 의병이 당시 조선

　* 순천대 교수·임진왜란사연구회 회장.
　** 이 논문은 2011년 6월 1일 대구광역시교육청에서 열린 임진란정신문화선양회 제11차 학술대회(주제; 영호남지역 임진란 의병활동의 역사적 재조명)에서 발표한 것임.
　1) 德富猪一郎, 『近世日本國民史』朝鮮役 상권(民友社, 일본 동경, 1925), 601-605쪽.

군의 주력이었다면, 임진왜란 시 조선왕조엔 정규군이 없었다는 말이 될 것이다. 다시 말하면 전국 각지에서 민병이 일어나 침략군과 싸웠다면, 그 나라엔 정규군인 관군이 없었기 때문이 아니었을까? 설령 제도상의 정규군이 있었다 할지라도 평소에 훈련된 상비군이 없었다면, 결국 조선은 국군이 없는 나라가 아니었을까? 임란의병의 문제는 이와 같은 시각으로부터 풀어가야 할 것으로 생각된다. 따라서 여기에서는 임진왜란 초기부터 전국적으로 의병이 일어났던 배경과, 지역적 여건에 따른 의병활동의 목표 및 의병의 유형에 대해서도 함께 살펴보고자 한다.

그러나 이 글을 통하여 우리가 해결하여야 할 주된 목적은 호남의병의 특성을 밝히는 문제이다. 그러기 위하여는 먼저 1592년의 실정에서 호남지방이 처한 지역적 여건, 즉 전란극복의 보장처 기능을 갖고 있었던 전라도의 전략적 위치에 대해서부터 알아보아야 할 것이다. 그리고 1592년 개전 초부터 1593년 6월, 제2차 진주성전투에 이르기까지 임진왜란 초반의 과정에서 보여준 호남의병의 활동성향을 크게 두 가지 방향에서 검토하려고 한다. 즉 근왕의병과 해상의병의 활동, 그것이 임진왜란 시 전라도에서 나타난 의병운동의 특성으로 규정될 수 있기 때문이다.

Ⅱ. 의병봉기의 배경, 임란의병의 유형

1592년 4월 14일 일본군이 부산 앞바다에 침략한 직후, 조정에 변보가 전해진 것은 17일 경상좌수사 박홍의 장계에 의해서였다. 이때 선조는 순변사 이일李鎰·좌방어사 성응길成應吉 등 여러 장수들을 경상도 현지에 파견하여 적침에 대비케 하는 한편, 좌의정 유성룡을 도체찰사로 임명하여 군무를 총괄케 하였다. 당시의 도체찰사가 남긴 생생한 전쟁기록『징비록』에는 바로 그 날의 군사 실정을 다음과 같이 기록하고 있다.

> 이일이 京中의 정예병 3백명을 인솔해 가고자 하여 병조의 選兵案을 가져다 보니 모두가 군사들이 아닌 여염집이나 시정의 白徒들이었고 서리나 유생들이 반수를 차지하고 있었다. 임시 點考해 보니 유생들의 경우 의관을 갖추어 입고 시권을 지닌 그대로였으며, 서리들은 執務時 착용하는 평정건을 그대로 쓰고 나와 스스로 徵出을 면제해 줄 것을 하소연하는 자들이 뜰에 가득하여 전장에 내보낼만한 자들이 없었다. 鎰이 명을 받은 지 3일이 지나서도 출발하지 못하였으므로 우선 그를 먼저 가게 한 다음, 그의 별장 俞沃으로 하여금 군사를 인솔하여 뒤따라가도록 하였다.[2]

즉 조선왕조의 수도 한성에서 사흘이 지나서도 군사 3백 명을 모으지 못했다는 기록이다. 이것은 임진왜란이 일어났을 때 조선의 국방실태가 어떠하였는가를 단적으로 설명해 준다. 당시의 실정에서는 정규군으로서 훈련된 관군은 없는 것과 다름없었을 뿐 아니라 최소한의 상비군조차 없었음을 입증한다. 따라서 부산에 상륙한 일본군이 불과 18일 만에 도성까지 진격하였으니, 그 모양은 마치 동래에서 서울까지 계속된 일본군의 행군양상을 방불케 했던 셈이다. 비정규군이었던 의병의 봉기는 곧 이와 같은 상황에서 이해될 수 있을 것이다.

그에 대한 근본적인 배경을 살펴보면 대체로 이와 같다. 조선초기에 확립된 국방체제는 임진왜란이 일어났을 때까지 극히 부실한 상태에 놓여 있었다. 16~60세의 양인 장정을 대상으로 실시된 병역의무가 성

---

2) "李鎰欲率京中精兵三百名去 取兵曹選兵案視之 皆閭閻市井白徒 胥吏儒生居半 臨時點閱 儒生具冠服持試券 吏戴平頂巾 自溯求免者 充滿於庭 無可遣者 鎰受命三日不發 不得已令鎰先行 使別將俞沃 隨後領去"(『징비록』 권1)

종 때부터 그 허구성을 드러내면서 붕괴되었기 때문이다. 군역의 포납화布納化가 실시되어 번상番上·입번立番하는 군사들을 대립代立·방귀放歸시키는가 하면, 조정이 군사의 대립가代立價를 공정公定하기도 하여 군역 대신 납포納布로 대치함을 공인하였다. 또한 지방수령이나 병사·수사 등이 병역 대상자에게 군포를 거두는 대신 자의로 실역을 면제시키는 방군수포제放軍收布制가 공공연히 자행되기도 하였다. 따라서 임진왜란 전에 이미 유명무실하게 된 군역제도 하에서는, '군역은 있으나 군사가 없는' 괴이한 현상을 초래하였다. 그러므로 국방의 주체가 되어야 했던 정규군으로서의 관군은 제도 속에서만 존재하였을 뿐 사실상 국방군은 없었던 것이다.

　이와 같은 실정에서 일본군의 침략을 받은 백성들이 가깝게는 부모형제와 향토를 보위하고, 나아가서는 나라를 지키기 위하여 자발적으로 봉기하지 않을 수 없었다. 임진년 6, 7월에 이르러 거의 전국적으로 의병이 일어났던 것은, 전쟁 발발 2개월 후에 조선 전역이 일본군의 공격을 받지 않은 지역이 없었음을 의미하는 것이다. 가장 먼저 침략을 받은 경상도에서 가장 먼저 의병활동이 시작되었으며, 도내 각처에 침략군이 포진해 있었으므로 난초부터 자보향리自保鄕里를 위한 의병전투가 곳곳에서 벌어질 수밖에 없었다. 또한 조선의 전역에 침략군이 진주하였으므로 그들에 대한 항전이 각 도, 각 고을을 중심으로 전개되었다. 즉 민간의 비정규군이 주도한 출신지역 단위의 향토방위전이 펼쳐졌던 것이다. 이것이 바로 임진왜란 의병의 대표적인 유형을 이룬 향보의병鄕保義兵이었다.

　그런데 당시 전라도에서 일어난 의병은 의병활동의 성격상 타 도의 경우와 상당한 차이가 있었다. 향보의병과는 다른 유형의 근왕의병勤王義兵으로서 봉기하였기 때문이다. 근왕의병이란 향토방위의 범위를 벗어나서 도성탈환을 위한 군사활동을 펼치거나, 적세가 치성한 타 도에 진군하여 실지회복을 위한 의병전투를 전개하는 등 의병활동의 목표가 국가방위 차원에서 이루어진 유형을 말한다. 임진란 시 호남지방에서 근왕의병의 활동이 전개될 수 있었던 것은 곡창 전라도가 보전되었기 때문이다. 임란 초기 전라도에서 일본군의 직접적인 침략을 받은 지역은 무주·금산·진안·장수 등 북부의 일부 산간지역에 한정되어 있었다. 그 요인은 먼저 경상우도에서 전라도로 통하는 길목을 교란했던 영우의병의 활약에 기인하였고, 직접적으로는 7월초 금산 진안 일원에서 펼쳐진 고경명 휘하의 전라도 연합의병과 광주목사 권율군의 용전으로 전주를 포함한 도내 전역을 지켜냈기 때문이다. 이로 인해 전라도의 인력과 물력이 온전하게 보존되었으며, 따라서 7년 전쟁의 병참기지가 된 이 지역이 전란극복의 동력으로 작용하였던 것이다. 이같은 배경에서 봉기한 전라도 근왕의병의 거의이념擧義理念에는 그들의 활동목표 또한 잘 드러나 있다. 예컨대 임진년 5월말 담양에서 회맹한 전라도 연합의병의 격문에는 이렇게 쓰여 있다.

> 영남과 양호는 이 나라의 근본이다. 그런데 지금 영남은 비록 의병이 일어난다 해도 적의 소굴이 가로막혀 있어 곧 바로 서울로 달려가 왕실을 지키기는 어려운 형편이다. 호서 또한 천리에 걸친 지방이라 어찌 의기 있는 장정들이 없을까마는 살략을 일삼는 적세에 눌려 스스로를 구할 겨를조차 없을 터인즉 오늘날 온 나라에서 믿는 바는 오직 호남일도에 있지 아니한가.[3]

의병의 목표가 곧 나라를 지키는 데 있음을 분명히 한 가운데 당시의 실정에서 그 책임이 호남 일도에 있다고 못박았다. 고경명 휘하 전라

---

[3] "重念嶺南兩湖 寔爲我東根柢 而嶺南則義兵雖起 而隔絶賊藪 未易直至京邑 以勤王室 湖西千里之地 又豈無義氣男子 怯於殺掠之餘威 想亦自救不暇 今日中外所恃 其不在於 湖南一道乎"(고경명, 『正氣錄』격서, 「通諸道文」)

도 연합의병은 도성방위를 목표로 북상하던 중 도중에 제1차 금산전투에서 패전하였으나 곡창 전라도 공략을 저지하는 데 공헌하였다. 전라도 근왕의병의 구체적인 사례는 뒤에서 다시 언급하겠지만, 임란의병의 유형이 육상에서 이루어진 향보의병과 근왕의병의 활동만 있었던 것은 아니다. 수군과 결합된 해상의병의 활동이 동시에 있었기 때문이다. 임진란시의 경우에는 전라좌수군과 연계된 해상의병이 좌수영 관내를 중심으로 결기決起, 전라좌수사 이순신의 휘하에 들어가 영남해역에서 활동하였다. 해상의 비정규군으로서 근왕의병의 성격을 갖는 셈이었다. 정유란시 명량해전에 참전하였던 해상의병의 예는 인근 연해지역에서 자원종군 하였다는 점에서 임진란시의 해상의병과는 다른, 향보의병의 성격을 띤 유형이었다.

이렇게 볼 때, 임란의병은 성군이념과 활동목표에 따라 크게 근왕의병과 향보의병으로 나눠볼 수 있거니와, 중요한 것은 당시의 의병활동이 육상에서만 이루어지지 않았다는 사실이다. 해상에 있어서도 수군과 결합된 해상의병이 엄연히 존재하였으며, 그것도 상황에 따라서 근왕의병과 향보의병의 성격을 따로 갖고 있었던 것이다. 이와 같은 관점에서 임란의병에 대한 이해가 보다 깊어져야 할 것이다.

Ⅲ. 호남지방의 전략적 위치와 의병활동의 특성

1) 7년전쟁의 병참기지, 호남

정유재란이 한창이던 1597년 9월, 선조는 명나라에 보낸 자문咨文에서 조선 8도 가운데 경상 전라 양도의 중요성에 대하여 다음과 같이 강조하였다.

우리나라의 형세가 처한 바는 전라·경상 이 양도가 가장 중요한데 경상도는 문호이며 전라도는 府藏이기 때문이다. 경상도가 없으면 전라도가 없게 되고, 전라도가 없으면 비록 다른 도가 있어도 이 나라는 끝내 의지해 근본을 삼을 만한 계책이 없게 된다. 이것이 곧 왜적이 반드시 이곳을 쟁취하려는 것이며, 우리가 꼭 이곳을 지키려고 하는 까닭이다. 그러므로 오늘날 우리나라의 安危는 실로 전라도를 보존하여 지키느냐 그렇지 못하느냐에 달려있다.[4]

이 글은 당시 조선왕조의 국력보존 여부가 전라도의 보수保守 여부에 달려있음을 역설한 것으로 또 다른 설명을 필요로 하지 않는다. 그런데 임진란 시 호남지방이 적의 직접적인 침해에서 벗어나 있었기 때문에 오히려 이 지방의 사회적 혼란과 전쟁이 몰고 온 피해는 침략을 당한 타지방에 못지않았다. 예를 들면 관군징발에 따른 강압적인 병력동원과 강제적인 군수물자의 징발로 인해 고통을 겪고 있었고, 계속된 의병봉기로 하여 도내 전 지역이 소동을 빚고 있었으며, 노약자까지 동원되어 채찍을 맞아가며 군량운반의 강제노역에 시달리고 있었다. 따라서 국난극복의 보장처로 중시되고 있었던 지역이었음에도 불구하고 유망자가 속출하고 각 고을의 창고들이 텅텅 비어가고 있었다. 즉 전쟁준비를 위한 인력과 물력 동원의 기지가 되어 전쟁보다 더한 고초를 당하고 있었던 셈이다.

우선 인력동원의 실태를 보면, 4월 말에 전라도 순찰사 이광이 징발한 군사만 8천명을 헤아렸으며, 5월말에 재징발한 군사는 얼마인가를 확인할 수도 없다. 당시 국내에 존재한 관군이란 전라도 순찰사군 뿐이었다고 보는 것이 타당하다. 한편 1592년에 동원된 호남의병의 대체적

---

4) "其小邦形勢所在 則全羅慶尙二道 最爲關重 蓋慶尙門戶 而全羅府藏也 無慶尙則無全羅 無全羅則雖有他道 小邦終無所資 以爲根本之計 斯乃賊所必爭 而我所以守之…(중략)…故今日小邦之安危 實係於全羅之保守與否也"(『선조실록』 권92, 30년 9월 정미)

인 병력규모를 어림잡아 보자. 김천일 휘하의 나주의병, 담양에서 일어
난 고경명 휘하의 전라도 연합의병(약 6천), 보성·장흥에서 임계영 문
위세 등이 이끈 전라좌의병과 화순·광주에서 일어난 최경회 휘하의 전
라우의병(양군이 각각 약 1천), 장성의 남문의병(약 1천 6백) 등 임진년 전라
도 5대의병이 잇달아 봉기하였다. 그 뿐 아니라 11월에 들어가서는 복수
의병장을 칭한 고종후가 사찰의 노예들을 대상으로 모병활동을 펴기도
하였다. 이상은 해전의 주력이었던 전라좌·우수군의 동원사례를 제외
한 것만으로도 이와 같았으니, 도내에서는 더 이상 병력징발이 불가능
한 단계에 이르렀음을 말해준다. 바꿔 말하면 당시의 전라도 남정이라
면 노약자 할 것 없이 모두가 의병이 아니면 관군, 또는 좌·우의 수군
에 반드시 빠짐없이 소속되지 않을 수 없었음을 의미한다.

동원된 군사들 중에서도 특히 어려움을 겪은 것은 해상군이었다. 육
상군과는 달리 기본적으로 선박을 운용하는 데 있어서도 전문성이 요
구되었을 뿐 아니라 그 자체가 고역이었기 때문이다. 그런데 전쟁이
장기화되고 수군병력이 감소해감에 따라 그 결원을 충원하는 일이 더
욱 더 어려워졌다. 설상가상으로 1593~1594년에는 연해지역 곳곳에
기근이 들고 전염병이 나돌면서 한산도의 수군들 중에 8, 9할이 질병
에 걸려 죽어가는 사태가 발생하였다. 이때 수군통제사 이순신은 병력
손실을 우려하여 수군소속의 각 고을 관리들로 하여금 관내 백성들을
잡아서 수군으로 충당케 하였다. 또 휘하의 장수들을 연해지역의 시장
에 파견, 장사꾼들을 잡아들여 수군병력으로 충원케 하니 이로부터 연
해지역에는 시장이 없어지고 촌락이 텅텅 비어버리게 되었다.[5]

여기에서 1594년 정월, 전라좌의병의 성군에 참여했던 보성출신의
선비 박광전이 왕세자 광해군에게 올린 상언을 통하여 당시 호남지방

---

5) 『난중잡록』 권3, 을미 3월.

의 실정이 어떠하였는가를 살펴보자.

　지난 해에 흉년이 들어 모든 곡식의 수확이 전보다 반이나 절감되었는데 각종 요역의 무거움은 도리어 열 배나 되어 해를 넘기기 전에 집들이 벌써 텅텅 비어버렸습니다. 지금 보는 바에 의하면 집에 조석의 끼니를 잇지 못한 사람들이 반이 넘는데, 영남지방에 양식 운반하는 값과 수군의 군량미가 매월 쌀로 7, 8석이나 되어 그것을 내고나면 목숨을 이어갈 수가 없으므로 도망하고 유리하는 백성들이 잇달아 발생하여 촌락이 모두 비게 되고, 서로 안고 붙들고 가는 이들이 길에 가득하였을 뿐 아니라 굶어죽은 시체들이 겹쳐 쌓여 있어 그 참혹함이 차마 눈뜨고는 볼 수가 없습니다. 조금 잘 사는 집도 사사로 감춰둔 것이 적발되면 관청에 모두 내주지 않을 수 없게 되나, 관청에서도 수합해야 할 양을 1/3밖에 채우지를 못하여 공사간이 모두 함께 곤궁하니 식구들은 어찌하며 군량수납과 종자벼는 또 어찌할 것입니까. 이것으로써 말한다면 적이 쳐들어오기도 전에 나라의 근본인 백성들이 먼저 뽑혀지고 만 것이니…살아남은 백성은 무엇으로 먹을 것이며, 적을 막아야 할 군사들은 무엇으로 군량을 이어갈 것이며, 백성이 어찌 백성이 될 것이며 나라가 어찌 나라가 될 수 있겠습니까.[6)]

　위의 글을 통하여 임진왜란중 병참기지가 되어 있었던 전라도민들이 겪은 고초가 어느 정도였음을 짐작할 수 있다. 전라좌수사 이순신도, "8도 가운데 전라도만이 다소 보전되어 있어 군량이 모두 이 도에서 나온다."라고 하였지만, 전국 각처의 전쟁터에서 소요되는 군량의 대부분을 호남지방에 의존하고 있었던 만큼 그 어려움이 더욱 가중되고 있었다. 그 중에서도 연해지역의 경우에는 수륙교침의 양면 부담을 지고 있었으니 순천 광양 낙안 흥양 등지에서는 군량 이외에 각종 잡부담까지 부과되고 있어 이 지역의 민생은 더욱 비참했던 것으로 기록되어 있다.[7)]

---

6) 위의 책, 갑오 정월 2일.

전쟁이 장기화하면서 특히 어려워진 것은 수군의 군량난을 해결하는 문제였다. 농민들이 수륙의 각 전장에 동원됨에 따라 농사가 이루어지지 못한 데에 그 원인이 있었지만, 격군의 군량조달조차 불가능해진 수군의 경우 전선을 운용할 수 없는 지경에 이르게 되었다. 군량해결을 위한 최후의 방법까지 동원되었으니, 해상의 수군들이 직접 어로작업에 나서는 일이었다. 그물을 제작하여 집단적으로 어로작업에 착수한 전라도수군은 주로 한산도 해역에서 잡히는 청어를 대량으로 잡아 말린 다음, 군관들을 각지에 파견하여 곡물류와 교환함으로써 군량의 일부를 충당하였다. 군량사정이 극도로 어렵게 되면서 수군들의 조석 급식량이 2·3홉으로 줄어짐에 따라 굶주림으로 죽어간 군사들이 속출하는 실정이었다.

2) 전라도 근왕의병의 활동성향

임진란 중 전라도 근왕의병의 활동은 크게 두 가지 방향이었다. 도성수복을 목표로 북상진군北上進軍 하여 경기도 일원에서 일본군과 싸운 예가 그 하나였고, 다른 하나는 경상우도에 부원赴援하여 영우의병과 연합전선을 구축하여 실지회복失地恢復을 목표로 의병전투를 벌린 예였다. 전자는 임진년 5월 중순에 나주에서 일어나 6월 초에 북상, 강화도를 중심으로 활동했던 김천일 휘하 나주의병이 대표적인 예였다. 후자는 임진년 7월 제1차 금산전투 직후 보성과 광주에서 각각 봉기하여 경상우도에 진군, 제2차 진주성전투 직전까지 성주 개령지역 수복전투를 계속했던 전라좌·우의병이 그 대표적인 예였다. 나주의병과 전라좌·우의병은 계사년 6월 제2차 진주성전투에 참전하여 모두 함께 의병활동의 최후를 맞이하였다.

---

7) 『이충무공전서』 권3, 「진왜정장」.

이와 같은 근왕의병의 존재는 개전 초기부터 조정에서도 예상하고 있었던 것 같다. 서애 유성룡이 선조와 함께 피난길에 올랐을 때부터, "호남의 충의지사忠義之士들이 머지않아 봉기할 것"[8] 이라고 예견했던 것이 그것이다. 서애가 말한 '호남의 충의지사'가 바로 임진년으로부터 계사년 6월 진주성전투에 이르기까지 의병항쟁을 주도했던 전라도 근왕의병이었던 것이다. 원거리에서 펼쳐진 근왕의병의 작전에는 많은 어려움이 뒤따랐다. 향보성 의병전투와는 달리 전장의 지리적 사정에 어두웠던 만큼 우선 작전구사가 용이하지 않았으며, 일정한 병력을 유지하는 가운데 군량조달 역시 쉽게 해결될 일이 아니었다. 뿐만 아니라 작전지역에서 이루어진 현지 군사들과의 합동작전 또한 원활하지 못하였으니 타도에서 펼쳐진 의병활동의 고초가 어떠하였겠는가를 짐작할 수 있다. 그 한 예를 임진년 말 전라좌의병의 사례를 통하여 확인해 보도록 하자. 당시 전라좌·우의병은 곽재우 휘하 영남의병과 함께 조정으로부터 가장 신임이 두터웠던 의병부대로 인정받고 있었다.[9]

임진년 12월 14일, 전라좌의병이 성주에서 일본군을 크게 무찌른 것과 관련하여 임계영이 체찰사에게 올린 전투결과 보고서의 일부를 옮겨보기로 한다.

> (12월)10일에 의병장 정인홍 및 관군의 여러 장수들과 더불어 약속하였는데, 그 뒤 4일 만에 우리 군사가 약속과 같이하여 종일토록 죽도록 싸워서 전장과 길바닥이 모두 핏빛이 되었으며 성 밑에 쌓인 송장이 언덕과 같았습니다. 우리 군사들이 왜적의 머리를 탐내어 앞다투어 성 밑으로 달려갔더니, 궁한 적이 죽음을 무릅쓰고 칼날을 돌려 우리 용사들 10여 명이 피해를 입었습니다. 부장 또한 말이 지쳐서 달리지를 못하므로 말에서 내려 걸으면서 용맹을 떨쳐 돌입하여 한 화살에 한 놈씩 죽인 것이 수를 헤

---

8) 『선조수정실록』 권26, 25년 5월.
9) 『선조실록』 권36, 26년 3월 갑술.

아릴 수 없게 되자, 적이 그제야 물러나 달아났습니다. 흉적들 가운데 죽은 자가 3분의 2는 되었는데 한창 싸울 때에 쏴맞히고 쏴죽인 것은 낱낱이 헤아릴 수도 없었습니다. 성주를 수복한 것이 바로 그날이었는데 현지의 모든 장수들이 약속을 배반하고 응원하지 않았으니 그 분통함을 금할 수 없습니다.10)

즉 전라좌의병은 전투가 벌어지기 4일 전에 정인홍 휘하의 영우의병 및 현지 관군들과의 합동작전이 약속된 상황에서 작전을 개시하였다. 그러나 현지의 군사들이 모두 참전을 기피한 가운데 전라좌의병 독력으로 성주승첩을 쟁취하였음을 확인할 수 있다. 현지의 의병종사관 정경운의 『고대일록』을 보면 이 사건과 관련, 정인홍이 성주목사와 고령현감을 징벌한 사실까지 기록되어 있다.11)

임진년 겨울에서부터 계사년 봄이 오기 전 한겨울 추위 속에서 이어진 천신만고의 의병항쟁, 이것이 임진란 시 근왕의병의 전형이었다. 경상우도에서 의병활동을 계속했던 전라좌·우의병은 1593년 2월, 마침내 성주 개령지역을 수복하는 데 성공하였다. 난초부터 일본군의 주력부대가 소굴을 이루고 있던 이 지역을 탈환하는 데 있어서 크게 공헌하였으니, 근왕의병의 역할을 충실히 수행한 성과였다. 이후 양군은 제2차 진주성전투에 참전하여 임란 의병운동의 마지막을 장식하게 된다.

임진왜란 의병운동사에서 근왕의 의병정신을 가장 충격적으로 떨친

---

10) 『난중잡록』의 원문을 보면 이와 같다. "同月初十日 與義將鄭仁弘及官軍諸將約束 越四日我軍如約 盡日殊死戰 戰場及路 盡爲血色 城下積屍如丘 士卒貪級 爭趨城下 窮寇奮死回鋒 勇士被害十餘 副將亦馬困不走 下馬步趨 奮勇突入 一箭立斃 不知其數 賊乃退北 兇徒死者 居三分之二 而酣戰之時 射中射殺難可枚擧 星州之復 正在此日 而此道諸將負約不援 不勝憤惋"(『난중잡록』권2, 계사 5월 24일, 「全羅左義兵將爲相考事」)

11) "湖南任大將 遣將率五百餘名 誘因星州之賊中野 掩襲多數射殺 幾致殲盡 而星州牧使諸沫 高靈縣監郭天成 逗遛不進 座失機會 不得入城 故鄭大將大怒 杖星州牧諸沫 高靈倅郭天成等"(『고대일록』임진 12월 15일)

것은 제2차 진주성전투였다. 이 전투는 임진왜란사에 기록된 최대 규모의 전투이자 최대의 격전으로서 한국 의병전투사 사상 최대의 희생을 치른 의병항쟁이었다. 나주출신 의병장 김천일을 중심으로 구성된 이 전투의 수성군은 그 주도층이 호남출신 의병지도자들이었다. 이 전투에서 일본군은 전년의 패전을 설욕한 후, 반드시 곡창 호남을 차지하겠다는 목표 하에 9만 3천의 대병력을 동원하여 총력전을 펼쳤다. 반면에 근왕의병이 주축을 이룬 수성군은 불과 1만 여의 병력으로 밤낮 9일간에 걸친 1백여 회전의 악전고투를 감당하였다.

당시 진주성 주위에는 관군과 명군 그리고 향보의병이 모두 가까운 지역에 주둔해 있었음에도 불구하고 아무도 원군으로 와주지 않는 고립무원의 상태에서 전개되었다. 뿐만 아니라 더욱 안타까운 것은 연일 장마비까지 쏟아져 내려 낡은 고성을 무너뜨려 놓았다. 결국 성이 함락되던 날은 의병의 화살과 칼날마저 남김없이 다한 날이었다 하니 그 처절함이야 말로 어떤 설명이 가당했겠는가. 결국 성은 함락되고 수성군의 주축을 이룬 의병지도자 대부분이 순절하였다. 그러나 수성군의 희생은 결코 헛된 것이 아니었다. 그들의 희생은 곧 곡창 호남을 보존할 수 있게 한 전략상의 승인으로 작용되었기 때문이다. 침략군의 궁극적인 목표가 진주성을 장악한 후 호남지방을 공략하는 것이었지만, 호남공격은 처음부터 좌절되고 말았다. 열흘 동안 계속된 혈전에서 입은 막대한 전력손실은 더 이상의 접전을 감당할 수 없게 되어 시작단계에서 철군하지 않을 수 없었던 것이다.

진주성에서 치른 근왕의병이 치른 희생의 대가가 이와 같이 고귀한 것이었음에도 불구하고 도리어 의병을 힐책한 자들이 없지 않았고 또 전쟁을 피해 퇴군한 자들이 많았으니, 이에 대해서는 명나라 장수 오종도가 의병장 김천일을 애도하여 남긴 다음과 같은 글 속에서 그들의 행동과 의병의 구국정신을 잘 비교해 주고 있다.

　　나랏일을 그르쳐 임금을 피란하게 하고, 군사를 거느리고도 구원하지 않아 성읍을 잿더미 되게 하고서도 부끄러움이 없이 여전히 높은 자리에 있는 자들은 비록 살아 있을지라도 어찌 의병장의 죽음만 같으리오.12)

　이와 같이 근왕의병의 활동은 처음부터 많은 희생을 전제한 것이었고, 그것이 또한 근왕의병의 이념이자 행동양식이었다. 사실 의병의 전력은 뛰어난 전쟁능력에 있었던 것이 아니라 오직 결사구국하려 한 정신전력에 있었고, 때로는 이기기 어려운 싸움인 줄 알면서도 한사코 관군 앞에 서서 싸운 까닭도 온 나라 백성들에게 전란극복의 의지를 감발시키기 위해서였던 것이다. 이런 까닭에 호남의 의병지도층 인사들이 모두 선비 유생층의 문사들이면서도 스스로 전란극복의 주역을 자임하였고, 따라서 그들이 평생 신봉해온 충의윤리를 의병전투의 현장에서 그대로 실천하였던 것이다.

3) 전라좌수군과 결합된 해상의병의 활약

　조선왕조는 개전초 육전에서 드러난 바와 같이 사실상 관군이 없었고, 이로 인해 민병인 의병이 정규군의 역할을 대행했던 실정이다. 육상군의 실정이 그러하였듯이 해상군의 경우에도 정규군의 기능이 발휘될 수는 없었다. 난전에 중앙정부가 육상방위에 대하여는 중시하였지만 해방海防에 대해서는 무관심했던 사실을 보면, 수군의 실태에 대해서도 짐작이 가는 것이다. 특히 작전 기능상 육상군과는 큰 차이가 있었던 해상군의 경우에 기본적으로 바다에 익숙하지 못하거나 선박을 다루지 못하는 군사는 거기에 소속되기 어려웠을 뿐 아니라 해전에 참전하는 것 자체가 불가능하였다. 그러므로 수군병력의 인적 자원은 그 만큼 제한되어 있어 선박에 익숙한 연해지역 주민들만이 수군이 될 수 있었다.

---

12) 『연려실기술』 권16, 「임진의병」(김천일·양산숙).

그런데 난전부터 군정불실軍政不實에 기인하여 제대로 정규군이 갖추어지지 못한 상태에서 전라도수군의 경우에 해전을 수행하기 위해서는 우선 당장 두 가지 조치가 선행되어야 했다. 하나는 행정력을 동원하여 군적에 오른 군역 대상자를 징집하여 정규군을 확보하는 일이었고, 다른 하나는 연해지역 사민들이 자발적으로 해전에 참전하거나 후방지원에 참여케 하여 수군병력을 보강하는 것이었다. 이순신이 임란 1년 전 전라좌수영에 부임했을 때 바로 착수했던 것이 첫 번째 조치였고, 전쟁이 발발하여 해전이 시작된 후에 취해진 것이 두 번째의 조치였었다. 임란 초기에 전라좌수군이 해전을 주도하여 거듭 승리할 수 있었던 요인이 바로 여기에 있었다.

문제는 수군부대에 자원참전 했거나 후방지원의 활동이 있었다면 그것이 모두 의병활동이었음에도 불구하고 이에 대하여 우리는 관심을 갖지 못해왔을 뿐이다. 그리고 이순신 휘하 전라좌수군의 병력실체에 대해서도 주의를 기울이지 못한 채 주로 수군지휘부의 전쟁능력만을 강조해왔다. 그리하여 임란의병은 육상에만 존재한 것으로 인식될 수밖에 없었다. 그러나 『이충무공전서』나 『난중일기』를 통하여 많은 사료에서 확인할 수 있듯이 임진왜란 시 전라도 수군과 결합하여 군사행동을 같이했던 해상의병이 존재했던 것은 사실이다.

임란 초기 조선수군의 주력이었던 전라좌수군과 기본적인 해상전력에 대해서부터 알아보기로 한다. 전라좌수군의 편제에는 먼저 전라좌수영 관내인 순천도호부·보성군·낙안군·광양현·흥양현(고흥) 등 다섯 고을에 소속된 수군들이 있었다. 아울러 전라좌수영 관내에는 전통적인 수군진으로서 5개진포가 있었으니, 사도진(흥양, 현재의 고흥)·여도진(흥양)·발포진(흥양)·녹도진(흥양)·방답진(돌산) 등 오포五浦의 수군들이 따로 있었다. 다시 말하면 임진왜란 시 전라좌수사 이순신 휘하에는 5관 5포의 수군, 즉 10개 수군부대가 존재하였다. 그리고 5

관의 수군들은 각 고을의 수령들이 지휘통솔 하였으며, 5포의 수군들은 그들의 첨사 또는 만호의 지휘에 따라 움직였다. 다시 말하면 5관 5포의 지방관 및 첨사·만호들은 전라좌수사 이순신을 총수로 한 각 단위부대의 지휘관들이었다. 전라좌수군의 군사조직은 전라좌도 연해지역의 총동원체제였음을 알 수 있다. 여기에 소속된 수군이 임진왜란 해전에 동원됨으로써 강한 전투력을 발휘할 수 있었던 배경에는 군사동원체제 특유의 몇 가지 요인이 있었기 때문이다.

첫째는 전시 연해지역의 행정 및 군사권을 수군절도사가 모두 장악하고 있었으므로 군령이 일원화되어 강력한 지휘통솔력을 발휘할 수 있었다는 점이다. 이는 이순신의 『난중일기』나 『임진장초』 가운데서 관련기록들을 쉽게 확인할 수가 있다.

둘째는 실전의 전투요원인 수군들이 평소 바다와 선박을 알고 또 여기에 익숙한 연해지역민들이란 점에서 해상작전이 그 만큼 원활하였을 뿐 아니라 군사들 대부분이 모두 가까운 지역주민들로 구성되었으므로 육상군과는 달리 상호간에 강한 결속력을 지녔다는 점이다.

셋째는 해안지역이란 지역적 특수성에 따라 토착민들 가운데 해상전투에 전문성을 띤 특수군이 존재하였다는 점이다. 이것은 전라좌수군의 사상자들 가운데 포작鮑作·토병土兵 등의 이름을 가진 군사들이 바로 그 예이다. 이들에 대하여는 임란초기 이순신이 "장건하고 활 잘쏠 뿐 아니라 선박에 익숙한 군사들"임을 강조하였을 만큼 실전을 통해 강인한 전투력을 보여준 해전의 용사들이었다.

이와 같은 수군제도의 특수성과는 또 다른 요인으로서, 임란 초기 해전시 전라좌수군이 연전연승하는 과정에서 빼놓을 수 없는 또 하나의 군사력이 있었다. 전라도 연해지역에서 이순신 휘하에 자진종군 했던 해상의병의 활동이 그것이다. 이들은 임진년 8, 9월 사이에 순천부를 중심으로 전라좌도 연해지역(현재의 동부전남지역)에서 자발적으로

뛰어든 다양한 신분계층의 군사들이었다. 전라좌수사 이순신이 관내
에 격문을 발하여 의병을 직접 모집하기도 하였다. 여기에는 전직관
료·무과출신·유생·승려 층이 모두 참여하였으며, 가까운 도서지역
에서 유배생활을 하던 인사들도 있었다. 이들 해상의병은 전라좌수사
이순신 휘하에 들어가 직접 전선에 탑승하여 해상전투에 참전하였을
뿐 아니라 연해지역 요해처를 파수하기도 하고, 전라좌수영을 방위하
거나 수륙간을 왕래하면서 군량보급 등의 후방지원활동을 펼치기도 하
였다. 때로는 자발적으로 이순신의 군관이 되어 전라좌수사를 보좌하
면서, 전라좌수영 관내에서 피란생활을 하던 이순신의 모친을 보호하
는 등 다각적인 면에서 임란 해전을 협찬하였다. 해상의병의 활약에
대하여는 이순신이 선조께 올린 다음의 장계가 잘 설명해주고 있다.

> 수군부대에 자원해온 의병장 순천교생 성응지와 의승장 守仁·義能 등
> 은 이번 난리통에 자신들의 편안함을 돌보지 않고 의기를 격발하여 군사
> 를 모아 각기 수백 여 명씩을 인솔해와 나라의 수치를 씻으려 함이 참으로
> 가상합니다. 해상에 진친 뒤 군량을 스스로 마련하여 두루 공급하면서 어
> 렵게 이어 댄 노고의 정상은 관군(수군)보다 배나 더함이 있었는데 아직도
> 그 수고로움을 꺼리지 않고 더욱 힘쓰고 있습니다. 지난날 전투에서 적을
> 침에 있어서도 뚜렷한 전공을 남겼으며 여전히 나라를 위한 충의심에 변
> 함이 없으니 극히 가상할 일입니다. 그러므로 성응지와 수인·의능 등은
> 조정이 특별히 표창하여 뒷사람들로 하여금 격발케 하여야 합니다. 그리
> 고 또 순천에 거주하는 전만호 이원남이 의병을 모집하여 거느리고 전선
> 을 타고 와서 수군부대에 소속하기를 청함으로 곧 바로 장수로 배정시켜
> 적을 토벌하게 하였습니다.[13)]

이것은 임진왜란이 일어난 2년 뒤에 순천교생 출신의 의병장 성응지

---

13) 『이충무공전서』 권4, 「청상의병제장장」.

와 의승장 수인과 의능 등의 활동에 한정하여 그들의 포상을 요청한 글 가운데 일부이므로 해상의병 전체에 대한 평가는 아니다. 그러나 해전에 자원하여 스스로 군량을 마련하여 떨친 그들의 의기와 전공이 정규군에 비할 바가 아니었다는 지적만으로도 전라좌수군이 초기해전에서 제해권을 장악함에 있어서 해상의병의 역할이 매우 컸음을 짐작할 수 있다.

전라좌수영 관할구역을 중심으로 일어난 해상의병은 전라좌수군과 결합, 해전에 자원한 뒤 군량을 스스로 마련해 가면서 전투에 참여하였을 뿐 아니라 그들이 떨친 의기와 전공 또한 정규군에 못지 않았다. 해상의병이 수군과의 연합작전에 의해 승리를 거둔 대표적인 예로서 1593년 2월에 있었던 웅천상륙작전을 들 수 있다. 이 해전에서 순천 의병장 성응지와 송광사의 의승장 삼혜 및 흥양출신 의승장 의능 등의 군사들은 10여 척의 전선에 분승한 뒤 동쪽으로는 안골포에, 서쪽으로는 제포에 상륙하여 적을 유인하면서 교란작전을 펼쳤다. 이때 적의 수군이 수륙으로부터 협공당할 것을 두려워하여 갈팡질팡하는 사이에 의병과 이순신 휘하 수군이 합세하여 정면공격을 가함으로써 대승을 거두었던 것이다.

해상의병의 활동 가운데서도 특히 의병장 성응지의 활약이 두드러졌다. 그는 용호장이란 군호를 갖고서 순천 광양 한산도 등지의 수륙간을 왕래하면서 종횡으로 의병활동을 전개하였던 인물이다. 그는 1594년 8월, 왜란의 종식을 보지 못한 채 세상을 떠남으로써 이순신이 매우 애석해 했었다. 그리고 1592년 9월, 부산포해전에서 큰 공을 세운 순천감목관 조정趙玎의 활약상도 눈에 띄게 현저하였으니, 이에 대하여 전라좌수사 이순신은 다시 선조께 다음과 같이 상소하였다.

그 동안 4차에 걸쳐 출전하여 10회의 접전끝에 모두 다 승리하였으나 수군장졸들의 공로를 논한다면 이번 부산포해전 보다 더한 것이 없습니다. 전일의 전투에서는 적선의 숫자가 많아도 70여 척에 불과했는데 이번은 대적의 소굴 속에 포진한 4백여 척 속으로 뛰어들어 조금도 두려워함이 없이 종일토록 공격, 적선 1백여 척을 깨뜨림으로써 적으로 하여금 머리를 들지 못하고 겁내 떨게 하였습니다. …(중략)…그 중에서도 순천감목관 조정은 비분강개하여 자력으로 전선을 마련하여 자신의 종들과 목동들을 거느리고 자원출전 하여 이 해전에 참전했습니다. 그리하여 왜적을 다수 쏴죽이고 적의 군수품도 다량 노획해 왔는데 이 사실을 중위장 권준이 두세 차례씩 보고해 왔을 뿐 아니라 본관이 보는 바도 그와 같았습니다.[14]

위의 장계에서 이순신이 강조하여 국왕께 보고한 대로 순천출신 조정은 전선까지 스스로 마련, 해전에 자원참전하여 뚜렷한 전공을 세운 대표적인 예로 꼽혔다.

전라좌수영 관내의 해상의병 활동에서는 부자·형제와 숙질 등 일가 문중의 인사들이 집단적으로 전라좌수군의 지원군으로 활약했거나 수군통제사 이순신을 적극 협찬했던 사례가 눈에 띄게 많았다. 그들은 군량과 전선운용에 필요한 물자들을 스스로 마련하였을 뿐 아니라 전라좌수사 이순신의 모친을 수영에서 가까운 곳에 모셔 봉양하는 등 다양한 의병활동을 전개하였다. 그렇게 함으로써 관군인 정규수군의 사기를 높여주었고 실전의 전력강화에도 직접적인 영향을 주어 수군승첩의 요인으로 작용하였다.

정유재란시 명량해전에서 보인 피란민들의 활동상 또한 자연발생적으로 일어난 향보성 해상의병의 한 유형이었다고 할 수 있다. 이미 전쟁능력을 상실한 조선수군을 대신하여 연해지역의 사민士民들이 피란선단을 동원, 해상의병으로 참전한 그들이 일본군의 서침을 저지하고 대첩을 거둔 좋은 예였다. 따라서 해상의병의 활약은 조선군의 해상권

---

14) 위의 책, 권2 「부산파왜병장」.

장악을 뒷받침하여 임란극복을 가능케 해준 중요한 사례로서 그들의 역할은 육상의 의병활동 못지않게 중요한 의미를 갖는다 하겠다.

Ⅳ. 맺음말

　지금까지 임란 의병운동의 배경과 의병의 유형에 대하여 간략히 살려본 다음, 호남의병의 특성에 대하여 집중적으로 검토하였다. 임진란시의 호남의병이란 육해상에서 동시에 일어난 근왕의병이 주류를 이루었다. 이들은 1592년 6월 이후 1593년 6월에 이르기까지 국가보존을 목표로 하는 의병활동을 주로 경기도와 경상도를 중심으로 전개하였다.

　위에서 본대로 전라도 근왕의병의 특성은 첫째, 8도 가운데 유일하게 육해상에서 모두 봉기하였다는 사실이다. 둘째는 도경道境을 벗어난 원거리에서 작전이 계속되었다는 점이다. 그러므로 군량조달이나 지리적 사정 등 작전수행이 그 만큼 어려운 악조건에서 전개되기 마련이었다. 따라서 의병활동 과정에서 향보의병에 비하여 보다 많은 희생을 치루었다는 점을 세 번째로 꼽을 수 있다. 이것은 고경명 김천일 최경회 고종후 장윤 등 유독 호남출신의 의병지도자들이 전투현장에서 대부분 순절했던 사실만으로도 그 사실을 뒷받침한다. 끝으로 근왕의병의 속성이 그러하였지만, 호남의병의 특징으로 지적할 수 있는 또 하나가 계기적繼起的인 의병활동이 이어졌다는 것이다. 고경명의 의병운동 이후 전라우의병과 고종후의 복수의병이 계속 일어났고, 최경회의 진주성 순절 이후 최경장의 계의병군繼義兵軍이 그 활동을 이어갔으며, 제2차 진주성전투에서 거의 대부분의 의병장들이 순국한 후에도 다시 의병운동이 이어져 광주의 김덕령군이 성군했던 사실들이 모두 그것을 말해준다.

16~17세기 보성 장흥지방의 재지사족

-전라좌의병 지도층과 그 가문을 중심으로-

송은일[*]

Ⅰ. 머리말

사림이란 유교주의 정치세력이라 할 수 있다. 그들이 조선 정계의 주도세력으로 등장한 시기는 중종반정 직후가 아닌가 한다. 고려 말 조선 초의 신흥사대부가 그 단초가 된 사림세력들은 훈구파의 정치적 탄압을 겪으면서도 그것을 극복하고 무려 170여 년 만에 조선 정계에 새로운 주인이 되었던 것이다. 이들은 기본적으로 지식계층으로 구성되었기 때문에 자연 학문과 정치 양면에 걸쳐 조선시대사 전개에 절대적인 영향을 미쳤다. 따라서 16세기 이후 조선의 정치사회를 이해하기 위해서는 반드시 논의되어야 할 부분이 바로 사림의 동향이라고 할 수 있겠다.[1]

그동안 조선시대 사림에 대한 연구는 형성, 학파, 인물, 사상 등 가히 헤아리기 힘들 정도로 온축되어 있는 것이 사실이다.[2] 그런데도 불

---

* 전남대학교 이순신해양문화연구소 연구실장.

1) 趙湲來, 「士禍期 호남사림의 學脈과 金宏弼의 道學思想」『東洋學』 25, 1995. 257쪽.

2) 조선시대 사림에 대한 연구 성과에 대해서는 鄭萬朝, 「조선시대의 士林政治 -17세기의 정치형태-」『韓國史상의 政治形態』, 一潮閣, 1993; 고영진, 『호남사림의 학맥과 사상』, 혜안, 2007, 17~23쪽을 참조 바람.

구하고 각 지방별(군·현별) 재지사족에 대한 문제 즉 형성, 그리고 그들의 사회·경제적 기반 등에 관한 연구는 아직도 많은 부분이 구유具有되지 못한 실정이다. 이는 여러 원인이 있었겠지만 특히 관련 자료의 부족으로 인해 연구자들의 눈길을 끌지 못한데서 비롯되었던 것은 아닌가 하는데, 이 글에서 논의하고자 한 보성 장흥지방 재지사족도 그와 같은 경우라고 생각되는 것이다.[3] 주지하는 바와 같이 사족은 각 지방에 그 뿌리를 두고 있다. 때문에 그들의 형성이나 기반 등에 대해서는 각 지역별로 특수성을 띠고 있다고 생각한다. 따라서 사족의 성향을 정확히 파악하기 위해서는 지역적인 사정을 달리하는 다양한 사례 연구의 필요성이 여전히 요구된다 하겠다. 자료의 한계를 느끼면서도 굳이 보성 장흥지방의 재지사족에 대한 논의를 시작한 저의가 여기에 있는 것이다. 이 글에서는 이러한 점들을 감안하여 기왕의 연구 성과를 토대로 다음과 같이 논의를 전개하고자 한다.

우선 호남사림의 흥기 배경을 다루어 보고자 한다. 호남사림은 중종반정 직후 집중적으로 중앙정계에 진출하는 양상을 띠게 되는데,[4] 그러한 영향이 어디에서 비롯되었던 것인가를 드려다 볼 것이며, 나아가 보성 장흥지방 재지사족의 동향에 대해서도 함께 다루어보도록 하겠다. 물론 호남사림의 흥기 배경 등은 기왕의 연구 성과에서 대체적으로 다루어진 부분이다.[5] 그런데도 불구하고 굳이 여기서 재론하

---

3) 물론 보성사림에 대한 논의가 전혀 없었던 것만은 아니었다. 그러나 기왕의 연구는 호남사림의 흥기와 연관하여 보성사림의 동향과 일부 인물들의 행적 및 사상 등만을 살펴본 것이다(조원래, 「朝鮮前期儒學의 發達과 寶城士林」『寶城郡史』, 1995, 265~273쪽).

4) 조원래, 「16세기 초 湖南士林의 形成과 士林精神」『錦湖文化』 50, 1989, 15쪽: 趙湲來, 「士禍期 湖南士林의 學派와 金宏弼의 道學思想」『東洋學』 25, 1995, 258쪽; 寶城郡史編纂委員會, 「朝鮮前期儒學의 發達과 寶城士林」『寶城郡史』, 265~270쪽.

5) 조원래, 같은 논문, 「16세기 초 湖南士林의 形成과 士林精神」:「朝鮮前期儒學의 發達과 寶城士林」『寶城郡史』, 1995:「士禍期 湖南士林의 學派와 金宏弼의 道學思想」

는 이유는 이에 대한 환기 차원은 물론이고 이어 논의될 문제에 대해 조그만 발판 역할을 하지 않을까 싶어서이다. 다음으로 임란전후로 하여 보성 장흥지방 재지사족의 사회적 기반과 정치적 성향에 대해 서 다루어 보고자 한다. 이에 대해서는 이들의 세계世系와 통혼通婚관 계 그리고 사우師友관계와 학맥 등을 통해서 알아보도록 할 것이다. 이러한 논의를 전개하는데 있어서 먼저 밝혀두고자 하는 것은 그 대 상을 임란 당시 전라좌의병 지도층과 그 가문으로 한정하고자 한다. 그 이유는 당시 전라좌의병 지도층과 이들 가문이 이 지역을 대표하 는 사족이었다고 생각됨으로 그들을 통해서도 이 지역 재지사족들의 동향과 사회적 기반을 충분히 파악할 수 있지 않을까 여겨지기 때문 이다. 이상의 내용을 통해 16~17세기 보성 장흥지방 사족의 동향과 사회적 기반을 이해하는 데에 있어 빈약하나마 밑거름이 되기를 기 대한다.

Ⅱ. 호남사림 흥기와 보성 장흥사족

이미 밝혀진 바와 같이 호남사림이 집중적으로 배출된 시기는 중종대 였다.[6] 이는 조선 전기의 마지막 세대를 살아간 인물인 허균許筠(1369~ 1618)이 그의 문집에서 중종대에 호남지방의 인재들이 유난히 많았음을 강조하였다거나,[7] 조선 후기 박세채朴世采와 홍석주洪奭周가 왕조 중엽

『東洋學』 25; 이해준, 「己卯士禍와 16세기 전반의 湖南學派」 『傳統과 現實』 2, 1991; 高英津, 「16세기 湖南士林의 활동과 학문」 『南冥學硏究』 3, 1993.

6) 호남사림의 흥기와 관련해서는 조원래, 같은 논문, 「16세기 초 湖南士林의 形成과 士林精神」과 「士禍期 湖南士林의 學派와 金宏弼의 道學思想」 『東洋學』 25, 1995에서 정치하게 다루어졌기 때문에 이를 토대로 하여 정리하였음을 밝혀둔다.

7) 許筠, 『惺所覆瓿藁』 卷23 「惺翁識小錄」 中. 허균은 여기서 중종대 호남의 인물들의 예까지 들어 놓았는데 이를 보면, 訥齋 朴祥의 형제·舍人 崔山斗·河西 金麟厚·石川

(중종·명종)에 이르러 호남지방에 명현일사名賢逸士가 많았다고 언급한 내용을 상기시켜 보면 충분히 알 수 있는 것이다.[8] 이와 같은 사실들은 이 시기에 이르러 이 지방 출신자들의 문과 합격자가 다른 때보다 유달리 많았던 것이나 중종 8년에 시행된 생·진사 급제자 200명 가운데 47명이 호남출신자들이었다는 데에서도 입증된다. 이와 관련하여 중종대부터 선조대에 이르기까지 각종 과거에서 호남출신자들이 장원급제하는 경우가 빈번했었다는 사실은 주목할 일이다.[9]

그런데 여기서 한 가지 궁금한 것은 호남지방의 사림들이 중종 때부터 유독 왕성하게 활동했었던 이유가 어디에 있었던 것인가 하는 것인데, 이에 대해서는 다음의 내용을 보면 알 수 있을 것이다.

이 시기 활동했었던 호남 사림들은 대부분 출신성분상 하나의 공통점을 가지고 있었다. 그것은 그들 선조들이 신왕조 개창이나 이후 정치적 파동기에 절의를 고집했었거나 정쟁에 연루된 사족들이었다는 점과 그로 인한 정치적 박해를 피하여 중앙으로부터 멀리 낙남落南해온 가문들이었다는 점이다.[10] 이러한 이유로 전라도 각 지역에 낙남하게

林億齡·三宰 宋純·贊成 吳謙 등이 그 가운데 가장 뛰어난 인물이었다고 지적한 다음, 思庵 朴淳·一齊 李恒·松川 楊應鼎·高峰 奇大升·霽峰 高敬命 등이 그 뒤를 이어 학문이나 문장으로 세상에 이름을 떨친 인재들이라고 하였다.

8) 『國祖人物考』卷33, 朴世采 撰 「林億齡墓表」; 蘇世讓, 卷首, 洪奭周 撰 「重刊序」.

9) 이 당시 호남출신자로 장원급제한 예를 들어 보면 중종 2년(1507) 진사시 朴祐, 중종 2년(1507) 식년문과 柳沃, 중종 21년(1526) 문신중시 朴祥, 중종 31년(1536) 문시중시·중종 33년(1538) 탁영시 羅世纘, 중종 33년(1538) 별시문과 李萬榮, 중종 35년(1540) 생원시·명종 11년(1556) 문신 중시 楊應鼎, 명종 7년(1552) 생원시 鄭淹, 명종 8년(1553) 친시 문과 朴淳, 명종 13년(1558) 신년문과 高敬命, 명종 17년(1562) 별시 문과 鄭澈, 선조 6년(1573) 알성문과 李潑, 선조 7년(1574) 별시문과 鄭詳 등이다.

10) 조원래, 앞의 논문, 「士禍期 湖南士林의 學派와 金宏弼의 道學思想」, 260쪽. 여기에 해당되는 가문들의 예를 들어 보면 광주의 충주박씨, 담양의 문화유씨와 홍주송씨, 나주의 강화최씨, 장흥의 진주정씨, 함평의 양성이씨, 해남의 원주이씨, 고흥의 고령신씨와 여산송씨 등이 모두 이와 같은 정치적 사건으로 인해 전라도

된 사족들은[11] 침잠성리沈潛性理하며 수기修己 지향의 자세와 후진 교
육활동에 치중하는 입장을 견지하였다. 그러나 이들은 성리학과 접촉
을 체험한 사대부란 모태에서 파생된 존재로서 권력 지향의 속성을 지
니고 있었다. 또 정치·사회적 여건의 향상을 도모하지 않고는 성리학
의 이상 구현이 불가능한 만큼 정계 진출에 전혀 무관심 할 수는 없었
다.[12] 비록 이들이 여러 정치적 상황에 의해 향촌에서 은거 생활을 지
속하고 있었지만 시대적 명분과 사명이 주어질 경우 언제든지 정계에
진출할 수 있는 예비된 정치인들이었던 것이다. 그러했었던 이들에게
중앙정계에 진출할 수 있는 하나의 계기가 되었던 것은 1506년 중종반
정이었다. 연산군의 폐정에 종지부를 찍은 이 정치적 사건은 민본정치
의 의리를 실현하지 않을 때에는 군왕마저도 그 징계대상에서 예외일
수 없다는 것을 실증적으로 보여준 사건이었다.[13] 여하튼 연산군을 폐
위하고 새롭게 등극한 중종은 도학자들을 등용하고 새로운 정치를 열
어가려고 노력하였는데, 이러한 그의 열린 정치는 그동안 정치적 상황
을 관망해 오던 각 지방의 사림을 자극하여 다투어 중앙정계에 진출케
한 촉매가 되었던 것이다.[14] 이 시기 호남지방 출신자들이 전에 없이
관로에 진출하는 경향이 더욱 두드러지게 나타났던 이유 중에 하나가
바로 이러한 데에 있었다고 생각한다.

　다음으로 연산군 집정기에 전라도에서 폭군을 타도하려는 구체적인

　각 지역에 낙남 입향한 가문들이었는데, 이외에도 이러한 가문들은 상당히 많이
　존재한다.
11) 이 사족들은 일찍이 정치권력의 명분을 道의 추구와 실현에서 찾았으며 그것은 구
　체적으로 義로 실현되어야 한다고 믿었기 때문에 義理의 실현을 가장 큰 덕목으로
　생각하였던 것이다(오종일, 「조선유학의 정통성과 호남의 사림」, 60쪽).
12) 국사편찬위원회, 『한국사』, 탐구당문화사, 1996, 175쪽.
13) 이해준, 앞의 논문, 「己卯士禍와 16세기 전반의 湖南學脈」, 144쪽.
14) 조원래, 앞의 논문, 「16세기 초 湖南士林의 形成과 士林精神」, 16쪽

행동이 있었다는 것도 중종 때 호남사림의 흥기와 관련하여 주목해야
할 부분이다. 박원종 등의 반정계획이 중앙에서 이루어지고 있을 무렵
그와 때를 같이하여 전라도에서도 독자적으로 거사계획이 진행되고 있
었다. 당시 도내에 유배 중이던 유빈柳濱·이과李顆·김준손金駿孫 등이
옥과현감 김개金漑 등과 더불어 중앙에 격문檄文을 전한 뒤 전라도에서
군사를 모아 북진할 계획을 세웠던 것이다.[15] 이때 반정이 일어났다는
소식을 접한 이들은 군사행동을 중단하였으나 이 사건은 당시 호남지
방의 분위기와 현지 사족들의 동향을 이해하는데 있어서 중요한 의미
를 갖는다. 즉 이같이 호남사림들이 반정계획을 직접 계획했었다고 하
는 것은 이들이 그만큼 새로운 정부를 갈망했었다고 할 수 있겠으며,
그것이 실현되자 호남사림들은 새로운 정부에 참여하려는 의욕이 매우
컸을 것으로 생각되는 것이다.[16]

마지막으로 호남사림이 중종 때부터 각종 과거에서 여타 지역보다
많은 입격자를 배출한 것은 물론이고 수많은 인재들이 나올 수 있었던
원인에 대한 것인데, 이 또한 이 시기 호남사림의 흥기 요인에서 빼놓
을 수 없는 중요한 사실이라고 본다. 결론부터 말하자면 이러한 결과
가 있기까지는 여러 가지 원인이 있었겠지만 무엇보다도 이 당시 학명
이 자자했던 김굉필·최부·송흠·박상 등의 학문 활동의 영향 때문으
로 판단된다. 이들 문하생들은 중종 대 부터 선조 대에 이르기까지 과
거에 입격자 중 대부분을 차지하였고 장원급제자 역시 마찬가지였다.
그리고 당시 중앙정계에서 중요직을 차지했었던 것은 물론이고 중종
때의 호남삼걸湖南三傑(최산두·윤구·유성춘), 명종 때의 호남삼고湖南三
高(고경명·안축·임억령), 선조 때의 호남오현湖南五賢(이항·유희춘·기대

---

15) 『中宗實錄』卷1 중종 원년 12월 乙巳.

16) 조원래, 앞의 논문, 「士禍期 湖南士林의 學派와 金宏弼의 道學思想」, 260쪽.

승·박순·노진 혹은 노진 대신 김천일을 넣기도 함)과 송순·정철과 같은 시인, 문장가들도 이들 중심으로 연결되는 인맥과 학맥이었다. 따라서 중종 때부터 유독 호남사림이 흥기하게 된 배경을 운위할 때 김굉필·최부·송흠·박상 등의 학문 활동은 반드시 포함시켜야 할 것이다. 이들은 행적에서 알 수 있듯이 철저한 도학파 성리학자로서 의리정신과 실천궁행을 중시했었던 인물들이라고 할 수 있겠다. 때문에 이들의 사상이 문하생들에게 미쳤던 영향은 대단히 컸을 것으로 생각된다. 김굉필 등의 문하생들이 대체로 도학자들을 등용하고 새로운 중흥의 계기를 마련하고자 했던 중종 때 중앙 진출에 활기를 띠었던 것도 그들의 학문적 영향에서 비롯되었다고 단정해도 좋을 듯싶은 것이다. 이들의 인맥이나 학문수수관계는 다음 장에서 자세히 다루기 때문에 여기에서는 더 이상 거론하지 않겠다.

이상 호남사림의 흥기 요인에 대해서 살펴보았는데, 이제 이와 같은 시기에 보성 장흥지방 사족들의 동향에 대해서 다루어보도록 하겠다.

이 시기에 있어서는 보성 장흥지방에서도 이와 같은 시대적 분위기와 짝하여 죽산안씨·보성오씨·진원박씨·장흥임씨·보성선씨·영광김씨·장흥위씨·수원백씨·광산김씨·영암이씨 등 현지 저성거족著姓巨族들을 중심으로 과거 입격자를 많이 배출하였다. 여기에서 조선시대 보성 장흥지방 사족들의 활동상을 알아보기 위해서『문과방목』,『사마방목』,『신증산양지』,『보성군읍지』,『보성군향토사』와 족보류 등에 나타난 문과, 생·진사 급제자 현황을 표로 제시하면 다음과 같다.

寶城郡 文科·生員·進士 名單一覽[17]

A. 文科(34名)

廟 號	姓 名	本 貫	備 考	廟 號	姓 名	本 貫	備 考
恭讓王	吳 像	寶城	高麗	肅宗	鄭東潤	河東	
太宗	吳天乙	寶城	朝鮮		崔弘旬	耽津	
中宗	安秀崙	竹山			安敏孺	竹山	
	安秀岑	竹山			安俊孺	竹山	
	吳愼之	寶城		英祖	任鐘觀	長興	
	安 舳	竹山	湖南三高		任日源	長興	
	吳 積	寶城			李廷璞	慶州	
明宗	任百英	長興			李漢東	慶州	
宣祖	任啓英	長興			張 旭	德水	
	黃承憲			正祖	任長源	長興	
	鄭思悌	晉州			尹陽昇	漆原	
	金公喜	光山			尹泰衡	漆原	
仁祖	曹挺宇	昌寧		純祖	任興源	長興	
	吳友善	光山		憲宗	安命㮨	竹山	
肅宗	尹東郊	漆源		高宗	朴洪柱	密陽	
	李以升	慶州			宣俊采	寶城	

B. 生員(69名)

廟 號	姓 名	本 貫	備 考	廟 號	姓 名	本 貫	備 考
太宗	孫有敬	密陽			蔡慶昌	漆原	
世宗	朴暉生	珍原		肅宗	李以根	慶州	
	宣時中	寶城			安善孺	竹山	
成宗	朴繼原	珍原			安俊由	竹山	
	朴胤原	珍原			朴隆漢	咸陽	
	文 敏	南平			林益芳	兆陽	

17) 이 명단은 『國朝文科榜目』, 『司馬榜目』, 전라좌의병 지도층 가문의 족보, 조원래,
「朝鮮前期儒學의 發達과 寶城士林」『寶城郡史』, 1995, 266~279쪽 〈表6〉을 토대로
재작성 하였다. 그런데 여기서 한 가지 밝혀두고자 하는 것은 필자가 이 명단을 발췌
하는 과정에서 입격자를 누락시켰을 가능성과 입격자가 아닌데도 입격자로 판단한
경우도 있었을 것이라는 것이다.

	朴以良	咸陽			尹萬挺	咸安	
	宣遇贇	寶城			辛繼明	靈山	
	宋 昌			景宗	任繼當	長興	
中宗	鄭 稅	河東		英祖	朴守天	珍原	
明宗	蔡庭海	平康			朴燦瑛	珍原	
	朴光昭	珍原			朴燦玟	珍原	
	李慶南	慶州			李廷彙	慶州	
	任希重	長興			李光顏	星州	
	任百英	長興			李弘輔	星州	
	蔡廷祚	平康			鄭守奎	晉州	
宣祖	吳德潤	寶城		純祖	廉鐘煥	坡州	
	朴千孫	咸陽		憲宗	曺秉麟	昌寧	
	宣廷達	寶城			安命熙	竹山	
	尹大任	漆原		哲宗	安 連	竹山	
	林厚生	兆陽			安命道	竹山	
	任 澍	長興		高宗	金昌浩	慶州	
	鄭 佶	河東			沈能五	靑松	
	鄭思悌	晉州			全時馥	天安	
光海君	安申敬	竹山			尹灌浩	海南	
仁祖	李時遠	慶州			廉在璇	坡州	
	金 銃	金海			崔致廷	浪州	
	安之聖	竹山			任 傑	長興	
	安之望	竹山			廉右鉉	坡州	
	安之玉	竹山			柳仲煥	高興	
孝宗	安 崟	竹山			安暢煥	竹山	
	任大有	長興			廉在高	坡州	
顯宗	朴士憲	珍原		未詳	鄭 건	河東	
	文希稷	南平			金 鼎		
肅宗	曺夏翊	昌寧			安灝一	竹山	
	朴萬當	珍原					

C. 進士(98名)

廟 號	姓 名	本 貫	備 考	廟 號	姓 名	本 貫	備 考
世宗	朴文基	珍原			鄭思悌	晉州	
	朴崇基	珍原		仁祖	吳好禮	寶城	
世祖	朴興原	珍原			宣羽海	寶城	
成宗	安 範	竹山			安 崟	竹山	
	朴繼原	珍原		孝宗	崔 最	海州	
中宗	安 舳	竹山			任相舟	長興	
	朴 困	珍原		顯宗	李漢龜	慶州	
	朴益堅	珍原			李柱遠	慶州	
	朴益强	珍原		肅宗	曹命亨	昌寧	
	朴而建	珍原			李韓耈	慶州	
	朴而誼	珍原			李漢泳	慶州	
	朴而俊	珍原			安敏孺	竹山	
	任萬英	長興			卞時來	草溪	
	韓希适	清州			安世會	竹山	
	安重寬	竹山			李光錫	星州	
	安秀崙	竹山		景宗	朴鳳錫	珍原	
	安秀岺	竹山			鄭時燁	靈城	
	金 胤	光山		英祖	朴燦?	珍原	
明宗	朴而徹	珍原			朴道汲	珍原	
	安重敦	竹山			李廷熺	慶州	
	任希重	長興			文永博	南平	
	朴光玄	珍原			河聖圖	晉州	
	朴光雲	珍原			李漢彦	慶州	
	鄭 謹	晉州			張必弘	興城	
	吳世柳	寶城			尹奎鼎	咸安	
	朴萬孫	咸陽			廉德鳳	坡州	
	曹 滋	昌寧			金 玲	光山	
	宣應直	寶城		正祖	任榮材	長興	
宣祖	朴光前	珍原			尹 愔	海南	
	朴根孝	珍原			廉相五	坡州	
	任 溇	長興		純祖	崔煥文	海州	
	李奇南	慶州			任龍材	長興	

	蔡 侻	平康		哲宗	李秉容	星州	
	朴億孫	咸陽		高宗	朴南鉉	珍原	
	朴遇春	扶安			崔昊廷	郎州	
	曺景立	昌寧			蔡致默	平康	
	鄭思悌	晉州			金商烈	慶州	
	魏後徵	長興			李基衡	慶州	
	尹 碩	咸安			許 謹	陽川	
光海君	白鴻南	水原			楊大植	清州	
	吳南傑	寶城			尹萬原	咸安	
	宣仁厚	寶城			梁圭浩	濟州	
	朴弘仁	咸陽			李志容	星州	
	安由愼	竹山			朴宗珪	潘南	
仁祖	安 崟	竹山			安 策	竹山	
	朴春秀	珍原			金卝植	金海	
	朴春長	珍原			崔煥文	海州	
	朴仁剛	珍原			安圭奭	竹山	
	李敏臣	慶州			宣炳蓮	寶城	
	李儁伸	慶州			宋秉鶴	礪山	

長興郡 文科·生員·進士 名單一覽[18]

A. 文科(42名)

廟 號	姓 名	本 貫	備 考	廟 號	姓 名	本 貫	備 考
文宗	任 懿	長興	高麗	光海君	宣世徽	寶城	
睿宗	任元厚	長興	高麗	仁祖	曺 璒	昌寧	
明宗	任 濡	長興	高麗		金汝璟	靈光	
高宗	任景肅	長興	高麗	肅宗	安敏孺	竹山	
	任景謙	長興	高麗		安俊孺	竹山	
	任 翊	長興	高麗		金 汲	靈光	

18) 이 명단은 『國朝文科榜目』, 『司馬榜目』, 전라좌의병 지도층 가문의 족보, 長興郡誌
編纂委員會, 『長興郡誌』, 1993 등을 토대로 작성하였다. 그런데 여기서 한 가지 밝혀
두고자 하는 것은 필자가 이 명단을 발췌하는 과정에서 입격자를 누락시켰거나 아니
면 입격자가 아닌데도 입격자로 판단한 경우도 있었을 것이라는 것이다.

太宗	金 瓚	靈光				文德龜	南平	
文宗	盧自亨	光山				文德麟	南平	
世祖	金 瑾	靈光				金泰鼎	金海	
成宗	李元成	廣州			景宗	鄭在春	晋州	
	金 塊	靈光				金光虎	光山	
燕山君	金永幹	金海			英祖	魏致亮	長興	
中宗	李元和	廣州				高益擎	長興	
	金希鍊	慶州				金聖壆	淸風	
	金三宅	靈巖				金光潤	道康	
	金三達	靈巖				文衡中	南平	
	林 薈	扶安				姜彦輔	晋州	
宣祖	鄭名世	晋州				盧泰觀	光山	
	魏天佑	長興			純祖	白萬榮	水原	
	丁景達	靈光			哲宗	金相勉	光山	
	金公喜	光山			高宗	鄭斗欽	晋州	

B. 生員(48名)

廟 號	姓 名	本 貫	備 考	廟 號	姓 名	本 貫	備 考
睿宗	金 塊	靈光		仁祖	安之聖	竹山	
成宗	安 範	竹山		肅宗	安世會	竹山	
	馬乘乾	長興			金喜組	靈光	
燕山君	李孟均	慶州			李敏琦	仁川	
	金大畜	淸州			李敏璋	仁川	
中宗	梁億柱	濟州			文德龍	南平	
	金光遠	靈光			金泰鼎	金海	
	林 薝	扶安			安善孺	竹山	
明宗	李萬春	慶州			文德綱	南平	
	任希重	長興		英祖	任命鉉	長興	
	白光弘	水原			金用九	靈光	
	崔 鵬	竹山			金夢龍	靈光	
宣祖	鄭名弘	晋州			金用九	靈光	
	文成質	南平			魏伯珪	長興	
	宣世徽	寶城			河聖圖	晋陽	
	曹汝欽	昌寧		正祖	魏伯純	長興	

	魏德毅	長興		純祖	金益洙	靈光	
	魏廷望	長興			丁時燁	靈光	
	魏天佑	長興			林升漢	羅州	
光海君	安由敬	竹山			姜彙吉	晋州	
	金應遠	慶州		高宗	金在桓	光山	
仁祖	曹德佶	昌寧			尹祺鎬	海南	
	丁南一	靈光			白宋欽	水原	
	安之望	竹山					

C. 進士(64名)

廟 號	姓 名	本 貫	備 考	廟 號	姓 名	本 貫	備 考
世祖	任得昌	長興		仁祖	朴懷瓊	咸陽	
成宗	安 範	竹山			金汝?	靈光	
燕山君	卞大孫	草溪			張 遜	丹陽	
中宗	金希錬	慶州			魏廷獻	長興	
	金光遠	靈光		顯宗	白文昌	水原	
	林 薈	扶安		肅宗	安敏孺	竹山	
	金三宅	靈巖			安俊孺	竹山	
	金三達	靈巖			金 汲	靈光	
明宗	魏大用	長興			文德龜	南平	
	文緯世	南平			卞爾寶	草溪	
	白光弘	水原			朴光義	蘭浦	
	白光勳	水原			金泰鼎	金海	
	白光城	水原		英祖	鄭奎煥	晋州	
	任希重	長興			文祖光	南平	
	金龜命	靈光			丁允昌	靈光	
	金公喜	光山			金昌沃	光山	
	魏 鯤	長興			魏文德	長興	
	金 斑	光山		正祖	姜采一	晋州	
宣祖	鄭名世	晉州			柳光彙	文化	
	任發英	長興			文永博	南平	
	文希凱	南平		純祖	鄭仁普	晋州	
	尹 澮	漆原			李復淵	仁川	

	金胤	光山		憲宗	盧有龜	光山	
	宣應直	寶城		高宗	金學善	淸風	
	宣世紀	寶城			盧有三	光山	
	金汝重	靈光			文鶴來	南平	
	李昇	仁川			文基良	南平	
	魏後徵	長興			盧瑾	光山	
	白振南	水原			李基鶴	廣州	
光海君	鄭韂	晉州			李承台	全州	
	安由愼	竹山			李僖錫	仁川	
	魏廷勳	長興			白厚鎭	水原	

위 표에서 보는 바와 같이 보성 장흥지방에서도 중종대부터 선조대에 이르기까지 대체로 다른 시기보다 많은 입격자가 있었다는 사실을 알 수 있겠다. 우선 보성지방을 보면 이 시기 문과 입격자 2명 이상을 배출한 가문은 죽산안씨竹山安氏(안수잠·안수령·안축), 보성오씨寶城吳氏(오신지·오적), 장흥임씨長興任氏(임백영·임계영) 등이다. 그리고 생원 진사를 많이 배출한 가문은 진원박씨珍原朴氏인데, 특히 이 집안은 당대의 명유名儒인 동시에 왕세자 師傅를 지낸 박광전朴光前이 나오기도 하였다. 역시 많은 생원 진사를 낸 죽산안씨竹山安氏 집안은 호남삼고湖南三高의 일원으로 이름을 떨친 안축 이후 박광전의 문인이면서 인조대에 호남사림을 대표했었던 안방준을 배출한 재지명족이었다. 다음 장흥지방을 보면 이 시기 문과 입격자 2명 이상을 배출한 가문은 영암김씨靈巖金氏가 유일한 가문인데 김삼택과 김삼달은 형제간으로 진사시에도 입격하였다. 그리고 생원·진사를 많이 배출한 가문은 수원백씨水原白氏·장흥위씨長興魏氏·장흥임씨 등인데, 이들 가문은 모두 장흥에서 저성거족이었다. 이상의 내용을 통해 볼 때 보성 장흥지방의 사족들의 활동이 가장 왕성했었던 시기도 역시 중종대부터 선조대에 걸친 기간이었다고 생각되는데, 이것은 곧 앞에서 언급한 호남사림의 흥

기 배경과 같은 맥락에서 이해해도 무방하리라고 본다.

Ⅲ. 전라좌의병 지도층의 가문과 사회적 기반

이번 장에서는 전라좌의병 지도층과 그 가문을 중심으로 하여 보성 장흥지방 재지사족의 사회적 기반을 알아보도록 하겠다. 임란 당시 의병지도층은 대부분 문과출신이거나 전직 관인들로서 각 지역의 명망 높은 인사들이었는데, 보성 장흥지방을 중심으로 봉기한 전라좌의병 역시 예외는 아니었다. 때문에 그들이 지역사회에 미치는 영향력은 지대했을 것임은 두말 할 나위도 없겠으며, 이들 가문이 곧 이 지역을 대표하는 사족이라고 말할 수 있겠다. 따라서 16~17세기 당시 보성 장흥지방 재지사족의 사회적 기반을 알아보는데 있어 전라좌의병 지도층과 그 가문을 대상으로 한정하여 삼는다고 해도 큰 무리는 없을 것으로 생각되는 것이다.

1) 의병지도층의 가계와 혼맥

임란 초기 호남의병의 활동은 김천일과 고경명이 주도한 나주의병과 담양의병의 봉기가 그 단초가 되었다. 당시 나주의병은 경기도 일원에서 활동하게 되었으며, 담양의병은 금산성에서 왜병과 접전하게 되었다. 그런데 임진년 7월 10일, 제1차 금산성전투의 패전으로 인하여 고경명 휘하의 의병은 지도층의 핵심인물들을 잃고 와해되고 말았다. 이와 같은 상황에서 도내에 자위를 감당할 만한 군사조차 없게 되자 위양군의 뒤를 이어 전라좌·우의병이 다시 봉기하였던 것이다. 여기서 한 가지 특징적은 것은 최경회崔慶會를 맹주로 한 전라우의병이 와해된 고경명의 담양의병을 재 결집한 의병이었다면, 전라좌의병은 처음부터 독자적으로 성군한 예라는 것이다. 여하튼 전라좌의병은 보성의 임계영任啓英과 박광전朴光前, 장흥의 문위세文緯世, 당시 능성현령이었던 김익복金益福 등 전라좌도의 남부지역 사람이 주축을 이룬 가운데 임진년 7월 20일, 7백여 명의 군사를 모아 보성 관문에서 봉기하게 되었다. 여기서 임계영을 의병장으로 추대하고 문위세를 양향관糧餉官, 박근효朴根孝를 참모관, 정사제鄭思悌를 종사관으로 하는 부서조직을 갖추고 전라좌의병이라 칭하였던 것이다.[19]

이 같이 성군한 전라좌의병의 지도층 인사들에 대해서는『호남절의록湖南節義錄』卷2「좌의병장임공사실左義兵將任公事實」,「좌의병장동창제공사실左義兵將同倡諸公事實」,「죽천박공사실竹川朴公事實」,「죽천박공동창제공사실竹川朴公同倡諸公事實」등에 자세하게 기록되어 있는데 여기서 보성 장흥지방 출신 인물들은 다음과 같다.

보성에서는 좌의병장 임계영任啓英을 비롯하여 박광전朴光前, 박근효朴根孝, 박근제朴根悌, 안방준安邦俊, 임제任濟, 정사제鄭思悌, 소상진蘇尙眞, 염세경廉世慶, 김홍업金弘業, 선경룡宣慶龍, 김언립金彦立 등 12명, 장흥에서 문위세文緯世, 문원개文元凱, 문영개文英凱, 백민수白民秀, 문형개文亨凱, 문홍개文弘凱, 문희개文希凱, 임영개任永凱, 양간梁幹, 남응길南應吉 등[20] 10명인데, 여기에 장흥 출신의 김여중金汝重을 포함시켜도 되지 않을까 생각된다. 사실 김여중은 전라좌의병이 성군된지 2개월 후 9월에 변사정邊士貞과 동창했었지만, 그 이전에 의병과 군량 등을 모아 전라좌의병을 지원했었던 인물이다.[21] 이러한 사실을 토대로

---

19) 趙湲來,『壬辰倭亂과 湖南地方의 義兵抗爭』, 아세아문화사, 2001, 193~194쪽:『새로운 觀点의 임진왜란사 研究』, 아세아문화사, 2005, 170~172쪽.

20)『湖南節義錄』의「左義兵將同倡諸公事實」에는 방광전과 박근제, 안방준이 포함되지 않았으나「左義兵將任公事實,「竹川朴公事實」,「竹川朴公同倡事實」등의 내용을 종합해 볼 때 이들은 전라좌의병 성군과정에서부터 지도층으로 활약했었던 인물이었음을 알 수 있다.

볼 때 김여중은 전라좌의병에서도 얼마간 중요한 임무를 맡고 있었다
고 할 수 있겠으며, 때문에 전라좌의병 지도층 인물로 포함시켜도 되
지 않을까 하는 것이다. 이상이 대개 전라좌의병 지도층 인물이라고
할 수 있겠는데, 이들의 현황을 표로 제시하면 다음과 같다.

임진왜란기 전라좌의병 지도층 현황22)

분류 번호	성명	호	직책	출신지	본관	인적사항 가계	등과	관직	생졸년	비고
1	任啓英	三島	좌의병장	보성	長興	진사 希重의 子	문과	진보현령 양주목사	1528~1597	좌의병장 임공사실
2	朴光前	竹川		보성	珍原	진사 而誼의 子	진사	王子師傅 함열·회덕현감	1526~1597	죽천박공 사실
3	文緯世	楓菴	粮餉官	장흥	南平	진사 亮의 子	진사	용담현령 파주목사	1534~1600	임계영 창의제공
4	安邦俊	隱峯	從事官	보성	竹山	진사 重敦의 子	진사		1573~1654	좌의병장 임공사실
5	金汝重	子任		장흥	靈光	형조좌랑 稅의 子	진사	참봉	1556~?	적개장 동창제공 사실
6	朴根孝	晩圃	종사관	보성	珍原	王子師傅 光前의 子	진사	贈 執義	1550~1607	좌의병장 동창제공 사실
7	任 濟	檜谷	참모	보성	長興	승지 百英의 子		군자감 판사		〃
8	鄭思悌	五峯	종사관	보성	晉州	훈도 誠의 子	생원,진사·문과	贈 부수찬	1556~1594	〃
9	蘇尙眞		보성	보성	晉州	萬戶 珪의 子		사재감 주부	1548~?	〃
10	文元凱	龍岑		장흥	南平	楓菴 緯世의 長子		禮賓寺 主簿	1562~?	〃
11	文英凱	休幹		장흥	南平	위세의 次子		直長	1565~1620	〃
12	白民秀	逑古堂		장흥	水原	直長 承宗의 子 위세의 女婿		제용감 직장	1577~1615	〃

21) 『湖南節義錄』「左義병將同倡諸公事實」.
22) 전라좌의병 지도층 현황은 『湖南節義錄』과 지도층 가문의 족보를 토대로 작성하였음.

13	文亨凱	仁峰		장흥	南平	위세의 三子		直長		〃
14	文弘凱	葛翁		장흥	南平	위세의 四子		直長	1571~1638	〃
15	文希凱	龍湖		장흥	南平	增 參判 緯天의 子	진사	高敞縣監	1550~1610	〃
16	任永凱	東岡		장흥	長興	澍의 子		軍資僉正		〃
17	廉世慶	梁山		보성	坡州	縣監 緯의 曾孫 任啓英의 女婿		軍資僉正	1566~1646	〃
18	梁 幹			장흥	濟州	生員 憶柱의 孫	사마시			〃
19	南應吉			장흥	宜寧	縣監 自容의 孫	무과	主簿		〃
20	金弘業			보성	金海	進士 潤堅의 孫				〃
21	宣慶龍			보성	寶城	宣武功臣 光廻의 子		군자감 주부		〃
22	金彦立			보성	光山	縣監 麟의 玄孫				〃
23	朴根悌	玉峴		보성	珍原	죽천의 次子		참봉	1560~1629	죽천박공 동창제공 사실

이제 위 표에 나타난 전라좌의병 지도층 가문의 사회적 기반에 대해서 알아보도록 하겠는데, 이에 앞서 조선 건국 이후 17세기 이전까지 보성 장흥지방 출신으로 문과, 생·진사시에 합격하였던 인물과 『여지도서興地圖書』 또는 『산양지山陽誌』(임인본壬寅本)의 인물·충신·명현조에 입록된 인물들이 어떠한 가문이었는가를 살펴보겠다.

앞서 언급한바와 같이 우선 보성에서 문과를 배출한 성씨는 보성오씨寶城吳氏·죽산안씨竹山安氏·장흥임씨長興任氏·진주정씨晉州鄭氏·광산김씨光山金氏·창녕조씨昌寧曺氏·광산오씨光山吳氏 등이며, 생원은 밀양손씨密陽孫氏·진원박씨珍原朴氏·보성선씨寶城宣氏·남평문씨南平文氏·함양박씨咸陽朴氏·하동정씨河東鄭氏·평강채씨平康蔡氏·경주이씨慶州李氏·장흥임씨長興任氏·보성오씨寶城吳氏·진주정씨晉州鄭氏·칠원윤씨漆原尹氏·조양임씨兆陽林氏·죽산안씨竹山安氏·김해김씨金海金氏 등이고, 진사는 진원박씨·죽산안씨·장흥임씨·청주한씨淸州韓氏·진

주정씨·보성오씨·함양박씨·창녕조씨·보성선씨·경주이씨·평강
채씨 등이다. 이를 보면 보성오씨·죽산안씨·장흥임씨 가문에서 문과
합격자가 가장 많이 배출되었고, 생원은 진원박씨·장흥임씨·보성선
씨 가문에서. 진사는 진원박씨·죽산안씨·장흥임씨 가문에서 많은 배
출자를 냈는데, 여기서 눈에 띄는 것은 진원박씨 가문은 진사 입격자를
무려 15여 명이나 배출했다는 것이다.[23)]

 『여지도서輿地圖書』 보성군 인물·충신조에 등재된 가문을 보면 보성
오씨·보성선씨·죽산안씨·진원박씨·장흥임씨·김해김씨·진주정
씨·하동정씨·광산김씨·제주양씨濟州梁氏·성주이씨城州李氏·진주
소씨晉州蘇氏 등이며, 『산양지』 인물·명현조에 의하면 보성선씨·보성
오씨·죽산안씨·진원박씨·하동정씨·장흥임씨·해주최씨海州崔氏·
김해김씨·경주이씨 등이 등재되어 있다. 여기서 보면 보성오씨·보성
선씨·죽산안씨·장흥임씨·진원박씨 가문 등이 가장 많이 입록 되었
다는 것을 알 수 있겠다.

 다음은 장흥지방을 살펴보겠는데 문과는, 영광김씨靈光金氏·광산노
씨光山盧氏·광주이씨廣州李氏·김해김씨·광주김씨廣州金氏·영암김씨
靈巖金氏·부안임씨扶安林氏·진주정씨晉州鄭氏·장흥위씨長興魏氏·광
산김씨·창녕조씨·보성선씨 등이며, 생원은 영광김씨·죽산안씨·장
흥마씨長興馬氏·경주이씨·청주김씨淸州金氏·부안임씨·장흥임씨·
수원백씨水原白氏·진주정씨·보성선씨·창녕조씨·장흥위씨·영광정
씨靈光丁氏 등이고 진사는 장흥임씨·죽산안씨·초계변씨草溪卞氏·경
주김씨·영광김씨·부안김씨·영암김씨·장흥위씨·남평문씨·수원
백씨·광산김씨·진주정씨·보성선씨·인천이씨仁川李氏·함양박씨·
단양장씨丹陽張氏 가문 등인데 문과 합격자는 영광김씨·영암이씨·광

---

23) 이 부분은 1장의 보성 장흥지방의 문과·생원·진사 명단 일람표를 토대로 하였다.

주이씨 가문에서 가장 많은 합격자를 내었고, 생원은 영광김씨·죽산안씨·장흥위씨 가문에서, 진사는 장흥임씨·장흥위씨·영광김씨·영암김씨·수원백씨·광산김씨 가문에서 많은 합격자를 배출했다는 것을 알 수 있다.

『여지도서』 인물·충신조에 입록된 가문을 보면, 장흥마씨·영광김씨·수원백씨·광산노씨·초계변씨·수원백씨·진주정씨·남평문씨·장흥위씨·장흥임씨·죽산안씨·장흥위씨 등인데, 이를 보면 영광김씨·수원백씨·영광정씨·장흥위씨·남평문씨 가문 등이 가장 많이 입록 되어 있다.

이상 조선 개창 이후에서 17세기경까지 보성 장흥지방의 문과 생·진사 입격과 함께 『여지도서輿地圖書』 또는 『산양지山陽誌』(임인본壬寅本)의 인물·충신·명현조에 입록된 인물이 어떠한 가문이었는가를 살펴보았는데, 이러한 가문들이 당대 이 지방의 유력가문이 아니었을까 여겨지며, 특히 문과나 생·진사 입격생을 많이 배출한 가문이 이 지방을 주도한 사족이었을 것으로 생각되는 것이다. 이제 이상에서 살펴본 가문들을 염두에 두고 전라좌의병 지도층 가문의 세계·입향시기·통혼권 등을 통해 그들의 사회적 기반에 대해 살펴보기로 하겠다. 여기서 한 가지 미리 밝혀두고자 하는 것은 전라좌의병 지도층을 가문별로 분별하면 장흥임씨·진원박씨·남평문씨·죽산안씨·영광김씨·진주정씨·진주소씨·수원백씨·파주염씨·제주양씨·의령남씨·김해김씨·보성선씨·광산김씨 등 14가문인데, 제주양씨 가문인 양간의 경우 그 세계가 뚜렷하지 않고 광산김씨 가문인 김언립에 대해서는 기록을 찾기가 쉽지 않아 여기서는 제외시키고자 한다.

장흥임씨가 보성에 세거하게 된 것은 계영의 부친인 국담공菊潭公 희중希重(1492~?)이 장흥군 관산면에서 보성군 조성면 축내리로 이거하면서 부터였다. 그의 입향 동기에 대해서는 정확히 알 수가 없다. 다만 희중이 간혹 장흥 관산에 들러 국초에 가화家禍를 당하여 그곳에서 세거하던 문도들이 타지로 떠나 살 수밖에 없었던 사실을 상기하면서, 새기를 위한 맹세를 하곤 했다는 사실은 이와 관련하여 주목되는 부분이다. 사실 희중의 고조 약約은 둔촌 이집遁村 李集과 문과에 동방同榜하여 승의 교위承義 校尉를 지냈는데 조선이 개창되자 관직을 버리고 은둔해 버렸다. 그의 부친인 광세光世는 연산군 정화政禍때 관직을 그만두고 향리에 내려와 여생을 마쳤다고 한다.24) 광세가 왜 관직을 그만두었는지는 알 수 없으나 혹여 정화政禍에 연루되어 파직되지는 않았나 생각되기도 한다. 희중이 가화를 당했다고 했던 것이 바로 이와 같은 이유 때문이 아닌가 싶은데, 그가 보성으로 이거한 이유 중에는 이와도 관련이 있었을 것이다. 또 하나 생각해 볼 수 있는 것은 희중이 취처娶妻와 동시에 처가로부터 가산을 상속 받았는데, 그 재산이 처가 소재지와 그 처가의 연고지에 분포되어 있었기 때문에 결혼과 동시에 분가하여 처향으로 이주했던 것은 아닌가 싶기도 하다.25)

여하튼 희중은 장흥임씨 문헌공파가 보성에 뿌리를 내리게 한 장본인이며, 장흥임씨 보성문중 국담공파조가 되었던 인물이다. 희중은 생·진사 양시에 합격하였고 좌통례를 역임하였으며, 을사명현 석천石川 임억령林億齡과는 막역한 사이였는데 좌통례의 관직을 역임하게 된 것도 임억령의 추천으로 이루어진 것으로 생각된다. 희중은 관직을 역임한 이후 낙향하여 현 보성군 조성면 축내리에 백천당百千堂을 짓고 후학 양성에 힘을 쏟았다. 이 백천당의 당호堂號는 후손들을 훈도하는 가교家敎임과 동시에 교육방침이었는데, 남이 책을 백 번 읽으면 자신은 천 번 읽으라는 인백기천人百己千의 약칭이다.26) 희중의 정신세계를 들어

24)『長興任氏大同譜』卷1(2005).
25) 李樹健,「光山金氏禮安派의 世系와 그 社會·經濟的 基盤」『歷史敎育論叢』1, 1980, 100쪽.

다 볼 수 있는 좋은 예이기도 하며, 이러한 그의 사고는 새로 이주한 보성지방에서의 사회적 기반을 닦는데 정신적 토대가 되었을 것이다. 희중은 김규金奎의 여식 김해김씨와의 사이에서 여섯 아들을 두었다. 차자 천영千英은 첨지중추부사(정3품)를 역임하였고, 4자 백영百英은 명종 16년(1561) 식년 문과에 급제하였다[27] 백영은 당시 보성사림의 종장이었던 죽천 박광전과는 친분이 대단했었다고 하는데, 이는 박광전이 그의 인물됨을 시로서 호평하기도 했었다는 데에서 알 수 있는 것이다. 한편 백영은 임란시 전라좌의병에 군량미를 지원하기도 했었으며,[28] 그의 손자인 희흡는 산양山陽 6현賢의 한 인물로 유명하다.[29] 5자 계영 (1528~1597)은 1576년(선조9년)에 문과에 급제하여 진보현감을 역임했으며, 임란 당시에는 보성 장흥지방 유력사족들이 주축이 되어 성군한 전라좌의병의 의병장에 추대되어 많은 승첩을 올리기도 하였다.[30] 이상 장흥임씨의 보성입향 시기와 동기 등을 살폈다. 이제 이 가문의 통혼권을[31] 살펴보면서 사회적 기반에[32] 대해 알아보기로 하겠다.

　보성 입향조인 희중은 김해김씨와 혼인을 했으며 입향 2세인 계영 세대에는 창녕조씨·전주이씨·남평문씨·광산김씨·동래정씨와 통혼하였는데, 김해김씨·창녕조씨·광산김씨 등은 보성지역의 유력가문이

---

26) 『長興任氏大同譜』 卷1(2005).

27) 百英이 문과에 급제했다는 사실은 장흥임씨 족보에 나타나는데, 『國朝文科榜目』에는 그의 이름이 보이지 않아 궁금증을 자아낸다.

28) 『長興任氏大同譜』 卷1(2005).

29) 『山陽誌』 人物條.

30) 『湖南節義錄』 卷2 壬辰義蹟 「左義兵將任公事實」; 『三島實記』 卷3 附錄 家狀; 『長興任氏大同譜』 卷1(2005).

31) 장흥임씨 통혼권에 대해서는 『長興任氏大同譜』 卷1(2005)를 토대로 하였음.

32) 임계영의 장흥임씨 가문의 사회적 기반에 대해서는 趙湲來, 「임란 초기 전라좌의병과 임계영의 의병활동-전라도 근왕의병의 활동 사례-」『朝鮮時代史學報』57. 2011, 77~85쪽을 참조하기 바람.

었다고 생각되며, 남평문씨는 장흥지방의 저성거족著姓巨族이었다. 이 통혼관계에서 주목되는 것은 김해김씨・남평문씨・광산김씨와 결연이다. 즉 좌찬성 연璉의 후손이고 진사 윤견潤堅의 손자이며 임란 때 전라좌의병의 지도층 인물이었던 김홍업金弘業이 바로 김해김씨였고,[33] 충선공 익점의 10세손으로 성균관 진사 량亮의 셋째 아들이며 전라좌의병의 양향관糧餉官을 지냈던 문위세가 남평문씨였으며,[34] 현감 린麟의 현손이며 좌의병의 지도층 인물이었던 김언립金彦立이 바로 광산김씨라는 점이다.[35] 이를 보면 통혼이 전라좌의병 지도층 인물 가문과 얽혀있는 특징이 발견되거니와 이러한 통혼권이 전라좌의병의 성군기반이 되었던 것이다. 입향 3세를 보면 여산송씨・김해김씨・함양박씨・의령남씨宜寧南氏・제주양씨・여산이씨礪山李氏・진주강씨晋州姜氏・동래정씨東萊鄭氏・함양박씨・파주염씨坡州廉氏・광산김씨・장흥위씨長興魏氏 등과 혼인하였다. 이 통혼권을 보면 2세의 양상과 유사하지만 추가된 성씨는 여산송씨, 제주양씨, 장흥위씨, 의령남씨, 파주염씨 등이다. 여기서 눈여겨 볼 것을 제주양씨・의령남씨 및 파주염씨와의 통혼이다. 즉 학포 양팽손의 방계 후손이고 생원 억주億柱의 손자이며 전라좌의병 지도층 인물이었던 양간梁幹이 제주양씨이며,[36] 별좌 휴休의 후손이고 현감 자용自容의 손자이고, 전라좌의병 지도층 인물이었던 남응길南應吉이 의령남씨였고,[37] 충경공 제신悌臣의 후손이고 현감 재緯의 증손으로 전라좌의병 지도층인물이었던 염세경廉世慶이 파주염씨坡州廉氏인데, 그는 계

33) 『金海金氏都總管公派譜』(1998); 『湖南節義錄』卷2 壬辰義蹟 「左義兵將同倡諸公事實」.
34) 『南平文氏敬肅公派譜』 卷1(1992); 『湖南節義錄』 卷2 壬辰義蹟 「左義兵將同倡諸公事實」; 趙湲來, 앞의 책, 『새로운 觀点의 임진왜란사 研究』, 160쪽.
35) 『湖南節義錄』 卷2 壬辰義蹟 「左義兵將同倡諸公事實」.
36) 『湖南節義錄』 卷2 壬辰義蹟 「左義兵將同倡諸公事實」; 『濟州梁氏漢挐君大同譜』 卷4.
37) 『湖南節義錄』 卷2 壬辰義蹟 「左義兵將同倡諸公事實」; 『宜寧南氏族譜』 卷1, 卷 2(2006).

영의 여서女婿이기도 하다는 것이다.[38] 입향 4세는 영광정씨·영광김씨·광산김씨·진원박씨·보성오씨·부안박씨·광주노씨·창원박씨·광주이씨·남원양씨·파평윤씨 등과 통혼하였다. 입향 5세는 고흥유씨·김해김씨·창원공씨昌原孔氏·옥천조씨·수원백씨·영광정씨·충주전씨·광산김씨·함안윤씨·제주양씨·경주정씨·평택임씨 등과 통혼을 하였다. 여기서 주목되는 부분은 진원박씨·영광김씨·수원백씨와의 통혼이다. 즉 왕자사부를 역임하고 전라좌의병의 지도층 인물이었던 죽천 박광전이 진원박씨인데, 그의 장자 근효根孝와 근제根悌는 전라좌의병장 계영의 참모였으며, 근효의 여식이 곧 계영의 형 백영의 손부孫婦가 된다.[39] 기묘명현 월봉 광원光遠의 증손이고 좌랑佐郎 열열悅의 아들이며 초기 전라좌의병 지도층 인물이었던 김여중金汝重이 영광김씨이고,[40] 증贈판서 정해군貞海君 수장壽長의 현손으로 직장 승종承宗의 아들이며 전라좌의병의 지도층 인물이었던 백민수白民秀가 수원백씨水原白氏인데, 그는 풍암 문위세의 여서女婿이기도 하다는 것이다.[41]

이상의 내용을 보면 장흥임씨는 보성 입향 초기부터 이 지방의 유력 가문들과 혼인을 통해 사회적 기반을 확고히 한 것으로 생각된다. 특히 통혼이 전라좌의병 지도층 가문이나 아니면 지도층 당사자들과 직접적으로 연관되는 경우가 특징적으로 발견되는데, 곧 이것이 전라좌의병의 성군 기반으로 작용하였을 것으로 판단된다. 이러한 통혼권은 임란 이후에도 얼마간 지속되었던 것으로 나타난다.

박광전의 가문인 진원박씨가 보성에 세거하게 된 것은 광전의 5대조

---

38)『湖南節義錄』卷2 壬辰義蹟「左義兵將同倡諸公事實」;『坡州廉氏大同譜』, 朗州印刷社, 1986.

39)『竹川集』卷6 附錄 年譜;『湖南節義錄』卷2 壬辰義蹟「左義兵將同倡諸公事實」;「左義兵將任公事實」;「竹川朴公事實」;「竹川朴公同倡事實」

40)『湖南節義錄』卷2 壬辰義蹟「左義兵將同倡諸公事實」;『靈光金氏文敬公派譜』卷1.

41)『湖南節義錄』卷2 壬辰義蹟「左義兵將同倡諸公事實」;『水原白氏大同譜』卷3(1982).

휘생暉生이 장성군 진원현에서 보성군 노동면으로 이거하면서부터였다. 그가 왜 보성으로 이주해 왔는지 명확히 알 길이 없으나 아마 처향을 따라 이거한 것은 아닌가 하는 것이다.[42] 앞서도 잠시 언급이 있었지만 이 당시만 해도 혼인과 동시에 처가로부터 처남과 동일한 양의 가산을 상속 받았으며 그 재산은 처가 소재지와 그 처가의 연고지에 분포되어 있었기 때문에 결혼과 동시에 분가하여 처향으로 이주하는 것이 일반적인 경향이었는데,[43] 희생이 이러한 경우였을 것으로 생각되는 것이다. 진원박씨 입향조 희생은 보성지방의 토성이었던 보성선씨와 혼인하여 보성에 세거하게 되었기 때문에 처가의 기반을 토대로 하여 재지적 기반을 확고히 해 나갔던 것으로 보이는데, 이 가문의 통혼권을 살펴보면서 이에 대해 알아보기로 하자.

입향 2세의 통혼은 반남박씨潘南朴氏·광주이씨廣州李氏, 입향 3세는 광산김씨, 입향 4세는 김해김씨, 입향 5세는 낭주최씨朗州崔氏·순창조씨淳昌趙氏·남양이씨南陽李氏, 입향 6세는 보성선씨·보성오씨·남평문씨·밀양박씨, 입향 7세는 죽산안씨·함풍이씨咸豊李氏·해미백씨海美白氏, 입향 8세는 제주양씨·광주이씨·함양박씨, 입향 9세는 광산김씨·죽산안씨·광산정씨光山鄭氏·장흥위씨·고흥유씨高興柳氏·진주정씨·의령남씨·경주이씨·의성김씨·영산신씨·함양박씨·청풍김씨淸豊金氏·영광정씨靈光丁氏·광산정씨光山鄭氏·경주이씨·하동정씨·순창조씨·고령신씨高靈申氏 등과 통혼을 하였다.[44]

이상 진원박씨의 통혼권을 보면 박광전의 세대인 입향 6세 때부터 보성 장흥지방의 유력가문과의 통혼이 활발하게 이루어지고 있는 것으

---

42) 그의 장인은 宣時中으로 세종 때 능성현령을 역임했던 인물이며, 당시 보성에 세거하고 있었다.

43) 李樹健, 앞의 논문, 100쪽.

44) 『珍原朴氏文康公派世譜』(2000).

로 나타난다. 이는 이 가문이 이 시기에 이르러 이 지방에서 어느 정도 사회적 기반을 다졌다는 반증이며 이렇게 되기까지는 입향 이후 생·진사 입격생을 계속적으로 배출했던 것이 주요했을 것으로 생각된다.[45] 특히 입향 6세 때 통혼권에 주목되는 부분은 박광전이 장흥지방의 대표사족이었던 남평문씨와 혼인을 했다는 것이다.[46] 남평문씨의 남동생은 풍암 문위세(1534~1600)로 박광전에게는 처남이 되며, 이들 모두 전라좌의병의 지도층 인물이었는데, 이 두 사람의 협력 관계가 의병활동에 미친 영향은 매우 컸을 것으로 판단된다.[47] 그리고 이 남평문씨의 모친은 해남지역의 명문가인 해남윤씨로 생원 효정孝貞(1476~1543)의 딸이었고 기묘명현으로서 최산두崔山斗·유성춘柳成春과 더불어 중종 때 호남삼걸湖南三傑로 널리 알려진 윤구尹衢와는 남매지간이었다. 박광전이 이러한 가문과 통혼을 함으로써 진원박씨 가문이 보성지방에서 사회적 입지를 굳히는 계기가 되었던 것으로 생각되기도 한다. 진원박씨 통혼권에서 또 하나 특징적인 것은 임란 이후 세대인 입향 8세부터는 전라좌의병의 지도층 가문이었던 죽산안씨·의령남씨·진주정씨 등과도 통혼이 중첩적으로 이루어지고 있다는 것이다.[48] 이는 전라좌의병으로 함께 활약했었던 가문들끼리의 결속력이 더욱 공고해졌음을 알 수 있는 대목인데, 이러한 양상은 국난극복에 함께 참여했었다는 동료의식에서 비롯되었다고 생각된다.

남평문씨가 장흥에 세거하게 되었던 것은 풍암의 5대조 상행尙行으로부터 비롯되었던 것 같다. 예조참의를 역임한 상행은 세조 2년(1456)

---

45) 앞의 보성군 문과·생원·진사 명단 일람을 참조하기 바람.

46) 박광전의 부인인 남평문씨의 부친은 생원으로 선전관과 五浦萬戶를 지낸 文亮이다 (『南平文氏敬肅公派譜』 卷1[1992]).

47) 趙湲來, 앞의 책, 『새로운 觀点의 임진왜란사 研究』, 174쪽.

48) 안방준은 죽천 박광전의 문인이기도 하다.

상소로 인하여 단성丹城으로 귀양갔다가 능성으로 이배되어 그곳에서 생을 마쳤다고 한다.49) 그가 왜 이곳으로 귀양을 왔는지 구체적으로 알 수 없지만 아마 단종 폐위의 부당함을 역설했던 것이 화근이 되었던 것 같기도 하다. 이러한 여파는 당시 가족들에게까지 그 영향이 미쳤던 것 같은데, 상행의 가솔들을 비롯한 그의 형제들 모두가 경기도 양주에서 능성으로 이거했다는 데에서 어느 정도 짐작이 가능하다.50) 여하튼 능성으로 이거한 상행의 아들 중 장남 목穆은 그대로 능성에 살았지만 영해부사寧海府使를 지낸 온薀이 창녕조씨 가문과 혼인을 하여 장흥 장평면으로 이주하였던 것이다.51) 그가 장흥으로 이주한 이유는 앞의 진원박씨 문중이 보성으로 입향한 동기와 같은 경우가 아닌가 생각된다.

풍암 문위세의 가문인 남평문씨 경숙공파가 장흥으로 입향한 이후 통혼권을 살펴보면, 입향 2세는 광산김씨, 입향 3세는 경주이씨·장흥임씨·광산김씨·영천황보씨永川皇甫氏, 입향 4세는 해남윤씨, 입향 5세는 조양임씨·죽산안씨·경주이씨, 입향 6세는 완산이씨完山李氏·죽산안씨·영광김씨·해주최씨海州崔氏·금성나씨錦城羅氏·하동정씨·수원백씨, 입향 7세는 해주최씨海州崔氏·김해김씨·진주정씨·남양송씨南陽宋氏·장흥임씨·평해오씨平海吳氏·광산김씨·장택고씨長澤高氏·청송심씨淸松沈氏·전주이씨·죽산안씨·보성선씨·전주이씨全州李氏·나주나씨羅州羅氏·여흥민씨驪興閔氏·파평윤씨·장연변씨長淵邊氏·해주오씨海州吳氏 등이다.52)

---

49) 『南平文氏敬肅公派譜』 卷1(1992).

50) 『南平文氏敬肅公派譜』 卷1(1992).

51) 『南平文氏敬肅公派譜』 卷1(1992); 趙湲來, 앞의 책, 『새로운 觀点의 임진왜란사 硏究』, 160~161쪽.

52) 『南平文氏敬肅公派譜』 卷1(1992).

남평문씨는 입향조 온이 처향을 따라 이주했기 때문에 입향 초기부터 지방 유력가문과 통혼권을 넓혀가며 사회적 기반을 닦아나갔다고 여겨지며, 이 가문이 이 지방에서 기반을 더욱 확고히 할 수 있었던 것은 입향 4세 즉 풍암의 부친인 亮이 강진 해남지역의 명문가인 해남윤씨와 통혼을 하면서부터였던 것 같다. 그리고 여기에 더하여 김인후金隣厚·임억령林億齡과 함께 호남삼고湖南三高로 칭했던 안축安舳과 임란 직후 사람의 종장이었던 우산 안방준을 배출한 죽산안씨 가문과 연혼連婚의 영향도 한 몫 했을 것이다. 이 가문의 통혼에서도 하나의 특징적으로 나타나는 현상은 임란 때 전라좌의병 지도층이 되는 보성선씨·진주정씨·장흥임씨·수원박씨·영광정씨 가문과 통혼이 중첩적으로 이루어졌다는 것과 임란 이후에도 이러한 양상이 얼마간 그대로 유지되었다는 점이다.

안방준의 가문인 죽산안씨는 안방준의 6대조 여주汝舟가 단종 폐위 사건 때 관직을 버리고 장흥으로 낙남落南하여 거주하게 되었는데, 그의 차남 민民이 선귀령宣龜齡의 여식 보성선씨와 혼인을 하면서 처향을 따라 보성에 세거하게 되었다.53) 때문에 죽산안씨는 입향초기부터 어느 정도 사회적 기반을 갖추었던 것으로 판단되는데, 이후 향방을 알아보기 위해 통혼권을 살펴보면 다음과 같다.

입향 2세는 천안전씨天安全氏, 입향 3세는 거창신씨居昌慎氏·보성선씨·전주이씨, 입향 4세는 강진김씨康津金氏·광주이씨廣州李氏, 입향 5세는 진원박씨·원주원씨原州元氏·남원양씨南原梁氏·청풍김씨淸風金氏, 입향 6세는 경주정씨·문의박씨文義朴氏·의령남씨·거창신씨·함양박

---

53) 원래 죽산안씨는 개성 앙온동에 세거했었는데 竹城君 元衡이 외가를 따라 광주 평장동에 이거하였고(「竹城君文惠公墓壇碑銘幷序」[權龍鉉 撰 1976년]), 이후 죽성군 증손 즉 汝舟의 부친인 乙謙이나 조부 挺生 대에 영암으로 이거하였던 것 같으며, 장흥에 처음으로 세거한 것은 여주대이다(『竹山安氏族譜』 권1(1995).

씨 · 광주이씨廣州李氏 · 전의이씨全義李氏 · 신평송씨新平宋氏 · 옥천조
씨 · 고령신씨 · 순창설씨淳昌薛氏 · 해남윤씨 · 함안윤씨咸安尹氏 · 제주양
씨, 입향 7세는 창녕성씨昌寧成氏 · 옥천조씨 · 여흥민씨驪興閔氏 · 김해김
씨 · 신평송씨 · 제주양씨 · 창녕조씨 · 해주최씨 · 강진김씨 · 흥양유씨 ·
함양박씨 · 진원박씨 등과 혼인을 하였다.

　이상에서 보면 죽산안씨 역시 보성지방의 유력 성씨였던 보성선씨 ·
진원박씨 등과 통혼을 통해 재지적 기반을 닦아 나갔다고 생각된다.
그런데 이 가문의 통혼에서 특징적인 것은 여타 가문들과는 달리 외부
의 유력가문들과도 통혼이 활발하게 이루어진 것으로 나타나며, 후대
로 갈수록 이러한 양상은 더욱 증가되고 있다는 것이다. 이러한 이유
는 여러 가지가 있었겠지만 앞 장의 표에서도 알 수 있듯이 이 집안이
각 세대마다 연이어 문과 · 생원 · 진사 입격자를 많이 배출했기 때문이
라고 생각된다. 다시 말해 이러한 현상은 죽산안씨의 명망을 듣고 외
부 유력가문들이 자발적으로 통혼을 요청해 온 결과가 아닌가 하는 것
이다. 여하튼 죽산안씨 가문이 보성지방에서 사회적 기반을 확고히 다
진 시기는 문과 · 진사 입격자를 각각 2명씩이나 배출시킨 입향 3세대
라고 생각되며, 이러한 토대 위에서 김인후 · 임억령과 함께 호남 3고
라 불리는 안축(입향5세)과 임란 직후 사림의 종장으로 불리었던 안방
준을 배출하게 된 것으로 보인다. 이 가문도 역시 전라좌의병 지도층
가문인 보성선씨 · 진원박씨 · 의령남씨 · 제주양씨 등과 통혼이 얽혀
나타나는 양상을 볼 수 있겠다.

　김여중의 가문인 영광김씨는 본시 경기도 파주군 월롱면 영태리에 세
거했던 것으로 판단된다. 여중의 8대조가 되는 즉 영광김씨 문경공파文
敬公派 시조 태용台用과 그의 아들 시時의 묘소가 파주군 월롱면 영태리
에 있는 것을 보아 그렇게 생각이 드는 것이다. 그런데 여중의 5대조인
필琿이 단종 1년(1453)에 현 장흥군 부산면 내안리 내동으로 이거하면서

영광김씨 문경공파가 장흥에서 세거하게 되었던 것이다. 필이 왜 이곳으로 낙남했는지 명확하지는 않으나 영광김씨 문경공파보에 의하면 그가 시국의 흐름을 알아차리고 장흥으로 내려왔고, 이곳에 정착한 후 생육신의 한 사람이었던 매월당梅月堂 김시습金時習 등과 종유從遊하면서 세월을 보냈다고 한 것을 보면,[54] 단종이 세조에 의해 폐위되자 절의를 고집하여 낙남했던 것은 아닌가 한다.

이러한 이유로 장흥으로 이거한 영광김씨 경숙공파는 사회적 기반을 닦아나가기 위한 일환으로 통혼권을 넓혀 나갔을 것으로 보이는데 이를 보면 다음과 같다.

입향 2세는 단양우씨丹陽禹氏, 입향 3세는 경주이씨 · 청풍김씨淸風金氏 · 장연변씨長淵邊氏 · 문경전씨聞慶錢氏, 입향 4세는 청풍김씨 · 광주이씨, 입향 5세는 장흥마씨長興馬氏 · 보성선씨 · 진원오씨珍原吳氏 · 광산김씨, 입향 6세는 죽산안씨, 입향7세는 연안이씨延安李氏 · 화순최씨和順崔氏 · 청주한씨 · 해남윤씨, 입향 8세는 나주김씨羅州金氏 · 죽산안씨 · 나주임씨羅州林氏 · 이천서씨利川徐氏 · 밀양박씨 · 평해오씨平海吳氏 · 광산김씨, 입향 9세는 진원박씨 · 한양박씨漢陽朴氏 · 해남윤씨 · 탐진최씨耽津崔氏 · 진주정씨 등과 통혼을 하였던 것으로 나타난다.[55]

이상 영광김씨 경숙공파의 입향 초기 통혼권을 보면 이 지방의 유력 가문보다는 크게 드러나지 않는 가문들과 혼인이 이루어졌음을 알 수 있겠는데, 이는 앞서 살핀 여타 가문의 통혼권과는 조금 다른 양상이라고 할 수 있겠다. 이러한 이유에 대해 뚜렷하게 드러나 있지는 않다. 다만 입향조 필이나 그의 아들 塊가 문과에 입격하여 고위직을 역임하였고,[56] 기묘명현으로 알려진 괴의 아들 광원光遠이 생 · 진사 양시에

---

54) 『靈光金氏文敬公波譜』卷1(1997);『晉州鄭氏掌令公派譜』(2006).

55) 『靈光金氏文敬公波譜』卷1(1997);『晉州鄭氏掌令公派譜』(2006).

56) 『輿地圖書』에 의하면 金塊의 동생인 金物도 진사시에 입격하여 典翰에 이르렀다고

합격하였던 사실 등을 보면 이 가문의 위상이 어느 정도였는가 짐작하기 어렵지 않는데, 입향 초기 이 가문이 크게 드러나지 않는 가문과 통혼이 집중적으로 이루어졌던 것은 바로 영광김씨의 위상과 관련이 있었던 것으로 판단되는 것이다. 다시 말해 이 지방에서 크게 드러나지 않았던 가문들이 영광김씨의 위상에 편승하여 사회적 기반을 확고히 하고자 통혼을 요청해 왔던 결과 이러한 양상으로 나타났다고 볼 수 있다는 것이다. 입향 초기 이러했었던 영광김씨 가문이 이 지방 유력 가문과 통혼이 본격적으로 이루어진 시기는 입향 5세부터이며 이후 점차적으로 그것이 확대되어 나갔던 것으로 나타나는데, 이 가문이 가장 번성한 것은 바로 이 시기가 아니었던가 생각된다. 이 가문의 통혼권에서 특징은 임란 당시 전라좌의병 지도층 가문이었던 보성선씨·광산김씨·죽산안씨 등과 임란 이전부터 혼인이 이루어진 이후 임란 이후 어느 시기까지 그것이 진행되고 있다는 것인데, 이는 앞서 살핀 여타 가문과 유사한 양상이다. 특히 여기서 눈여겨 볼 것은 김여중이 같은 지도층이었던 안방준의 방계 숙부인 언룡彦龍의[57] 여식 죽산안씨와 통혼이 이루어졌다는 것이다.

정사제의 가문인 진주정씨가 보성에 세거하게 된 것은 사제의 증조부인 숙인淑仁이 경상도 진양에서 현 보성군 득량면 마천으로 이거하면서부터였다. 이 가문의 족보에 숙인이 보성으로 이거하게 된 이유에 대해 소략하게 기술해 놓았는데, 이를 보면 그가 평소에 천체의 운행을 감별하는 안목이 있어 앞으로 닥칠 대란大亂을 예견하고 보성으로 이거했다는 것이다.[58] 그렇다면 그는 왜 보성을 이거지로 택했던 것일

하는데(『輿地圖書』 全羅道 長興府 人物條), 족보상에는 보이지 않는다.

57) 彦龍은 안방준의 5대조이며, 보성 입향조인 民의 친형인 矩의 현손이며 중종 20년 (1525) 생·진사 양시와 문과에 합격하였다고 하는데(『竹山安氏族譜』 권1(1995), 『國朝文科榜目』이나 『司馬榜目』에는 나타나지 않는다.

까? 이에 대해 명확하게 나타난 것은 없지만 다음과 같은 이유가 있지는 않았을까 생각되는 것이다. 우선 이를 알아보기 위해 숙인의 고조부인 득이得而의 행적에 주목해보고자 한다. 득이는 세종조에 사간원 헌납을 역임했었던 인물인데, 단종 폐위사건 때 관직을 삭탈당하고 이어 보성으로 유배되었다고 한다.[59] 당시 득이는 여느 유배된 사림들이 그렇게 했던 것처럼 배소配所에서 나름대로 후학양성 등에 전념했을 것으로 판단되는데, 이러한 그의 보성과의 인연 때문에 현손인 숙인이 보성을 이거지로 택한 것은 아니었던가 하는 것이다. 또 하나 생각해 볼 수 있는 것은 숙인의 부인인 김해김씨의 본가가 보성이었던 관계로 처향을 따라 이 곳으로 이거했던 것으로 판단되기도 한다. 여하튼 이같은 이유로 보성으로 이거한 진주정씨가 사회적 기반을 닦아나가기 위한 노력의 일환으로 이곳 유력가문 들과 혼인을 성사시켜 나갔을 것으로 보이는데 이에 대해서는 다음의 내용을 보면 알 수 있다.

입향 2세는 청주고씨淸州高氏·안동권씨安東權氏, 입향 3세는 탐진최씨·청풍김씨·수원장씨水原張氏·은진송씨恩津宋氏, 입향 4세는 수원장씨·진주소씨·창녕조씨·고령신씨·여흥민씨·하동정씨, 입향 5세는 여산송씨·김해김씨·하동정씨·청풍김씨·보성선씨·안동김씨, 입향 6세는 천안전씨天安全氏·순창조씨·남평문씨·광주이씨廣州李氏·안동김씨安東金氏·진주이씨晉州李氏·청주김씨淸州金氏·창녕성씨昌寧成氏, 입향 7세는 김해김씨·광산김씨·고령신씨·수원백씨·청풍김씨·문화유씨·언양김씨·보성선씨·흥덕장씨興德張氏·남양송씨南陽宋氏 등과 통혼을 하였다.[60]

---

58) 『晉州鄭氏掌令公派譜』(2006).
59) 得而의 부친인 蕚은 세종 2년(1420)에 명경과에 입격하여 사헌부 장령까지 역임했었던 인물인데, 그 역시 단종 폐위 때 삭탈관직 당했다고 한다(『晉州鄭氏掌令公派譜』[2006]).

　이상의 내용을 보면 진주정씨는 입향 초기 장흥지방의 토착성씨인 탐진최씨 등과 통혼을 이루어가면서 차츰 사회적 기반을 닦아나가다가 입향 4세 때부터 보성의 유력가문 들과 본격적인 통혼이 이루어지면서 사회적 기반을 확고히 했었던 것으로 판단된다. 이 가문의 통혼권에서 하나의 특징은 정사제의 부인인 진주소씨가 전라좌의병 지도층이었던 소상진의 숙부 우황의 여식이라는 점이다. 곧 정사제와 소상진은 사촌 처남 매부지간이라 할 수 있다. 그리고 진주정씨 역시 임란 이전부터 전라좌의병 지도층 가문과 통혼이 이루어졌으며, 이후에도 어느 기간 지속되고 있는 것으로 나타나는데, 이 또한 앞서 살핀 여타 가문과 같은 양상이라 할 수 있겠다.

　소상진 가문의 진주소씨가 전라도와 인연을 맺은 것은 사재감 소윤을 역임한 상진의 6대조인 천遷(1352~1396)[61]으로부터 시작된다. 상진의 7대조인 을경乙卿 때에는 경기도 평택에 세거했었던 것 같은데, 천이 스승이었던 정몽주가 피살되자 상심한 끝에 전주로 낙남한 것이 전라도와 인연을 맺은 계기였다. 이후 상진의 고조 효철効轍이 능성현령으로 왔다가 퇴임한 후 보성군 복내면 반석리에 정착하면서부터 진주소씨가 보성에 세거하게 된 것이다.[62] 효철의 보성 입향 동기에 대에서는 정확히 알 수가 없다. 다만 생각해 볼 수 있는 것은 우선 효철의 부인의 고향이 보성이었던 관계로 처향을 따라 이거했던 것이 아닌가 하는 것이며, 다음으로 효철이 능주현령으로 재직시에 그의 장자 계첨繼瞻이 보성의 토성이었던 보성선씨와 통혼이 이루어지면서 자부의 고향을 따라 이거했던 것으로 판단되기도 한다. 여하튼 진주소씨가 보성

---

60) 『晉州鄭氏掌令公派譜』(2006).

61) 진주소씨 족보에 의하면 遷은 정몽주의 문인이었으며 공민왕 18년(1369)에 문과에 장원급제하였다고 한다(『晉州蘇氏大同譜』第一編 上系[1998]).

62) 『晉州蘇氏大同譜』第一編 上系 및 第七卷 第十五編(1998).

으로 입향한 후 이곳에서 사회적 기반을 닦아나가기 위한 일환으로 통혼권을 넓혀 갔을 것으로 보이는데 이를 보면 다음과 같다.

입향 2세는 보성선씨, 입향 3세는 초계정씨草溪鄭氏, 입향 4세는 광산김씨, 입향 5세는 남평문씨·광산김씨·전주이씨·파주염씨·진주정씨, 입향 6세는 경주이씨·경주정씨·죽산안씨·보성선씨·김해김씨·광주이씨, 입향 7세는 청도김씨淸道金氏·광주이씨·남양송씨·경주정씨·광양김씨·보성선씨 등과 통혼을 하였다.[63]

이상 진주소씨 통혼권을 보면 입향 초기부터 이 지방의 유력 가문과 통혼을 통해 사회적 기반을 서서히 닦아나갔다고 생각되며, 입향 5세 때에는 사회적 기반을 확고히 했었던 것으로 생각된다. 이는 이 시기 이 지방의 유력가문과의 통혼권이 이전에 비해 더욱 확대되어 나타나고 있는 데에서 어느 정도 감지할 수 있겠다. 이 가문의 통혼권에서 주목되는 것은 소상진이 전라좌의병 지도층 가문인 남평문씨와, 소상진의 사촌인 진주소씨가 전라좌의병 지도층이었던 정사제와, 소상진의 여동생인 진주소씨가 전라좌의병 지도층이었던 염세경의 사촌인 염세구와 통혼을 했다는 것이다. 이를 보면 통혼이 전라좌의병 지도층 당사자와 지도층 가문끼리 연혼이 이루어지고 있음을 알 수 있겠는데, 이러한 통혼권은 전라좌의병의 결속력은 물론이고 의병활동을 하는데 있어서도 상당한 장점으로 작용했을 것으로 판단된다.

백민수 가문인 수원백씨가 전라도와 인연을 맺은 것은 백민수의 10조인 장莊 때부터였다. 장은 정몽주의 문인으로 공민왕 때 진사와 원조元朝 제과制科에 입격하여 보문각 대제학 등을 역임하였는데, 조선이 개창되자 관직을 버리고 가솔들과 함께 원주 치악산에 입산하여 학문 연구에 전념하였다고 한다. 태조가 장에게 여러 차례 관직을 제수했으

---

63)『晉州蘇氏大同譜』第一編 上系 및 第七卷 第十五編(1998).

나 거절하자 해미海美로 유배를 보냈으며, 이후 태종 때에 또 다시 장수로 유배를 보냈는데, 이때 그곳에 정착하게 되었던 것으로 판단된다.[64] 이 같은 이유로 장수에 세거하게 된 수원백씨는 백민수의 8대조인 운승雲昇이 장흥박씨와 혼인을 하면서[65] 처향을 따라 장흥으로 이거했던 것은 아닌가 한다. 장흥으로 이거한 수원백씨가 사회적 기반을 확고히 하기 위한 하나의 방법으로 통혼권을 넓혀 갔을 것으로 보이는데 이를 보면 다음과 같다.

입향 2세는 여산송씨, 입향 3세는 장수황씨長水黃氏, 입향 4세는 공주이씨·완산이씨·초계변씨·진주정씨, 입향 5세는 광산김씨·김해김씨·전주이씨·광주안씨廣州安氏·창녕조씨·장흥임씨, 입향 6세는 파평윤씨·밀양박씨·홍주송씨·김해김씨·전주이씨, 입향 7세는 선산임씨善山林氏·장흥임씨·광주이씨·남평문씨·풍양조씨豊壤趙氏, 입향 8세는 죽산안씨·장흥위씨·의령남씨·동래정씨·영광김씨·진주정씨, 입향 9세는 청주한씨·남평문씨·보성선씨·진원박씨·영광정씨靈光丁氏·진주정씨·죽산안씨·남평문씨·장흥위씨, 입향 10세는 보성선씨·영광김씨·진주정씨, 입향 11세는 장흥위씨·제주양씨·해남윤씨·의령남씨·진주소씨·이천서씨 등과 통혼을 하였다.[66] 이를 보면 수원백씨는 장흥 입향 초기부터 이 지방의 유력 가문들과 통혼을 통해 서서히 재지적 기반을 닦아나가다가 입향 7세부터는 그것이 더욱 확대되고 있음을 알 수 있겠는데, 수원백씨 가문이 이 지방에서 사회적 기반을 확고하게 자리 잡은 것은 바로 이 시기 즈음이 되지 않을까 생각한다. 이는 이 지방의 유력가문인 장흥임씨·남평문씨 등과 통혼을 했다는 사실과 백민수의

---

64) 수원백씨대동보에 의하면 장의 묘소가 장수군 장계면 황곡리로 되어 있어 이러한 짐작이 가능하다.
65) 『白氏大同譜』 卷之一·三·四(1982).
66) 『白氏大同譜』 卷之一·三·四(1982).

조부 행이 영암·해남지역의 유력가문이었던 선산임씨의 임억령의 사위가 되었다는 것에서도 충분히 입증되는 것이다. 이 가문의 통혼권에서도 특징적으로 나타나는 것은 전라좌의병 지도층 가문인 진주정씨·남평문씨·죽산안씨·의령남씨·영광김씨·보성선씨 등과의 통혼이 중첩적으로 이루어지고 있다는 것인데, 특히 문위세의 사위가 백민수라는 점은[67] 이와 관련하여 주목되는 부분이다. 이 같은 통혼권은 임란 이후 어느 시기까지도 확대되어 가는 양상을 보이고 있다.

염세경 가문인 파주염씨가 전라도와 인연을 맺은 것은 염세경의 6대조 순공順恭 때였다. 순공은 세종조에 중군 사직에 제수되었으나 취임하지 않고 가솔들과 함께 나주 금성산 아래에 은거했는데, 이 가문이 전라도와 인연을 맺게 된 것은 바로 이러한 이유 때문이었다. 그가 왜 이곳으로 은거했었는지 명확하게 알 수가 없지만 그의 부친과 조부의 행적을 보면 대충 짐작이 가능할 것으로 생각된다. 순공의 부친 이怡와 조부 치중致中은 고려 때 각각 지밀직사사와 통례문사를 역임하였는데, 고려의 멸망 소식을 듣고 절의를 고집하여 두문동 70 제현諸賢과 같이 은거했었다고 한다.[68] 아마 순공 역시 부와 조부의 영향으로 인해 벼슬을 거부하고 낙남했었던 것은 아닌가 하는 것이다. 이같은 이유로 나주에 세거하게 된 파주염씨는 순공의 3세손 호浩가 모친인 보성선씨의 고향으로 이거하면서 보성에 세거하게 되었던 것이다.[69] 보성으로 이거한 파주염씨 역시 사회적 기반을 닦아나가기 위해 나름대로 힘을 기울였을 것으로 판단되는데, 이에 대해서는 이 가문의 통혼권을 통해 알아보기로 하겠다.

입향 2세는 장택고씨長澤高氏·보성선씨·함양박씨, 입향 3세는 낙

---

67) 『白氏大同譜』卷之四(1982).

68) 『坡州廉氏大同譜』卷1(1986).

69) 『坡州廉氏大同譜』卷1(1986).

안오씨樂安吳氏 · 진주소씨 · 동래정씨 · 낙주오씨樂州吳氏 · 순창조씨 · 장흥임씨 · 진주정씨 · 광산이씨 · 함양박씨 · 죽산안씨, 입향 4세는 남양안씨南陽安氏 · 죽산안씨 · 진원박씨 · 낙안김씨樂安金氏 · 김해김씨 · 보성선씨, 입향 5세는 청주한씨 · 광산노씨 · 밀양박씨 · 문화유씨 · 진원박씨 · 남평노씨南平盧氏 · 순창조씨 · 광산김씨 등과 혼인을 했었던 것으로 나타난다.70)

위에서 언급한 바와 같이 파주염씨의 입향조 호가 외향을 따라 보성으로 이거했기 때문에 이 가문은 입향 초기부터 재지적 기반을 닦아나가는데 유리한 위치에 있었다고 보여진다. 이는 입향 3세에 이미 이곳의 유력가문인 장택(장흥)고씨 · 보성선씨 · 진주소씨 · 장흥임씨 · 진주정씨 · 죽산안씨 등과 통혼이 집중적으로 얽혀 나타나고 있는 데에서 충분히 감지할 수 있다. 파주염씨 가문은 아마 이 시기에 보성지방에서 사회적 기반을 확고히 다졌다고 생각되거니와 이는 여타 가문에 비해 상당히 빠른 경우라 할 수 있겠다. 이 가문의 통혼권에서 하나의 특징적인 것은 임란 이전부터 전라좌의병 지도층 가문인 보성선씨 · 장흥임씨 · 진주소씨 · 김해김씨 · 죽산안씨 · 진원박씨 등과 혼인이 중첩적으로 이루어졌던 것으로 나타나며, 임란 이후에도 이러한 양상은 어느 정도 지속되는데 이는 앞서 살핀 여타 가문과 유사한 경우이다. 그리고 이 가문의 통혼에서 눈여겨 볼 것은 염세경이 전라좌의병장 임계영의 여서女婿라는 사실이다.

남응길의 의령남씨가 장흥에 세거하게 된 것은 응길의 6대조 흡洽 때였다. 흡은 강원도 감사 재임시 정치의 혼란함을 경계하는 상소를 올려 전라도 진도로 척출되었다가 그곳에서 풀려난 후 곧 장흥으로 이거하였다. 그가 어떠한 내용의 상소를 올렸기에 척출되었는지 명확하

---

70) 『坡州廉氏大同譜』卷1(1986).

게 나타나지는 않는다. 다만 세조 때 이시애의 난을 평정하는데 공을
세웠던 그의 부친 만성萬城이 당대 실세였던 유자광의 무고로 생명에
위협을 느끼자 화를 피하여 금강산으로 운둔해 버린 사실이 있었는
데[71] 이와 관련이 있지 않았을까 하는 것이다. 즉 흡이 당시 정권을
천단하고 부친을 무고했던 유자광과 그 외 정치세력들을 비판하는 글
을 올렸던 것이 화근이 되어 척출되었던 것으로 판단된다는 것이다.

이 같은 이유로 장흥에 세거하게 된 의령남씨 가문은 통혼을 통해
사회적 기반을 확고히 다져 나갔던 것으로 보이는데 이를 보면, 입향
2세는 전주이씨·금성김씨錦城金氏·예안이씨禮安李氏, 입향 3세는 옥
과김씨玉果金氏·선산김씨善山金氏, 입향 4세는 청송심씨靑松沈氏·남양
홍씨·장흥임씨·인천이씨, 입향 5세는 수원백씨·양천허씨陽川許氏·
청송심씨·김해김씨, 입향 6세는 장흥고씨·장흥위씨·진주소씨·문
화유씨·경주이씨·완산이씨完山李氏, 입향 7세는 순천김씨·남평문
씨·청주한씨·보성선씨·창녕조씨·밀양손씨·인동장씨仁同張氏·전
의이씨全義李氏·장수황씨·수원백씨·평산신씨平山申氏·김해김씨·
영암김씨·양천허씨·행주이씨州李氏·밀양박씨·탐진최씨·반남박
씨·백천조씨白川趙氏·해주오씨, 입향 8세는 광주이씨·인천이씨·밀
양박씨·완산이씨·청주이씨·장흥고씨·고흥유씨·평산신씨·원주
이씨·진주강씨·순흥안씨順興安氏·용성양씨龍城梁氏·장흥임씨·경
주이씨·남평문씨·이천서씨·진원박씨·해주최씨·영광김씨·대구
배씨大邱裵氏, 입향 9세는 광산노씨·밀양박씨·진주정씨·순천박씨·
창녕조씨·장수황씨·창녕장씨昌寧張氏·하동정씨·해주오씨·함양박
씨·장흥위씨·나주임씨·천안전씨·해주최씨 등과 혼인을 했었던 것
으로 나타난다.[72]

---

71) 『宜寧南氏族譜』 卷2 別坐公派(2006).

이상의 내용을 보면 의령남씨 가문은 입향 4세 때부터 이 지방의 유력가문과 통혼이 본격적으로 이루어지면서 남응길 세대인 입향 7세 때에는 그 절정을 이루고 있는 것으로 나타나는데, 이 시기 즈음에 이 가문이 장흥지방에서 상당히 유력한 가문으로 등장하게 되었던 것으로 생각된다. 특히 이 가문의 통혼을 보면 크게 드러나지 않는 가문과도 이루어진 경우가 많은 것으로 나타나고 있는 것이 특징이라고 할 수 있겠다. 이 가문 역시 임란 이전부터 전라좌의병 지도층 가문인 장흥임씨・수원백씨・김해김씨・진주소씨・남평문씨 등과의 통혼이 이루어지기 시작하여 임란 이후에도 이러한 양상이 어느 정도 지속적으로 나타나고 있다.

김홍업 가문의 김해김씨 도총관공파都總管公派가 보성에 세거하게 된 것은 홍문관 교리를 역임한 김홍업의 고조 超[73]가 김해 진영에서 현 보성군 조성면 대곡리로 이거하면서부터였다. 그의 입향 동기에 대해서는 자세한 것을 알 수 없으나『김해김씨도총관공파대동보金海金氏都總管公派大同譜』에 초가 보성으로 이거한 이유가 피병避病 때문이라고 한 것을 보면,[74] 자신의 병을 치유하기 위해서였거나 아니면 당시 김해지방에 전염병이 창궐했기 때문에 이것을 피하여 보성으로 이거한 것은 아닌가 싶기도 하다.

보성으로 이거한 김홍업 가문 역시 이곳에서 사회적 기반을 닦아나가기 위해 나름대로 힘을 기울였을 것으로 보이는데 이를 알아보기 위해 통혼권을 살펴보면, 입향 2세는 광주안씨・창녕조씨・광주이씨, 입

---

72)『宜寧南氏族譜』卷2 別坐公派(2006).

73) 超의 5대조인 筍生은 고려 공민왕 11년(1362)에 문과와 진사에 입격한 후 知淸道郡事를 역임했었던 인물인데 조선이 개창되자 더 이상 관직에 나아가지 않았다고 한다 (『金海金氏都總管公派大同譜』卷1[1998]).

74)『金海金氏都總管公派大同譜』卷1(1998).

향 3세는 여산송씨·광산김씨·남평문씨, 입향 4세는 광산김씨·진원박씨·탐진최씨·여흥민씨·흥덕송씨興德宋氏·창원백씨昌原白氏, 입향 5세는 보성선씨·장흥위씨·탐진최씨·창녕조씨·광산김씨·행주기씨幸州奇氏, 입향 6세는 평강채씨·경주정씨·경주이씨·하동정씨·함안윤씨咸安尹氏·현풍곽씨玄風郭氏·해주최씨·보성선씨·영광김씨·선산김씨·전의이씨·함양노씨·죽산안씨·장수황씨·광산김씨·경주이씨, 입향 7세는 조양임씨·문화유씨·여산송씨·남평문씨·밀양박씨·탐진최씨 등과 통혼을 했었던 것으로 나타난다.75)

이상 통혼권을 보면 김홍업 가문은 입향 초기부터 이 지방의 유력가문과 통혼을 통해 사회적 기반을 서서히 닦아나가다가 입향 5~6세 때에는 유력가문과의 통혼권이 확대되면서 보성지방의 유력가문으로서의 위상이 정립되었던 것은 아닌가 생각된다. 이 가문에서도 여타 가문과 동일하게 전라좌의병 지도층 가문이었던 광산김씨·남평문씨·진원박씨·보성선씨·죽산안씨 등과 통혼이 중첩적으로 이루진 것으로 나타나는데, 그 중에서도 유독 보성선씨 가문과의 통혼이 집중적으로 이루어지고 있는 양상을 띠고 있어 주목된다.

선경룡의 가문인 보성선씨가 보성에 세거하게 된 것은 보성선씨의 시조이자 입향조인 윤지允祉가 조선이 개창되자 절의를 고집하여 보성 용문에 정착하면서부터였다. 윤지는 본래 명나라 사람이었으며, 고려 말에 고려로 건너와 전라안겸사로 재직하면서 여러 공을 세웠는데 특히 유학의 진흥에 힘을 기울였던 인물이었다고 한다.76) 이러한 윤지가 관직을 그만두고 보성을 관향으로 삼고 세거지로 택하게 된 것은 관직생활의 인연 때문은 아니었던가 생각된다. 이 가문 역시 보성에서 사

---

75)『金海金氏都總管公派大同譜』卷1(1998).

76)『寶城宣氏大同寶』卷1 祭判公派(1997).

회적 기반을 닦기 위해 나름대로 노력을 했을 것인데 이에 대해서는 통혼권을 통해 알아보기로 하겠다.

　보성선씨 가문은 입향 2세는 창원황씨昌原黃氏・진주정씨, 입향 3세는 합천이씨陜川李氏・김해김씨・청주한씨・전주이씨, 입향 4세는 전주이씨・반남박씨・문화유씨, 입향 5세는 원주이씨・연안이씨・경주이씨・풍산홍씨豊山洪氏・초계정씨, 입향 6세는 밀양박씨・파평윤씨・전주이씨・홍주이씨洪州李氏, 입향 7세는 낙안오씨・장흥고씨・영광정씨・광산노씨・평산신씨・진원박씨・광산김씨・전주이씨・진보이씨眞寶李氏・고성이씨固城李氏, 입향 8세는 전주이씨・밀양손씨・완산김씨・경주이씨・경주정씨・광산김씨・남평문씨, 입향 9세는 밀양박씨, 입향 10세는 도강김씨道康金氏・인천이씨・진주강씨, 입향 11세는 낙안오씨・조양임씨・김해김씨・광산노씨・청주한씨, 입향 12세는 안동김씨・김해김씨・양성이씨陽城李氏・창녕조씨 등과 통혼을 했었던 것으로 나타난다.[77]

　이상이 보성선씨 가문의 대략적인 통혼권이다. 이 가문은 보성을 성관으로 하였고 시조 윤지가 전라안렴사를 역임했었던 경력이 있었기 때문에 입향 초기부터 이 지역의 유력가문으로 자리 메김 하였을 것으로 보인다. 이러한 이유 때문인지는 몰라도 입향 초기부터 여타 유력가문과 통혼이 활발하게 이루어지는데, 특징적인 것은 어느 한 가문에 편중되지 않고 폭넓게 이루어지고 있다는 것이다. 이 가문 역시 전라좌의병 지도층 가문인 진주정씨・김해김씨・영광김씨・진원박씨・광산김씨 등과 일찍부터 통혼이 이루어져 임란 이후까지 지속되지만 앞서 살핀 여타 가문에 비해 그렇게 활발한 편은 아니었던 것으로 나타난다.

　지금까지 전라좌의병 지도층과 그 가문의 입향 동기 및 시기와 통혼권을 살펴본 결과 다음과 같은 몇 가지 특징적인 것이 발견되었다.

---

77)『寶城宣氏大同寶』卷1 叅判公波(1997).

전라좌의병 지도층 가문들은 대부분 외부에서 보성 장흥지방으로 직접 입향하거나 또는 다른 지역을 일차적으로 걸쳐 입향하는 경우가 많았었는데, 그 이유는 지도층 선대들이 조선왕조의 개창이후 크고 작은 정치적 파동기에 절의를 고집했거나 정쟁에 연루된 사대부들이었다는 점과 그로 인한 정치적 박해를 피해 중앙으로부터 전라도로 낙남했었기 때문이었다. 한편 일부 가문은 개인적인 사정이나 처향을 따라 입향하는 경우도 있었으며, 보성 장흥의 인근 지역에서 관직생활을 하다가 이 지방에 정착하는 경우도 있었다. 이러한 이유로 보성 장흥지방에 정착하게 된 이들 가문들은 이 지방의 유력 가문들과 혼인을 통해서 사회적 기반을 확고히 닦고 유지해 나갔던 것이다. 이들의 통혼관계에서 특징적으로 나타나는 현상은 우선 세계상 유력가문들 간에 집중적으로 얽혀 나타나는 양상을 볼 수 있었다. 다음으로 생진사와 문과에 급제자를 많이 배출한 가문에서는 외부의 유력 가문들과도 통혼이 활발하게 이루어지고 있었는데 이는 이 가문의 명망을 듣고 외부 유력 가문들이 자발적으로 통혼을 요청해온 결과라고 생각되었다. 셋째, 전라좌의병 지도층 가문이나 지도층 당사자들과 통혼이 연혼連婚되는 것은 물론이고 중첩적으로 이루어지는 경우가 많았다. 이러한 통혼관계가 바로 전라좌의병 성군기반이 되었던 것이며, 이 같은 현상은 임란 이후에도 얼마간 지속되었던 것으로 나타났다. 넷째, 통혼이 전라좌의병 지도층의 친족이나 근친간에 직접 연관되는 경우도 있었는데, 임계영의 여서가 염세경이였으며, 문위세의 여서가 백민수였고, 정사제와 소상진이 사촌 처남 매부사이였으며, 염세경과 소상진 또한 사촌 처남 매부사이였던 것이 바로 그러한 경우였다. 이러한 통혼관계는 전라좌의병의 결속력은 물론이고 의병활동에 있었서도 장점으로 작용했을 것이다. 마지막으로 한 세대에서 통혼이 동일한 가문과 중첩적으로 이루어지는 경우도 많았는데, 이는 전라좌의병 가문간의 통혼에서 주로 나타나는 현상이었다.

2) 사우관계와 학맥

이번 절에서는 전라좌의병 지도층과 그 가문의 일부 인물에 대한 사우관계와 학맥을 살펴 볼 차례이다. 그런데 이들에 대한 사우관계나 학맥이 뚜렷하게 나타나 있는 기록이 그리 많지 않기 때문에 이를 알아보는데 어느 정도 한계가 있다는 것을 미리 밝혀두는 바이다.

의병장 임계영의 자는 홍보弘甫, 호는 삼도三島이다. 그는 어려서부터 학문에 깊이가 있었으며, 특히 변려문에 강한 면모를 보였다고 한다. 그러나 과거에는 운이 따르지 않았는지 선조 9년(1576) 그의 나이 49세에 이르러서야 별시 문과에 급제하였다.[78] 그가 어떻게 학문을 탐구했는지 전하는 바가 없어 그 연원을 알 수가 없다. 다만 그의 부친 희중의 행적을 통해 보면 대강 짐작이 가지 않을까 싶기도 하다.

앞서도 잠깐 언급이 있었지만 희중은 명종 29년(1565)에 생원과 진사 양시에 모두 합격하였으며, 석천石川 임억령林億齡(1496~1568)과의 교분이 매우 두터웠다. 그는 임억령의 권유로 좌통례의 관직을 역임했었던 것으로 판단되었는데, 이 관직을 역임 한 직후 곧 귀향하여 보성군 조성면 축내리에 백천당百千堂이란 학숙을 지어 가교家敎와 후진양성에 힘썼다고 한다.[79] 이를 보면 계영은 이 백천당에서 자신의 부친에게 학문을 수수 했던 것이 아닌 생각된다.[80] 그런데 여기서 한 가지 주목되는 것은 희중과 임억령과의 관계인데, 둘의 친분관계로 보아 아무래

---

78) 『長興任氏大同譜』 卷1(2005).

79) 『長興任氏大同譜』 卷1(2005).

80) 이와 관련하여 죽천 박광전이 계영의 형인 백영의 학덕을 칭송했었던 시구가 있는데, 이를 보면 백영의 학덕은 그의 부친인 국담공 희중의 영향에 힘입었음을 직접적으로 표현하고 있어 계영과 백영형제들의 학문이 어디에서 비롯되었는가를 알 수 있는 것이다.

도 임억령의 학문적 영향이 희중의 자식들에게 미치지는 않았나 하는 것이다. 이와 관련하여 『죽천집십유록竹川集拾遺錄』 종유록從遊錄에 임억령과 계영의 중형 임백영(1525~1595)이 나란히 등재되었다는 사실은[81] 시사하는 바가 크다.[82]

임억령의 자는 대수大樹, 호는 석천石川 본관은 선산善山이며, 임우형林遇亨과 음성박씨陰城朴氏 사이의 5형제 중 셋째로 태어났다. 그는 7세 때 숙부인 임우리林遇利(1476~1526)에게 글을 배웠다. 임우리는 금남錦南 최부崔溥(1454~1504)의 문하생이다.[83] 그는 성종 25년(1494) 18세의 어린 나이로 사마시에 합격하고 학문과 기절로 명망이 높아 3번이나 징소를 받지만 거절하고 은거하면서 학문에 열중하여 세상에서 은일처사隱逸處士라 불리기도 하였다. 임억령은 이후 14세 때 박상(1474~1530) 문하에 들어가면서 학문을 본격적으로 시작했으며, 18세 되던 해에는 외숙인 박곤朴鯤에게서도 수학을 하였다. 그는 박상의 문하에 출입하면서 장성, 나주지역 인사들과 교류하게 되는데 박상 문하의 동학인 송순宋純의 문인들인 김인후와 임형수林亨秀 그 제자 정철鄭澈·백광훈白光勳·최경창崔慶昌·최경회崔慶會 등이 바로 그들이며 뒤에 이들은 정치적으로 대부분 서인에 속하는 인물들이다.[84] 임억령과 교유했었

---

81) 朴性鳳 편, 『朴竹川研究論叢』, 백산자료원, 2004, 637~638쪽 재인용.

82) 이를 보면 박광전·임억령·임백영은 보통 이상의 관계였다고 생각되는데, 임억령이 희중에 이어 그의 아들 임백영과도 친교가 있었다면 어느 면으로 보나 학문적으로 영향이 있었을 것으로 봐야 되지 않을까 생각되는 것이다.

83) 최부는 김종직의 문인으로 1477년 진사시에 합격하였고 성균관에 들어가 申從濩·김굉필 등과 교유하였으며 1482년 문과에 합격하여 성균관 전적 등을 역임하고 『동국통감』과 『동국여지승람』 등의 편찬에 참여하였다. 1487년 제주도에 추쇄경차관으로 갔다가 이듬해 부친상을 당하여 돌아오던 중 풍랑을 만나 중국에 표류되어 머물다가 반년 만에 귀국하여 『漂海錄』을 저술하기도 하였다. 무오사화 때 스승인 김종직의 문집을 가지고 있는 것이 발각되어 단천에 유배되었으며 갑자사화 때 사사 당하였다(김기주, 「『漂海錄』의 저자 崔簿 연구」『全南史學』19, 2002, 240~286쪽; 고영진, 앞의 책, 46~47쪽).

던 인물들이 이후 정치적으로 서인의 입장을 대변했다면 임억령의 학문적 영향이 있었다고 생각되는 임계영의 경우도 이 같은 성향을 지니고 있었던 것은 아닌가 생각해 볼 수 있겠으나 이에 대해서는 섣불리 단정하기 어렵다.

박광전朴光前의 자는 현재顯哉, 호는 죽천竹川이다. 중종 21년(1526) 보성군 조성면 용전리에서 진사 이의而誼와 낭주최씨朗州崔氏 사이에서 장자로 태어났다. 선조 1년(1568) 진사시에 합격하였고 당시 관찰사로 재임중이던 미암眉岩 유희춘 柳希春(1513~1577)의 추천으로 경기전慶基殿 참봉에 제수 되었으며, 이어서 헌릉獻陵 참봉을 지낸 다음 귀향하였다. 그 뒤 빙고별좌에 다시 기용되었다가 선조 14년(1581) 하락河洛과 함께 왕자사부王子師傅를 거쳐 사헌부 감찰, 함열·희덕현감 등을 역임한 뒤 1589년 낙향하여 학문에 정진하였다. 선조 25년(1592) 임란이 일어나자, 임계영, 문위세 그리고 자신의 아들 근효根孝·근제根悌 등과 함께 의병을 모집하여 전라좌의병의 지도층이 되었다.[85] 1593년 익위사 익위에 임명되었으며 정유재란 때 자식들과 또 다시 의병을 일으켜 활동하다 작고하였다. 박광전의 문인으로는 안방준安邦俊·선인후宣仁厚·선정달宣廷達·안중묵安重默·권극제權克悌·김성장金成章·이윤남李允南·박광선朴光先·정사제鄭思悌·김해수金海壽·김기서金起西·정길하鄭佶河·양철용梁哲容·한찬기韓纘琦·오필주吳弼周·위홍주魏弘宙 등이 있다.[86]

박광전의 학문적 연원은 9세 때 홍섬을 스승으로 모시면서부터였다.

84) 李海濬, 「朝鮮 中期의 湖南士林과 林億齡」『石川林億齡의 文學과 思想』, 1996, 41~42쪽.

85) 『竹川集』卷7 附錄 行狀; 『湖南節義錄』卷2 壬辰義蹟「竹川朴公事實」:「竹川朴公同倡事實」.

86) 『竹川集拾遺錄』文人錄; 尹榮善, 『朝鮮儒賢淵源圖』, 太學社, 1985(초판 1941). 51쪽.

홍섬洪暹은 자는 퇴지退之, 호는 인재忍齋이고 본관은 남양南陽이며, 영의정 언필彦弼 아들이고 조광조(1482~1519)의 문인이다. 그는 중종 23년 (1528) 생원이 되었고 동왕 26년 식년 문과에 입격하였다. 1535년 이조 정랑에 있을 때 김안로金安老의 전횡을 탄핵하다가 그 일당인 허황許況의 무고로 흥양에 유배되었는데, 이때 박광전이 홍섬을 찾아가 글을 배웠던 것이다.[87) 주지하는 바와 같이 홍섬의 스승이었던 조광조는 한헌당의 김굉필(1454~1504)의 제자였는데, 김굉필은 16세기 사림정신의 원류였으며 그가 주창한 도학 사상은 의리정신과 '실천궁행實踐躬行'을 중시한 것이었다.[88) 이러한 김굉필의 사유思惟는 제자인 조광조에게 그대로 계승되었던 것으로 보이는데, 이는 학보다 행을 중시했었던 그의 삶에서 여실히 드러난다. 조광조의 사상은 제자인 홍섬에게도 그대로 스며들었다고 할 수 있겠으며,[89) 그것은 어린 박광전에게 상당한 영향이 미쳤을 것으로 보인다. 이와 관련하여 박광전이 그의 문인들에게 "사람이 공부하는 것은 다만 기통記通의 익힘만이 아니고 위기爲己의 도道가 있으니, 만약 학문을 하고 싶다면 어찌 위기爲己의 본 뜻을 생각하지 않겠는가"라고 교육했던 것은 주목되는 부분이다.[90) 이것은 곧 위기지학爲己之學으로 의리정신 내지는 실천궁행에 맞닿아 있는데, 이는 홍섬의 스승인 조광조나 그의 조사祖師격인 김굉필이 주창했었던 것으로 박광전에게 그대로 관통하고 있는 것이다. 박광전이 노구에도 불구하고 임란과 정유재란 때 창의하여 국란을 극복하려 힘썼던 일은 이러한 사상적 측면이 바탕이 되었을 것으로 판단되기도 한다.

---

87) 이상은 朴性鳳 편, 앞의 책, 618~619쪽을 참조하였다.

88) 趙湲來, 앞의 논문, 「士禍期 湖南士林의 學派와 金宏弼의 道學思想」, 13쪽 및 21쪽.

89) 홍섬이 당대 실세 정치인이었던 김안로를 전횡을 탄핵하여 유배를 당한 사건은 그의 사상과 관련하여 시사하는 바가 크다고 할 수 있겠다.

90) 『竹川集』 年譜 37세조.

박광전은 이어 송천松川 양응정梁應鼎(1519~1581)의 문하에서 학문을 하였다. 양응정은 학포 양팽손의 아들로 자는 공섭公燮 호는 송천松川 이며 본관은 제주濟州이다. 양응정은 부친에게 학문을 배웠으며 중종 35년(1540) 생원시와 명종 7년(1552) 문과에 입격하였고, 주요 내·외직 을 두루 역임하였는데, 특히 시문에 능하여 명문장으로 통했다.[91] 양 응정이 평소 가장 강조한 대목은 충효의 실천에 대한 것이었는데[92] 이 러한 그의 사유는 스승이자 부친인 양팽손의 교육에서 비롯되었다고 할 수 있겠다.[93] 양팽손(1488~1545)은 화순 능주 출신으로 16세 연산 군 9년(1503)에 지지당知止堂 송흠宋欽의 문하에서 수학하였으며, 중종 5년(1510) 생원시와 중종 11년(1516) 문과에 합격하였다. 그는 일찍이 의 리를 궁구하고 연마하여 존심存心 공부에 열중하였는데, 이러한 것이 합치되었는지 몰라도 조광조와는 각별하게 지낸 사이었다.[94] 양팽손 은 조정의 요직을 두루 거쳤으며, 기묘사화가 일어나고 관련 사림들이 화를 입자 이들을 구하기 위해 적극적으로 나섰으나 결국 그 뜻을 이 루지 못하고 끝내는 자신까지 관직에서 파직 당하였다. 이를 기화로 그는 능주로 귀향하였으며, 마침 그곳에 귀양와 있었던 조광조의 곁에 서 그를 위로하고 시국의 안녕에 대한 계책을 논의하면서 좋은날을 기 약하기도 했었다. 그러나 조광조가 결국 사사 되자 그의 시신을 거두 고 사당을 지어 기원했었던 인물이다.[95]

---

91) 『松川集』; 이상식·오종일 공저, 『義鄕』, 전남대학교 출판부, 1997, 70쪽.

92) 『松川集』 言行錄.

93) 양팽손은 평소 양응정을 위시한 자녀들에게 성현의 학문에 뜻을 둘 것을 강조하였 다고 한다(『松川集』, 卷5). 여기서 양팽손이 강조한 성현의 학문이란 공자와 맹자의 사상을 위주로 하고 있는 도학을 의미한다(權純烈, 『松川 楊應鼎의 詩文學 硏究』, 도서출판 月印, 2002, 43쪽). 이를 보면 양팽손의 사상이 어디에 있었던 것인가 어렵 지 않게 짐작할 수 있겠으며 이러한 그의 사상은 그대로 양응정에게 전수되었을 것 으로 판단된다.

94) 『學圃梁彭孫文集』 卷4 附錄 年譜.

　　양팽손의 스승인 송흠宋欽(1459~1547)의 호는 지지당知止堂 본관은
신평新平이며, 영광 삼계에서 문소 참봉을 지낸 송가원宋可元과 생원
정필주鄭弼周의 여식 하동정씨河東鄭氏 사이에서 태어났다. 성종 11년
(1480) 사마시와 동왕 23년(1492) 문과에 합격하여 주요 내·외직을 두
루 역임하다가 연산군의 폭정에 반발하여 관직을 사퇴하고 고향으로
돌아와 후학을 양성하였는데, 이후 연산군 때는 일체 관로에 출입을
스스로 금하였다. 그의 문하에서는 양팽손을 비롯한 나세찬·송순 등
이 배출되었고 양팽손을 거친 양응정 문하에서 박광전·정철·백광
훈·백광안·최경장·최경운·최경회·정명세 등이 나왔다. 이를 보면
16세기에 활동했었던 호남지방의 인물 중에서 기묘·을사명현 그리고
명망 높은 시인문장가·의병지도층까지 모두 포함되어 있다. 그의 교
육활동과 사상적 맥락이 어떠했는가를 짐작할 수 있는 대목이기도 하
다.『조선유현연원도朝鮮儒賢淵源圖』에 의하면 기원선생起源先生 가운데
전라도 출신으로서는 유일하게 한 연원을 차지하고 있다는 점도 주목
할 일이다.[96]

　　박광전의 스승인 양응정의 학맥이 대개 이와 같은데 여기서 양응정
의 스승인 양팽손과 조사祖師격인 송흠의 행적을 보면 그들의 사유가
의리와 실천궁행에 닿아 있음을 어렵지 않게 발견할 수 있다. 이러한
사상은 양응정에게 흡수되어 다시 제자인 박광전에게 흘러들어 갔을
것임은 두말할 나위도 없을 것이다. 박광전이 어릴 때 홍섬을 통해 학
문의 토대를 쌓았다면 양응정의 문하에서는 학문이 어느 정도 형성되
었던 단계라고 생각할 수 있겠다. 이는 박광전의 나이 32세 되던 해인
명종 12년(1557) 죽천가(보성군 노동면 광곡리 광탄천)에 정사를 짓고 위기

95)『學圃集』卷4 附錄 年譜; 이상식·오종일 공저, 앞의 책, 70쪽.
96) 조원래, 앞의 논문,「16세기 초 湖南士林의 形成과 士林精神」, 19쪽.

지학爲己之學을 궁구하면서 후학들을 양성했던 행적이나 우계기遇溪記를 지었는데 이를 본 스승 양응정이 감탄하여 칭찬해 마지않았다는[97] 내용에서도 알 수 있는 것이다. 이후 박광전은 40세가 넘은 나이에 또 하나의 학연을 이루게 되는데 이황의 문하에 들어 간 것이 바로 그것이다.[98] 그는 그곳에서 『주자서절요』를 궁구했으며, 이황은 그의 학문을 높이 평가하여 칭송이 자자했다고 한다. 그리고 박광전이 귀향할 때 이황은 그를 보내는 아쉬움에 시 5수를 지어주었는데, 그 시 중에 "늙고 병들어 실수 많음을 몹시 부끄러워했는데 그대(박광전)의 도움으로 다시 광명을 얻었다네"라는 시구는 이황이 박광전을 어떻게 생각했는지 가늠하기 어렵지 않다. 이를 보면 박광전은 이황의 문하에서 학문의 절정을 맛보았던 것은 아닌가 싶기도 하다.[99]

그렇다면 박광전은 당시 정치적으로 어떠한 입장에 있었을까? 이에 관련된 기록이 보이지 않아 명확히 밝힐 수는 없지만 임란을 전후하여 동서당의 분열에 있어 동인계열을 이루는 인물은 대부분 이황과 조식의 문인들이지만 여기에 이중호와 김안국의 문인들이 결합되고 있었다는[100] 견해를 환기시켜보면 이황의 문인이었던 박광전은 정치적으로 동인의 성향을 지니고 있었다고 보아 좋을 듯하다. 이와 관련하여 박광전에게 관료의 길을 열어 주었던 유희춘이 남인계 호남 사림으로 활동했었던 나덕윤·나덕현 형제를 사사師事했으며 이들의 부친인 나사

---

97) 『竹川集』 卷6 附錄 年譜.

98) 『竹川集』 卷6 附錄 年譜.

99) 박광전이 적지 않은 나이에 이황의 문인이 되었던 것은 학문의 완성도를 위해서였을 것이라 판단된다. 당대 사림들은 성리학의 이론을 깊이 있게 아는 것이 학문의 완성이라고 생각했는데, 이황은 박광전의 욕구를 해결해 줄 수 있는 창구였던 것이다.

100) 大谷森繁, 「東西分黨에 있어서 先輩後輩의 대립에 대하여」 『朝鮮學報』 14, 1959, 437쪽; 金東洙, 「16~17世紀 湖南士林의 存在形態에 대한 一考察-특히 鄭介淸의 文人集團과 紫山書院 置廢事件을 중심으로 하여-」 『歷史學硏究』 Ⅶ, 1977, 61쪽.

침과는 이종사촌이었다는 사실은 시사하는 바가 크다.[101]

　문위세(1534~1670)의 자는 숙장叔章, 호는 풍암楓菴이며, 중종 29년 (1534) 장흥군 부산면 부춘리에서 진사 량亮과 윤효정尹孝貞의 여식 해남윤씨海南尹氏 사이에서 셋째 아들로 태어났다. 문위세가 학문을 닦기 시작한 것은 해남에 거주하던 외숙부 귤정 윤구를 스승으로 모시면서부터였다. 윤구는 문위세에게 『소학』을 가르치면서 문리文理보다는 그 내용을 실천하는 쪽을 지도했고 글 짓는 공부보다는 마음을 닦는 성리지학性理之學에 전념케 했다고 한다.[102]

　윤구(1495~?)는 해남윤문의 생원 윤효정(1476~1543) 4남 2녀 중 장남으로 태어났다. 그는 중종 때 학문과 문장을 겸비한 인물로서 생원·진사는 물론 문과에도 급제하였으며 홍문관 부교리까지 지낸 기묘명현으로서 최산두崔山斗(1483~1535)·유성춘柳成春(1513~1577)과 더불어 중종 때 호남삼걸湖南三傑로도 널리 알려진 인물이다. 윤구는 동생 윤항尹巷·윤행尹行·윤복尹復과 함께 부친인 윤효정尹孝貞에게 학문을 익혔다. 윤효정尹孝貞은 임억령의 숙부인 임우리林遇利(1476~1526)와 유희춘柳希春의 부친인 유계린柳桂隣과 함께 최부崔溥(1454~1504)의 문하생이었는데,[103] 최부는 무오사화 때 서천에 유배되었다가 갑자사화 때 김굉필 등과 함께 사사賜死되었던 인물이다.[104]

　부친인 윤효정으로부터 학문을 배운 윤구는 자신의 여서女婿인 이중호李仲虎에게 학문을 전수했으며, 이중호의 아들 이발李潑은 윤구의 아들 윤의중尹毅中과 함께 동인의 중심인물로 활약하였으나 기축옥사 때

---

101) 金東洙, 같은 논문, 61쪽.

102) 이상 문위세의 생애와 학문의 연원 등은 이미 조원래「楓菴 文緯世의 생애와 의병운동」에서 정밀하게 다루었기 때문에(趙湲來, 앞의 책, 『새로운 觀点의 임진왜란사研究』, 159~187쪽) 그 내용을 취하여 옮겨 정리하였음을 밝혀둔다.

103) 柳桂隣은 崔溥의 사위이기도 하다.

104) 崔溥는 『漂海錄』의 저자이기도 하다.

유배를 가서 사사되고 말았다. 윤구는 이외에도 영광의 전주이씨인 이응종李應鍾·이황종李黃鍾 등을 가르쳤으며 그의 사위 이중호는 나사침을 가르쳤다.[105] 나사침의 아들인 나덕윤과 나덕현은 정개청의 문인으로 남인계 호남 사림으로 활동하였다.[106] 이를 토대로 보면 윤구의 아들 및 그의 손제자들이 대부분 정치적으로 동인으로 활약했었던 인물이었음을 알 수 있겠는데, 문위세 역시 주변 인물들의 영향으로 인해 정치적으로 동인계 속성을 지니고 있었을 것으로 생각된다. 여하튼 문위세가 이러한 윤구에게 『소학』을 배우면서 터득한 실천궁행의 정신은 평생 그의 정신적 토대가 되었다고 할 수 있겠다. 문위세는 14세 되던 해 선조 7년(1574) 이황의 문하생이 되는데, 그곳에서 약 1년간 글을 배우다가 집으로 온 다음 그로부터 10년 후인 25세 때 다시 이황을 찾아가 본격적으로 학문을 익혔다. 그는 31세 때 모친의 병환 소식을 듣고 집에 돌아온 적이 있었지만 33세 때 외숙부 윤복에 의해 윤복의 아들 윤강중尹剛中·윤흠중尹欽中 등과 함께 다시 이황을 찾아 『주자전서』에 대한 가르침을 받기도 하였다.[107] 명종 22년(1567)에 향시에서 장원을 하고 같은 해 겨울 사마시에 나아가 청계淸溪 유몽정柳夢井·남계南溪 이길李洁 등과 동방同榜으로 진사시에 합격하였다. 1592년 임란이 일어나자 임계영·박광전과 자신의 아들 원개·영개·형개·홍개와 백형의 장남 희개, 그리고 사위인 백민수白民秀와 함께 전라좌의병에 참여하였다. 이후 선조 28년(1595)부터 5년간 용담현령을 역임하였다.[108]

안방준(1573~1654)은 선조 6년(1573) 전남 보성군 오야리에서 진사이며 중추부사를 지낸 중관重寬과 박이경朴而敬의 여식 진원박씨 사이에서

105) 이상은 조원래, 앞의 논문, 「16세기 초 湖南士林의 形成과 士林精神」, 19쪽.
106) 고영진, 『호남사림의 학맥과 사상』, 혜안, 2007, 70쪽.
107) 趙湲來, 앞의 책, 『새로운 觀点의 임진왜란사 硏究』, 167쪽.
108) 『湖南節義錄』 卷2 壬辰義蹟 「左義兵將任公事實」·「左義兵將同倡諸公事實」.

차남으로 태어났으나 숙부인 중돈重敦에게 입양되었다. 안방준은 11세의 어린 나이에 죽천 박광전으로부터 수학하였다. 박광전은 앞서 살핀 바와 같이 홍섬·양응정·이황 등 세분의 스승에게서 학문을 전수 받았으며, 이들의 영향에 힘입어 그의 사상이 정립되었는데, 그것은 무엇보다도 의리정신과 실천궁행을 중시하는 것이었다. 안방준은 3년 후 또 다른 스승을 만나게 되는데, 그가 바로 매부인 박종정朴宗挺(1555~1597)이였다. 박종정은 본관이 함양이며 학행으로 공랑에 천거되어 해남과 동복의 훈도를 역임한 박인계朴忍啓와 부호군 박운손朴雲孫의 여식인 순천박씨順天朴氏 사이에서 태어났다. 선조 9년(1576) 사마시에 합격하였으며, 학문을 좋아하는 성품으로 위기지학爲己之學에 힘썼다고 한다. 임진왜란이 일어나자 스승인 고경명(1533~1592)[109] 등과 함께 창의하였으며, 이러한 공훈으로 장원서 별제를 제수 받았다.[110] 박종정의 스승이었던 고경명(1533~1592)은 기대승(1527~1572)과 사제관계였던 것으로 알려져 있으며,[111] 정치적으로는 정철계열로 분류되기도 한다.[112]

　기대승은 부친 기진과 기묘명현이었던 숙부 기준 그리고 김집金緝·용산龍山 정즐鄭騭 등에게서 학문을 배웠다.[113] 그는 김인후(1510~1560)·이황과 학문적인 교류는 많았으나 사제관계로 보기에는 저어되는 부분이 없잖아 있다. 여하튼 기대승과 종유從遊했었던 김인후는 기묘사화 때 동복에 유배되어 그곳에서 15년을 지낸 최산두의 제자였다.[114] 최산두는 김굉필이 무오사화 때 평안도 회천에 유배되었다가

---

109) 尹英善, 앞의 책, 54쪽.

110) 다산연구회 편,『儒學思想 年譜集成』, 한국전산출판사, 1994, 247~247쪽.

111) 尹英善, 앞의 책, 53쪽.

112) 정철은 기효린·변성온·양자징 등과 함께 김인후에게서 학문을 수수했던 것으로 알려져 있다(조원래, 앞의 논문,「16세기 초 湖南士林의 形成과 士林精神」, 18~19 쪽; 고영진, 앞의 책, 60쪽).

113) 다산연구회 편, 앞의 책, 172~174쪽; 고영진 앞의 책, 36~37쪽;

1500년(연산 6)에 전라도 순천에 이배되어 있는 동안 그에게 학문을 배웠으며, 동학으로 최충성崔忠成·이적李勣·윤신尹信·유계린柳桂隣·맹권孟權 등이 있다.[115]

안방준의 학문이 성숙된 시기는 우계牛溪 성혼成渾을 만나면서 부터였다. 성혼은 부친인 성수침成守琛(1493~1564)에게서 학문을 배웠는데, 성수침은 조광조 문하에서 수학하였다. 성혼은 위기지학爲己之學에 전념하였으며, 조광조와 이황을 자신의 이상으로 여겼다고 한다.[116] 성혼의 이 같은 사유는 안방준에게 그대로 전수되었다고 생각되는데, 이는 그가 안방준에게 수차에 걸쳐 위기지학의 가르침을 간곡히 전하고 있는 것이나 안방준 또한 스승의 가르침을 충실히 기하고자 했던 흔적들을 통해 알 수가 있는 것이다.[117]

이상의 내용을 보면 안방준이 모셨던 세 분 스승 모두 절의사상과 실천궁행을 중시했었던 인물이었음을 알 수 있겠으며, 이러한 스승들의 사상은 안방준에게 그대로 전수되었을 것이다. 이는 안방준이 20세의 나이로 스승인 박광전을 따라 전라좌의병에 동참한 것이나 병자호란 때 거듭 창의했었던 사실에서[118] 어렵지 않게 짐작할 수 있으며, 그가 평소 소인배 같은 행동을 하면서 절의를 생각하지 않는 선비들을 자주 질타했다는 데에서도 충분히 입증되는 것이다.[119] 안방준과 교류

114) 조원래, 같은 논문, 18쪽.
115) 조원래, 같은 논문, 18쪽.
116) 성교진, 「우계 성혼」『韓國人物儒學史』 2, 한길사, 1996, 731쪽.
117)『隱峯全書』附錄 卷1 年譜; 黃義東, 「隱峰 安邦俊의 학문연원과 학풍」『韓國思想과 文化』 21 2003, 426쪽.
118)『隱峯全書』附錄 卷1 연보; 조원래, 「朴光前의 擧義와 그 一家의 의병운동」『韓國의 哲學』 32, 2003, 136~141쪽.
119)『隱峯全書』附錄 卷3 遺事. 안방준의 절의사상에 대해서는 박미향이 정밀하게 분석해 놓아 참고 된다(박미향, 「은봉 안방준의 절의사상」『歷史學硏究』 38, 2010, 189~211쪽).

한 인물로는 이정구李廷龜 · 김류金瑬 · 장유張維 · 김장생金長生 · 송시열
宋時烈 · 고순후高循厚 · 윤황尹煌 · 김집金集 등이 있었는데, 이들 대부분
이 당시 정계를 주도하던 서인계 인물들이었다.[120] 이와 관련하여 안
방준은 병자호란 후에 척화상소斥和上訴 · 논시폐소論時弊疏 등 주로 경
제적인 관심과 함께 조정의 사론과 밀접한 관련을 맺으면서 자신의 정
치적 소신을 중앙에 강하게 드러냈으며, 더불어 자신의 정치적 입장을
친노론적 위치에 둠으로써 뒷날 소론이나 남인계 인사들로부터 공척攻
斥의 대상이 되었는데 뒤에 그를 배향한 서원사우에 대한 훼철령이 내
려졌던 것은 모두 이 같은 이유 때문이었다.[121]

김여중金汝重(1556~?)의 자는 자임子任, 호는 헌헌헌軒軒軒, 본관은 영
광이다. 기묘명현 월봉月峰 광원光遠의 증손이고 좌랑佐郎 김열金悅과 안
언능安彦能의 여식 죽산안씨 사이의 5남 1녀 중 장남으로 태어났다. 그는
사암思菴 박순朴淳의 문하에서 수업하였으며 1591년(선조 24)에 진사시에
합격하였고 문장으로 명성이 높았다. 김여중은 임란 초창기 의병 및 군
량을 모아 전라좌의병을 자원했으며, 그 공으로 특별히 참봉에 제수 되
었다. 이후 변사정과 함께 창의하여 많은 군공을 세우기도 했었다.[122]

김여중의 학문적 연원은 위에서 언급한 내용이 전부이다. 그의 스승
이었던 박순은 서경덕 문하에서 글을 배웠는데,[123] 한편으로 숙부인
눌재訥齋 박상朴祥의[124] 학문적 영향도 지대했다고 한다. 따라서 그의
또 하나의 학문적 연원을 박상에서 찾아도 되지 않을까 생각한다.[125]

---

120) 고영진, 앞의 책, 62쪽.
121) 조원래, 앞의 논문, 「朝鮮前期儒學의 發達과 寶城士林」, 272쪽.
122)『靈光金氏大同譜誌狀錄』(1980);『湖南節義錄』卷2 壬辰義蹟「敵愾將同倡諸公事實」.
123)『思庵集』附錄 卷5 行狀; 다산연구회 편, 앞의 책, 137쪽.
124) 박상은 16세 때부터 형 禎(1647~1498)에게서 학문을 익혔으며, 두 동생을 가르쳤
　　는데 이 들 3형제를 일컬어 '동국삼박'이라고 칭하기도 한다(『訥齋集』附錄 卷4 年
　　譜; 조원래 앞의 논문, 「16세기 초 湖南士林의 形成과 士林精神」, 10쪽, 주 35).

박상은 김정과 함께 신비복위운동을 주도해 파직 이배되기도 하였으며, 기묘사화 때는 사림을 구원하는 상소를 올리려다 주위의 만류로 중단했지만 기묘명현들의 뒷바라지에 심혈을 기울였던 인물이었다. 한편『조선유현연원도朝鮮儒賢淵源圖』에는 박순의 학맥을 이황에게 연계시키고 있어 비교된다.[126)

여하튼 김여중의 스승이었던 박순은 전라도 나주 출생이며, 명종 8년(1553) 문과에 장원급제하였고 조정의 요직을 걸쳐 좌의정까지 역임하였다. 그는 기묘사화가 일어나자 임붕林鵬·나일손羅逸孫 등과 함께 나주 왕곡면에 금파정을 짓고 시를 읊으며 울분을 토로 했다고 한다.[127) 박순은 학문적으로 서경덕계열로 분류할 수 있으며 이 계열은 정치적으로 대부분 동인의 입장에 있었지만 그는 뒤에 서인으로 자정하게 된다.[128) 그렇다면 박순의 문하생이었던 김여중은 정치적으로 어떠한 입장을 취했을까? 이에 대해 명확히 알 수는 없지만 아마 스승의 영향이 없었다고 단언할 수는 없을 것 같다.

정사제鄭思悌(1556~?)의 자는 유인幼仁 호는 오봉五峰 본관은 진주이다. 생진사와 문과에 입격하여 승문원 정자의 관직을 역임했다. 일찍이 죽천 박광전 문하에서 학문을 시작하였으며, 14세 되던 해 이황의 문하생이 되었다. 임란이 일어나자 임계영·박광전·문위세 등과 함께 창의하여 전라좌의병 종사관의 직책을 맡았으며 성주·개령 등지에서 많은 전과를 올렸으나 남원전투에서 적의 탄환을 맞고 전사하였다.[129) 이러했었던 정사제가 정치적으로 어떠한 입장에 있었는지는 알 길이 없다.

---

125) 조원래, 같은 논문, 20쪽.
126) 尹英善, 앞의 책, 50쪽.
127) 이상식·오종일 공저, 앞의 책, 53쪽.
128) 고영진, 앞의 책, 40쪽.
129)『湖南節義錄』卷2 壬辰義蹟 「左義兵將同倡諸公事實」;『靈光金氏大同譜誌狀錄』(1980);『晋州鄭氏掌令公派譜』(2006).

다만 그의 스승이었던 박광전이 정치적으로 동인의 성향에 가까웠다는 것과 이황의 문하생이었다는 점을 고려해 볼 때 그 역시 정치적으로는 동인계의 성향에 가까웠던 것은 아니었던가 추측되는 것이다.

김광원金光遠(1478~1550)의 자는 언명彦明, 호는 월봉月峯 본관은 영광이다. 사마시와 문과에 급제하고 사간원 헌납을 역임한 김괴金塊와 참의 우효신禹孝新의 여식 단양우씨丹陽禹氏와 사이에서 장남으로 태어났다. 중종 14년(1519) 승문원 습독관으로 생·진사 양시에 합격하였으며, 조광조의 문인이다. 기묘사화가 일어나자 스승인 조광조의 무고를 주장하는 상소를 수차례 올렸으며 그로 인해 유배형에 처해진 기묘명현으로 전라좌의병 지도층 인사인 김여중의 증조부가 된다.130)

안중묵安重默(1556~1607)은 종사랑을 지낸 안의安䚷와 박매朴梅의 여식 상주박씨尙州朴氏 사이에서 태어났으나 숙부인 정정艇의 양자가 되었으며, 본관은 죽산이다. 안중묵은 7세 되던 해 죽천 박광전에서 수학하였으며, 특히 박광전은 안중묵의 학문에 탄복하여 그의 저술 등을 퇴계에게 보여주었는데 퇴계는 시를 써서 그를 격려하고 학문에 더욱 정진할 것을 당부했었다고 한다. 안중묵은 이어 양응정의 문하생이 되었는데 양응정은 그의 학문을 높이 평가하여 자를 기현基賢이라고 지어주기도 했었다. 안중묵은 정개청의 문인이기도 했었는데, 기축옥사때 정개청을 존숭했다는 죄목으로 구속되기도 하였다.131) 이충무공과도 친분이 각별해 상견하면 병법에 대한 논의를 하곤 했었다고 한다.132) 이를 보면 안중묵은 정치적으로 동인계의 인물임이 분명하다.

이상 16~17세기경 보성 장흥지방 사족들의 사우 관계 및 학맥 등을

---

130) 『靈光金氏大同譜誌狀錄』(1980); 『晉州鄭氏掌令公派譜』(2006).
131) 『愚得錄』 附錄 年譜; 金東洙, 앞의 논문, 50~51쪽.
132) 『南平文氏敬肅公派譜』 卷1(1992). 안중묵은 한 때 사암 박순의 천거로 봉사에 제수되기도 하였다.

살펴본 결과 다음과 같았다. 우선, 이 지방 사족들의 학맥은 대부분 단선적이지 않고 각 학맥을 넘나드는 중첩적인 관계였다는 것을 알 수 있었다. 이를테면 임계영은 임희중(유년기) → 임억령(?), 박광전은 홍섬(유년기) → 양응정(청소년기) → 이황(장년기), 문위세는 윤구(유년기) → 이황(청소년기), 안방준; 박광전(유년기) → 박종정(소년기) → 성혼(청년기), 김여중; 박순(?), 정사제; 박광전(유년기) → 이황(소년기), 김광원; 조광조(?), 안중묵; 박광전(유년기) → 양응정(청소년기) 등으로 부터 학문수수가 이루어졌다는 것이다. 이를 보면 유년기에는 대부분 박광전으로부터 이후에는 이황으로부터 학문수수가 이루어졌던 것으로 나타난다. 다음으로, 16세기 경 호남 학맥은 김굉필·최부·송흠·박상 등 네 그룹이 있었는데, 이 시기 보성 장흥지방의 학맥에서도 이 네 그룹의 범주를 크게 벗어나지 않고 있다는 것을 알 수 있었다. 마지막으로 이들의 정치적 입장에 대한 것인데, 박광전·문위세·정사제·안중묵 등은 동인의 성향에 가깝다는 것을 알 수 있었으며 특히 기축옥사의 피화자인 안중묵의 경우에는 정치적으로 동인계의 인물이 분명함을 알 수 있었다. 임계영·김여중은 서인의 성향 성향을 지니고 있었던 것은 아닌가 생각해 볼 수는 있었으나 확언하기는 어려웠으며 안방준은 병자호란 이후 자신의 정치적 입장을 친노론적 위치에 두었다는 사실을 알 수 있었다. 이를 통해 이 당시 보성 장흥 지방의 사족들의 정치적 입장을 적극적으로 해석해 본다면 동서의 성향이 혼재되어 나타나지만 그 중에서도 동인의 성향이 다소 앞서고 있다고 할 수 있겠다. 물론 여기에서 주목해야 할 것은 정치적 입장이 확실히 드러난 인물이 안중묵과 안방준 두 인물뿐이었다는 사실이다. 이는 호남사림이 가장 혹독한 피해를 입었던 기축옥사에 이 지방 사족들이 크게 연관되지 않았다는 사실과 관련하여 시사하는 바가 크다.

Ⅳ. 맺음말

지금까지 임란 당시 전라좌의병 지도층 가문의 사례를 통해 16~17세기 보성 장흥지방 재지사족에 대한 동향과 사회적 기반에 대해 살펴보았다. 이제 본문을 요약하면서 맺음말을 대신할까 한다.

조선전기 호남지방의 사림들은 중종 대에 이르러 중앙정계 진출이 활발하게 이루어졌는데 여기에는 몇 가지 요인이 있었다. 우선 이 당시 활동했었던 사림들은 그들 선조들이 신왕조 개창 이후 크고 작은 정치적 파동기에 절의를 고집했거나 정쟁에 연루된 사대부들이었고 그로 인한 정치적 박해를 피해 중앙으로부터 전라도로 낙남해온 가문출신들이 많았다. 그런데 중종반정의 성공은 그동안 억눌려 지내던 사림들을 자극하여 다투어 중앙정계에 진출케 한 촉매가 되었고, 호남지방의 경우에 전에 없이 관로에 진출하는 경향이 두드러지게 나타나게 되었던 것이다. 이시기에 보성 장흥지방에서도 죽산안씨 · 보성오씨 · 진원박씨 · 보성선씨 · 영광김씨 · 장흥위씨 · 수원백씨 · 광산김씨 · 영암김씨 등 현지 저성거족들을 중심으로 과거 입격자를 많이 배출하였다. 이것은 호남사림의 흥기배경과 같은 맥락에서 이해해도 가능한 것이었다.

전라좌의병 지도층과 그 가문의 사회적 기반을 알아보기 위한 하나의 방법으로 이들 가문의 통혼권 등을 살펴본 결과 다음과 같은 몇 가지 특징적인 것이 발견되었다.

전라좌의병 지도층 가문들은 대부분 외부에서 보성 장흥지방으로 직접 입향하거나 또는 다른 지역을 일차적으로 걸쳐 입향하는 경우가 많았는데, 그 이유는 지도층 선대들이 조선왕조의 개창이후 크고 작은 정치적 파동기에 절의를 고집했거나 정쟁에 연루된 사대부들이었다는 점과 그로 인한 정치적 박해를 피해 중앙으로부터 전라도로 낙남했었기 때문이었다. 한편 일부 가문은 개인적인 사정이나 처향을 따라 입향하는 경우도 있었으며, 보성 장흥의 인근 지역에서 관직생활을 하다가 이 지방에 정착하는 경우도 있었다. 이러한 이유로 보성 장흥지방에 정착하게 된 이들 가문들은 이 지방의 유력 가문들과 혼인을 통해서 사회적 기반을 확고히 닦고 유지해 나갔던 것이다. 이들의 통혼관계에서 특징적으로 나타나는 현상은 우선 세계상 유력가문들 간에 집중적으로 얽혀 나타나는 양상을 볼 수 있었다. 다음으로 생진사와 문과에 급제자를 많이 배출한 가문에서는 외부의 유력 가문들과도 통혼이 활발하게 이루어지고 있었는데 이는 이 가문의 명망을 듣고 외부 유력 가문들이 자발적으로 통혼을 요청해온 결과라고 생각되었다. 셋째, 전라좌의병 지도층 가문이나 지도층 당사자들과 통혼이 연혼連婚되는 것은 물론이고 중첩적으로 이루어지는 경우가 많았다. 이러한 통혼관계가 바로 전라좌의병 성군기반이 되었던 것이며, 이 같은 현상은 임란 이후에도 얼마간 지속되었던 것으로 나타났다. 넷째 통혼이 전라좌의병 지도층간에 직접 연관되는 경우도 있었는데 임계영의 여서가 염세경이였으며, 문위세의 여서가 백민수였고, 정사제와 소상진이 사촌 처남 매부사이였으며, 염세경과 소상진 또한 사촌 처남 매부사이였던 것이 바로 그러한 경우였다. 이러한 통혼관계는 전라좌의병의 결속력은 물론이고 의병활동에 있어서도 장점으로 작용했을 것이다. 마지막으로 한 세대에서 통혼이 동일한 가문과 중첩적으로 이루어지는 경우도 많았는데, 이는 전라좌의병 가문간의 통혼에서 주로 나타나는 현상이었다.

16~17세기경 보성 장흥지방 사족들의 사우 관계 및 학맥 등을 살펴본 결과는 다음과 같았다, 우선 이 지방 사족들의 학맥은 대부분 단선적이지 않고 각 학맥을 넘나드는 중첩적인 관계였다는 것을 알 수 있었다. 이를테면 임계영은 임희중(유년기) → 임억령(?), 박광전은 홍섬(유년기) → 양응정(청소년기) → 이황(장년기), 문위세는 윤구(유년기) → 이황(청소년기), 안방준; 박광전(유년기) → 박종정(소년기) → 성혼(청년기), 김여중;

박순(?), 정사제; 박광전(유년기) → 이황(소년기), 김광원; 조광조(?), 안중묵; 박광전(유년기) → 양응정(청소년기) 등으로 부터 학문수수가 이루어졌다는 것이다. 이를 보면 유년기에는 대부분 박광전으로부터 이후에는 이황으로부터 학문수수가 이루어졌던 것으로 나타난다. 다음으로, 16세기 경 호남 학맥은 김굉필·최부·송흠·박상 등 네 그룹이 있었는데, 이 시기 보성 장흥지방의 학맥에서도 이 네 그룹의 범주를 크게 벗어나지 않고 있다는 것을 알 수 있었다. 이 같은 통혼권 및 학맥 등은 이 지방 사족들이 사회적 기반을 다지고 유지해 나가는 원동력이 되었을 것이며, 한편으로 전라좌의병 성군기반이 되었던 것은 물론이고 의병활동에 있어서도 상당한 장점으로 작용했었을 것이다.

마지막으로 이들의 정치적 입장에 대한 것인데 박광전·문위세·정사제·안중묵 등은 동인의 성향에 가깝다는 것을 알 수 있었으며 특히 기축옥사의 피화자인 안중묵의 경우에는 정치적으로 동인계의 인물이 분명함을 알 수 있었다. 임계영·김여중은 서인의 성향 성향을 지니고 있었던 것은 아닌가 생각해 볼 수는 있었으나 확언하기는 어려웠으며 안방준은 병자호란 이후 자신의 정치적 입장을 친노론적 위치에 두었다는 사실을 알 수 있었다. 이를 통해 이 당시 보성 장흥 지방의 사족들의 정치적 입장을 적극적으로 해석해 본다면 동서의 성향이 혼재되어 나타나지만 그 중에서도 동인의 성향이 다소 앞서고 있다고 할 수 있겠다. 물론 여기에서 주목해야 할 것은 정치적 입장이 확실히 드러난 인물이 안중묵과 안방준 두 인물뿐이었다는 사실이다. 이는 호남사림이 가장 혹독한 피해를 입었던 기축옥사에 이 지방 사족들이 크게 연관되지 않았다는 사실과 관련하여 시사하는 바가 크다.

[부록 1] 학맥도

※ 전라좌의병 지도층, ☆ 전라좌의병 지도층 가문 인물, = 從遊

【학맥도 1】

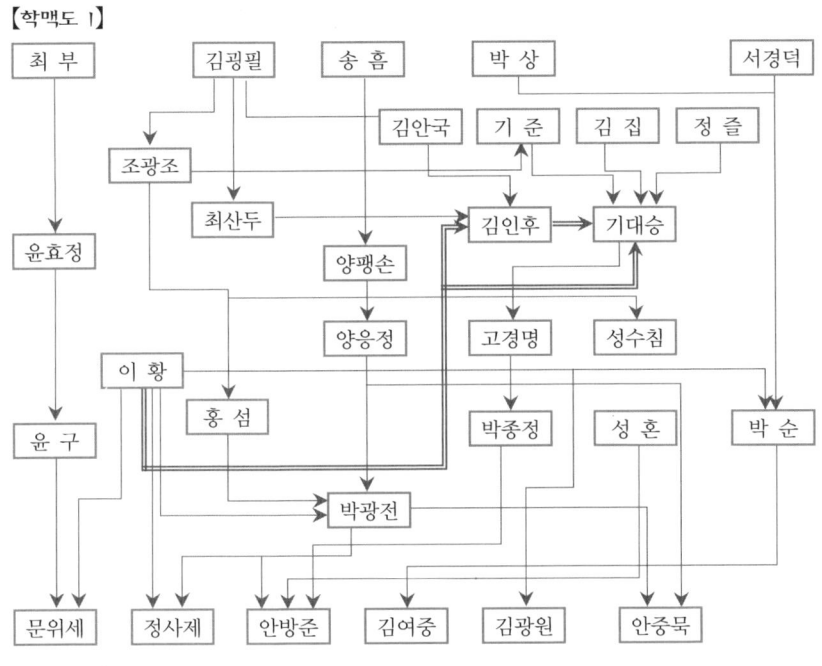

【학맥도 2】

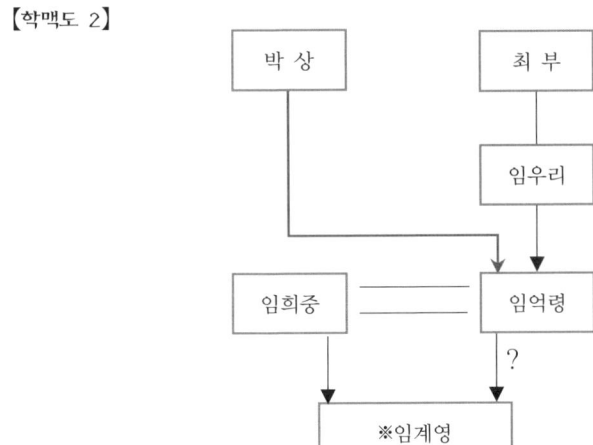

[부록 2] 전라좌의병 지도층과 그 가문의 가계도

長興任氏 文獻 · 菊潭公派 寶城 宗中 家系圖

【표, 임-1】

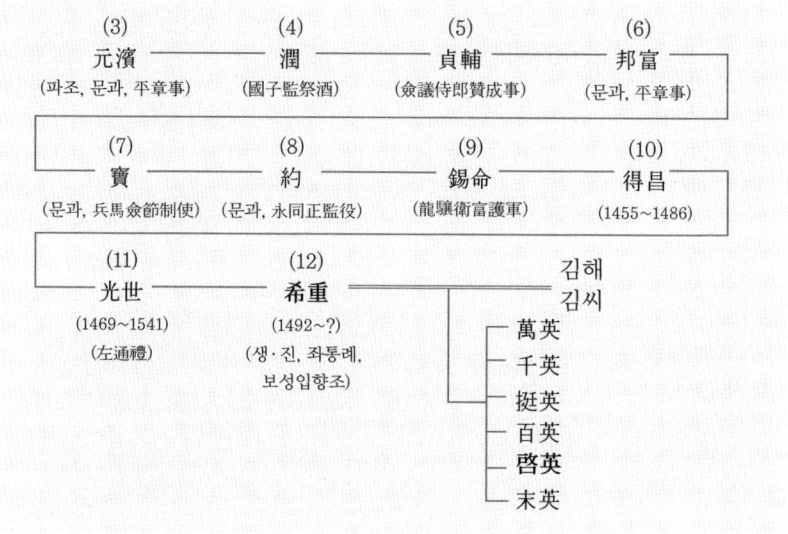

【표, 임-2】

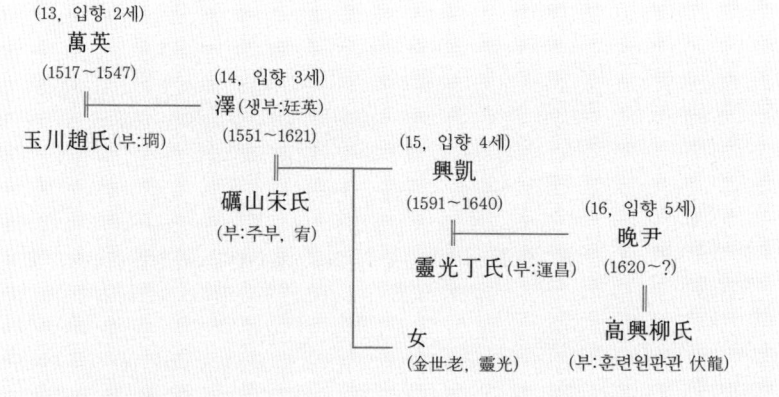

【표, 임-3】

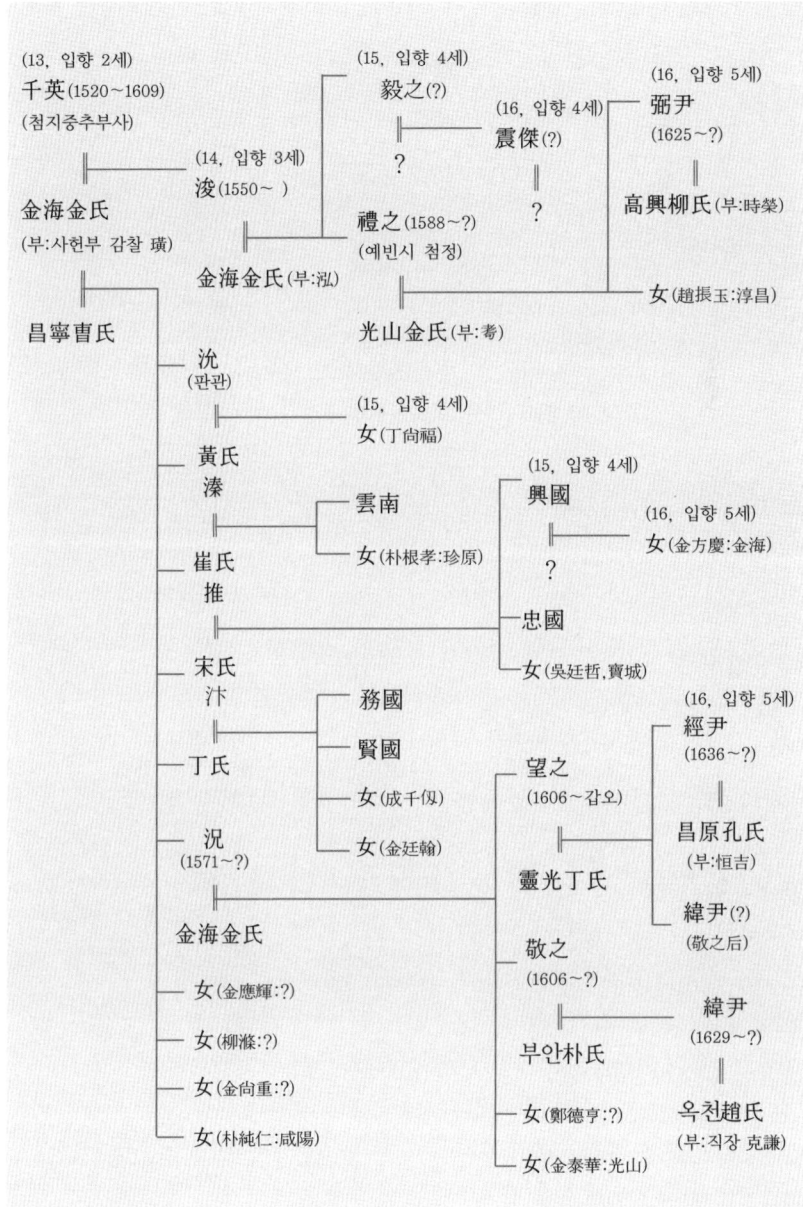

【 표, 임-4 】

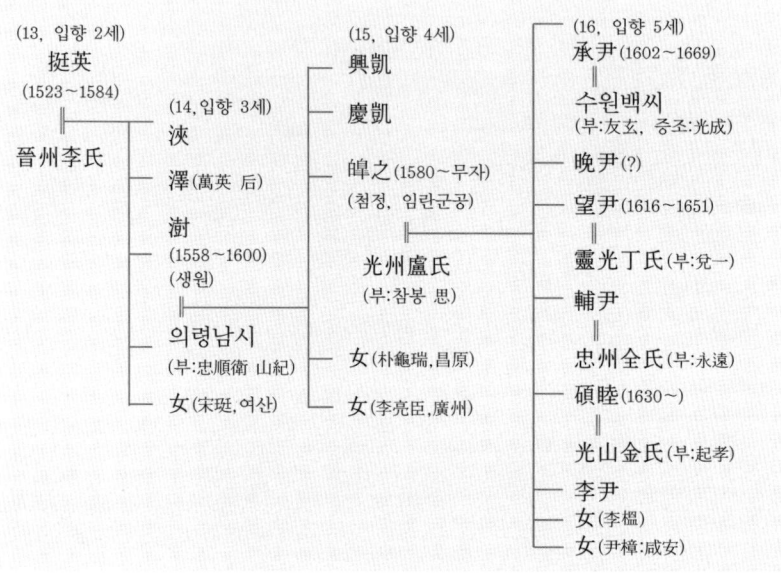

【 표, 임-5 】

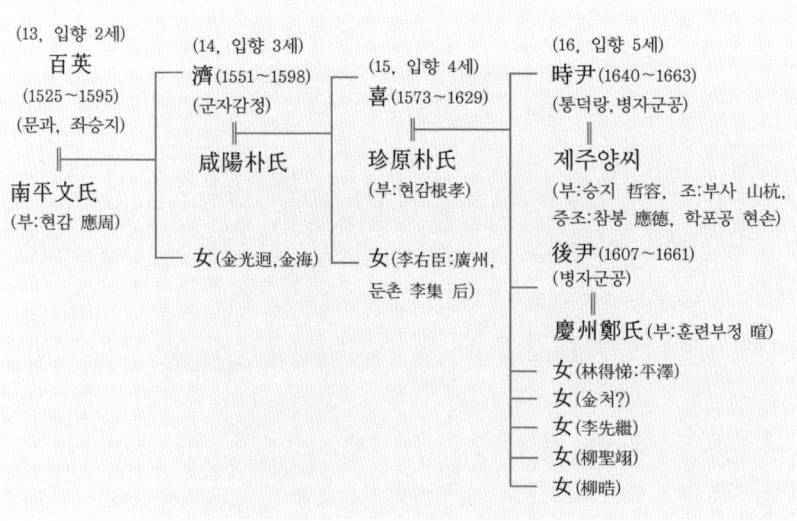

【 표, 임-6 】

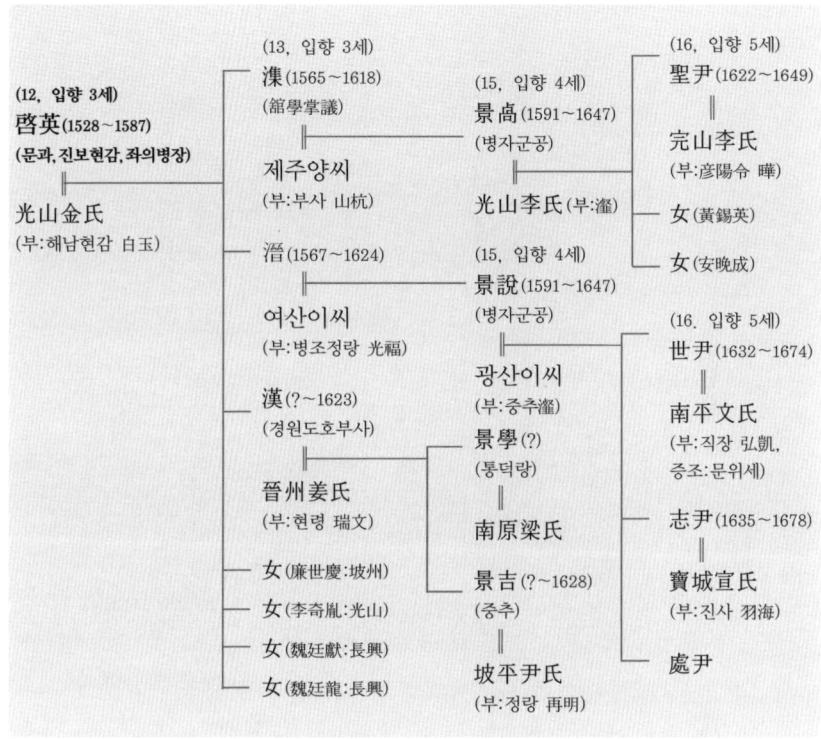

【 표, 임-7 】

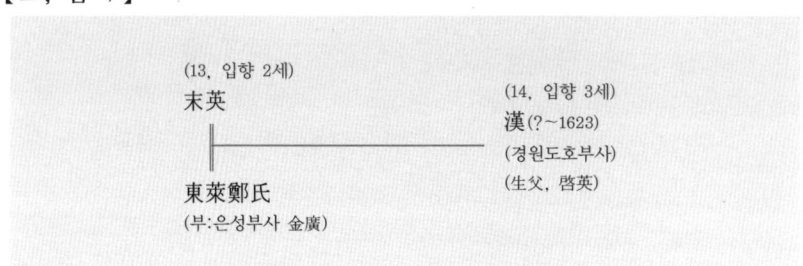

珍原朴氏 文康公派 寶城 宗中 家系圖

【 표, 박-1 】

(8)
熙中(?)
(문과, 이조·병조정랑)

(9)
暉生 (?)
(생원, 보성입향조)

보성선씨
(부:현감 時中)

(10, 입향 2세)
文基(?)
(진사, 직장)

潘南朴氏
(부:謙之)

崇基

女(宋壽長)

女(李淑貞, 廣州)

(11, 입향 3세)
興原(?)
(?)

繼原(?)
(?)

胤原(1458~?)
(생원)

【 표, 박-2 】

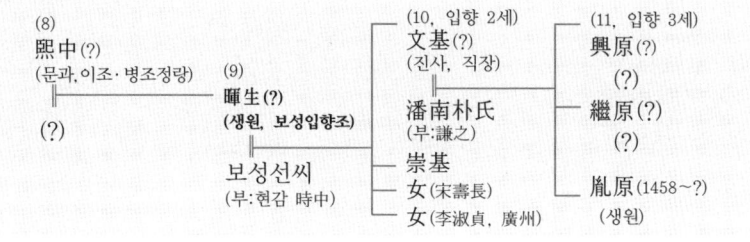

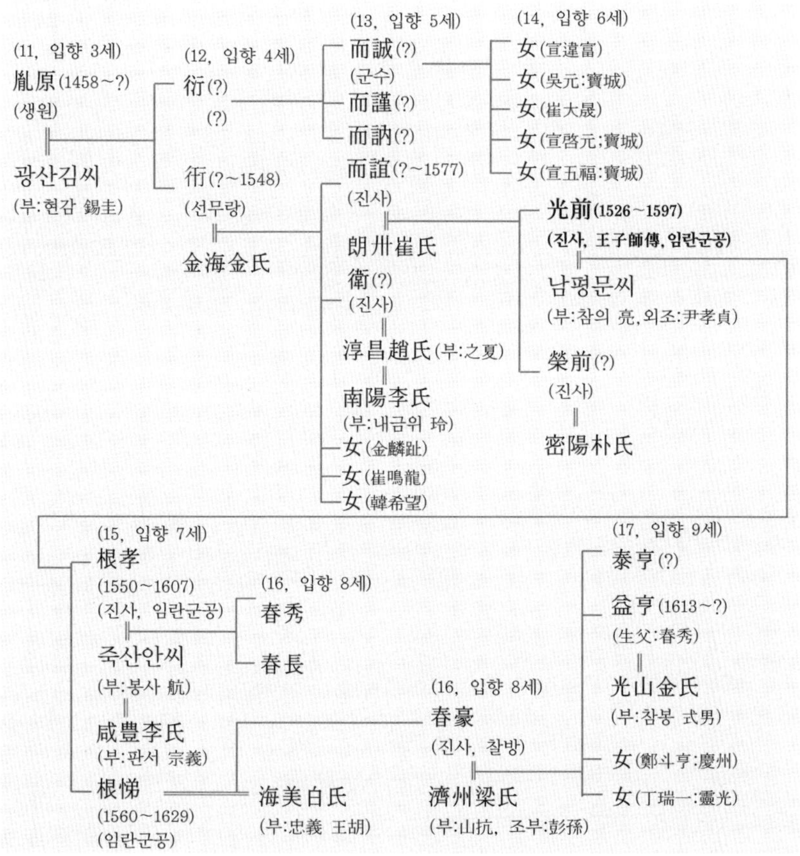

(11, 입향 3세)
胤原(1458~?)
(생원)

광산김씨
(부:현감 錫圭)

(12, 입향 4세)
衍(?)
(?)

衚(?~1548)
(선무랑)

金海金氏

(13, 입향 5세)
而誠(?)
(군수)

而謹(?)

而訥(?)

而誼(?~1577)
(진사)

朗川崔氏

衛(?)
(진사)

淳昌趙氏(부:之夏)

南陽李氏
(부:내금위 玲)

女(金麟趾)

女(崔鳴龍)

女(韓希望)

(14, 입향 6세)
女(宣達富)

女(吳元:寶城)

女(崔大晟)

女(宣啓元:寶城)

女(宣五福:寶城)

光前(1526~1597)
(진사, 王子師傅, 임란군공)

남평문씨
(부:참의 亮, 외조:尹孝貞)

榮前(?)
(진사)

密陽朴氏

(15, 입향 7세)
根孝
(1550~1607)
(진사, 임란군공)

죽산안씨
(부:봉사 航)

咸豊李氏
(부:판서 宗義)

根悌
(1560~1629)
(임란군공)

(16, 입향 8세)
春秀

春長

海美白氏
(부:忠義 王胡)

春豪
(진사, 찰방)

濟州梁氏
(부:山杭, 조부:彭孫)

(17, 입향 9세)
泰亨(?)

益亨(1613~?)
(生父:春秀)

光山金氏
(부:참봉 式男)

女(鄭斗亨:慶州)

女(丁瑞一:靈光)

【표, 박-3】

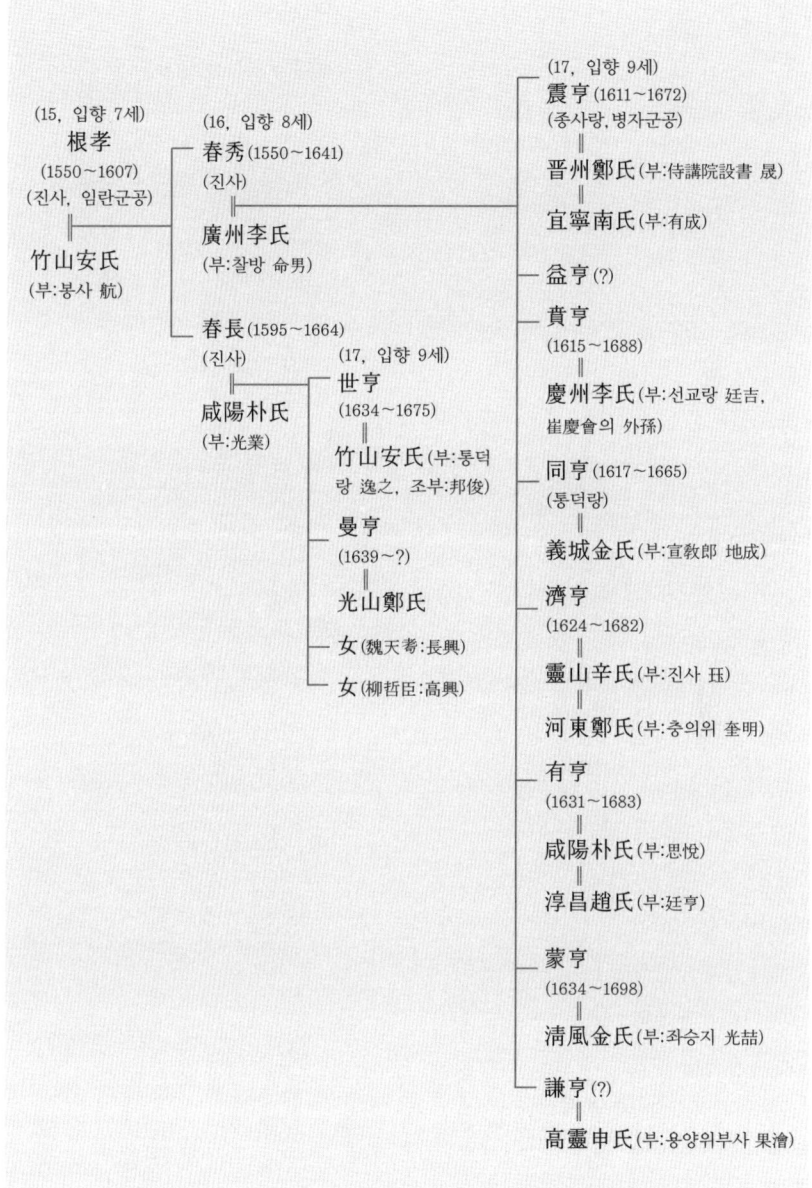

南平文氏 敬肅公派 長興 宗中 家系圖

【표, 문-1】

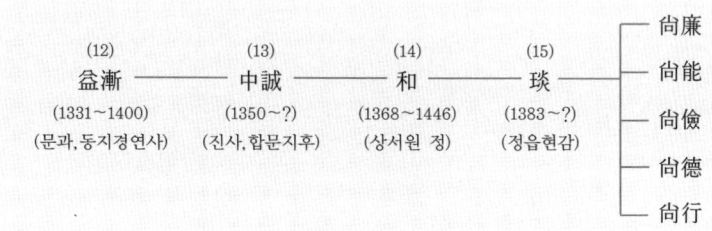

【표, 문-2】

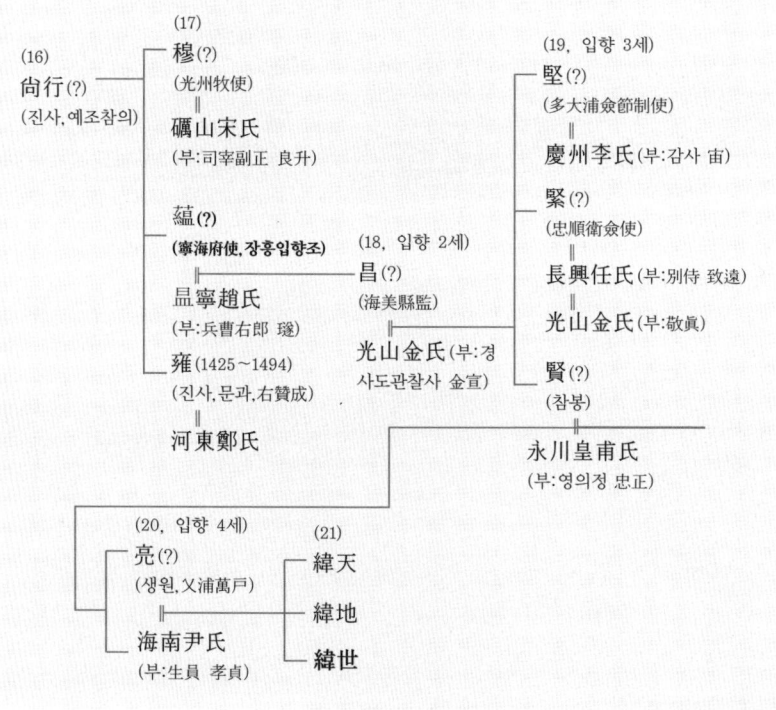

【표, 문-3】

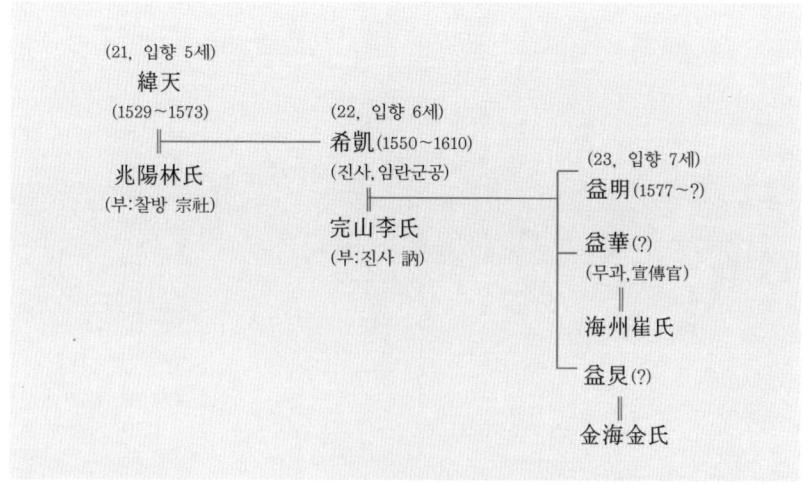

【표, 문-4】

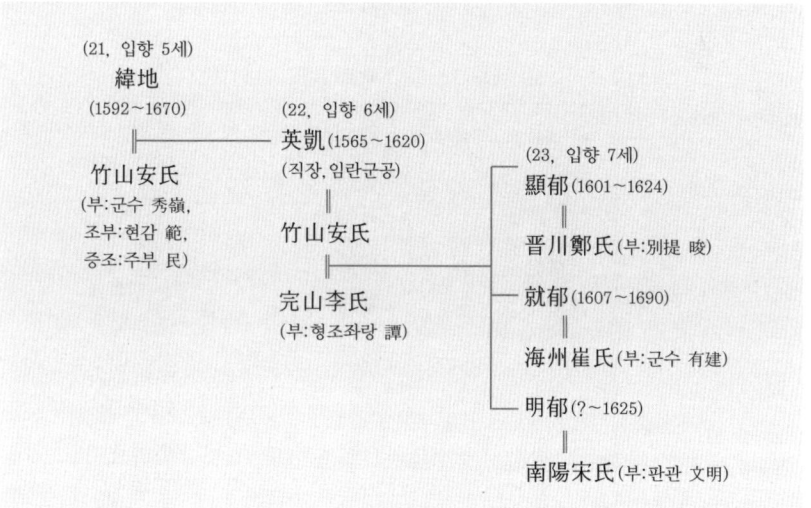

【표, 문-5】

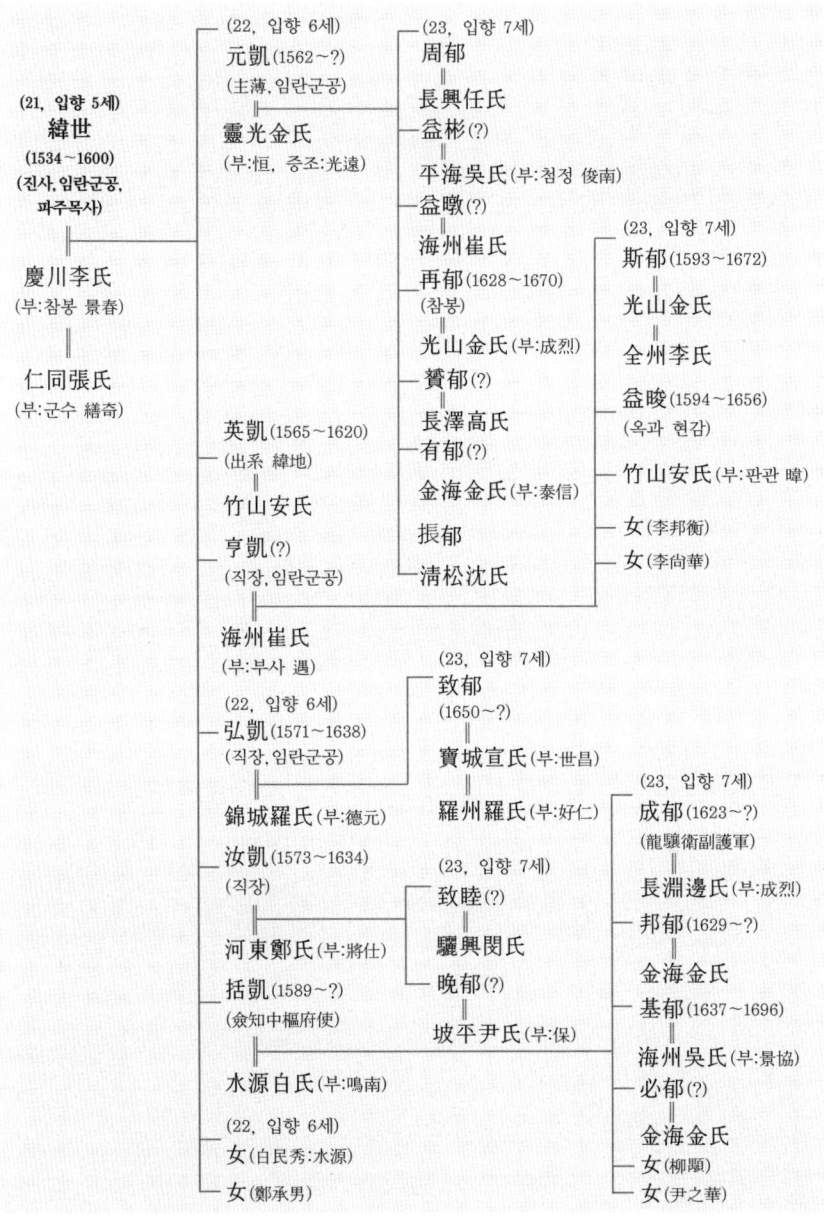

竹山安氏 寶城 宗中 家系圖

【표, 안-1】

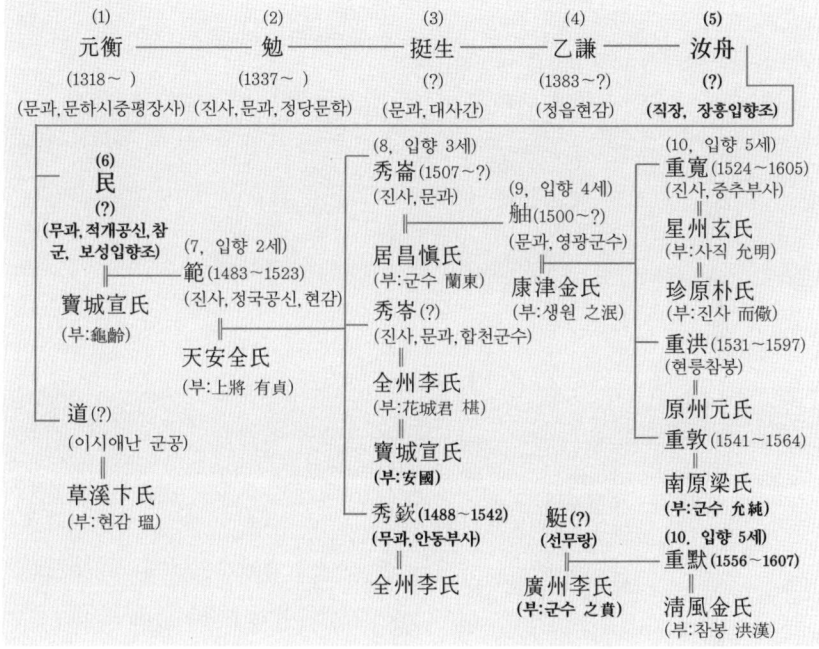

【표, 안-2】

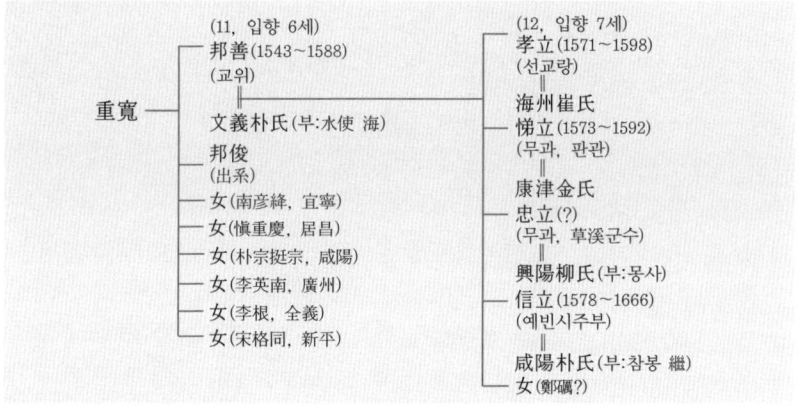

【 표, 안-3 】

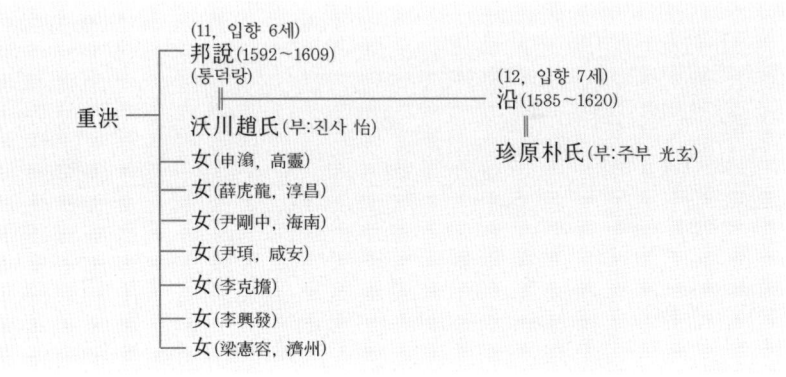

【 표, 안-4 】

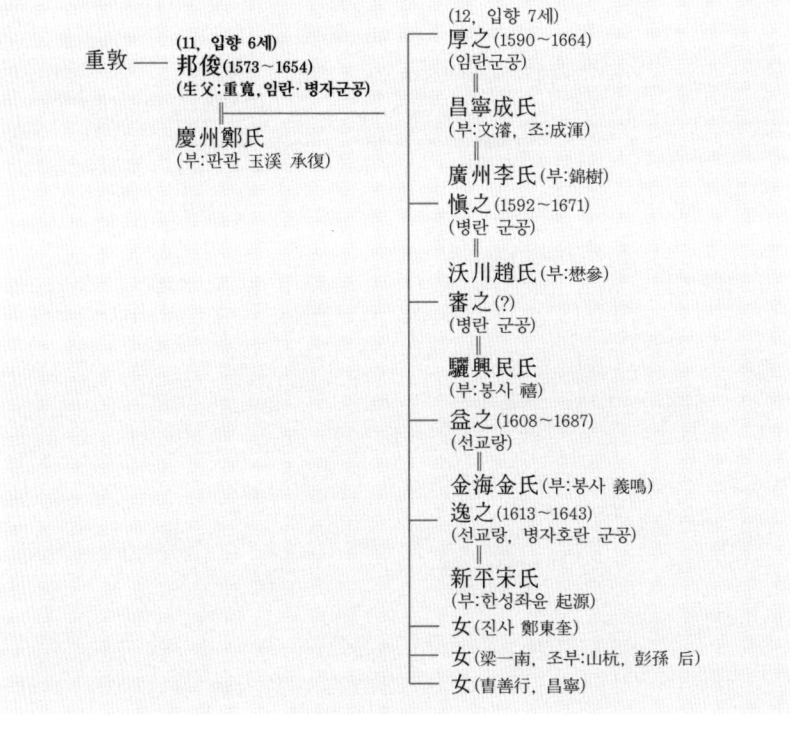

靈光金氏 文敬公派 長興 宗中 家系圖

【표, 김-1】

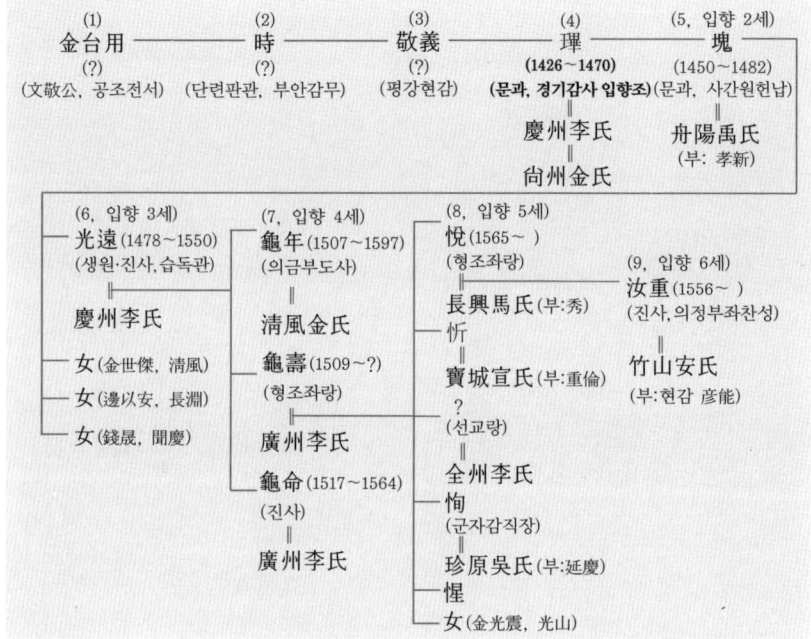

【표, 김-2】

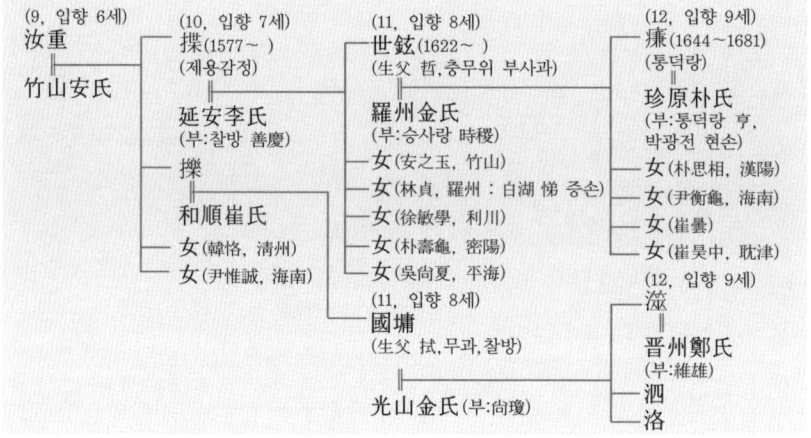

晋州鄭氏 掌令公派 寶城 宗中 家系圖

【표, 정-1】

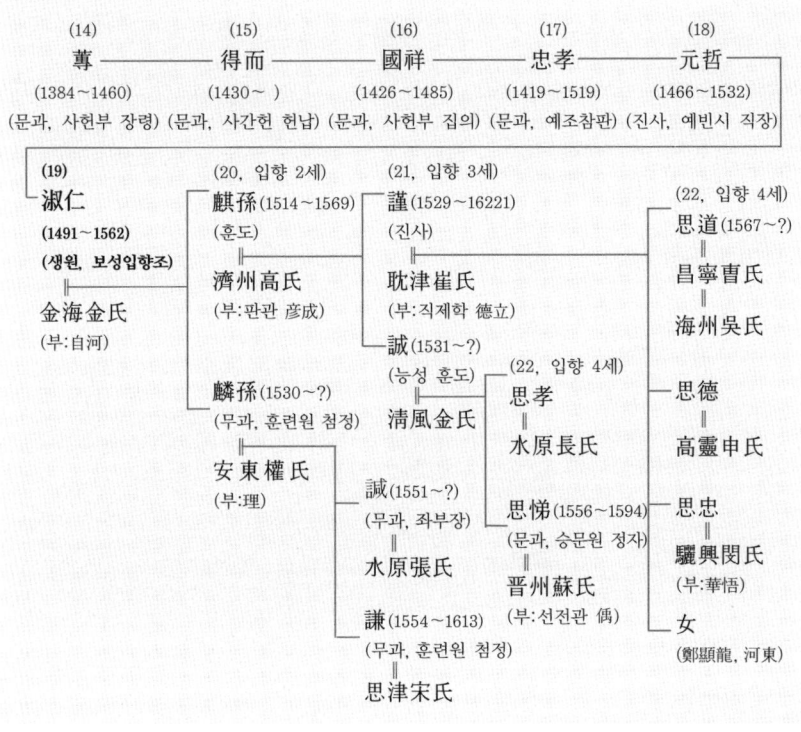

【표, 정-2】

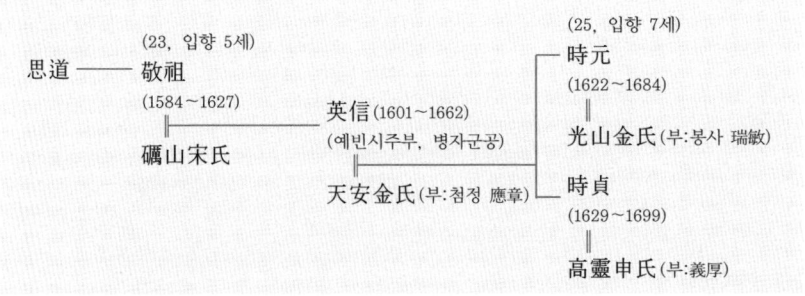

【 표, 정-3 】

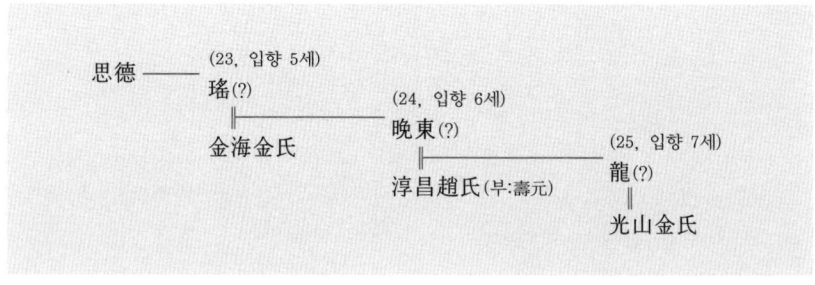

【 표, 정-4 】

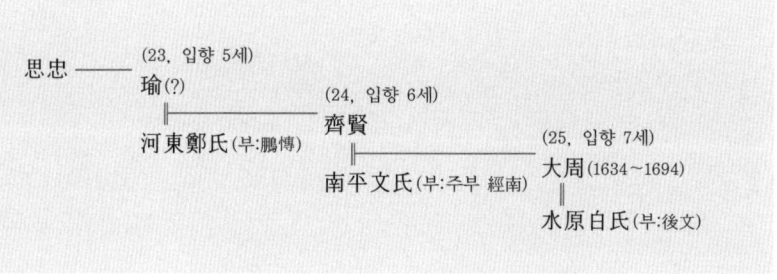

【 표, 정-5 】

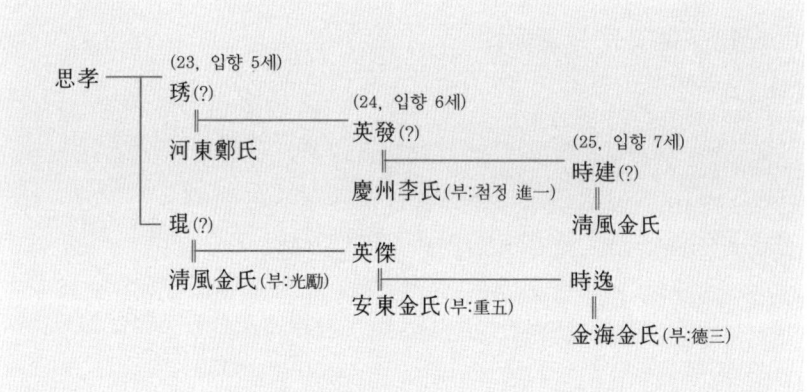

【표, 정-6】

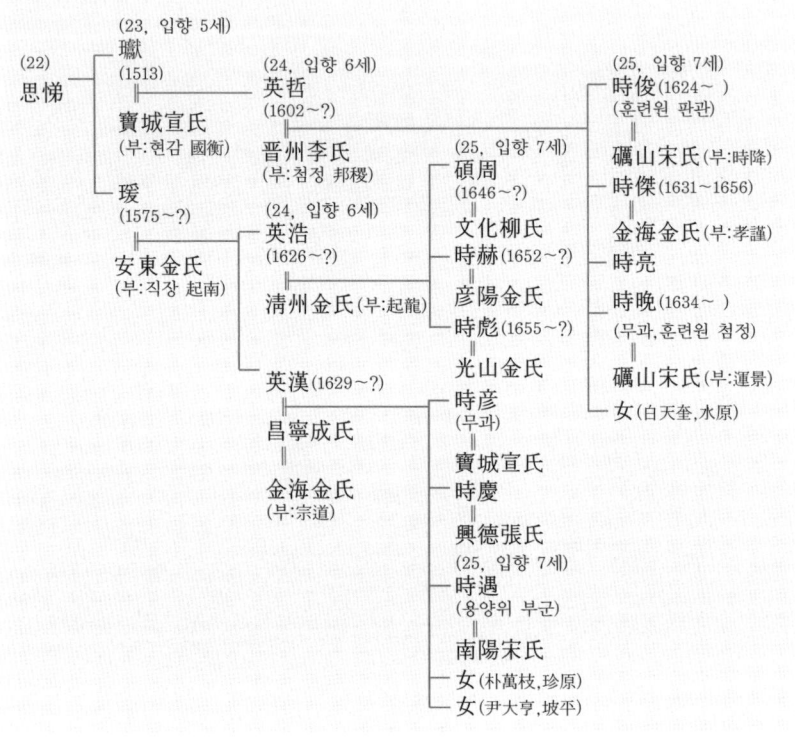

晋州蘇氏　寶城 宗中 家系圖

【표, 소-1】

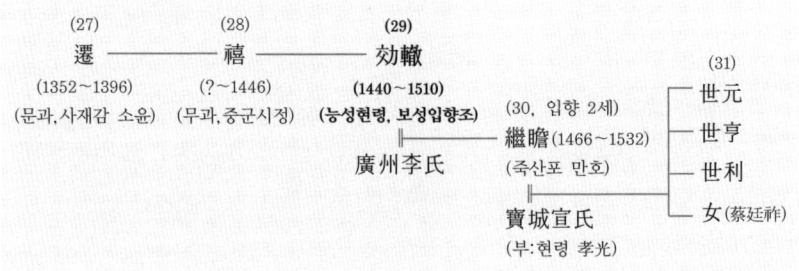

【표, 소-2】

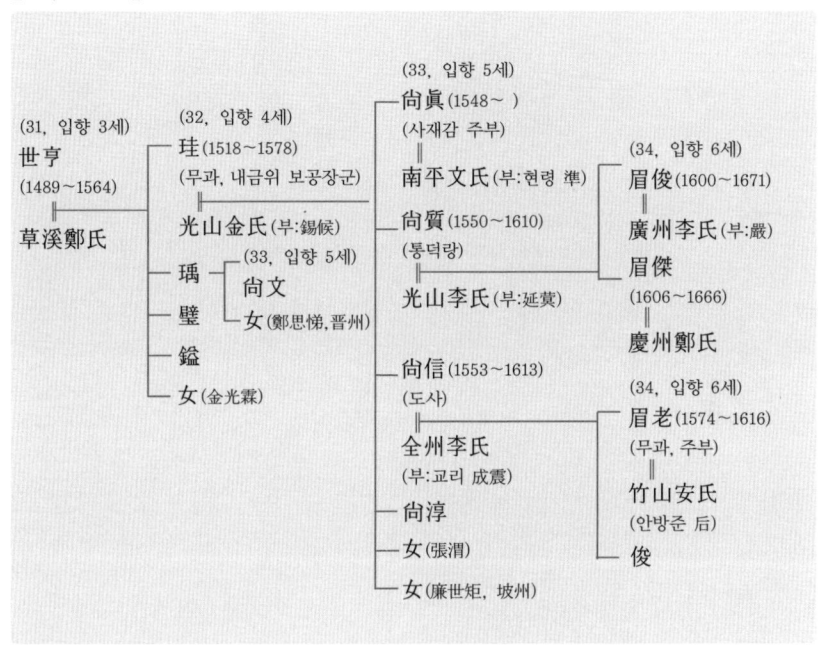

【표, 소-3】

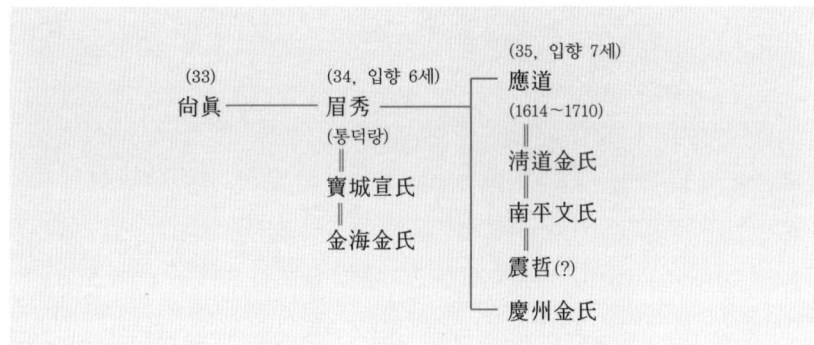

【 표, 소-4 】

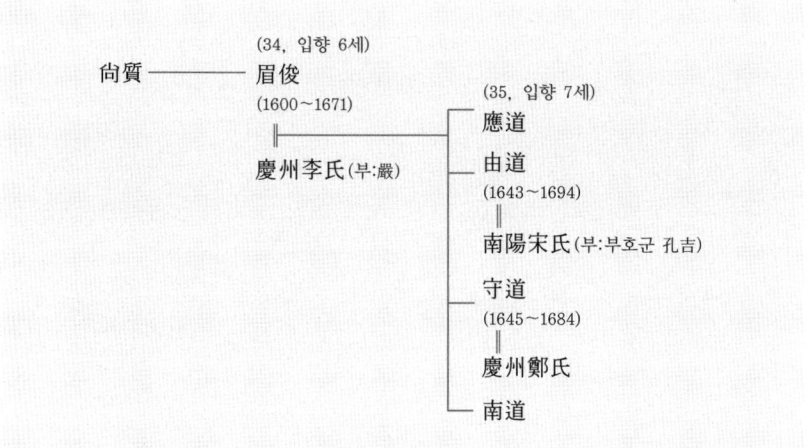

【 표, 소-5 】

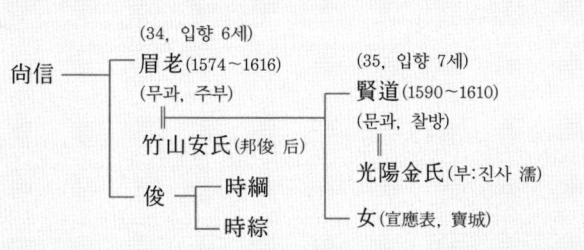

【 표, 소-6 】

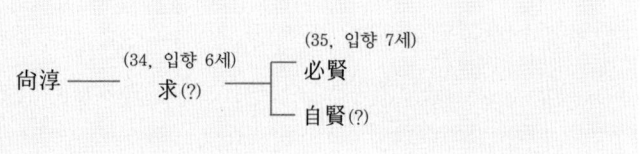

水原白氏　長興　宗中　家系圖

【표, 백-1】

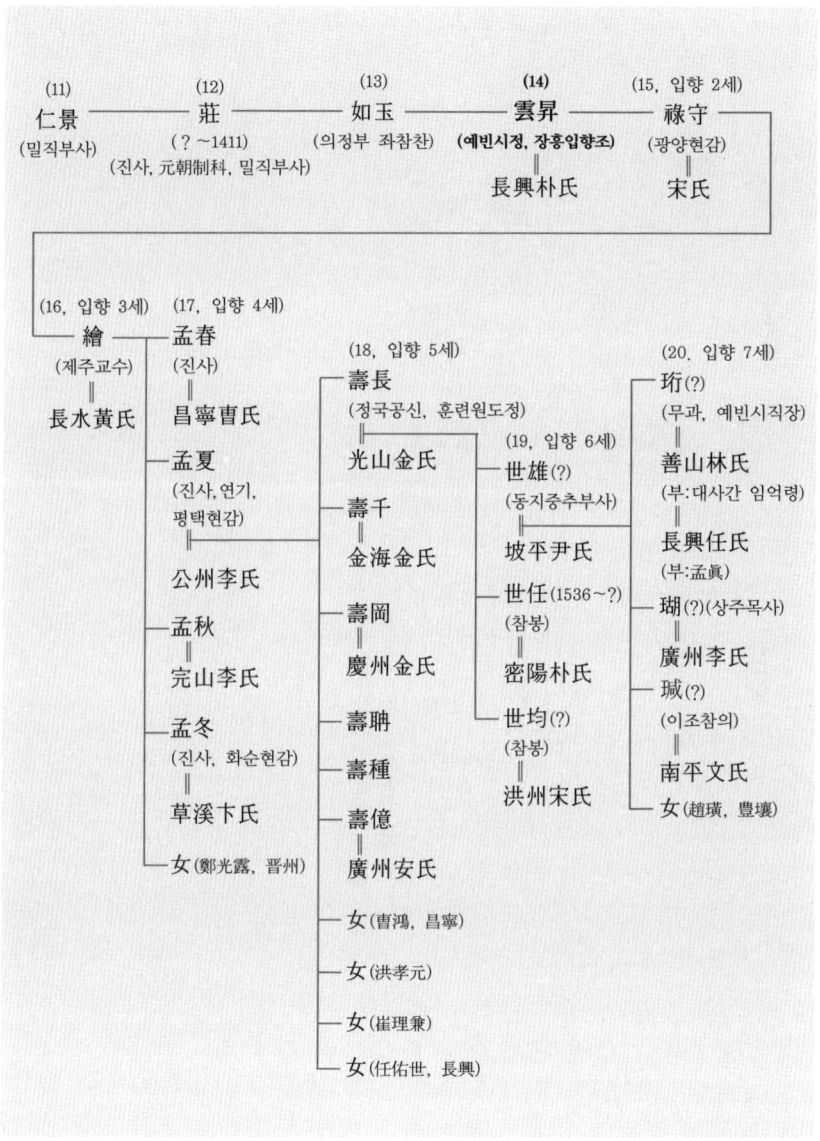

【 표, 백-2 】

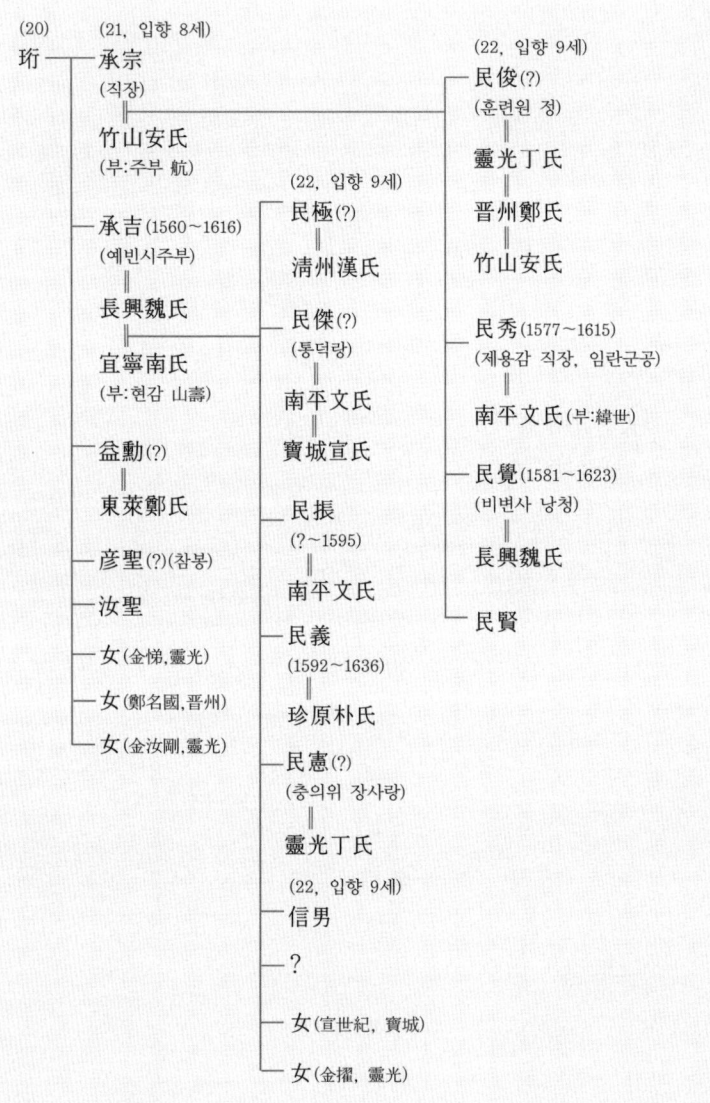

【표, 백-3】

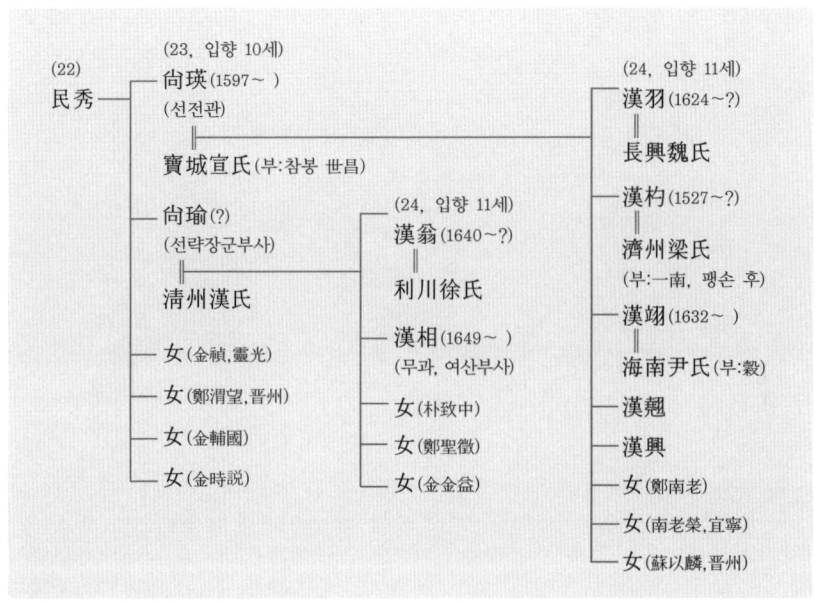

坡州廉氏 寶城宗中 가계도

【표, 염-1】

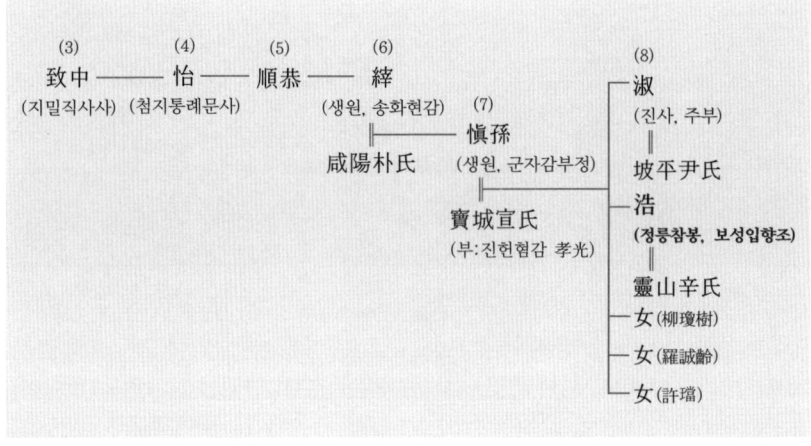

【 표, 염-2 】

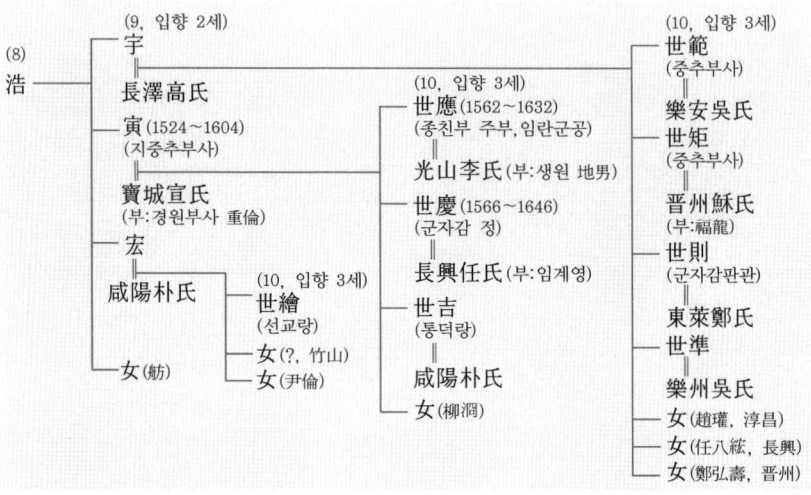

【 표, 염-3 】

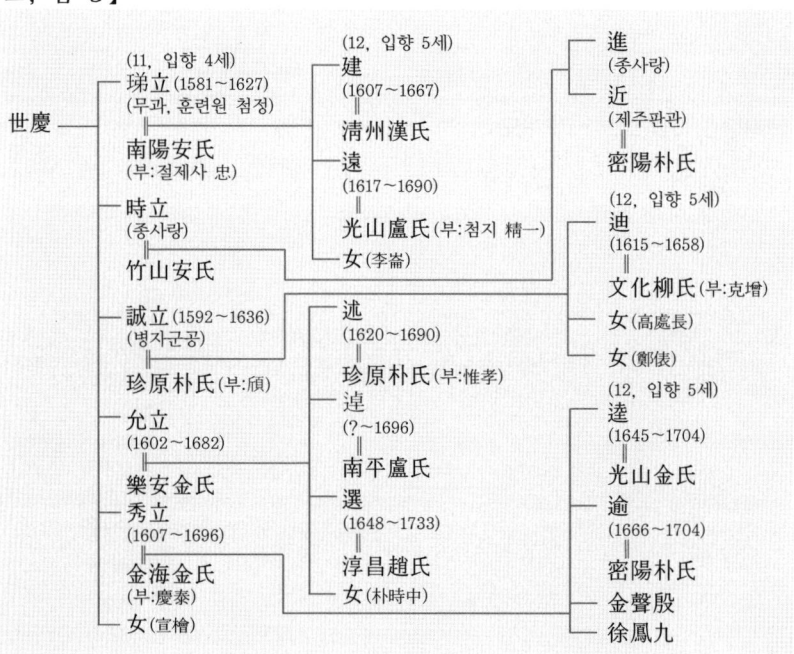

宜寧南氏 別坐公派 長興宗中 가계도

【표, 남-1】

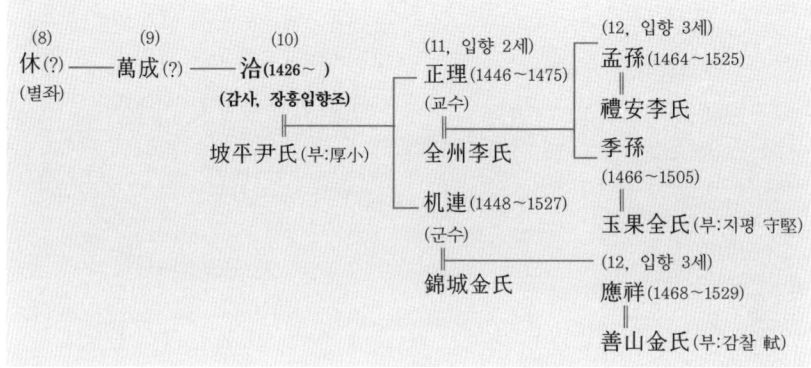

【표, 남-2】

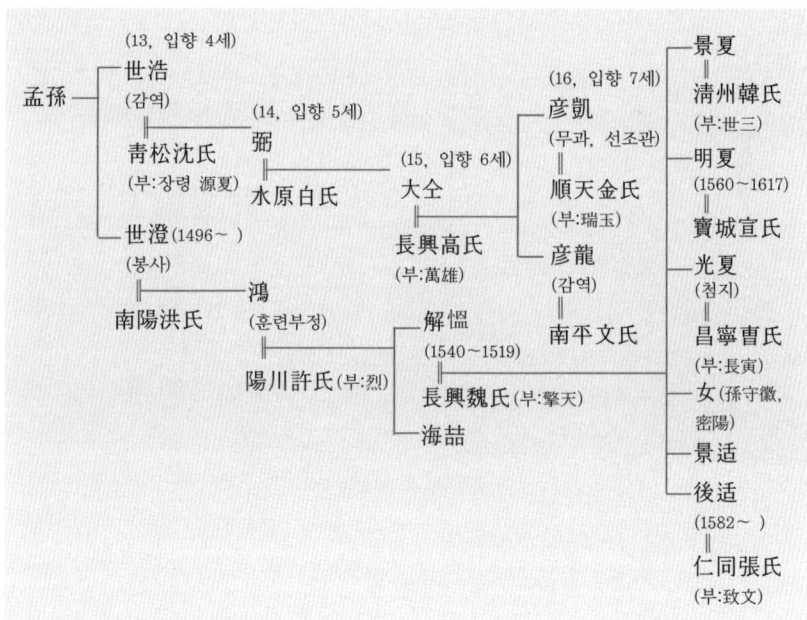

【표, 남-3】

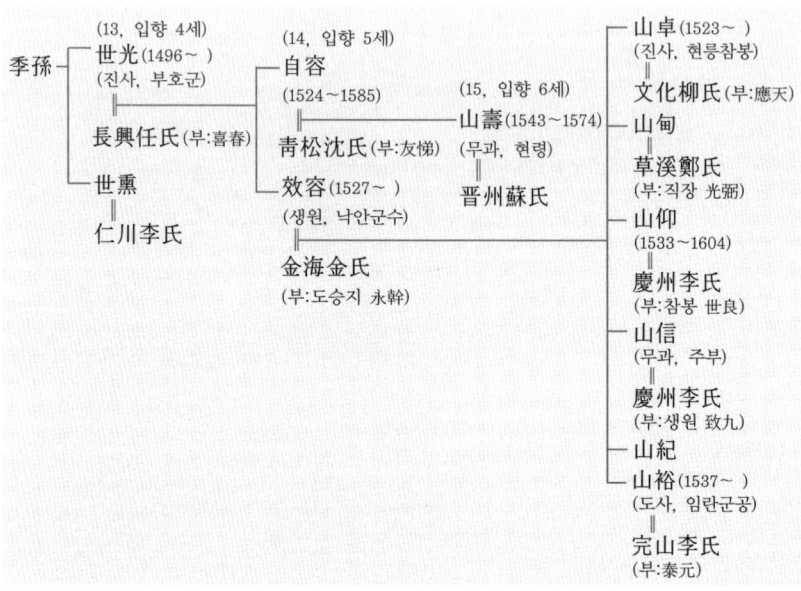

【표, 남-4】

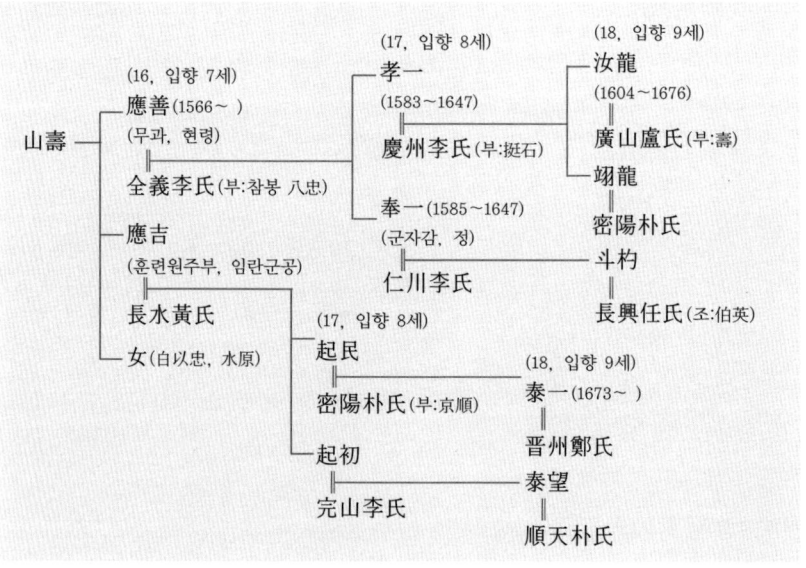

【표, 남-5】

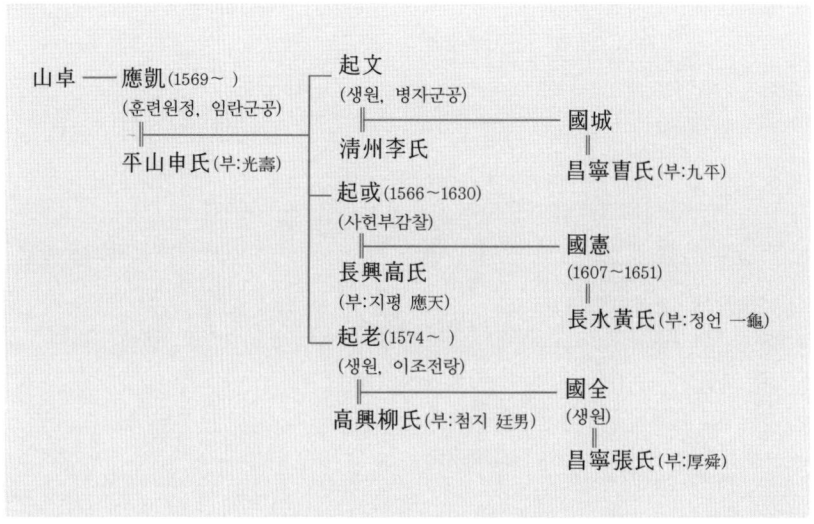

【표, 남-6】

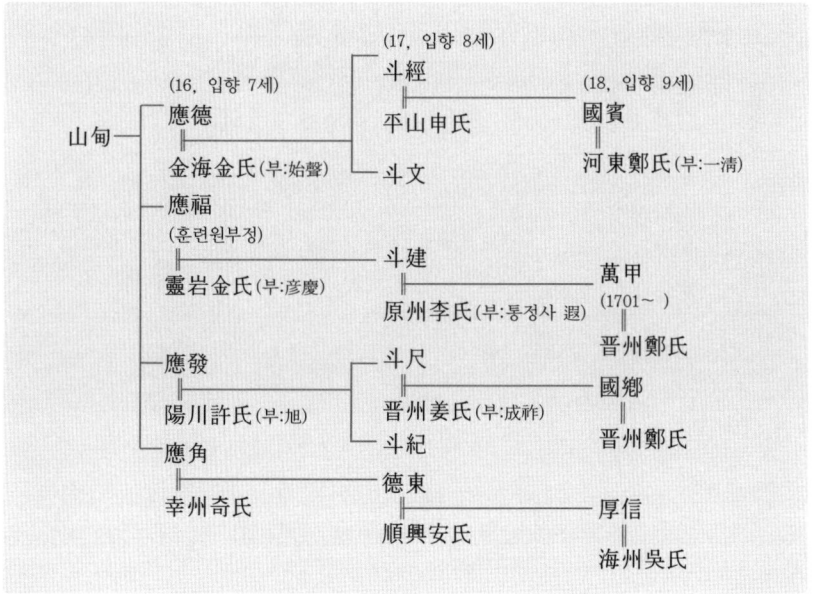

【표, 남-7】

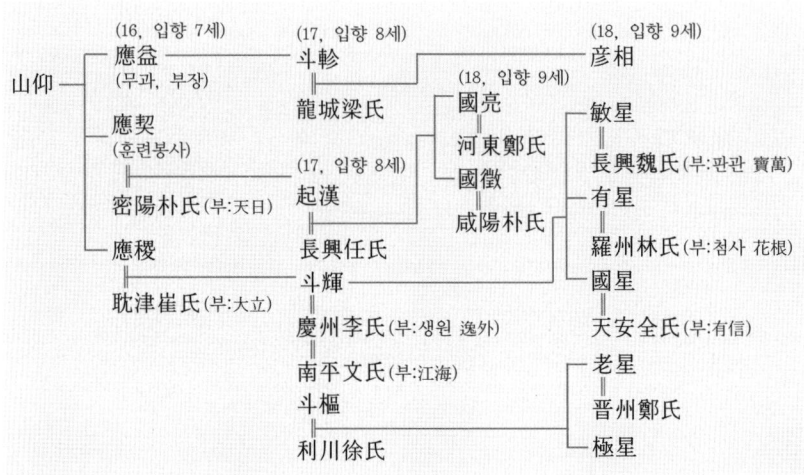

【표, 남-8】

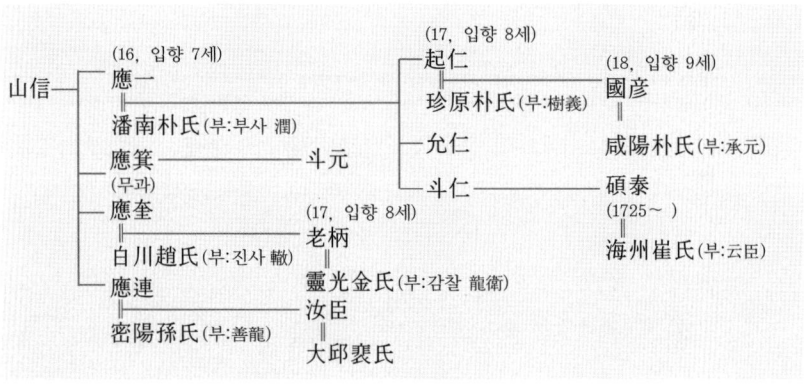

【표, 남-9】

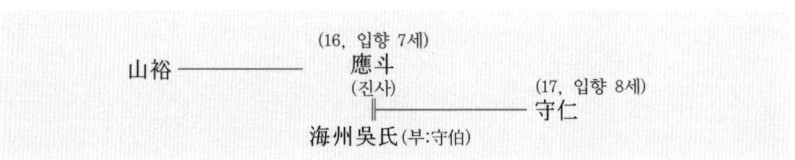

金海金氏 都摠管公派 寶城宗中 家系圖

【표, 김해-1】

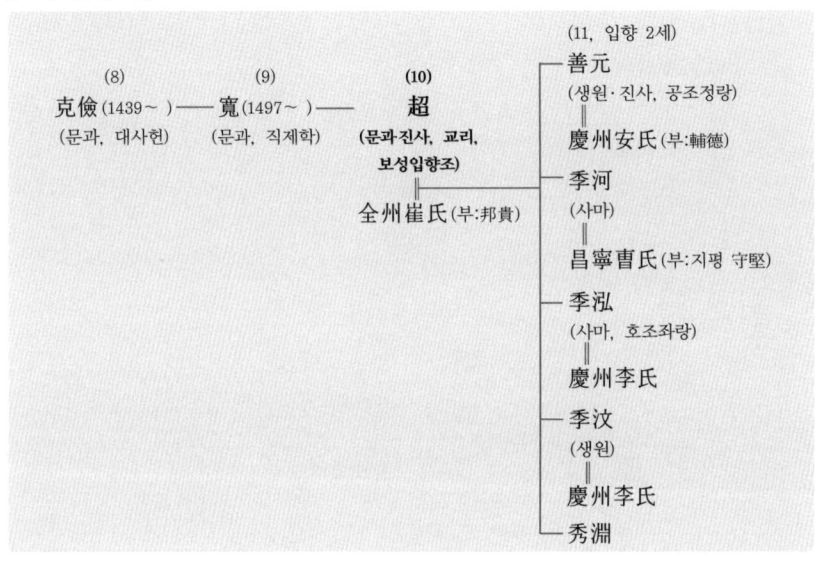

【표, 김해-2】

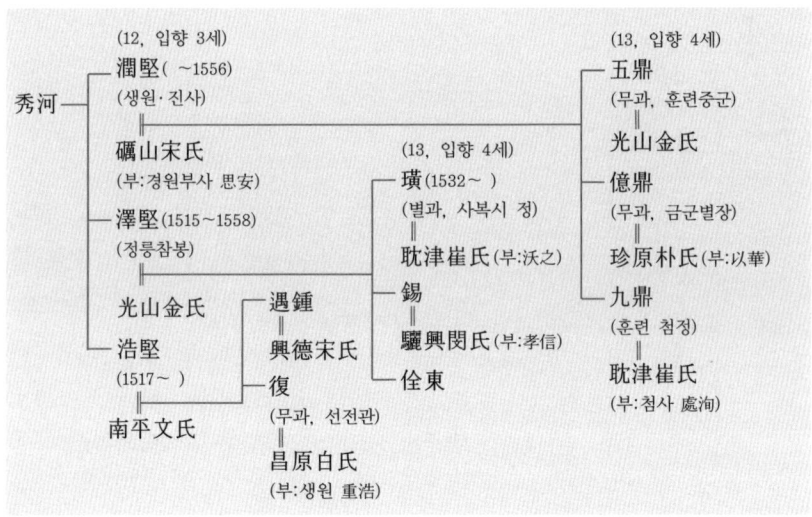

【 표, 김해-3 】

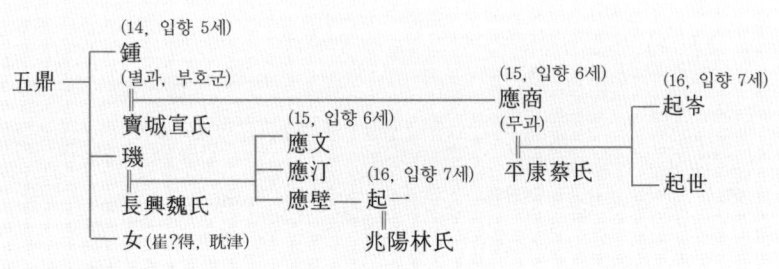

【 표, 김해-4 】

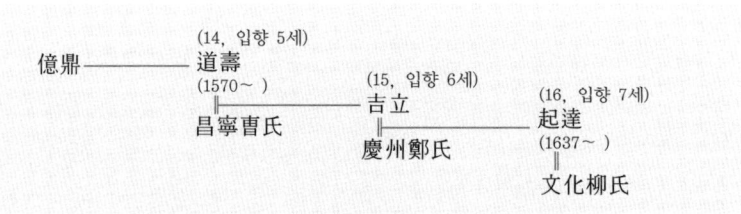

【 표, 김해-5 】

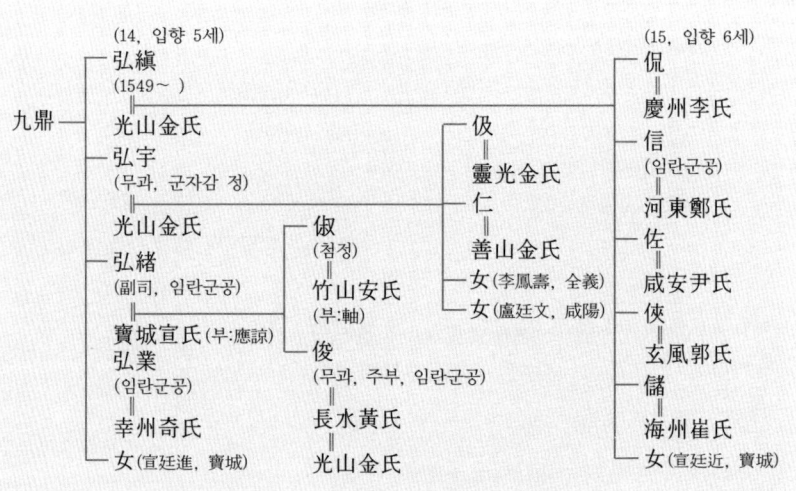

【표, 김해-6 】

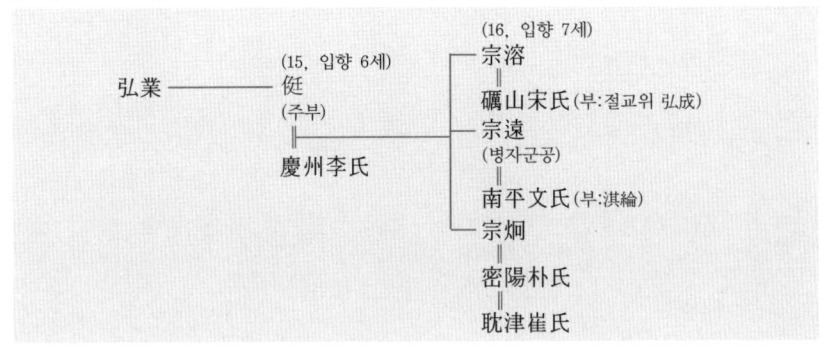

寶城宣氏 寶城宗中 家系圖

【표, 선-1】

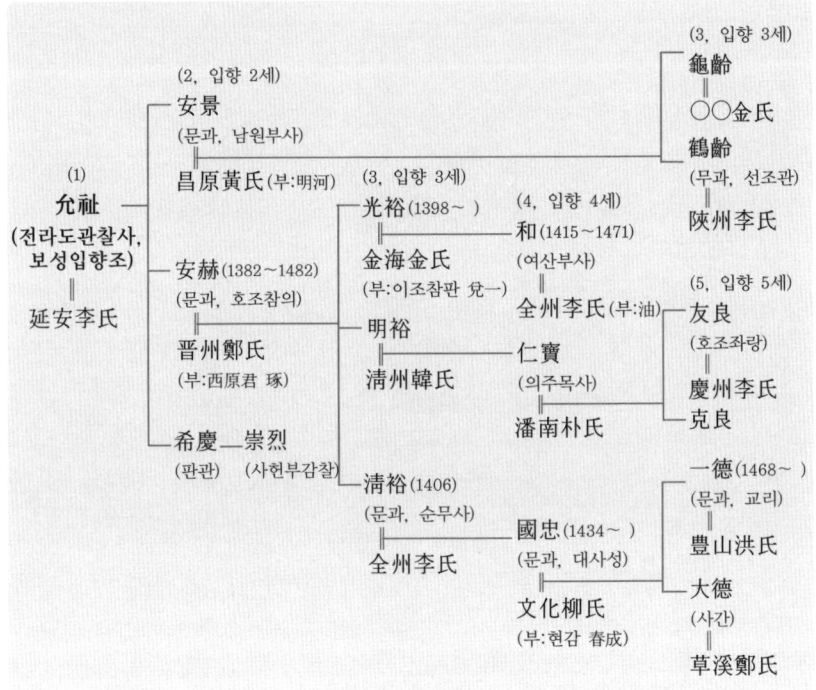

【표, 선-2】

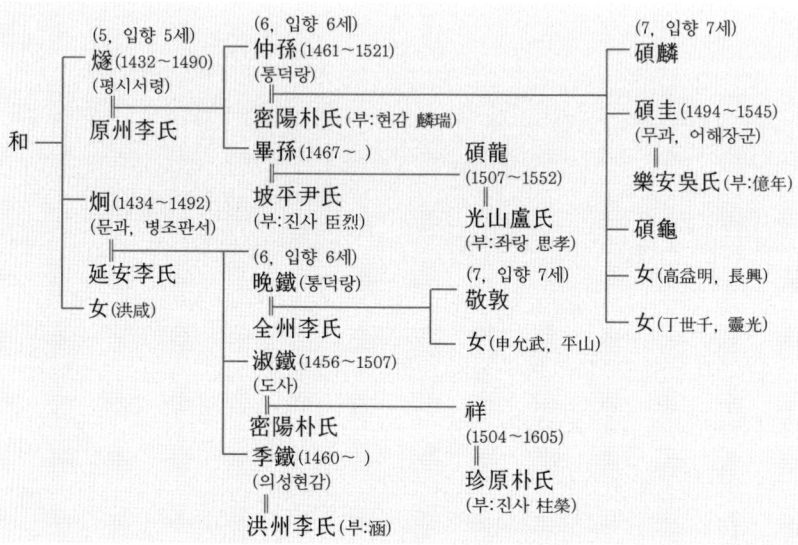

【표, 선-3】

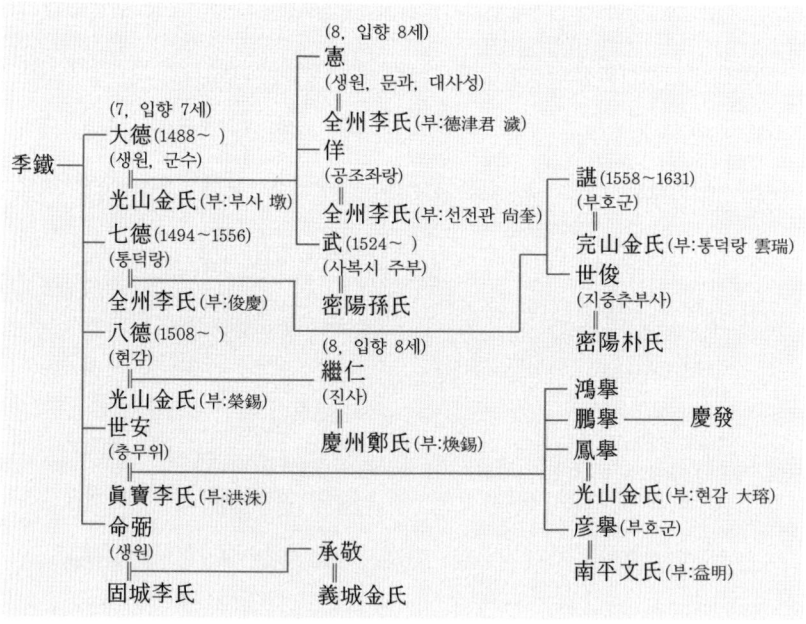

【표, 선-4】

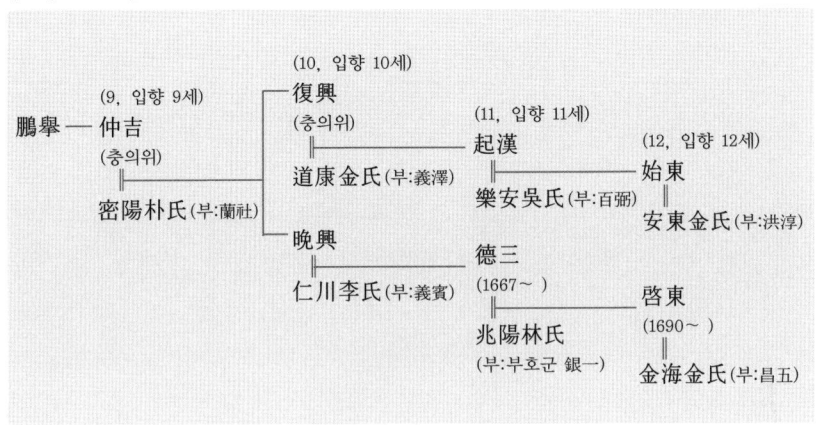

【표, 선-5】

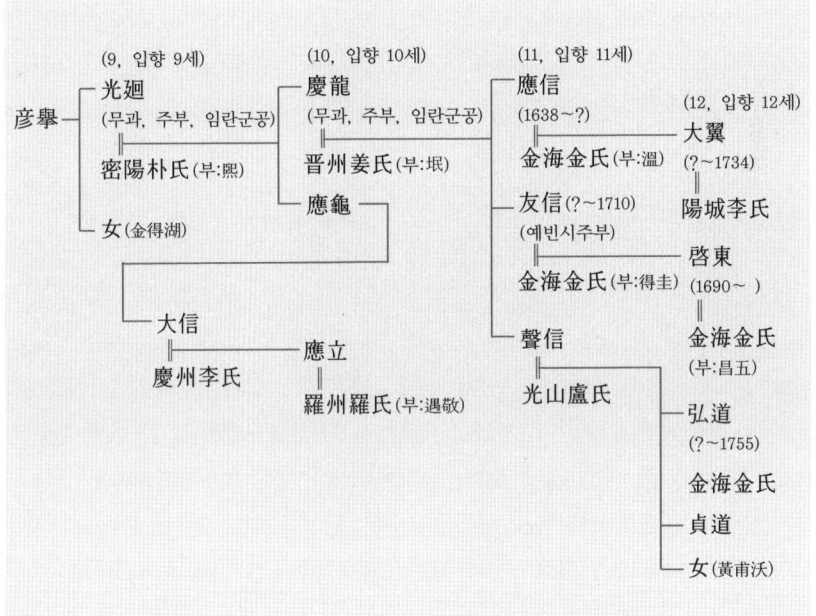

『난중잡록』과 전라좌의병

정구복[*]

Ⅰ. 머리말

　『亂中雜錄』은 임진왜란에 대한 개인이 쓴 3대역사서 중의 하나이다. 3대 역사서란 이순신의『난중일기』, 유성룡의『징비록』, 조경남의『난중잡록』을 들 수 있다. 이들 삼서를 내용적으로 살펴보면 이순신의『난중일기』는 조선의 수군사의 금자탑적 기록으로 이순신 개인이 쓴 전투일기라고 할 수 있고, 유성룡의『징비록』은 국정책임자로서 임진왜란 전반에 대한 서술을 한 점에서 임진왜란 전반에 대한 정책사적 관점이 투명된 역사서이며, 조경남趙慶南(1570~1641)의『난중잡록』은 전라·경상도의 왜군 침입과 격퇴에 대한 현장보고서로서 특징을 가지고 있다. 이들 임진왜란 3사 중 찬저자의 위치로 보아서는 조경남은 앞의 두 찬자에 비할 수 없을 정도로 명성이 없는 남원출신의 하급 문관이었다. 그 편찬자인 조경남의 문집도 전하지 않으며, 그의 생애에 대한 자료도 거의 없다. 그래서인지『난중잡록』은 임진왜란의 연구자에게는 이미 잘 알려진 자료이고 깊이 있게 이용되고 있는 자료임에도 불구하고 이 책

＊ 한국학중앙연구원 명예교수, 임진왜란사연구회 명예회장.

에 대한 연구는 아직 미흡한 채 그 내용만을 많은 의병사 연구자들이
자료로 활용하고 있을 뿐이다.

본고는 이 책의 저자, 이 책의 총체적 내용, 서지 내용, 편찬경위,
자료의 구입원, 사료적 신빙성, 사료적 성격 등과 이 책이 끼친 영향
등을 임진왜란사를 다룬 권4까지의 본집만을 중심으로 살펴보고자 한
다. 이와 관련된 전라좌의병 자료를 검토함도 또한 한 부수적 목표이
다. 이 책에 대해서는『난중잡록』에 대한 기왕의 해제 두 편1)과 문학
적 측면에서 연구된 장영희 씨의 연구는 본 연구의 기초가 되었다2).
그리고 본인의 「『난중잡록』에 대한 사학사적 고찰」이란 논문은 이미
학계에 발표되었지만3) 본 논문의 작성상 발표한 일부의 내용이다. 중
복된 부분이 있음을 미안스럽게 생각한다.

『난중잡록』은 의병관계 자료가 특히 많은 편이다. 저자가 의병장이
었기 때문이기도 하겠지만, 의병운동이 활발했던 경상도와 전라도의
접경지역인 남원출신이었다는 점에서 의병관련 자료들을 다량 수집할
수 있었던 것으로 생각된다. 그런데『난중잡록』에는 영호남의 의병 가
운데서도 전라좌의병에 관한 기사들이 눈에 띄게 많이 실려 있다.4) 본
고의 마지막 장에서 전라좌의병의 활동상을 서술하게 된 까닭도 이 점
과 관계된다. 여기에서는『난중잡록』의 기사를 중심으로 하여 서술하

---

1) 김규성, 『국역대동야승』 VI, VII, VIII, 의『난중잡록』해제, 민족문화추진회 1972.
   윤남한, 『亂中雜錄』『한국고전총서』3 해제, 민족문화추진회, 1977.
2) 장영희, 「난중잡록의 일고찰」, 『溫知論叢』7권 1호 2001, 온지학회간.
3) 정구복, 「난중잡록에 대한 사학사적 고찰」, 『한국사학사학보』제23, 한국사학사학
   회, 2011.
4) 임란 의병활동은 임진년 6월부터 계사년 6월, 제2차 진주성전투에 이르기까지 집
   중적으로 전개되었다. 따라서 이 기간 중『난중잡록』에 수록된 의병관계 기사를
   세밀히 살펴본 결과, 임계영 휘하 전라좌의병 관련기사가 27건으로 가장 많았다.
   그 밖에 고경명(16건)·최경회(14건)·곽재우(11건)·김천일(10건)·정인홍(10건)·김
   면(8건) 순이었다.

되, 전라좌의병장 임계영任啓英(1528~1597)의 자료를 모아놓은『삼도실기三島實記』5)와 비교 검토함으로써 본고 작성에 도움이 되었다.

자료수집 과정에서『난중잡록』의 저자 조경남에 대한 귀중한 자료를 남원에 살고 있는 조용석趙庸奭 옹으로부터 차람하였다. 『한양조씨산서공파족보』와 기타『난중잡록』을 문화재로 지정하기 위해서 만든 고 조병희趙炳熙 선생이 만든 전래경위 등에 대한 자료, 조경남의 행장 자료 등을 차람하였다. 이에 대해 감사를 표한다. 역사에서 깊은 조사를 하다보면 후손들이 꾸민 허구가 드러나 자료를 제공해준 후손들에게 대단히 미안스러운 경우가 생긴다. 그러나 이는 학문의 진실을 밝히기 위한 목적에서 나온 것임을 양해하여주기 바란다.

Ⅱ. 조경남(1570-1641)의 생애

『난중잡록』이 어떤 책인가를 정확히 이해하기 위해서는 그 저자의 삶에 대한 이해가 우선 필요하다. 그러나 그의 생애에 대한 기술 중 후손이 만든 행장 등은 당대의 원 자료도 아니고, 윤색되거나 잘못된 부분도 있다. 일반적으로 개인의 삶에 대해서는 행장이나 가장 등이 주로 이용되고 있지만 이를 이용할 경우 세심한 주의를 요한다. 본고에서는 조경남 자신에 대한 중요한 기록은 그가 쓴『난중잡록』을 통해서 말할 수밖에 없을 정도로 그가 남긴 자료는 더 이상 남아 있지 않다.

조경남은 1570년(융경隆慶 4년 선조3)에 남원부에서 태어났다. 그의 아버지 조벽趙壁(1532- 1575)이 남원의 현감을 지낸 남원양씨 언호彦浩의 딸과 결혼하여 처가를 따라 서울 청파동에서 남원으로 이사한 것으

---

5) 조원래 교수가 제공한 이 자료는 1973년에 간행된 임계영의 실기로서 그 대부분의 내용이『난중잡록』으로부터 인용된 것들이다.

로 이해된다.[6) 아버지의 관직은 군직인 부사직副司直이었다. 부사직은 오위군의 종5품직으로 그 정원은 123명이었다[7).

조경남의 자는 선술善述이고 호는 산서山西 또는 주몽당晝夢堂[8), 병옹病翁[9)으로 자칭하기도 했다. 이 중 '산서'라는 호가 가장 많이 사용된 듯하다. 이는 지리산(방장산) 서록 용추동龍湫洞에 자신이 인조 초년 경에 집을 마련하여 호를 취한 것이라 한다[10). 아마도 그 이전에는 남원부 성안에 살았던 것으로 추정된다. 그런데 용추동은 남원읍지인『용성지』에 의하면 원촌방源村坊에 있다고 하는데 이곳은 그의 외할머니가 살던 곳이고, 원천촌은 현재 남원시 주천면 은송리 내송부락이다. 마을의 전면에는 꽤나 넓은 농지가 펼쳐 있다. 그가 산서라는 호를 사용한 때는 진사시에 합격한 때 전후에 이곳에 별장(별업別業)을 짓고 일상적인 삶의 근거지로 확정지은 시기일 것으로 이해된다.

그의 본관은 현재 한양조씨라고 알려지고 있다. 그의 후손의 족보가 『한양조씨산서공파보』라고 간행되었다[11). 그러나 그 본관에는 약간의 문제가 있다. 그가 갑자년(인조2년: 1624)에 진사 시험에 합격하였는바

---

6) 그의 「家狀」에서는 결혼 전에 이곳에 이사했다고 했으나 이사를 하게 된 동기는 결혼과 직결되는 것으로 이해함이 온당할 것이다.

7) 『經國大典』권4 兵典 五衛조.

8) 『漢陽趙氏山西公派譜』의 16世 조경남 란 참조. 또한 '산서처사'라는 호도 있었다고 했으나 이는 잘못된 것 같다. 처사는 남이 칭하는 칭호이지 자신을 칭하는 용어가 아니기 때문이다.

9) 그의 나이 50대 후반기에 중풍이 걸려 거동이 불편해지자 병옹이라고 자칭했다. 『난중잡록』속잡록 권2 인조 5년(정묘) 2월 1일자의 細註 참조.

10) 최시옹, 「산서잡록 서」, 1726. 조병희의 「조경남의 난중잡록 원본고」에서는 1726년으로 바로 잡았으나 후손이 붙인 「난중잡록원본보존경위」 5항에서는 1666년에 서문을 쓴 것으로 잘못을 저질렀고, 이후 석판본 등에서 모두 숭정기원후 39년 병오로 잘못 기재하고 있다.

11) 『한양조씨산서공파보』 1979년간 족보자료와 이에 실린 공의 5대손 종규(宗奎) (1744-1783)가 쓴 16세 「산서공가장(산서공가장)」 글이 본관을 한양이라고 한 중심 자료이다.

그 합격자 명단인 사마방목에는 본관이 광주廣州로 나오고 있고[12], 국
립중앙도서관과 국사편찬위원회에 소장된 필사본 『난중잡록』의 서문
중 자신의 서문 말미에 남한南漢후학後學 조경남이라고 쓰고 있어[13] 여
기서 남한은 광주의 별칭이기 때문에 조경남 당대에는 본관을 광주로
인식했음이 분명하다고 할 수 있다. 후일에 본관이 후손들에 의해 한
양으로 바뀌어졌음을 보여주고 있다.

그는 어려서부터 재주가 총민하였다고 하며 여섯 살 때에 아버지를
여의었고, 여덟 살 때에 생원 유인옥柳仁沃(1541-?)[14]에게 수학하여 『사
략』을 읽고, 『소학』을 외웠으며 9살 때에 『통감』과 『두시杜詩』를 읽었
다고 한다. 그는 열세 살 때에 어머니를 여위어 이후 외할머니 허씨에게
의탁하여 살았다. 외할머니는 다른 자식이 없었기 때문에 돌아가실 때
까지 모시고 살아서 그가 성장해서도 외할머니를 어머니라고 칭하였다
고 한다[15].

조경남은 15살 때에 안동김씨와 결혼을 했다. 17세 때에 중봉 조헌
선생을 만나 뵙고 사제의 연을 맺어 재능을 인정받았다고 하나 이에
대한 확실한 증거는 찾을 수 없다. 그의 가전家傳에 의하면 1592년 그의
나이 23살 때 제봉霽峯 고경명高敬命(1533~1592)이 의병을 일으키는 격문
을 받았고, 7월에는 조헌의 격문을 받았으나 외할머니의 봉양을 위해서
참여하지 못했다고 후손들의 가전家傳 기록에 서술했다.

---

12) 한국학중앙연구원 홈페이지 '한국역대인물정보시스템' "사마방목" 참조.
13) 광해10년(1618)에 써진 조경남의 『난중잡록』 자서(自序)에는 "南漢後學 山西 趙慶
  南 敍"로 기록하고 있다(국립중앙도서관 소장 1책본 도서번호 古2154-1참조.) 국사
  편찬위원회 필사본은 1936년에 藤田亮策으로 빌려 필사한 것임을 도서 대장을 통해
  확인했다.
14) 그는 본관이 서산이고 선조 6년(1673) 생원에 합격했다. 그의 자는 啓彦이었다. 한
  국학중앙연구원 홈페이지 '한국역대인물정보시스템' "사마방목" 참조.
15) 『난중잡록』 『임진왜란사료총서』8책 국립진주박물관 영인본 141쪽.

조경남은 임진년 5월 1일에 남원 사람들이 경상도 사람들의 소문을 들고 피난길에 나서자 이를 막은 남원부사 윤안성尹安性(1542~1615)[16] 이 남원부 사람들에게 아직 안전함을 알리는 개유첩開諭帖을 내렸던 바 이를 인용하여 서술한 뒤에 붙인 세주에서

"남원은 양남(兩南)의 사이에 있는데 내가 본부에 있었기 때문에 양남과 남원의 일을 자못 상세하게 기록한다"

고 쓰고 있다[17].

그리고 임진년(1592) 7월 2일자 본문기사에서 적병이 오지도 않았는데도 소문만 듣고 사람들이 피난을 가자 남원부사 윤안성은 그에게 "피난간 사람들이 돌아오도록 하는 첩지牒紙를 써서 각방에 내리라!"고 명했다. 그가 부사 윤안성과 가깝게 지내게 된 것은 부사가 아버지와 한 동네에서 자란 친구였기 때문이라고 한다[18].

또한 그가 군사 활동을 한 것은 1597년 정유재란이 일어나 남원일대에 왜군이 침입한 8월 이후이다. 동년 8월 9일자의 그의 행장이나 가장 등에서는 임진년부터 왜군을 격살하는 활동을 벌인 것으로 설명하고 있으나 실은 정유재란 때부터임을 『난중잡록』의 기술에서 확인할 수 있다. 이 무렵 그는 남원부사의 '서기書記'로 있었다고 한다[19]. 그가

---

16) 용성지의 관안에 의하면 그는 갑오년(1594) 9월에 남원도호부사 李福男으로 교체되었다.

17) '南原在兩南之間 余在本府故 記兩南及本府之事 頗悉'『亂中雜錄』권1 임진년 5월1일조.

18) 『난중잡록』권1 임진년 7월 2일 기사에 "부사는 바로 나의 아버지와 한 마을에 살던 옛 친구분이시라. 때마침 나는 난리를 피해서 용추동에 있다가 그 연유를 듣고 달려가 뵈니 부사는 손을 잡고 눈물을 흘리며, "민간을 방문해서 도로 집합하게 하라는 뜻으로 첩지를 각방에 내려라!" 하였다고 쓰고 있다.

19) 『난중잡록』정유년 8월 9일자 기록 참조. 8책 141쪽 "時 余以府伯書記 方在城中 教家眷先入山中…"

남원부의 서기직으로 있은 것은 1592년부터 이때까지 6년 이상이었던 것으로 판단된다. 그러나 이 가문에 전하는 가장家狀이나 행장, 족보 기록 어디에도 그가 남원부의 서기직에 종사했다는 기록은 철저히 기피하여 싣지 않고 있다.

여기서 '서기'직이 어떤 신분의 직이었지 알 수 있는 자료는 없다. 단지 글자의 의미로 보아 기록을 담당하는 문사직文士職이었던 듯하다. 그처럼 그가 적어도 6년간이나 이 직에 있었다고 하면 이직을 임시직으로 생각하기 어렵다. 서기직이라 함은 부사 밑에서 기록을 정리하는 일을 주로 하는 직책인데 주로 향리 계층에서 담당하였던 듯하다. 이런 예를 경주부『경주선생안』의 16세기 자료에 정조호장正朝戶長이 맡았던 직책 중에 '조문기관詔文記官' 또는 '조문詔文', '기관記官'으로 칭해진 직이 있었음을 찾을 수 있다20). 남원의 상급 향리는 9명이었고21), 하급향리인 서원書員은 40명이 이상이었는데22) 서원은 토지장부의 기록, 세금의 부과장부 기록, 호적자료를 베끼는 임무를 맡았던 향리이고 서기는 그런 실무적 기록보다는 문장을 짓고 중요한 일을 기록하는 직급이 높은 직종의 향리직이었다고 생각된다. 상급 향리 중 글에 능한 사람이 없었기 때문에 비록 그가 정규의 향리는 아니었어도 서기직에 임용된 것이 아닐까 추정해본다. '서기'는 문서기록을 담당하는 직이었음은 틀림없다고 할 것이다. 그가 이 직에 있었던 것은 남원부사에게 전해오는 각종 전쟁 상황을 소상하게 기록할 수 있는 기회였다고

---

20) 『慶州先生案』, 1982. 아세아문화사 간 영인본 334-367쪽 참조. 두조문기관은 首詔文, 上詔文으로 표현되기도 하였고, 그 아해 副詔文記官이 있었고 이들을 단순히 記官으로 기록하기도 했음을 찾을 수 있다.

21) 『용성지』 국립중앙도서관 소장본 향리조. 참조

22) 『난중잡록』 속잡록 2 무진년 4월 26일조 한국고전총서본 361쪽 하단. 『대동야승본』 번역본에서는 書員이 書記로 잘못 번역되었다. 남원부의 하리들의 완악함은 전국에서 최고라고 쓰고 양반들을 수탈하는 모습을 전해주고 있다.

할 수 있다. 이처럼 서기직으로 전쟁기록을 소상히 남긴 것은 향리의 실용적인 실무경향과도 일치한다. 그가 왜병을 공격한 것도 적세의 파악, 지형지물의 이용 등 병서에 대한 깊은 이해를 바탕으로 했고, 실제로 전투에서 병서의 기본 이론을 그대로 적용하고 있는 점은 명분을 내걸고 싸운 의병과 다른 점이었다.

정유년 8월 남원일대에 왜병이 나타나기 시작하자 모든 사람이 산으로 피난을 갔고 이를 왜군이 수색하였다고 기록하고 있다. 그는 친척 80여 명을 이끌고 지리산으로 피신을 했다[23]. 80여 명이 모두 친척이 아니라 친척을 포함한 동리의 마을 사람들을 지칭한 것으로 이해된다. 그에게 많은 인척이 주위에 있었던 것은 아닌 듯하다. 1597년 8월 16일 남원성이 함락되어 왜군의 침탈이 극성을 부렸다. 이때 부터 그는 서기직에 종사할 수 없게 되었고, 이후 그는 왜병과 싸우는 일에 직접 참여하게 되었다.

그는 9월 9일 지리산 정령치 근처의 파근사에 숨어 머물고 있을 때 남원의 아전 정대인鄭大仁과 배립裵立 등이 찾아와 의병을 일으키기를 권유했으나 적세가 너무 강성하여 격문을 보낼 수 없어 포기했다고 하였다. 아마 이때 그를 찾아온 아전들은 상관이었던 조경남을 찾아와 문안을 드린 것으로 이해된다.

그가 임진년부터 의병활동을 했다고 하는 기록이 그의 신도비와 가장 등에 나오고 있으나 이는 잘못된 표현이다[24]. 그가 왜적을 격살하기 시작한 때는 1597월 9월 22일부터이다. 이때에 그는 노비 4~5명을 데리고 부처모퉁이佛隅에서 숨어 있다가 지나가는 왜병 5명을 사살한 전투기

---

23) 『난중잡록』 정유년 8월 11알자 기록 참조.
24) 金甯漢 撰 「산서공신도비명」, 1920. 『한양조씨산서공파보』, 1979년간. 이에는 공이 23세 때에 의병장으로 의병진을 구성하고 임진년 9월 3일에 팔량치 전투 등에서 대승한 것으로 서술되었으나 이는 허구라고 판단된다.

록이 최초의 것이다. 그 다음날인 9월 23일에는 가병家兵 20여 명을 데리고 궁장원弓藏院 전투(이백면 지역)에서 56명의 적을 사살했다고 한다.[25]

1597년 10월 9일 남원 산동촌山洞村에서 왜군 400여 명을 상대한 전투에서 그는 전 초계군수 정이길鄭以吉이 조직한 의병 부대[26]에 '출전장出戰將'으로 참여하여 큰 공을 세웠다. 이때의 전공을 후일 원수(권율)에게 보고했다고 한 동일자 기록에 "본부 유학幼學 조모의 공이 컸다"기술하고 있다.

1597년 11월 4일 정이길 의병대장 부대는 섬진강 전투에 참여하였다. 초8일 화정에 도착했는데 이때 선전관 김식金軾이(정이길의 종제) 40명을 이끌고 합류하였고, 11일에는 구례의 의병장 강보기姜甫起의 군대 80명이 합류하여 함께 싸웠다. 이때 순천에 이르렀는데 순천의 권농관(면장) 유수복劉守福 등 왜적에 순응한 수패인受牌人 3인을 잡아 김식이 죽이려 하자 유수복은 소와 말 10여 마리를 바치겠다고 용서를 빌었다. 이에 김식이 "누가 적중에 있는 소와 말을 가져올 수 있겠느냐"고 했다. 그래서 조경남 자신이 책임지겠다고 하고는 유수복을 잘 아는 승려 한 사람을 동원하고 박언량 등 8인이 동행하여 기지를 살려 왜군에게 잡히지 않고 우마 27두를 가져와 군량으로 사용했다. 그러나 김식이 유수복을 죽이자 조경남은 그의 잔인함에 "일을 함께 하지 못할 사람이라고 평했고 이에 의병대장도 동의했다고 한다. 의병 대장이 그

25) 하태규, 「정유재란기 전라도 지방의 의병활동에 대하여-전라도 북부지방의 의병활동을 중심으로-」, 『韓日關係史研究』 제10집, 1999. 116-122쪽 참조.
26) 『난중잡록』 권3, 정유년 10월 9일자 참조. 정이길은 전초계군수 첨지(僉知)로서 대장이었고, 鄭以吉을 대장으로 삼고 '보수(報讐)'를 장표로 삼았고, 조경남 자신은 '出戰將'이었고, 정사달(鄭士達)을 종사관, 유지춘을 참모로, 박필남을 척후장으로, 양덕해를 병량유사(兵糧有司)로 삼았다고 한다. 이 기록에는 조경남을 유학(幼學)으로 두 번이나 칭하고 있다. 아마 이때에 서기직에서 물러난 것으로 이해된다. 이글에서 대장 정이길을 조경남의 재종족이라고 세주를 붙이고 있는데 외가 쪽이 아니라 그의 대고모의 손자였거나 할머니 여형제의 손자였던 것으로 짐작된다.

전공을 조경남에게 있다고 포상하고자 하였으나 사양하니 어떻게 할까를 의논하던 중 정丁(정사달丁士達)과 양梁(양덕해梁德海)이 조경남에게는 노모가 곤궁하게 계시니 앞으로 얻는 우마를 보내드리자 하니 그렇게 하라고 하였다고 한다. 원수에게 포상을 해달라고 보고하려 했으나 자신이 모두 고사하여 따르지 않았다고 한다.[27]

그는 11월 24일 박필남이 모은 군대에 참여하여 함양 읍리 전투에서 왜군 17~8명을 사살하고 포로로 잡힌 사람과 가축 20여 구를 탈환하였다. 이때 의병대장 정이길은 친상을 당하여 참가하지 못하였고, 당초에 자신이 모집했던 박언량 등은 관군에 이속되어 박필남이 모은 군대뿐이었다고 한다.[28] 그의 스승이었던 의병장 유인옥이 동네 사람들로 60여 명의 의병군을 모아 그로 하여금 지휘 인솔하게 하여 12월 3일 운봉을 거쳐 산음에 까지 가서 각종 병법을 잘 운용하여 적은 군대로서 대군을 격파한 전과를 이루었으니 7일 산음현 사촌蛇村에서 왜군 123명을 사살했다. 이때에 그는 의병장 유인옥이 조직한 의병 60여 명의 지휘관으로서 3월 초3일부터 7일까지 병법을 유감없이 발휘하여 대승을 거두었다. 이때의 과정과 자신의 마음을 그는 다음과 같이 서술하고 있다.

> "정이길이 친상을 당하여 참여하지 못하자 내가 당초에 모집한 박언량 등은 관군에 이속되고 함양 읍리 전투는 오직 박필남의 군대뿐이었다. 그 군대마저 적을 쫓고 집에 돌아가 모두 흩어졌다. 그러나 나의 분기하여 적(賊)을 쳐야한다는 정성은 이전이나 이후나 다름이 없었지만 혼자 빈손

---

27) 『난중잡록』 권3, 정유년 11월 4일 자 기록 참조(『임진왜란사료총서』 국립진주박물관 영인본 8책 167-9쪽). 김식은 조경남과 전에 만났던 사람이라고 하고 대장 정이길의 4촌동생이라고 세주를 붙였다.

28) 『난중잡록』 권3, 정유년 11월 24일 과 12월 7일자 기술 참조. 앞의 책 『임진왜란총서』 8책 169면, 172쪽 참조.

으로 어찌 할 수 없어 맨 처음 나와 함께 뜻을 같이 했던 자들이 통한하니 나 또한 복이 화가 된다고 생각했다. 비록 스스로를 관대히 생각해도 적을 죽여야겠다는 마음은 한 때도 해이하지 않았다. 동네의 노인 유상사 인옥이 나의 뜻을 알고 박, 양 제군과 더불어 동네 사람을 모으니 60여 명이었다. 단결하여 나에게 거느릴 것을 맡기니 나라를 위해서 죽음을 바칠 뿐이라. 계책이 이미 정해졌으니 내가 감히 사양하지 못하고 그 군대를 통솔하였다."29)

이 4일간의 전투상황은 임진왜란 전투사에서 가장 구체성을 띤 전투기록이라고 할 수 있다.30) 이 전투는 민간인과 재산을 겁탈하고 이곳저곳으로 움직이는 일본군의 포진한 상태를 정확히 파악하였으며, 지리산의 험한 산세를 이용하고 공격 시간을 잘 활용하였다. 그리고 관군의 협조를 받아31) 부대를 3대로 편성하여 다양한 병법에 의거하여 기습 공격하여 승리한 전투였다.32) 이는 비록 작은 전투였지만 그의 병법에 대한 이해와 용병술, 그리고 임기응변의 실용적인 전투상황을 이해할 수 있는 사건이라고 할 수 있다.

1598년 6월 전라병사 이광악이 첨지 정이길을 중군 대장으로 삼고 조경남을 종사관으로 돕도록 했다. 관군체제에 그가 편입되었음을 뜻한다. 그가 작년에 모은 정예 박언량 등을 1대로 따로 편성하여 중군에 속하게 하였다. 총 70여 명이었다.33) 6월 초 1일부터 8일까지 진주 화

29)『난중잡록』권3, 정유년 12월 7일자 앞의 책『임진왜란총서』8책, 172-3쪽 참조.
30)『난중잡록』권3, 정유년 12월 7일자 위의 책 172-179쪽 참조.
31) 은신하고 있는 운봉현감 남간은 조경남이 이 고을 향리가 의병을 모멸하여 곤장을 때린 일을 항의하자 공과 국가를 위해 군법에 조처한 것임을 설득하고 아병(牙兵) 3명을 부처주어 정찰 정보를 신속히 하게 하였다.
32) 이 전투에 참여한 사람은 자기 휘하의 유생인 박대호, 유정진, 홍충갑이 열심히 협조하여 주었고, 남원부 서면 自募將 박경춘이 합세했다.
33)『난중잡록』권3, 무술년 6월 조 위의 책 188-190쪽.

개동 지역에 출동했으나 왜군이 피하여 싸우지 못했다.

1598년(무술) 9월 명군의 4로路 부대장인 유정劉綎 막하에서 정예군 선봉으로 활동하기도 했다[34]. 그러나 명군이 전투에 적극적이지 않아서 전과를 거둔 것은 없었다. 1600년 8월 27일에는 지리산의 맹호가 민가에 나타나 곡성, 남원지역의 사람을 물어감으로 감사가 수령에게 명하여 이를 잡게 하였는데 수령들이 잡지 못하자 조경남은 기지를 발휘해서 마을입구에 궁노弓弩를 설치하여 이를 잡았다.[35]

그는 29세 때인 1598년에 그가 봉양하던 외조모 상을 당하였고, 그 후 두 차례 사마시에 응시하여 1차 시험인 향시에는 합격했으나 회시會試인 서울의 예조 시험에는 합격하지 못했다가 인조 2년(1624) 갑자시의 진사에 합격했다. 그의 나이 54세가 되던 해였다. 그가 그 기간 동안에 어떻게 지냈는지는 알 수가 없다.

그가 그처럼 많은 전투에서 전공을 세웠음에도 불구하고 당시 8도체찰사 이원익李元翼(1547~1634), 전라감사 한효순韓孝純(1543~1621) 등과 만나 그의 공을 칭찬받았으나 포상되지 않은 이유를 본인의 사양 때문으로 설명하고 있다. 그러나 이보다는 서기직에 있는 그가 이원익이나 권율 등을 직접 면대하여 자신의 공을 알릴 기회가 적절하지 못했다고 보아야 할 것이다. 당시 체찰사가 전공을 공문으로 작성하여 국왕에게 보고하지 않고는 공식적인 포상을 받지 못했다. 그리고 그가 수령이나 장군이 목 벤 증거를 제시하여 전공을 정식으로 보고하지 않고는 포상을 받을 기회를 얻을 수 없었기 때문이다.

이처럼 그가 30세로부터 50세까지 어떤 생활을 했는지에 대한 기록이 없다. 단지 그가 선조 임오년(1582)으로부터 광해 2년(경술 1610)까지의

---

34) 위의 책, 122쪽 참조.
35) 『난중잡록』 권4, 경자 8월 27일 기사 참조. 앞의 책 『임진왜란사료총서』 8책 272쪽.

임진왜란사를 『난중잡록』 4권 4책으로 정리하고 그 자찬 서문을 1618년 (무오)에 썼다. 그리고 그는 인조대의 정묘 병자호란의 역사를 4책으로 써서 『속잡록』이라 칭했다. 조경남은 50대 후반에 중풍에 걸려 운신함에 불편했고, 그 무렵 그는 자신을 '병옹病翁'이라고 칭했음을 『난중잡록』의 세주에서 읽을 수 있다. 이는 병에서 회생할 기미를 잃었기 때문에 칭한 자호일 것으로 생각한다[36]. 그는 1641년(인조 19년)에 집에서 졸하였다. 그의 묘소는 남원시 이백면 초촌리에 모셔졌고 그 묘소 앞에는 그를 모신 '의충사義忠祠'라는 사당이 최근에 세워졌다.

그가 편찬한 다른 자료는 1710년 화재로 유실되었다고 하지만[37] 그가 평생 만든 『난중잡록』 8책 이외에는 그의 글이 거의 남아 있지 않다. 그가 『난중잡록』을 편찬한 글재주로 보면 시와 서간문이 자신의 문집은 아니더라도 다른 학자의 문집에 실려졌을 법한데 아직 그런 흔적을 찾기가 어렵다. 앞으로 더 많은 자료가 찾아진다면 새로운 사실을 밝힐 수 있기를 기대한다.

그에게 전란의 공을 포상한 것은 당시 사람들에 의해서가 아니라 후대에 이루어졌다. 이는 『난중잡록』이 영조 조에 편찬된 『대동야승大東野乘』에 전부 인용 전재되고[38] 실학자인 이긍익李肯翊(1736~1806)의 『연려실기술』에 그의 저술과 임란 때의 전공이 소개되어 공인을 받았다고 할 수 있다[39]. 그 후 남원지방 사림과 후손의 노력에 의해 순조3년 계해년(1803)에 지평, 철종1년 경술년(1850)에 좌승지, 신유년(1861)에 호조

---

36) 『난중잡록 속잡록』 권2 정묘년 2월 1일자 세주의 사론 중 중풍이 걸렸다고 했다.
37) 기념관건립추진회에서 작성한 「난중잡록 원본보존경위」(「亂中雜錄考證」)에는 7항에서 『性理釋』, 『倫理辨』, 『五常論』 등의 소실되었다는 서명을 들고 있으나 그 서명의 정오와 진실성은 의심스럽다.
38) 『大東野乘』 총 72권 중 『난중잡록』은 9권으로 전부 실려 학계에 널리 알려지는 계기가 되었다.
39) 『燃藜室記述』 권17 宣祖朝故事本末 「亂中時事摠錄」.

참판직이 증직되었다.

1722년에『난중잡록』의 서문을 써 준 최시옹崔是翁(1646-1730)은 당시 남원지방의 대학자였다[40]. 그는 조경남 사후에 태어났으므로 직접 만날 수 없었다. 1700년에 그가 서문을 쓴 남원읍지인『용성지龍城誌』에 조경남이 진사임을 밝혔고[41] 그 후 속간된 읍지에서 인물의 보유편에 조경남에 대하여 다음과 같이 기록하고 있다.

> "진사 조경남은 충의롭고, 강개(慷慨)한 사람이다. 호조판서 숭진(崇進)의 증손이다. 문한과 그 밖의 사예(射藝)에 뛰어났다. 정유의 난에 원천(源川)의 산중으로 들어가 적을 유인하여 사살한 것이 헤아릴 수 없다. 포로로 잡혔다가 그에 의하여 풀려난 사람도 많았다. 한 때 시골에서는 무오생으로 이름을 드날린 자가 8명이었는데 세상에서 8무(八戈)로 칭했다[42]. 그가 지은 야사 8권이 세상에 유포되고 있다."[43]

조경남은 경오생인데 무오생으로 착각을 했다. 어찌 이런 실수를 했는지 그 정확한 이유를 알 수 없다.

Ⅲ.『난중잡록』의 편찬과 내용분석

1) 편찬 과정

이 책의 저술 및 편찬에 대한 정보는 다른 자료가 거의 없음으로 그 책 안에 전하는 내용을 가지고 살필 수밖에 없고, 이 자료만이 가장 확

---

40) 그는 삭녕최씨로서 그의 문집『東崗遺稿』2책이 전하고 있다.

41) 국립중앙도서관 소장『龍城誌』古33165-6 2책본 목판본.

42) 조경남은 경오생인데 용성지에서는 무오생으로 착각하여 쓰고 있다.

43) 1752년 임신(숭정기원후 125년 1752)간본 (古2744하지) 하권에서 보유편은 무자4월 찬수유사가 보탠 것이라고 쓰여 있다. 이 무자는 1708년이 아닐까 한다.

실한 것이라고 할 수 있다.

우선 저자가 직접 쓴 『난중잡록』 서문과 그의 사후에 받은 서문 2통이 전하고 있다. 우선 저자 자신이 쓴 서문을 통해서 이 책의 편술 편찬에 대한 정보를 정리하면 다음과 같다.

그의 서문은 만력 무오년(1618광해군 10) 추에 써 졌다. 그의 나이 49세 때이다. 이 『난중잡록』 4권의 본집 편찬은 임진왜란으로 전국토가 유린되고 왕이 파천하였으며 백성이 전쟁의 희생이 되는 상황에서 전승의 기록과 패전의 기록. 왕의 교서, 의병을 모으는 격문 등을 얻는 대로 수시로 적었다고 한다. 승전의 소식을 들으면 밤새 기뻐했으며, 패전의 소식을 들으면 팔을 걷어 부치고 분함을 느끼고 썼다고 한다. 저자는 이런 국가의 위기 상황에서 치른 전쟁의 충격에서 이를 기록으로 전해야겠다는 뜻에서 이 책을 편찬하였다고 한다. 이 외침에서 국가를 구하여 유지시켜야 한다는 그의 국가의식이 이 책을 쓰게 된 가장 기초적인 동기였음을 확인할 수 있다.

그리고 자료 사이에 자신의 말을 넣은 것은 후일 연구자들이 참고하도록 하기 위함이라고 적고 있다. 이런 자신의 말 중에는 그 자료를 어데서 얻었는가에 대한 중요한 정보를 제공하고 있다[44]. 또한 자신의 개인적인 뜻(私意)을 기술한 것은 역사에 대한 자신의 평가인 사론적인 것이다. 이는 원문의 내용과는 달리 작은 글씨로 두 줄로 써서 표시했다. 그리고 정유년간의 왜군과 싸운 자신의 기록을 차례에 맞춰 섞어 편찬했다고 했다[45]. 이는 자신의 전공을 기록하기 위한 목적도 있었음

---

44) 예컨대 임진년 첫 기사인 대마도주 橘光連이 풍신수길의 침략에 반대하다가 의롭게 죽었고 그 아들이 숨어 살아 全繼信과 역관 朴希根이 회답사로 갔다가 만나 위로했고 이를 경삼감사 柳永詢에게 아뢰어 중앙에 보고됨으로 부산에 귤광연의 사당을 세울 것을 의논하였다는 기사 뒤에 쓴 세주에서 '그 후 신해년(1611)에 유상(유영순)이 나에게 이 일을 상세히 전해주어 이는 기이한 일로 여겨 기록한다' 고 쓰는 등 자료의 전래경위를 쓰고 있다.

을 뜻한다고 할 수 있다.

자신의 서문에서는 전쟁의 기미가 시작된 임오년(1582년 선조 15년)부터 전쟁이 겨우 안정기에 접어든 경술년(1610년:광해 2년)까지 4책으로 묶어『亂中雜錄』이라고 서명을 붙였음을 확인할 수 있다. 이것이 원집이고 이후 1611년부터 1638년(인조 16년) 병자호란의 수습까지를 다룬 4책의 속집이 써 졌다.

『난중잡록』의 첫 기사는 다음과 같다.

> 임오년 겨울 12월 20일 세 태양이 동쪽에 떴다. 쌍무지개가 겹쳐서 관통했다.(冬 十二月 二十日 三陽出東 雙虹疊貫)

이 세 태양이 출현했다는 것을 현대 천문학적으로는 '환일幻日현상'이라고 칭하며, 이는 태양이 하늘에 떠 있는 물방울에 비쳐 마치 세 개의 해가 뜬 것으로 착각하는 현상을 뜻한다. 이는 최근에도 강릉 지방에서 세 해가 떴다는 뉴스가 나온 적도 있다고 한다.[46] 그러나 이는 정상적인 자연현상임에도 불구하고 과학지식의 미흡으로 이를 자연의 이변으로 파악하였다. 이런 이변을 당시에는 전쟁이 날 것임을 예고해주는 것으로 조경남은 도입 기사로 활용하고 있다. 그에게는 자연현상이 인간 역사를 예고해준다고 생각했던 동양의 전통적 믿음이 깊이 깔려 있었음을 말해준다. 즉 북과 남에서 왜와 여진족의 침입으로 국가가 혼란스러운 상황을 당할 것임을 예고해준다고 조경남은 파악했다.

바로 다음해 여진족의 니탕개 종족이 우리나라 북변을 침략했다는 기사가 나오고 있다. 조선의 외침은 북쪽과 남쪽에서 일어났다. 이들

---

45) "余之丁酉避兵討賊之事 雜編於其次"
46) 한국학중앙연구원 김일권 교수의 교시이다.

외침은 비록 방향이 다르고 다른 주체에 의하여 일어나는 것이지만 조선에서의 충격은 서로 연결되는 것이었다. 북변의 오랑캐라고 칭하던 여진족의 침입을 막기 위해 파견된 장수들이 왜란을 당하여 다시 남으로 내려와 이를 막으려 했다. 신립, 이일, 이순신 등이 모두 북변의 여진족의 침략을 막아냈던 장수였다.

윗 기사의 말미에 두 줄로 쓴 세주를 다음과 같이 붙이고 있다.

> 이해 내 나이 13세였다. 시국에 대해 느낌이 있어 이때부터 비로소 「일록(日錄)」을 쓰게 되었다.(余年十有三矣 因感時事 始修日錄)

'일록日錄'이라함은 후일 어떤 목적을 가지고 한 번에 정리한 것이 아니라 매일 매일의 기록을 정리한 것이라는 뜻이다. 매일 매일의 기록이라고 하여 이는 개인적인 일기자료라고는 할 수 없다. 왜냐하면 개인적인 이야기가 본문으로 서술된 경우는 거의 없기 때문이다. 간혹 본문에 내가 어떤 일을 했다는 주어로 표현된 글귀가 발견되고는 있지만 이는 극히 적은 양이어서 이는 무시해도 좋을 정도이다. 그리고 그는 될 수 있는 대로 사사로운 사적인 이야기는 서술할 것이 못된다고 하였다.[47) 따라서『난중잡록』에는 국가적 내지는 공적인 사건만이 연월일에 따라 기록되었다고 할 수 있다.

『난중잡록』에는 모든 기사가 연월일을 갖추어 쓴 것은 아니다. 경우에 따라서는 년과 월 다음에 날짜가 없이 서술된 기록도 있고, 경우에 따라서는 년의 기록 안에 어느 달인지도 모르는 기사가 서술된 경우도 있다.

또한 하나의 사건에 대한 기술이 처음 일어난 시간과 멀리 떨어진 후일의 관련 기록까지를 함께 남기기도 했다. 예컨대 1592년 7월의 고

---

47)『난중잡록』권3 정유년 9월 2일자 기사 말미의 세주 참조.

경명의 사망기사에 후일 세운 그의 신도비까지 언급하고 있는 것 등을 예로 들 수 있다. 사건이 일어난 당시의 기록을 그때그때 기록해 놓은 자료와 이와 연결되는 이야기가 간간이 들어가 있지만 이는 개인의 일기라고는 할 수 없다. 국가사에 대한 기록만을 날자 순으로 기록한 것이라고 할 수 있다.

『난중잡록』이 찬자의 서문에서 '일록'이라고 한 것처럼 정확한 날짜로 적은 기사가 『난중잡록』의 기본 틀이라고 할 수 있다. 예컨대 임진년 4월 기사를 보면 다음과 같다.

4월 중 기사는 일본군이 상륙하기 전에 평수길이 36명의 장수를 동원하여 침략한 개략을 13일 전에 날짜의 기록이 없이 기술하고 있다. 그리고 13일 새벽에 부산진에 상륙하여 첨사 정발이 순직한 기사를 싣고[48] 이어서 말일 30일까지 하루도 거르지 않고 매일 매일의 날자 아래에 사건을 기술하고 있다. 같은 날짜에서도 내용이 서로 다른 개별 기사에는 0표를 하여 구별해 썼다. 이후의 모든 기술이 이처럼 철저하게 날짜까지를 밝혀 서술한 것은 아니다. 그런 기사 중 그 기사의 날짜에 대한 신뢰성을 완전히 보장하기 어려운 것도 있지만 대체로 날짜를 기록한 사건은 사실과 어긋나지 않는다고 판단된다.

이 처럼 날짜별 기록에 뒤에 추가 해 넣은 기사가 많이 있다. 예컨대 4월 13일 기사에 만력 31년(1603) 정발의 처 임씨의 소장訴狀에 의해 그 진상을 재조사한 내용을 기록하고 있다. 그는 경상감사 김수의 보고를 보고 13일 새벽에 부산진이 함락됐다는 소식은 당시에 기록한 것으로 이해해도 좋을 것이다. 그렇다면 후일(1603) 정발의 처가 상소하여 순

---

48) 『선조실록』에는 4월 13일에 부산진에 침입한 것으로 『선조수정실록』에는 4월 14일에 침입한 것으로 서술되어 있다. 일본에서는 일본 달력으로 4월 13일에 침입한 것으로 서술되어 있으니 당시 일본 달력은 조선의 달력보다 하루가 빠르기 때문에 4월 14일에 침입한 것이 옳다. 정구복, 「임진왜란의 역사적 성격과 의미」, 『임진왜란과 한일관계』, 경인문화사, 9쪽 2005.

찰사 이시발이 재조사하여 보고했다는 기록은 뒤에 추록한 것이라고 해석할 수 있다.

15일자의 기사 경상감사 "김수가 진주로부터 반성에 달려와 부산이 이미 함락되었다는 소식을 듣고 곧 바로 급히 보고하고 군사를 정돈하여 함안으로 달려갔다가 칠원에 도착했다"는 기사는 『본도순영록本道巡營錄』에서 나온 것이라는 세주를 붙이고 있고 이 기사는 당시에 쓴 일록으로서의 첫 번 기사라고 확인할 수 있는 기록이다. 임금의 교서라던지 의병장의 격문은 보는 즉시 그때 그때 일록으로 기록하였다고 할 수 있다. 그리고 후일 강항姜沆(1567–1618)의 보고서를 여러 곳에 분산해 실어 일본의 지리, 형세 등을 파악할 수 있게 추보하였고, 또한 정유재란시의 자신의 피난생활과 왜적의 격살 등의 기록도 후일에 끼워 넣었다고 한다[49]. 그래서 그는 "잡록"이라는 책이름을 붙였다. 이는 겸양의 뜻도 담긴 것이지만 왜란 중의 모든 역사를 다 기록하지 못하는 상황 하에서는 가장 적절한 이름이라고 생각한다.

일반적으로 구체적인 날짜 다음에 적은 모든 기사를 그 날짜의 사건이라고 해석되지만 모든 기록의 날짜에 대한 신뢰성은 담보하기 어렵다. 그것은 후일 추보하면서 끼워 넣은 기사가 많기 때문이다. 이는 사관이 매일 매일 기록한 역사가 아니기 때문이다. 그리고 『난중잡록』은 중요한 지역사건에는 날짜를 기록하고 있지만 책의 뒷부분으로 가면서 날짜의 기록이 부실해지고 있는 경향을 보이고 있다.

『난중잡록』 권8 『속잡록』 권 4의 무인년(인조 16년 1638) 마지막 기사에 붙인 세주에서 조경남은 다음과 같이 쓰고 있다.

오랑캐 나라의 일을 전해들은 대로 기록한 것이므로 그것을 모두 다 사

---

49) 조경남의 서문 참조.

실로 볼 수는 없으니 보는 이는 잘 참작할 것이다.

우리는 『속잡록』을 편찬할 때에 그 사료를 어떻게 확보했는지에 대해서는 알려진 바가 없다. 이는 앞으로 조경남의 『난중잡록』을 연구할 때에 반드시 천착해야할 문제이다.

2) 판본

현재 『난중잡록』은 인쇄본과 필사본 두 종류가 있다. 우선 인쇄본으로는 1964년 조경남의 후손 조태희 씨가 간행한 석판본 4책과 1907년 조선고서간행회에서 『대동야승』에 실린 본을 연활자로 인쇄한 본, 이를 다시 영인한 민족문화추진회의 『국역대동야승본』, 석판본을 영인한 민족문화추진회의 『한국고전총서』본 3의 『난중잡록』, 그리고 임진왜란사 부문만의 자료를 석판본 자료에서 다시 영인한 국립진주박물관의 『임진왜란사료총서』 역사 7-8책이 있다. 고서간행회에서 인쇄한 『대동야승』본은 조선총독부에 소장했던 자료를 인쇄한 것이고, 규장각에는 또 다른 필사본의 『대동야승』이 전하고 있다[50].

고서간행회본 『대동야승』은 1968년에 경희출판사에 의하여 영인되어 널리 보급되었는바 이 본에는 『난중잡록』 첫 권이 실리지 않았고 서문도 전혀 실리지 않고 오직 조경남 찬으로 인쇄되었을 뿐이다. 7권까지를 『난중잡록』으로 그리고 마지막 한권을 『속잡록』으로 기술하고 있다[51]. 그리고 부록으로 「역대요람」이 인쇄되어 있다. 이 「역대요람」은 조경남이 만든 것인지는 확실하지 않다. 명태조로 등극으로부터 만력 이전인 융경 2년(1568)까지의 중요 사건을 연별로 서술한 것이다.

---

50) 『大東野乘』 경희출판사, 1968. 신석호 간행사 참조.
51) 숭정 원년(1628) 12월 무진년 하부터 『속잡록』으로 쓰고 있다. 『국역 대동야승』, 6-7-8책 6책에 실린 김규성의 해제 참조.

1964년에 출간된 석판본에서 기정진奇正鎭(1798-1876)이 1856년(崇禎기원후 4丙辰)에 쓴 서문52)과 최시옹崔是翁(1646-1730)이 1726년에 지은 서문53)(1726년의 서문)54), 조경남의 자서自敍(1618 광해군 10)의 서문이 이 순서로 붙여졌다55).

이 서문의 순서는 시대 순을 거꾸로 실었다. 자찬 서문이 제일 중요한 것이고, 최시옹의 서문이 시기적으로도 빠를 뿐만 아니라 그 내용이 상세하다. 즉 이 서문은 최시옹 자신이 81세이어서 글을 쓸 수 없음으로 후손이 써 온 공의 행장을 중심으로 서술하고 약간의 전문한 바를 추가하였다고 하면서 책명을『산서잡록山西雜錄』8책이라고 하였다. 이 서문에서는 찬자가 충효에 뛰어난 사람으로 국왕이 자신의 죄로 돌린 교서를 읽고는 눈물을 흘렸으며, 충무공의 전사와 삼학사의 순절을 비탄해 하고 국가에 공을 세운 사람을 포창하고 전쟁에서 살기 위해

---

52) 이 서문은『난중잡록』을 감발시키는 좌전과 같은 역사서라고 평하고 선조 인조 연간의 당쟁의 폐해를 극론하면서 이 책에서 '分崩護黨'을 감계시키려고 하였다고 파악하였다. 이는 당시 기정진이 본 역사상이 반영된 것이라 하지 않을 수 없다. 물론 이 책에서 분당의 피해를 극론한 것이 이 책의 중심문제라고 파악하기에는 약간 문제가 있다. 물론 이 책의 말미에 분당의 피해를 강조한 글귀가 있지만 전편에 흐르는 기본정신이 분당의 폐해를 강조한 것이라고 보기에는 문제가 있다. 왜냐하면 이 책은 정치사가 중심이 아니었기 때문이다.

53) 이에는 최시옹(1646-1730)이 서문을 쓴 해인 병오년을 석판본에서는 숭정기원후 39년 병오년이라 하여 1666년으로 파악했으나 이는 잘못이다. 그 서문 자체에서 최시옹의 나이가 81세라고 한 표현으로 보아 이는 1주갑을 내려 1726년으로 잡아야 옳다. 이 서문은 최시옹의 문집인『東岡遺稿』에도 실려 있다. 이 문집의 서문에는 연대의 기록이 없다. 그러나 그가 81세라고 한 점에서 병오년은 1726년임을 확인할 수 있다.

54) 석판본에서는 최시옹의 서문을 쓴 해를 숭정기원39년丙午 菊秋라고 쓰고 있는데 이는 1666으로 병오년의 간지를 잘못 추정한 것이다. 조병희『조경남장군임진난중일기 지방문화재107호 난중잡록 고증』, 1984. 필사본에서는 1666년의 작으로 써져 있다.

55) 그리고 그 내용은 후손에 전하고 있는 원본과 규장각본을 대조하여 출간한 본으로 국내 중요 도서관에 기증되어 비치되어 있다.

도망을 친 사람을 징계하는 책을 썼다고 총평하고 있다.

기정진의 서문에서는 이 책이 당쟁의 피해를 극론했다고 하였으나 이는 정곡을 찌른 견해라고 생각되지 않는다. 당쟁에 대한 견해가 있지만[56] 19세기 중엽 당쟁의 말폐가 극심했던 상황이 반영된 것이 아닌가 한다. 기정진의 서문을 제일 앞에 내세운 것은 후손들이 보기에 학계에서 기정진의 학문적 위치가 가장 높다고 생각했기 때문일 것이다.

석판본의 맨 뒤에는 1866년[57]에 써진 한익철韓翊徹이 쓴 '증판서贈判書 산서조선생유사후山西趙先生遺事後'라는 글에서 이 책을 "동국춘추"라고 평하고 있으며, 단기 4297년 서기 1964년 갑진에 써진 11대 사손嗣孫 조태희趙台熙 '간행사'가 실려 있다[58]. 이 간행사에서는 선고인 심산공沁山公 성민成珉이 상해 임정에서 활약할 때에 발간하려다가 재력이 없어 이루지 못한 뜻을 이룩한 것임을 밝히고 있다. 그리고 『난중잡록』은 후손가에 전하는 원본을 대본으로 하였으나 내외 규모와 잘 보이지 않는 구절은 규장각 소장 총 687판板(1374면)에 따랐다고 한다.

필사본에는 후손이 간직하고 있다는 8책의 원본[59]과 규장각에 원본을 베낀 16책본과 국립중앙도서관에 필사본 1책, 국사편찬위원회의 필사본 1책 네 종류가 전하고 있다. 또한 조병희 씨가 문화재로 지정하기 위한 전래경위에 대한 상세한 보고서가 있다[60]. 후손에 의하여 정리된

---

56) 병자호란을 막지 못한 곳에 쓴 사론에는 당쟁의 피해로 국가를 지키지 못할 것이라는 의견을 쓴 바도 있다.

57) 이는 원글에서는 東明 永曆壬寅後 205년 丙寅 季夏라고 쓰고 있다. 임인년은 명나라가 망한 영력 1662이므로 병인년은 205년을 더한 1867년 병인으로 계산한 것이다.

58) 이 두 글은 진주국립박물관에서 영인해 낸 『임진왜란사료총서』 역사 7–8책에서는 속잡록의 영인을 생략하였기 때문에 영인되지 않았다.

59) 이는 후손가에 전해져 온 본이다. 원본의 전래 경위는 『선조수정실록』을 편찬할 때 바쳤다가 되돌려 받은 본이라고 함으로 이를 '원본'이라고 칭하겠다. 이 원본은 1964년 석판본을 출간할 때에 이용하였고, 현재는 남원향토박물관에 기탁되어 보관 중이다.

원본의 전래 경위의 중요 내용은 다음과 같다.

이 원본은 인조 시 『선조수정실록』이 편찬될 때에 중앙에 바쳐졌고, 『선
조수정실록』을 편찬할 때에 표시한 부호가 남겨져 있다. 그리고 이 원본은
효종 9년(1658)에 후손에게 반환되었고, 이때에 국가에서 필사본으로 한
벌 베껴놓은 본이 현재 서울대학교 규장각에 전하는 본이다. 그리고 1710
년 종가의 화재로 중요 저술이 불에 탔으나 최시옹에게 빌려주었던 『난중
잡록』만은 온전하게 전래되었다는 것이다[61].

필사본 중 원본이라고 전해지고 있는 후손의 전래 본은 현재 남원향
토박물관에 기탁되어 있다. 필자 등이 원본 조사[62]에서의 중요 관심은
후손들이 전하는 원본의 전래 경위 중에 이 원본을 『선조수정실록』을
편찬하면서 인용한 부분에 표시가 되어 있다는 것과 한 부를 필사해
놓은 본이 규장각 소장본이라는 것을 확인하는 것이었다.

이 원본은 8책으로 장정되어 있다. 장정은 최근에 한 것임이 분명하
며[63], 원래의 장정을 개장한 것으로 이해된다. 표지에는 8책 모두 '난중
잡록'으로 써졌다. 첫 1책에는 앞부분 몇 장은 후일 보충된 것이다. 이에
는 19세기에 써진 노사 기정진의 서문과 찬자의 서문이 부쳐져 있고,
응당 부쳐져야할 최시옹의 서문은 빠져 있다. 그 이유는 정확히 알 수
없다. 이는 석판본을 출간할 때에 최시옹의 문집[64]에서 서문을 찾아낸

---

60) 남원 주천면 은송리(내송부락)에 사는 조용석옹으로부터 빌려 이용하였다. 조병희
앞의 글 이글의 안 제목은 「조경남의 난중잡록 原本考」로 되어 있다.

61) 『亂中雜錄 考證』에 실려 있는 조병희의 「亂中雜錄 原本考」의 내용을 개략적으로
정리한 것이다.

62) 이 원본의 실물 조사는 필자와 순천대의 조원래 교수, 전북대의 하태규 교수 3인이
함께 2010년 10월 27일에 남원향토박물관을 방문하여 서지적인 검토를 했다.

63) 기념관건립추진위원회 명의로 된 「난중잡록 원보보존경위」 필사본 21)항에 '부식
한 표지를 새로 갈고 … 새로 표지한 난중잡록 표제글씨는 국사편찬위원 조국원이
쓰다'라고 기술하고 있다. 1964년경에 표지를 바꾼 것 같다.

것이고, 이 원본의 장정은 이보다 앞서 된 것이 아닐까 추정된다[65].

이 원본에도 석판본과 같은 두주가 부쳐져 있는 바 이는 글씨의 색갈로 보아 원본 필사 후에 써진 것으로 판단된다. 원본의 지질은 4책까지는 같은 지질로서 이는 16세기말 17세기 초의 종이인 것 같으며, 이는 1610년에 완성된 『난중잡록』이고 이후 5책부터 8책까지는 속잡록으로 알려지고 있는 부분이다. 제5책은 목판으로 상단과 하단에 5cm의 검은 색의 판심을 만들고 14행의 줄을 그은 인쇄된 종이였으며 지질도 후대의 것으로 생각된다. 제5책의 판심에 상하 쌍엽의 화문花紋을 가운데를 향해 조각하였고, 판심 중간에 잡록이라고 인쇄된 종이에 썼다. 원본의 제5책에는 세로 줄에는 흰 물감으로 선을 지운 표시가 완연히 남아 있어 언뜻 보기에는 줄을 흰색 물감으로 그린 것 같은 착각을 줄 정도이다. 5책 이하의 8책까지의 지질은 앞의 4책까지의 지질보다 후대의 것으로 확인되었다. 제8책의 한 장에는 『산서잡록山西雜錄』이라는 판심을 붓으로 써 넣은 것도 있다. 제7책과 8책의 판심은 상하에 단선의 검은 색이 찍힌 판심이 새겨져 있으나 이는 훨씬 후대의 양식인 듯하다.

원본의 서체는 원 편찬자인 조 경남의 글씨를 확증할 기본적인 유품이 없기 때문에 편찬자의 친필본 여부는 확인할 길이 없으나 전체의 글씨는 세 사람의 서체로 써졌음을 확인했다. 1책의 서체는 제1책, 제3책, 제4책, 제5책, 6책이 동일 필체이고 제2책이 다른 필체이며 제7-8책이 또 다른 제3의 서체로 판단되었다.

원본에는 기사가 바뀔 때마다 직경 6mm 내외의 원을 그리고 썼으며 그 원 안에 점을 찍은 것이 1책과 2책이 있는데 이를 두고 실록에 반영

---

64) 『東岡遺稿』는 1858년경에 간행되었다.
65) 이 책의 改粧은 1964년 석판본 간행시에 이루어졌다고 한다. 앞의 글 『난중잡록 원본보존경위』21항 참조.

하기 위한 표시로 이해한 듯하다. 또한 제2책 중에는 인명의 옆에 선을 그은 것도 있는데 이를 포함하여 실록편찬 시에 넣은 부호로 인식하였는지는 확인할 길이 없다. 『선조수정실록』에 『난중잡록』이 어떻게 반영되었는가에 대하여는 뒤에서 다시 검토하겠다. 요컨대 이 원본 8책이 모두 『선조수정실록』 편찬 시에 실록청에 바쳐졌다가 효종 8년(1657)에 반환된 본이라고 볼 수가 없다. 이는 6,7,8책의 지질이 훨씬 후대의 종이였다고 판단되기 때문이다. 이 원본은 후대의 필사본이라고 생각된다.

필사본 중 서울대학교 규장각 본은 16책으로 되어 있다. 이에는 조선 총독부의 소장인과 서울대학교의 도서인이 찍혀 있을 뿐이다. 이는 사고에 저장된 사고본도 아니고, 어느 관청에 보관되었다는 확증도 없다. 목판으로 찍은 한지[66]에 1면 10행으로 되어 있다. 이는 서지학자의 견해로는 조선 후기의 19세기의 서지 양식이라고 한다[67]. 9책까지가 광해군 2년까지의 기사이고 이후 10책부터 16책까지 7책은 『속잡록』으로 되어 있다. 글씨는 정갈하게 써졌고, 4명 이상이 쓴 필체로 생각된다. 이 필사본이 언제 베껴졌는지에 대한 판정은 내릴 수 없다. 아마도 후손들이 그의 증직을 요청할 때에 제출한 것으로 해석할 수도 있기 때문이다. 또한 후술하는 바와 같이 영조 22-23년에 20년에 불에 탄 『승정원일기』를 개수할 때에 이용된 책이 아닐까 하는 생각도 들기 때문이다[68]. 이 규장각 소장 필사본에는 서문이 전혀 실려 있지 않고 있다.

필사본 중 국립중앙도서관 소장본은 1책만이 전하고 있는 영본零本으로 소장인은 목전거睦田拒라는 도장과 숭원崇園이라는 소장자의 도장이 찍혀 있다[69]. 이는 아마도 후손들이 베낀 본이 아닐까 생각된다.

---

66) 판심은 상단에만 판각되어 있다.
67) 한국학중앙연구원 고문헌학과 옥영정 교수의 교시이다.
68) 『승정원일기』 인조 8년조 기사에 27개의 기사가 이에서 인용되고 있다.

그렇게 보는 이유는 본문 위에 두주를 붙이고 있는 점이 원본 및 석판
본과 일치하고 있고 임오년 첫 기사 뒤에 붙인 "山西翁 年十有三矣"라
고 하여 다른 필사본에 '나'라는 '余'자가 산서옹으로 써 있기 때문이
다70). '나'라는 표현을 '산서옹'으로 쓴 것으로 보아 찬자의 아들이나
손자 등 가까운 자손이 쓴 것이 아닐까 추정한다. 그런데 이 본의 연대
표기는 간지 아래에 만력의 연대와 조선 국왕의 연대를 함께 기록하고
있는 바 선조宣祖라는 연대 표기에서 '선종宣宗'으로 기록되어 있다. 석
판본에서는 이를 '선조'로 고쳐 쓰고 있다. 선조의 최초의 묘호廟號는 처
음 선종宣宗으로 올려졌다가 광해군 8년(1616) 8월 4일에 선조로 바뀌
었다. 이로 보아 국립중앙도서관 소장본은 최초의 원본의 형태를 가장
많이 보여주고 있으며, 이 책의 필사는 최초의 원본에 가깝다고 할 수
있다. 그러나 이 필사본도 조경남의 친필본은 아님은 분명하다.

이 필사본에는 찬자의 서문인 산서잡록서山西雜錄序만을 붙이고 있
다. 찬자 자신의 서문 말미에「萬曆戊午秋 旣望 南漢後學趙慶男敍」라
고 되어 가장 원형의 서문을 보여주고 있다. '南漢後學'은 석판본『난
중잡록』에서는 '漢陽人'으로 개서되었다. 본관을 한양으로 칭한 것은
1720년대에 최시옹에게 서문을 부탁한 글에서 최초로 나타난다. 이는
조경남의 손자인 신愼(1648-1722)이나 증손자 종침宗琛 대에 본관이 한
양을 칭하게 된 것으로 판단된다.

그리고 표제는 일기日記 임진록壬辰錄으로 쓰고 있다.71) 그러나 이
책이 단순한 개인의 일기도 아니다. 그의 개인적인 행동이 거의 기록

---

69)『난중잡록』고2154-1 국립중앙도서관 소장본.
70) 남원향토박물관에 소장된『난중잡록』원본에도 먹의 색깔로 보아 후일 써진 것으
로 생각되는 두주가 붙여져 있고, 규장각 소장 원본에도 두주가 붙여져 있다.
71) 이는 규장각 소장본에서 16책의 표지에『난중잡록』이라는 제목을 쓰고 그 책에서
다룬 기사의 년간지를 적어놓은 것과 유사하다. 연간지는 남원향토박물관에 보관 중
인 후손가에 전하던 원본의 겉표지에는 쓰여 있지 않다.

되어 있지 않기 때문이다. 이 필사본은 표제의 연대에서 선조를 선종으로 표기한 점이나 서문에서 찬자의 글 원형을 보여주고 있는 점에서 최초의 본이거나 아니면 이를 그대로 베낀 본으로서 귀중한 가치를 가진다고 할 수 있을 것이다. 그러나 이 필사본은 권1의 한 책만이 전하고 있을 뿐이다.

국사편찬위원회의 본은 1936년에 조선총독부 조선사편수회에서 후지다료사쿠藤田亮策의 소장본을 필사한 것임을 장서대장에서 확인하였다. 이 원본이 국립도서관의 소장본으로 들어갔는지 아니면 일본에 따로 전하고 있는지는 아직 확인하지 못했다. 이 필사본은 거의 국립중앙도서관 소장 필사본과 유사하다.[72)]

3) 편찬 체재와 이용된 사료

『난중잡록』의 각 권에서 다룬 시기는 다음과 같다[73)].

> 권1 임오년(선조 15년 1582)부터 – 임진년(선조 25년 1592) 7월까지
> 권2 임진년 8월부터 – 계사년(선조 26년 1593) 6월까지
> 권3 계사년 7월부터 – 무술년(선조 31년 1598) 12월까지
> 권4 기해년(선조 32년 1599) 1월부터 – 경술년(광해 2년 1610) 가을까지
> 속잡록
> 권1 신해년(광해 3년 1611)부터 – 신유년(광해 14년 1621)까지
> 권2 임술년(광해 15년 1622)부터 – 무진년 상 (인조 6년 1628) 11월까지
> 권3 무진년 하(인조 6년) 12월부터 – 을해년(인조 13년 1635)까지
> 권4 병자년(인조 14년 1636)부터 – 무인년(인조 16년 1638)까지

---

72) 본 논문이 완성된 후 국립진주박물관에도 필사본 한 책이 전한다는 소식을 접했으나 이는 미처 확인하지 못했다. 아마 필사본이 더 있을 것으로 추정된다.
73) 각 본마다 권수의 출입이 있다. 이는 석판본에 따른 것이다. 각판본마다의 목차의 출입은 윤남한, 『한국고전총서』3. 『난중잡록』 민족문화추진회, 1977. 해제 2–3쪽 표 참조. 영인본.

56년간의 역사를 다룬 『난중잡록』은 크게 구분하여 왜란사와 호란 사로 나눌 수 있다. 본집本集[74] 4책은 왜란에 대한 기술이고, 『속잡록』 4책은 호란에 대한 기술이다. 이에는 연월일에 따른 편년체로 쓰면서 당시 보고 들은 것 그리고 기록을 얻은 것 등을 그때그때 기록하였고, 후일 중요한 자료가 얻어지면 당해 연대에 보충해 놓았다. 이 점에서 이는 자료집이라고도 할 수 있으며 또한 역사서라고도 할 수 있다. 대체로 권수는 원고의 양에 따라 나눈 것으로 생각한다. 이는 『속잡록』 권3의 경우가 말해준다.

서술 양식은 편년체이나 연월일을 갖추어 쓴 기사도 많지만 단지 어느 해 몇 월 등 연월일을 갖추지 못하고 쓴 기사도 상당 수 있다. 이는 사료의 수집에 따라 생긴 결과이다. 그리고 몇 년 후의 기사까지 함께 기술하고 있다.

예컨대 고경명의 전사한 날짜의 기록 뒤에 신도비를 기록한다거나 1593년 6월 29일 진주성의 함락 기사에 체찰사 이항복이 후일에 쓴 진주성 함락에 대한 조사보고서를 쓰고 있다[75]. 이는 엄밀한 의미에서 편년체의 서술에 기전체나 기사본말체의 성격을 가미한 것으로 이해된다. 물론 저자 조경남이 이런 주장을 펴지도 않았고, 또 그런 의식을 가지고 쓴 것도 아니다. 이는 관련 자료를 다른 곳에 서술함보다는 이런 방식이 편리하다고 생각했기 때문에 이렇게 쓴 것으로 이해된다. 따라서 편년체의 '일록日錄' 자료에 추후의 자료가 보충된 역사서라고 할 수 있다.

또한 서술은 자료의 인용기사와 자신의 견해를 구분해 쓰는 전통적

---

74) 이런 칭호는 어디에도 사용되지 않았다. 그런데 권5부터 권8까지의 기록을 속잡록 이라고 칭하여 구별했기 때문에 편의상 이에 대칭되는 앞의 『난중잡록』을 '본집' 또는 '원집'이라고 칭할 뿐이다.
75) 이는 『선조실록』에도 실려 있는 내용이다.

방식을 취했다. 대체로 자신의 견해나 사실의 설명 등에는 본문 글씨보다 두 줄로 쓴 작은 글씨의 세주細註76)를 붙였다. 그의 역사평가도 '사론史論이라던가 근안謹按이라는 형식으로 구분해 쓰지 않고 단지 세주로 쓰고 있다.

본문의 기사는 그가 임진년으로부터 남원부의 서기書記 직으로 있었기 때문에 남원부사에게 제공되는 각종 문서를 이용하여 쓸 수 있었다. 이는 임진년으로부터『속잡록』의 권4까지 거의 같은 성격의 사료 내용으로 보아 그때까지 남원부에 서기직으로 종사하였다고 생각된다. 그가 서기직을 그만둔 때는 자료상 확정적인 기록이 보이지 않는다. 비록 그가 남원부 서기직에 언제부터인가 종사하지 않았어도 관계 자료를 이용할 수 있는 관계가 유지된 것으로 생각된다.

그가『난중잡록』에 이용한 자료에는 문서기록자료와 문헌기록자료, 직접 체험한 사람의 이야기, 소문 그리고 그가 본 사실 등이었다. 특히 대부분의 기록은 자료에 의거하고 있는데 인용된 책은 기사 뒤에 인용 전거를 어느 책에서 나왔다라고 세주로 붙이고 있다. 예컨대『경상순영록』에서 나온 것은 '出慶尙道巡營錄'이란 형식으로 전거를 밝히고 있다.『난중잡록』과『속잡록』에 인용된 책과 인용된 많은 문서 등의 명칭은 다음과 같다.

『경상순영록慶尙巡營錄』,『고사攷事』,『정기록正氣錄』,『조보朝報』,『서정록西征錄』,『남한일기南漢日記』, 강홍립姜弘立(1560-1627)의『호중일기胡中日記』, 강항姜沆(1567-1618)의 일본 기록, 윤계선尹繼先(1577-1604)의『달천몽유록撻川夢遊錄』,『비망기備忘記』,『정원일기』 등이고 인용된 형태별 문서로는 교서敎書, 의병 및 군량을 모으는 격문檄文, 고목告目77),

---

76) 이런 주를 分註라고도 칭한다. 그러나 이 용어는 적절한 용어가 아니라고 생각되어 細註라고 칭하겠다.
77) 임진년 4월 28일자의 경상도 영리가 전라감사에게 왜병의 상황에 대한 보고와 임

통문通文, 회문回文, 관문關文, 명 황제의 칙유조서勅諭詔書, 상소문, 장계
狀啓 등이다.

이 자료 중 임진왜란의 서술에 무게를 실어 주는 자료로『경상도순
영록』을 들 수 있다[78]. 이 책은 현전하지 않으며, 그 내용은 주로 경상
도 순찰사가 남원부사에게 보낸 임진년 및 계사년의 경상도 지역의 임
란 전투상황이다. 초기의 순영록은 경상감사 김수가 남원부사에 보낸
기록으로 이해된다. 그러나 순찰사(감사) 김수는 임진년(1592) 5월 6일
경에 임지에서 도망 쳐 근왕한다는 명분을 내걸고 호남으로 가려다가
운봉(현재의 남원시)에서 초유사 김성일(1538-1593)을 만나 관리가 임지
를 떠나서는 안 된다고 충고함에 임지로 돌아갔으나[79] 지방민의 심한
질타를 받고 있었으며 의병장 곽재우(1552-1617)는 이를 성토하는 격문
을 보낸 바 있음으로[80] 감사의 임무를 전란 중 성실하게 수행하지 못
한 인물이다.

비록 감사 김수가 이처럼 현지에서 임무를 제대로 수행하지 못했으
나 지방행정을 책임지고 있는 감영의 서리[營吏]들은 전쟁 상황을 전라
감사에게 통보하는 임무를 수행하였던 것으로 판단된다. 이는 4월 28
일자 경상도 영리營吏 이모가 전라감사에게 보낸 고목告目[81] 기사라든

진년 6월 15일자 전라좌수영의 서리가 전라감사에게 보고한 왜군의 격파상황과 왜선
의 형태와 그 움직임에 대한 보고 두 통이 옮겨져 있다.

78) 이 자료는 계속되는 전거 인용에서는 '本道巡營錄'으로 쓰기도 했다.

79)『국역학봉전집』5, 부록「문수지」276쪽 참조, 鄭慶雲의『孤臺日錄』에는 5월 6일
겨우 50명의 군사를 이끌고 근왕한다고 호남으로 갔다고 쓰고 있다. 또 초유사 김성
일이 함양에 도착한 것이 5월 8일자로 기록하고 있다. 김수는 5월 17일 또 근왕한다
고 牙兵 2명을 데리고 전주까지 가서 당시 지방민으로부터 원성을 사고 있음을『고
대일록』이 기록하고 있다.

80) 이 문제는 임진년 6월 기사로『난중잡록』에 기록되어 있고 김수는 역으로 곽재우를
반역자로 무고함으로써 이를 중간에서 김성일이 무마시켜 해결되었음을『난중잡록』
에는 상세히 기술하고 있다.

81) 4월 28일 경상감사의 영리 이모가 전라감사에게 보낸 告目의 내용은 왜군의 장비,

지 감사 김수가 도망을 쳤다는 기록 등은 영리의 기록이라고 생각되기 때문이다. 경상도 감사가 영리를 철저히 감독할 수 있었던 것은 김수가 김성일로 바뀐 1592년 8월부터라고 생각된다. 김성일의 관계 기록이 상당히 많이 『난중잡록』에 수록된 것은 이런 사실과 무관하지 않다고 생각 된다[82].

경상우도 중 거창, 창녕, 단성 등의 7-8개 군현은 임진년에도 일본군의 지배에 들어가지 않고 자체 치안을 유지할 수 있었다. 이는 곽재우, 정인홍, 김면 등의 의병활동에도 큰 힘을 받았으나, 김성일이 초유사로서, 우도 병사, 우도 감사로서 전력을 마쳐 현지 지방관을 임명하고 수습하였으며, 영남과 호남의 전쟁 상황을 서로 주고받음에 혼신의 노력을 다한 그의 공로에도 기인한다[83]. 그 중 가장 중요한 것은 진주판관 김시민을 목사로 임용하여 진주성을 지키도록 하고 후원군을 동원한 것이 바로 김성일이었다. 그리고 남원은 임진전쟁기 중에 경상도를 가는 중간 통로 지점으로서 중요한 역할을 했기 때문에 남원부사에게는 전쟁의 제반 상황을 상세히 알려주었다고 할 수 있으며, 김성일이 거느린 영리로부터 상세한 전황의 문서를 남원부의 서기직을 맡고 있던 조경남은 받아서 『난중잡록』에 기술하였다.

『경상순영록』이 최초로 나오는 기사는 임진년 4월 15일자의 기사이다. 그 내용은 경상감사 "김수는 진주로부터 달려 반성까지 갔는데 그곳에서 부산이 이미 함락되었다는 소식을 듣자 곧 장계를 갖추어 급히

군사이동, 민간인에 대한 소행 등이 담겨져 있다. 『壬辰倭亂史料叢書』 7책, 『亂中雜錄』 62-64쪽.

82) 『난중잡록』에서는 김성일에 대해 대단히 우호적으로 서술하고 있음은 경인년 (1590) 통신사로 갔을 때 대마도에서 서장관 許筬에게 쓴 글을 장황하게 인용하고 있는 점에서도 알 수 있다.

83) 허선도, 「鶴峯先生과 壬辰義兵活動」, 『학봉김성일선생순국400주년기념논문집-학봉의 학문과 구국활동』 여강출판사, 1993.

보내고 군대를 정비하여 가지고 함안을 거쳐 칠원에 이르렀다"라는 경상
순찰사의 동정을 전하는 기사에『본도순영록』에서 나왔다고 주를 달고
있다.『본도순영록』은『경상순영록慶尙巡營錄』으로도 나오고 있어 이를
『경상순영록』이라 칭하겠다. 그 자료의 이름이 최후로 인용된 기사는
1593년(계사) 8월 22일 기사까지이다. 김성일이 1593년 5월에 죽은 후에
도 몇 개월간 이런 기록을 보내 준 것은 그 이후 경상도 아전들이 하던
관행이 지속되었음을 뜻한다.『경상순영록』의 자료는 임진왜란 전반기
의 기사를 일록체로 쓸 수 있었던 중요 문서였다. 임진년 4월28일자
경상도 영리營吏가 전라도 감사에게 보낸 왜군의 적정 상황에 대한 보고
인 고목告目도『경상순영록』자료의 일부라고 생각한다. 이는 특별히
문서명을 인용하여 적었기 때문이지 그 내용으로 보아『경상순영록』
자료와 일치하기 때문이다.

　『경상순영록』은 다른 자료에는 전혀 보이지 않는 책이름이다[84]. 감
영자료로 현재 남아 전하는 서유구徐有榘(1764-1845)의『완영등록完營謄
錄』이 알려지고 있다. 이는 감사가 수령에게 명령을 내리고 보고를 받
은 자료를 감사가 직접 기록해둔 사례이다.『경상순영록』은 인용된 자
료만을 보아서는 감영(순영)에 보고된 내용과 순영에서 파악하고 있는
도정 일체가 기록된 것으로 추정된다. 이처럼 이 자료는 감영의 문서
를 정리한 것으로 생각되지만 당대의 자료여서 조경남이 이용한 자료
가 원래 책으로 묶여졌던 것인지, 아니면 남원부에서 경상도순영에서
보내온 문서를 묶어두고 이를 남원부에서 붙인 이름인지 알 수 없다.
그러나 후자의 가능성이 크다고 판단된다. 왜냐하면 임란초기의 자료
로부터 후기까지 경상도 감영에서 이런 자료를 모아서 철해가지고 다

---

84) 이긍익(李肯翊 1736-1806)이 편찬한『燃藜室記述』권16「壬辰義兵」조 등에『巡營
　錄』으로 5차례 인용되고 있으나 이는『난중잡록』에 인용된 기사를 재인용한 것으로
　판단된다.

른 사람이 이용할 수 있도록 했다고는 도저히 생각되지 않는다. 또한 경상도지역의 다른 자료에서는 이 자료가 한 번도 인용되지 않았기 때문이다.

따라서 이는 남원부에서 받은 문서를 철해 묶어 두었던 문서이거나 아니면 비록 철해진 문서 덩어리가 아니더라도 경상도 감영에서 오는 문서를 인용하면서 순영록으로 철해두었을 가능성도 상정할 수 있다. 이 자료는 남원부가 함락될 때에 함께 소실되지 않았을까 생각한다.

『난중잡록』에 인용서목으로 들고 있는 자료 중 처음부터 끝까지 계속적으로 인용된 서적에『고사攷史』가 있다. 이는 명나라와 청나라, 유구국의 외교관계를 다룬 기사에 주로 인용된 자료이다.『고사촬요攷事撮要』는 조선조에 선비들이 생활에 필요한 기초상식을 적어 놓은 소형 핸드북이다. 이는 16세기 전반기에 어숙권이 편찬하여 1554년에 간행한 이후 여러 차례 다른 사람에 의해 보충된 책이다[85]. 임진왜란 전의 간본은 그 내용 상 도저히 이용될 수 없고 임진왜란 이후 본일 것이다. 『고사촬요』는 만력 41년 계축(광해 5-1613년)에 훈련도감본으로 인쇄 반포된 본이 있고[86], 허봉許篈(1551-1588)이 선조 18년에 속수하고 승문원 교검 박희현朴希賢이 만력 40년까지 증수하였고, 인조14년의 이식의 속수본 3권.-상권을 두 권으로 나누었다.『난중잡록』에 인용된 고사攷事는『고사촬요』권2에 써 진「기년紀年」에 나오는 자료일 것으로 추정한다.

『정기록正氣錄』은 고경명高敬命(1533-1592)의 아들인 유후由厚가 편찬하고 그 아우 용후用厚가 증보하여 1599년에 목판으로 간행된 고경명의 격문자료가 수록된 책이다. 이 자료를 조경남이 이용하였음으로

---

85) 천혜봉 해제,『고사촬요』남문각 1964년 영인본, 이는 간송박물관에 소장된 본을 영인한 자료에 붙인 해제이다.
86)『故事撮要』상하 2책 규장각총서 제7책 영인됨 1971.

1592년 기사는 후일 보충된 것임을 판단할 수 있다.

『난중잡록』에 인용자료인 「조보朝報」는 속잡록의 광해군 시기의 기사에 장계, 관직 임명, 자연변이 현상의 기록 등의 기사를 인용한 자료로 보이고 있다. 주로 속잡록에 보이고 있다. 또한 『서정록西征錄』, 『남한일기南漢日記』, 강홍립姜弘立(1560-1627)의 『호중일기胡中日記』 등은 호란을 다룬 속잡록에 인용된 자료이다.

『난중잡록』에서 임진왜란에 대한 기사로 인용된 자료에는 강항姜沆(1567-1618)의 일본 기록, 윤계선尹繼先(1577-1604)의 『달천몽유록撻川夢遊錄』, 『비망기備忘記』 등이 있다. 강항은 영광 출신으로 문과에 급제하여 교서관 정자正字, 박사를 거쳐 형조좌랑으로 재직하다가 1597년 휴가로 고향인 영광에 내려와 있던 중 정유재란이 일어나 분호조참판 이광정의 종사관으로 군량의 수송을 담당하였다. 남원이 함락되자 고향에서 의병을 일으켰으나 영광이 함락되자 가족을 이끌고 해로로 탈출하다가 포로가 되어 일본 오쓰성大津城에 감금되었다. 이때에 出石寺의 중 요시히도好仁를 만나 일본의 역사, 지리, 관제 등을 알아 『적중견문록』을 기록해 고국에 보냈고, 이는 1656년 제자들에 의해 『간양록看羊錄』 1책으로 간행되었다. 『난중잡록』에서는 일본의 지리에 대해 상세하게 기술하고 있는데 조경남이 1641년에 사망한 점으로 보거나 서명을 기록한 점으로 보아 『간양록』을 볼 수가 없었고, 이는 강항의 『적중견문록』의 기록을 참조한 것으로 보인다. 그러나 어떤 경유로 이 자료를 입수해 보게 되었는지는 확인할 길이 없다. 『난중잡록』에서 일본 지리에 대한 장황한 인용은 1600년(경자) 5월 기사에 보이고 있다. 조경남이 이를 서술한 목적은 일본에 대하여 우리가 꼭 알 필요가 있음을 절실하게 의식했기 때문으로 생각된다.

윤계선의 『달천몽유록』은 1600년 5월 기사에 수록되어 있는데 이는 저자가 소설화한 글로서 국문학계에서 이미 연구된 작품이다. 그 요지는 저자가 암행어사로 충주로 나갔는데 임진왜란의 전승을 신립이 패배한 충주 달천에서 꿈을 꾸었다고 빗대서 쓴 소설이다. 임진왜란의 국내 유명장수들이 모여든 잔치인데 그 대장은 이순신이고 이하 명장들이 좌석을 갖추었는데 자기도 말석에 자리를 했으며 원균은 참석하려다가 수문장에게 쫓겨 나 참석하지 못하는 실랑이가 벌어졌다고 하였다. 조경남은 전쟁에서 죽은 원균의 공과를 경시하지만 당시 도망을 쳐 일신을 보존한 사람에 비하면 그 충절의 평가가 잘못된 것이라는 견해를 표하고 있어 윤계선의 평가에 이견을 제시하고 있다[87]. 그리고 임진왜란 중 신립의 충주전투에서는 뒤에 상세히 인용했다고 하여『달천몽유록』기사를 암시하고 있는데 이는 앞의 부분을 후일 추가해 넣은 것으로 이해할 수 있다.

『비망기』는 임금의 명령을 기록해서 승지에게 전하는 문서로 알려지고 있는데 어떻게 그가 비망기를 인용했는지 알 수 없다. 이 밖에도 그는 다른 많은 자료를 이용하였을 것이다.

인용서목을 통하여『난중잡록』은 그가 편년체로 써서 일기와 같은 성격도 있지만 후일 추가 보완한 자료집이다. 그 서명에서 잡록이라고 한 의미는 이런 것을 의식하여 붙인 서명으로 생각된다.

『난중잡록』에 인용된 기록으로서 위에 든 것 이외에도 더 있을 것이다. 그 한 예로서 김성일의『해사록海槎錄』을 들 수 있다. 김성일이 일본에 통신사부사로 가서 서장관 허성에게 준 글[88]은 1590년의『해사록』5권에서 발췌한 것으로 판단되기 때문이다.

---

87)『난중잡록』권3, 정유년(1597) 11월 16일조 8책 137쪽.
88)『난중잡록』권1 경인 추팔월조에 실린 김성일이 허성에게 보낸 장문의 서신내용은 『해사록』에서 인용한 것이라고 판단된다. 앞의 책『난중잡록』23–35쪽(『鶴鳳集』(원문) 학봉기념사업회 간, 1976.)『해사록』에 실린 '答許書狀(箋)의 글(105–109쪽)과 완전 일치하고 있다. 간혹 약간의 글자 출입이 있을 뿐이다.

그리고 이『난중잡록』중에는 남원 사람의 증언이 여러 곳에 보인다. 즉 진주성 2차 전투에서 남강에 빠졌다가 살아나온 두 사람의 이야기, 남원성 전투에서의 이야기, 호란 중 포로로 잡혀갔다 돌아온 사람의 이야기 등은 자료의 사실성을 높여주고 있다. 또한 왜란 중 가토 기요마사와 심유경 사이의 담판의 이야기를 대화체로 쓴 것은 어디서 전문한 것인지 확인할 수 없지만 상당히 자세한 대화 내용으로 보아 우리가 모르는 문헌 기록을 더 참고했을 것으로 추정된다.

4) 기사의 내용별 계량 분석

『난중잡록』은 기사가 바뀌는 곳에는 O표를 찍어 구분했다. 그리고 년별로 단락을 지어 기술하였고, 또 같은 연도 안에서는 월별로 나누어 기술했다. 그러므로 기사의 숫자는 매년 매월의 첫 기사에는 O표가 없으나 이를 기사 수로 계산했다.

기사의 서술내용을 크기별로 구분해보면 한 쪽을 넘긴 대형 기사가 1228건 중 182건(15%)이고 4줄 이상 한쪽 미만 기사를 중형 기사로 그 수가 390개(32%)이었으며 3줄 미만의 소형 기사는 656개(43%)이다. 이 기사 내용의 크기별 통계에서 대형기사가 차지하는 비중이 큰 것은 전문全文의 내용을 아는 한 모두 기록했음을 의미한다고 할 수 있다.

그 기사 수를 내용에 따라 1) 자연변이현상, 2) 외교, 3) 전쟁, 4) 정치·행정 5) 경제, 6) 민간생활로 크게 구분하여 살펴보면 다음 [표 1]과 같다. 본 통계에서는 다룬 시기는 『난중잡록』의 시작된 첫 기사부터 임진왜란의 전후 처리가 일단 마무리되는 선조 40년(1607)년까지로 잡았다.

[표 1] 내용별 기사의 통계표

분야	자연변이	외교	전쟁	정치·행정	경제	민간생활	기타	합계
기사수	36	84	749	316	16	19	9	1229
백분율	2.4%	6.8%	60.9%	25.7%	1.3%	1.5%	0.7%	99.3%

위 [표 1]에서 기타 항목은 전주의 오씨 성을 가진 사람이 경기전 수용晬容을 행재소에 전했다는 기사와 명군이 아국상황에 대해 점을 쳐보았다는 기사, 김성일이 좌도로부터 강을 건너 서쪽으로 가서 우도를 안찰하려고 했다는 기사, 행재소에 유행하던 동요를 기록한 기사, 각 1건과 이산해가 적소에서 작시한 것을 기록한 기사 2건이다.

위의 표에서 전쟁기사가 60.9%로 과반 수 이상을 차지하고 있으며, 정치·행정이 큰 비중을 차지하고 있음은 반란자의 처벌, 관료의 임명, 파면, 왕과 세자의 교서, 이동, 과거실시 등을 포함했다. 반란 기사는 전라도와 충청도에서 일으킨 기사가 중심을 이루고 있다. 이 기간이 전쟁기간이기 때문에 체찰사, 원수, 감사, 병사 등의 이동 상황은 전쟁기사에 포함시켰다. 관료의 임명과 파면은 중앙 정부의 각 관료에 대한 임명과 파면 기사가 아니라 전라, 경상도 지역의 지방관 임명기사만이 다루어진 점이 특징이라고 할 수 있다. 그리고 외교의 비중이 다른 시기에 비하여 많은 비중을 차지하고 있음은 명나라와의 외교 관계상 이해할 수 있다. 그리고 자연변이를 기록한 것이 비교적 낮은 비중을 차지함은『난중잡록』이 자신의 일기가 아니므로 날자 별 날씨에 대한 기록이 전무하다.『난중잡록』의 외교, 정치, 행정이나 경제, 민간생활 분야의 내용도 모두 직접 간접적으로는 전쟁과 유관한 것이다.

전쟁기사만을 다시 세분하여 [표 2]를 만들었다. 이는 1) 왜군의 침략에 대한 기사, 2) 조선군의 방어 전투 기사, 3) 명군 전투와 이동 관계 기사, 4) 조선 장수의 이동·퇴각 기사, 5) 전쟁정보 기사, 6) 화의에 관련된 기사, 7) 의병관련기사, 8) 축성 군대의 징발·훈련기사 9) 군량 둔전에 관한 기사, 10) 기타 기사로 나누었다.

1), 2), 3), 4)항의 경우 전투상황에는 한 기사에 왜군의 침략과 조선군과 명군의 대응이 함께 나오는 기사가 많기 때문에 기사를 나눔에 어려움이 있었다. 이처럼 정확히 구분할 수 없는 경우에는 기사를 2중, 3중으로 처리한 것도 10여개 있다. 엄밀한 통계수치로서는 문제가 있지만 대체로의 경향을 파악함에는 큰 무리가 없을 것으로 본다. 5)의 정보기사라 함은 기사 말미에 "운운한다"고 쓴 내용을 주로 정리한 것이고 상호 지원요청을 한 기사도 이에 포함시켰다. 6)항의 화의 기사는 화의 내용만이 아니라 화의 당사자인 명나라 정사, 부사, 화의 주선자인 심유경의 이동 등도 포함시켰다. 7)의 의병관련 기사는 의병의 발기, 통문 등을 다루었고, 직접 전투상황은 2)항에 포함시켰다. 기타 항목에는 극소수를 차지하는 내용으로 전황보고 4건, 여진침략 기사 8건, 그리고 정확히 위 항목에 넣기 어려운 내용 6건이 포함되었다.

[표 2] 전쟁관련기사의 분석표

왜군 침략	조선군 방어·공격	명군 이동·참전	조선군 이동·퇴각	전쟁 정보	화의	의병	축성·군사훈련	군량·둔전	포로 항왜	기타	합계
114	104	151	91	40	59	133	18	15	6	18	749
15.2%	13.9%	20.2%	12.1%	5.3%	6.9%	17.8%	2.4%	2.0%	0.8%	2.4%	99.0%

위 [표 2]에서 조선군의 방어 공격의 기사가 왜군의 침략기사와 비슷한 숫자를 차지함은 의병의 투쟁기사가 많기 때문이다. 명군의 이동 참전 기사에서는 참전기사보다는 실제로 명장이 남부지방 특히 남원을 거쳐 간 사람들을 기록한 기사 숫자가 상당수 차지하고 참전기사는 극히 일부를 차지한다. 조선군의 이동 퇴각 기사는 주로 장수의 이동과

퇴각에 관한 기사로서 주로 경상도 지역의 기사가 주를 이루고 있다. 의병 기사에는 의병의 통문을 전재한 것이 대단히 많다. 한 페이지가 넘는 대형 기사가 55건을 차지하고 있다. 포로·항왜의 기사에서는 조선인 포로 기사가 5건이고, 항왜 기사는 한 건을 싣고 있는데 그의 이름을 들고 있지 않지만 내용으로 보아 김충선의 이야기 인듯하다.

특히 지역별 사건의 기술은 경상우도와 전라좌도의 기사가 중심이지만 그 기사 대상지역을 파악하기 위해서 의병 결성에 대한 지역별 통계를 만들면 [표 3]과 같다.

[표 3] 의병에 관한 기사의 지역별 통계

경상도	전라도	충청도	경기도	기타 지역	합계
53	59	9	6	10	131

위의 표에서 확인할 수 있는 바와 같이 전라도 의병에 관한 기사의 숫자가 가장 많다. 이는 찬자가 남원 지방에 있었기 때문에 전라도 의병에 대한 기록을 상세히 남긴 것이라고 할 수 있다. 전라도 의병의 경우 거의 대부분 의병의 조직과 담당자를 기술하고 부대 표시인 장표章標를 기록하고 있는 점이라고 할 수 있고, 의병장의 격문이나 통문 등은 전문을 싣고 있는 예가 허다하다. 그리고 경상도 지역은 주로 경상좌·우도 의병장에 대한 기록이 비교적 풍부하게 다루었다. 경상도 의병이 지역의 방어를 목적으로 일어난 것이라고 하면 전라도 의병의 봉기는 군왕을 호위하기 위한 목적으로 조직되고, 이웃 지역을 구하기 위하여 활발히 일어났다고 할 수 있다. 전라도 의병은 경상우도의 의병활동을 도왔다. 그리고 1593년 국왕이 의병의 근왕을 명하자 경상도 인동의 장봉한이 전라좌도 의병장 임계영에게 올린 서신 전문이 실려 있다. 위의 [표 3]에서 기타 지역의 의병은 평안도의 휴정·유정 의병

기사와 강원도의 의병 2건이 있다.

Ⅳ. 『난중잡록』의 자료적 성격

『난중잡록』의 본집 4권은 임진왜란사에 관한 기록이고 『속잡록』 4권은 만주족의 침입에 관한 서술이다. 이 중 임진왜란사를 다룬 내용은 저자가 직접 견문한 기록일 뿐만 아니라 이에 관한 중앙의 기록이 부실하기 때문에 자료상 대단히 중요한 의미를 가진다.

저자가 일생동안 살았던 남원은 전라좌도와 경상우도의 접경지대에 있었던 도호부로서 군사적, 행정적 중요성이 대단히 큰 지역이었다.

특히 전라도는 임진왜란 중 정유재란까지는 직접적으로 일본군의 침략을 면한 지역이었지만 서울 수복을 위한 근왕병을 모집 파견하고 경상우도에 의병을 파견하여 왜군의 격퇴를 했던 지역이었다. 더구나 임란 시의 전라도는 식량을 확보했다는 점에서 임진왜란를 견뎌내는 데에 중요한 의미를 가진다. 중앙정부에서 경상우도로 연결되는 통로에 위치했던 남원은 대단히 중요한 의미를 가졌다. 즉 경상우도에 파견되는 관원도 모두 남원을 거쳐 갔고, 우도에서 중앙정부에 보내는 문서도 상당 부분 남원을 거쳐 전달되었다. 『난중잡록』은 남원을 중심으로 경상우도와 전라좌도 지역에서 벌여진 전투상황을 비교적 소상히 전하고 있다. 『난중잡록』의 자료적 성격은 다음과 같이 정리할 수 있다.

첫째, 『난중잡록』은 의병사 자료만이 아니라 관군의 전투상황에 대한 기록을 전하고 있다. 그 한 실례로 진주성 2차 전투와 남원성 전투에 대한 기록을 들 수 있다. 1차의 진주성 전투가 벌여진 1592년 10월 5일부터 10일까지의 김시민 목사에 의하여 방어된 전투상황을 가장 상세히 전하고 있음은 박성식 교수의 논문에서 이미 입증되고 있으며[89],

이는 관군의 전투상황을 기록한 것이다.

그리고 진주성 2차 전투인 1593년 6월 22일부터 6월 29일까지의 전투에 참여한 관군과 의병들의 동태에 대한 상세한 기록을 남기고 있다. 즉 진주성의 일본군 7만 명이 참여한 것이라든지, 호왈 30만 군대가 출동했다고 하는 당시의 풍문과 그 공격이 도요토미 히데요시의 명에 의하여 이루어진 것이고, 고니시 유키나가 측으로부터 가토 기요마사가 공격할 것이므로 이 성을 비우는 것이 좋겠다는 말을 심유경을 통해 도원수였던 김명원에게 전달되었다는 소식, 그리고 2차 전투에서는 후방 지원군의 공격을 완전히 차단하기 위해 1593년 6월 19일에는 일본군이 단성丹城, 삼가三嘉, 곤양昆陽, 사천泗川 등지에 대군을 파견해 지키고 있었다는 사실과 그 결과 1차 전투에서 후원세력으로 큰 도움을 주었던 고성의병장 최강 등이 참패를 당하고 고성으로 돌아갔다는 소식, 1593년 6월 21일 이후 27일 사이에 도원수 김명원이 전라순찰사 권율로 직임이 교체되었다는 사실 등 귀중한 사료를 전하고 있다[90]. 그러나 이 진주성 전투의 내용은 이항복이 조사한 내용을 중심으로 서술하였기 때문에 그 내용은 크게 다르지 않다. 『난중잡록』이 남원성 전투기록을 전하는 유일한 자료로 활용되고 있음은 주지의 사실이다.

---

89) 박성식, 「진주성전투」『경남문화연구』 14집, 임진왜란 400주년 기념 발표논문, 1992.

90) 도원수가 김명원에서 권율로 교체된 것은 『선조실록』에는 6월 7일자로 되어 있다. 이는 고신의 발급날짜로서 현지에서 그들에게 직임의 교체를 통보하여 직무수행을 한 때가 6월 21일 전후로 이해된다. 『선조실록』의 이날 기사에는 권율을 도원수, 이정암을 전라관찰사로 임용한다는 기사만이 있고, 김명원을 전라순찰사로 임용한다는 기사를 발견할 수 없다. 그런데 『난중잡록』에서는 김명원을 교체하여 전라순찰사 권율을 도원수 제도순찰사 겸의정부 좌참찬으로 삼고 전주부윤 이정암으로 전라감사 홍세공으로 전주부윤을 삼았다고 하여 약간 다른 기록을 전하고 있다. 6월 21일경 도원수 권율은 남원에 머물면서 진주성 후원을 독려하는 노력을 했으나 당시 실제로 도원수 직에 걸 맞는 직임을 수행할 수 없었음을 남원부사 趙誼가 적극적으로 조처하지 못해 꾸짖고 구타한 사실을 전하고 있다. 『난중잡록』 6월 21일 기사 참조.

일본군이 남원에 진입하는 과정을 일자별로 기록하고 있고, 성이 함락된 과정, 명장의 도망친 내용 등이 소상히 기록되었고, 이 기록은 남원부 읍지인『용성지』에 그대로 인용되어 서술되고 있다.

둘째,『난중잡록』은 의병사 자료로서 중요한 점은 의병을 일으키는 격문을 소상히 기록하고 있을 뿐만 아니라 의병의 조직, 군대수, 의병의 깃발인 장표章標를 전라좌도의 경우 빼놓지 않고 기록하고 있다는 점을 들 수 있어 한국의병사 연구에 새로운 안목을 줄 수 있는 자료라는 점을 그 성격으로 들 수 있다. 그 예로 전라좌의병 관계는 뒤에 상술할 것이므로 여기서는 생략한다.

또한 의병이면서 관의 천거로 관군으로 활동한 김덕령장군의 자료를 상세히 전하고 있다. 정부에서는 전라도와 경상도의 의병을 혁파하여 모든 의병군을 김덕령으로 하여금 총지휘하게 하였으며 그에게는 가장 용맹스럽다는 군호가 주어진 장군이었다[91]. 맨손으로 두 마리의 호랑이를 때려잡은 영웅이었고, 일본군대가 가장 무서워했던 명장이었다. 용맹스런 장수의 진가는 적의 공격을 받을 때에 나타나는데 그는 움츠리고 수비하고 있는 왜군을 공격했지만 공을 세우지 못했다. 그는 1595년 이몽학의 난에 이름이 언급되었다는 이유만으로 연루되어 무고하게 고문형을 받다가 죽음을 당한 영웅이었다. 영웅을 홀대하고 이용할 줄 모르는 조선조 지배층은 그가 왕조의 반역아가 될 것이라는 의구심에서 그를 죽인 것이었고 그를 옹호해주는 인사가 없었다는 점은 그의 인간관계가 원만하지 않았던 결과가 아닌가 생각한다[92].

셋째,『난중잡록』은 전라도 의병이 경상우도의 방어에 활약한 모습을

---

91) 그에게는 '超勝軍', '忠勇軍', '翼虎將軍', '충용의호장군'이라는 용감을 상징하는 여러 가지 칭호가 주어졌다.

92) 김덕령에 대한 총체적인 정리가 잘된 책으로는 김현영의『김덕령평전』, 향지사, 2006을 들 수 있다.

소상히 전하고 있다. 전라의병들이 성주성 전투에 참여한 내용은『난중잡록』에서 상세히 전하고 있다. 그리고 정철이 전라의병을 빼어 경성수복에 참여케 하려는 조처를 경상도 사림들이 건의하여 막아낸 상세한 내용을 전하고 있다.

넷째, 『난중잡록』은 정유재란 때에 일본군이 민패民牌를 나누어주어 직접 통치하려한 모습을 전하고 있다. 그리고 일본군의 잔악성에 대한 구체적 서술 등 당시의 사회 상태를 상당히 사실적으로 소개하고 있다93).

V. 『난중잡록』에 실린 그의 사론

전통적인 역사서에서 편찬자는 자료를 충실히 옮기는 작업을 중시하였음으로 그의 역사에 대한 생각이나 사상을 이해하려면 사론을 살펴보지 않을 수 없다. 앞에서도 이미 언급하였듯이 그는 사론을 표시하는 용어로 '우안愚案'이라든가, '논왈論曰' 등으로 시작되는 표현을 써서 쓰지 않았다. 그러나 자신의 견해를 밝힌 글은 본문과는 달리 2행의 세주細註로 붙였다. 이 세주는 거의 모두가 사론이라 할 수 있다. 이에는 사료의 이해를 위해서 설명한 세주가 대단히 많다. 그리고 그가 평가를 내린 글도 찾을 수 있다. 그가 특별히 평가를 내린 사론이 아니더라도 본문에서 충실하게 기술한 것 자체가 사론적인 성격을 가진다는 것을 이해하여야 한다. 그가 특별한 사론을 붙인 것은 단지 간단한 문장으로 쓰기만 한 것도 있고, 경우에 따라서는 글을 쓰고 시를 지어 덧붙인 경우도 있다. 사론을 쓴 대상을 유형화하면 대체로 다음과 같다. 물

---

93) 조원래, 「난중잡록을 통해본 임진왜란기의 사회상」, 『우송 조동걸 정년퇴임기념논문집』, 1997.

론 시를 덧붙인 경우가 절실한 감정을 가진 사론이라고 할 수 있다.

> 제1유형: 임진란 중 인물의 행위에 대한 포폄한 것
> 제2유형: 외교문제에 대한 것
> 제3유형: 전쟁의 상황에 대한 것
> 제4유형: 기타 정쟁에 관한 것

제1유형에 관한 인물평은 그가 직임을 다한 관료와 장수를 높이 평가하고 위기에 도망을 친 장수나 전시에 잘못 처리한 행위를 비판하고 있다. 칭찬과 애도를 표한 인물로는 김성일(1538-1593), 동래부사 송상현(1551-1592), 문경현감 신길원申吉元, 이원익李元翼(1547-1634)과 전라감사 홍세공洪世恭(1541-1598), 곽재우, 이순신이었고, 특히 이원익, 곽재우, 이순신의 경우에는 한 시를 뒤에 붙이어서 최상의 평가를 한 셈이다.
김성일은 "말이 성실하고 신용이 미더우며, 행실이 돈독하고 조심스러웠으며, 미개인도 감동되었다. 그의 바름은 임진년 초기에 그 충절을 보였다"고 쓰고 있다[94]. 동래부사 송상현이 동래성을 지키면서 부모에 대한 은혜보다 군신의 의리가 더 중하다는 말을 노비에게 써서 전하게 하고 죽었다는 기사에 부쳐 "임금을 잊고 나라를 저버린 천고 역적들의 마음을 격동시킬만하다"고 쓰고 있고[95], 반군을 진압하고 홀로 관문을 지키다가 적에게 죽음을 당한 문경현감 신길원을 만고에 짝할 이 없는 충신이라고 평하고 있다[96].
특히 감사로서 탐관오리를 금한 평양감사를 지낸 이원익과 수령과 아전의 기강을 엄하게 잡았던 전라감사 홍세공이 파직되자 수령과 아

---

94) 『난중잡록』 권1, 경인년 풍신수길의 글을 고치게 했다는 기사에 붙인 사론 7책 참조.
95) 위의 책 권1, 임진년 4월 14일조 기사 7책 50쪽.
96) 같은 책 권1, 임진년 4월 26일조 기사 7책 60쪽.

전들의 횡렴이 다시 부활했다는 기사에 붙여 서도에서는 이원익이요, 남도에서는 홍세공이 천년동안 유지될 유풍을 남겼다고 오언시를 짓고 있다[97]. 환조하는 이원익이 체찰사로서 각종 부역을 경감시켜 준 처사에 대하여 "이르는 곳마다 백성을 구하니 백성이 살아갈 길을 얻었다. 옛날 사직의 신하라 하더니 이 노인이 이에 가깝다"라는 칭찬의 사론을 쓰고 있다[98]. 이처럼 지방관으로서 행정의 기강을 잡아 백성 생활을 편안하게 다스린 감사(관찰사)에 깊은 관심을 가지고 있었다.

또한 곽재우에 대해서도 두 편의 사론을 쓰고 시를 지었으며[99] 이순신의 순절기사에는 시를 써서 슬프고 슬픈 마음을 가지고 있다[100]고 썼다. 전라도 의병장에 대해 사론을 부치고 있지 않아도 본 기사에 충실히 기록한 것이 칭찬한 사론 이상의 것이라고 보아야 할 것이다.

그리고 비판을 가한 인물로는 도망친 경상좌병사 이각李珏[101], 퇴각하는 아군을 무모하게 죽인 용궁현감 우복룡禹伏龍(1547-1613)[102], 상주에서 척후병의 보고를 받고 민심을 소란시킨다고 척후병을 죽인 순변사 이일李鎰[103] 등이고 원균에 대해서는 오히려 우호적인 사론을 쓰고 있다[104]. "그는 패사했지만 불충불의한 사람과는 다르다. 후일 그를 폄하하는 자가 많은데 국가에서 선무1등 공신에 봉한 것은 잘 한 것이다. 만약 그를 불충하다고 논한다면 관망하거나 도망을 친 사람을 어

---

97) 같은 책 권3 병신(1596) 6월 28일 조 8책 111쪽.
98) 같은 책 권3 병신(1596) 9월 20일조 8책 118쪽.
99) 같은 책 권1, 임진년 4월 22조 7책 58쪽과 권4 경자년(1600) 2월 경상우병사 곽재우 상귀거소 말미 8책 233쪽.
100) 같은 책 권3, 무술(1598)11월 19일 조 8책 210쪽 참조.
101) 같은 책 권1, 임진년 4월 22일조 7책.
102) 상동.
103) 같은 책 권1 임진년 4월 24일.
104) 같은 책 권3 정유년(1597) 7월 16일조 137쪽.

떻게 평가할 것인가?"라고 논했다. 그리고 왜병에 대해서는 가등청정의 잔인한 만행[105], 요시라의 간사한 간첩 행위을 막지 못함에 "나라에 사람이 없다"는 사론을 썼다[106]

제2유형의 사론인 외교문제에 대한 것으로는 종계변무가 해결되어 선조에게 존호를 올렸다는 기사에 부친 사론[107], 왜군이 전쟁 전에 허실을 정탐한 것을 막지 못한 것을 논하고[108], 명나라에서 초기에 조선을 의심한 사건 등에 사론을 붙였다.

제3유형의 전황에 대한 사론으로는 소수의 왜적을 막아내지 못한 임진년 황간 청산의 전투, 서울 함락 전의 혼란상, 왕이 굶주리고 개성을 떠난 기사, 일본군이 회유책으로 붙인 방에 대해, 환도의 기쁨, 국왕의 자기 죄로 돌리는 교서, 이호민의 영남 호남 사민에 보낸 교서, 일본인의 코 베어 가기 등에 붙인 것 등을 들 수 있다. 이에서 왕이 개성에서 굶주리고 파천한 기사에 통분한다는 말을 연발하고 있다. 그리고 국왕이 자기의 죄로 돌린 교서를 인용하고 "이를 읽고는 동물곤충도 감격하지 않을 수 없다"고 하였다.

제4유형의 사론으로 기타 임란 전 서울 민심의 동요, 당쟁에 대한 사론 등을 들 수 있다. 그는 100여 명이 모여 부른 '둥둥곡'이란 노래를 소개하면서 서울의 풍속을 논하면서 당파의 분열도 언급하고 있고, 그 밖에도 2-3곳에서 당쟁에 대한 언급을 하고는 있지만 기정진의 서문에서 강조한 것처럼 당쟁 문제를 심각한 문제로 절실하게 강조한 것이라고는 할 수 없다.

그의 사론 중 가장 길고 또한 그의 사론적 성격을 가장 총체적으로

---

105) 같은 책 권2, 계사년(1593) 1월 8일 조 7책 325쪽.
106) 같은 책 권3, 정유년 5월 기사 8책 133쪽 참조.
107) 같은 책 권1, 기축년(선조 22년 1589)조.
108) 같은 책 권1, 신묘년(선조 24년 1591) 2월 마지막 기사.

잘 보여주고 있는 사론을 소개하여 그의 국가의식과 역사의식을 살펴
보겠다.

설명의 편의를 위해서 긴 인용문에 임의로 단락을 짓고 순번을 붙였다.

"(1) 아! 슬프다. 나라 일이 어찌 이 지경에 이르렀는가? 임진년 난리에
는 비록 관군이 무너졌으나 의병이 구름같이 일어나 혹은 북쪽으로 근왕
하러 가고, 혹은 관방(요새)을 지켰음으로 중흥의 공도 또한 이에 힘입었
다. 대개 인심이 분발하고, 사기가 강개하여 적을 죽이지 않으면 살 수가
없다고 생각하여 촌구석의 인사들까지도 맨주먹을 쥐고 칼날을 무릅쓰며,
목숨을 바쳐 국가를 보전한 자가 있었기 때문이다. 본도로만 말하여도 이
와 같이 한 이가 얼마나 많았던가?

그런데 어찌하여 오늘에 와서는 적이 경내에 침범하기도 전에 먼저 도
피할 꾀만 생각하고 의병을 모집한다는 말을 들으면 비방하고, 기롱하고,
징발하라는 격서를 보면 욕설을 퍼붓고, 성내기까지 하며 남의 일보듯이
하고, 백가지로 핑계만 대고 한사람도 선뜻 응하여 출두하는 자가 없으니
이것이 어찌 인심이 순하지 못해서이랴! 국운이 불행한 탓이다. 종묘사직
이 바다 가운데의 섬에 부쳐져 있고, 팔도의 생령이 모두 어육(魚肉)이 되
게 되었으니 아! 슬프다. 나라 일이 어찌 이 지경에 이르렀는가?

(2) 병옹이 비록 중풍이 들어 육신이 마비된 사람이지만 병무에 관한
일에 있어서는 익숙하게 연구했다. 우리 젊은이들이 항상 '오랑캐 군사가
강하고 말이 날래어 쇠잔한 군사와 약한 말로는 절대 쳐부수지 못한다'고
말하는데 어찌 이처럼 겁이 많은지 모르겠다.

(3) 군의 형세로 말하면 지금 들어온 오랑캐 군대가 비록 십만명이 넘는
다고 해도, 임진왜란에 비하면 겨우 10분지 1일 밖에 되지 않으며, 무기로
말하면 오랑캐 군사는 돌격전을 벌려 마구 덤비는 데에만 능할 뿐이오,
예리한 검술을 활용함에는 도저히 왜놈만 못하고, 더구나 왜놈의 변사(變
詐)와 흉계란 실로 추측할 수 없었지만 그 예리한 장검도 우리의 강하고
굳센 활과 화살을 못 당했고, 그 변사와 흉계도 우리의 임기응변 앞에는
소용이 없었다. 다만 인심이 해이하여 힘껏 싸우지 않았기 때문에 왜놈에

게 패하고 오랑캐에게 패하게 되었다. …

(4) 군사로 말하면 우리나라 군사는 천하의 제일이다. 지금 오랑캐 군사가 왜병에게 미치지 못하는 것이 이와 같은데 마음대로 승승장구하여 조금도 걸림이 없으니 사람들은 모두 어찌할 방법이 없다고 말하지만 나는 그들의 세력이 특별해서 그렇다고는 믿지 않는다.

우리 태조대왕이 건주위 여진을 쳐서 함락시켰고, 윤, 어 두 장수가 횡행하니 여진은 무슨 군사로서 방어해야 할지를 몰랐으며, 옛날 당태종이 천하의 10만 대군을 동원하여 요동 전역을 평정하고 석권의 형세로 몰아치다가 안시성에 와서는 한 장수와 수천 군사에게 고욕을 당하여 중국 비단 1천 필을 상주고 물러갔다.

(5) 지금으로 헤아려 보면 중국군사와 오랑캐 군사는 10에 1의 차이가 있고, 성지가 견고한 것도 전보다 10배가 더한 데 싸움이 반나절도 못되어 문득 함몰당하니 아 무엇 때문에 이렇게 되는 것인가?

맹자의 '천시가 지리만 못하고 지리가 인화(人和)만 같지 못하다' 했으니 이 때문에 병옹은 한 시골에 처해 있으면서도 항상 군사를 위해 통곡한다109).

사론 중 (1)의 부분은 서론부이다. 나라가 이런 지경에 이르렀다는 말은 정묘년 여진족이 침입하여 왕은 강화도 피신하였고, 세자는 공주로 내려와 호서 호남의 군사를 모았다. 이에 남원부의 어느 인사가 통문을 발하여 의병을 일으킬 것을 의논하고 여러 날 모집하였는데 겨우 100여 명이 되었으나 모두 유생 백도白徒로서 쓸모 없는 사람들이라 의병을 규합하여 근왕하기란 백 가지로 생각해도 가능하지 않다. 나라 일이 이 지경에 이르렀으니 다시 가망이 없다고 쓴 기사 뒤에 쓴 사론이다. 임진왜란 시에는 많은 의병이 호응했는데 이번에는 서로 비방하고, 서로 피하는 현상이 나타날 정도로 인심의 해이했음을 통탄한 것

---

109) 『난중잡록』 속잡록 권2, 정묘년(1627) 2월 1일조; 『대동야승』 권31; 『국역대동야승』 8책 80쪽 원문을 참조하고 번역문을 약간 수정했다.

이다.

(2)의 사론에서 병옹이라 함은 병든 늙은이라는 조경남 자신을 칭한 것이고 그가 중풍으로 행동으로 나설 수는 없지만 군사학에 대한 공부를 깊이 했음을 밝히고 앞으로 젊은이들이 잘못 이해하고 있는 것을 시정해주려는 뜻이 담겨져 있다.

(3)의 부분에서는 여진의 군대가 10만이라고 해도 왜란시의 10분의 1이며, 돌격전을 장기로 하고 있다고 하나 이를 막아낼 방도가 있다. 이는 왜군의 장검, 변칙과 속임수와 잔꾀를 부리는 왜군을 우리는 물리쳤고, (4)에서 우리 군대는 천하의 제일 군대임을 역사적으로 입증하고 있다. 태조의 건주위 정벌, 고려 예종대 윤관(?~1111)의 여진 정벌과 9성축조, 어유소魚有沼(1434~1489)의 건주위 정벌 등과 당태종에 대항한 안시성주를 들고 있다.

(5)는 결론이다. 전쟁에서 승리를 이끌어냄에는 공격의 적절한 시기 선택, 기후 조건, 척후병의 운용 등의 천시天時도 중요하고 또한 지형지물을 이용한 전투로 지리地理를 이용함도 중요하다. 그러나 더 중요한 것은 함께 생명을 바치려는 마음의 단결 이것이 인화人和라는 것이다. 인화는 해이한 인심을 바로 잡을 수 있는 길이라고 보고 있다. 인화를 위해서 위정자는 백성을 위한 정치, 즉 이원익과 홍세공과 같은 엄정한 행정의 필요성, 당파를 제거하여 합심하는 정치, 자기 소임을 다하여 생명을 바친 사람들에 대한 적절한 포상 등을 말하고 싶었을 것이다. 그는 물론 당시의 정치에 대한 직접적 견해를 표출하지 않고 맹자의 말을 인용하여 함축된 의미를 전달하고 있다. 그는 왜 인심이 해이해졌는가에 대한 구체적 언급도 하지 않았다. 그러나 임진왜란으로부터 호란에 이어지는 상황에서 국운의 쇠퇴라는 말로 얼버무리고 말았다. 이는 현실을 직시하는 그의 역사관의 반영이라고 할 수 있다. 그의 그런 역사의식은 자신의 공을 내세우지 않는 겸양으로 일관했으

나 그의 뜻은『난중잡록』이란 책을 통하여 왕과 국가의 유지라는 점에 깊은 관심을 가지고 있었음을 보여준다.

또한 조경남이 군주의 교서를 받고 상언의 형태로 남긴 자신의 글 한 편이 실려 있다. 1594(갑오)년 4월에 '중외의 인민에게 반포한 국왕의 애통교서'에서 모든 책임이 국왕에게 있고, 폐정개혁안이나 포상의 미흡한 점은 감사가 아뢰고, 편민조처를 적극 취하라고 함에[110] 이어서 상언하는 글을 싣고 있다.

"초야에 있는 미신(微臣)이 애통교서를 읽으니 성상의 어진 은혜를 깊이 느꼈고, 소민(小民)의 곤궁과 급박함을 크게 분통하게 여겨 감히 몇 마디 올립니다.

8도 중에 호남이 조금 입가의 숨을 쉬고 있지만 사람들의 곤궁함은 본도가 더욱 심합니다. 굶어 죽는 사람이 들에 쌓였고, 사람들이 서로 잡아먹으며, 사방이 황폐되어 수천집이 쑥대밭이 되어 부모를 잃은 애들이 울부짖고, 거의 구렁에 딩굴게 되었습니다. 성상의 세금 감면 조처에도 불구하고 수령배들은 창고에 곡식을 많이 쌓아놓고도 이를 군량조달용이라고 핑계대고, 빈민을 조사함을 도외시하고 전보다 남용하고 있으며, '군사는 정예로 뽑고 허약한자를 도태시킴에 힘쓰라'함에 이 뜻을 악용하여 부유한 사람은 군역에서 빼고, 가난한 사람은 정예라 하며, 이런데도 공 있는 사람을 상을 주는 조처는 관심을 두지 않습니다. 부득이 자기 친근한 사람 중에 사람이 있으면 남의 추천하지 않아도 멋대로 논하여 보고하니 원성이 언제 그칠지 모릅니다. 관직을 높여주어 백성을 진휼하라는 명령은 수령에게는 긴요한 일이 아닙니다. 관창에 저축한 곡식을 자기 주머니 것으로 생각하여 반 섬의 조세와 몇 말의 콩으로 진대했다는 책임을 면하려 하니 밤새도록 깊이 생각하고 진심으로 계획하는 것은 자기 식구의 길름과 권세자에게 뇌물을 쓸 일이어서 금은을 사

110)『난중잡록』권3, 갑오 4월조, '선포중외애통교서', 앞의 책, 『임진왜란사료총서』8, 52-53쪽.

들이고, 비단을 사들임을 끊임없이 하여 창고의 곡식을 다 써버리고, 이를 백성에게 흩어주었다고 허위문서를 작성하니 가을에는 세금을 미납이라고 하나 백성은 몽롱하여 이를 가리지 못하고 혹 진위를 가리려는 자가 있으면 도리어 곤장으로 죽어가니 입이 있으나 말을 할 수 없어 묵묵히 준비해 납부해도 다 납부하지 못한 것은 병신년(1596) 체찰사 이원익이 탕감해 주는 조처가 없었더라면 불쌍한 우리 백성이 곡식을 먹은 사람의 손에 거의 다 죽어갔을 것입니다. 위태롭고 위태롭습니다. 슬픕니다. 이때 전염병이 더욱 심해 굶주린 백성이 죽어가니 나라와 백성의 운명이 어찌 이 지경에 이르렀답니까?[111]

이 글을 조경남의 글로 판단함은 첫째 이 글의 작자를 구체적으로 밝히지 않았으며, 둘째 애통교서를 보고 성상의 깊은 은혜에 감동했다는 표현이 왕의 다른 자책 교서에 붙인 세주와 같은 논조이고, 셋째 수령의 탐학과 비리를 세세히 고발한 점이 수령의 비리를 서기직으로 있던 조경남이 잘 알았을 것이라는 점, 넷째 체찰사 이원익의 공적을 언급한 것은 그가 다른 곳에서 그의 업적을 극찬한 논조와 일치하기 때문이다. 다섯째는 언급한 내용이 국정 전반에 걸치지 않고 오직 수령배들의 부정부패만 강조했다는 점 등이다. 이를 근거로 이 상언은 조경남 자신의 의견임에 틀림이 없다고 판단한다.

그런데 이 상언은 우선 1594년 4월조에 넣은 것은 조경남의 착오이다. 뒤에 병신년 체찰사 이원익의 일을 언급하고 있는데 병신년은 1596년이기 때문이다, 이원익이 우의정 겸 4도체찰사로 부임한 것이 1595년이었고, 남원의 미납세를 탕감한 조처는 1596년 9월 20일 조처였다[112].

111) 『난중잡록』 권3, 갑오 4월조 앞의 책 53-55쪽.
112) 『난중잡록』 권3, 병신, 9월 20일 기사 참조. 앞의 책 『임진왜란사료총서』 8책 117~8쪽.

따라서 이 상언은 1597(정유)년 2월 15일 조의 국왕의 '전라도 인민을 달래는 교서' 다음에 넣었어야 할 것을 후에 잘 못 끼워 써 넣은 것이다. 이 상언은 그가 실제로 국왕에게 올린 글이 아니라 올리려고 초를 잡아 둔 글이었다. 왜냐하면 글이 다듬어지지 않았을 뿐만 아니라 마지막 부분에 어떻게 조처해달라는 맺음말이 없고 탄식조로 끝나고 있기 때문이다. 이 자료는 그가 남원부사의 서기직으로 있으면서 초해둔 것으로 판단된다. 후일 그 초고를 착오로 1594년 조의 교서 다음에 써 넣은 것으로 판단된다. 그러나 이는 그가 왕을 위한 충성과 나라와 백성을 위한 충정과 수령의 비리를 지적한 점은 그의 역사관을 이해함에 소중한 자료라고 할 수 있다. 나라의 앞날을 국운이라고 표현한 점이 특이하다.

일반 성리학자들처럼 임진왜란을 서술하면서 명나라 원군의 고마움을 지나치게 강조하지 않았음을 위의 사론에서 보여주고 있다. 그는 전쟁을 천시와 지리 그리고 인화로 보는 맹자의 총체적 관점을 가지고 전란사 극복을 보았다는 점, 그리고 긴 역사적 맥락에서 우리나라 군인의 성격을 파악하려는 역사의식을 가지고 있었다고 할 수 있다. 이런 역사의식은 이념적이라기보다는 현실주의적이었다고 할 수 있다. 이런 현실적인 사론은 그가 완승을 거둔 소규모 전투방식과도 상통한다고 생각한다.

VI. 『난중잡록』이 후대 사서에 미친 영향

이런 『난중잡록』이 실제로 『선조수정실록』에 어떻게 반영되었고 후대의 역사서에 어떻게 영향을 주었는지를 검토해보자. 『선조수정실록』 8권 중 6권(선조 30년(1597))까지는 택당 이식李植의 책임 하에 인조 24년까지 수찬한 것이고 이후 2권(선조 31-41)본 2책은 잠곡 김육의 책임 하에 효종 8년(1657)에 완성되었다[113].

『선조수정실록』이 편찬할 때에 『난중잡록』이 춘추관에 바쳐졌음과 이 자료는 강령綱領조에 활용되었고, 또 효종 년에 편찬이 완료되고 본인의 집에 돌려주었다는 사실에 대해서는 이미 연구성과로 밝혀진 바 있다[114]. '趙가의 野史'가 『선조수정실록』 찬수의 강령조에 오른 것은 무엇 때문일까? 조가의 야사라 함은 그 찬자가 누구인지를 소상히 몰랐기 때문일까? 찬수의 강령조라 함은 중심이 되는 줄거리를 말한다. 조가의 야사, 즉 『난중잡록』이 강령조에 오른 이유는 선조가 전라도 및 경상도 사민土民에게 내린 교서를 이 책을 통해서 얻을 수 있었던 때문이 아닐까 한다. 『난중잡록』에서 왕의 교서를 얻어 싣게 되었다면 그 한 가지 이유만으로도 강령조에 이용했다고 할 수 있다. 처음 범례를 만들 때에는 조가의 야사라고 찬자와 책명도 제대로 적지 않았는데 실록의 찬수가 끝난 다음 이를 원 소장자에게 돌려주는 공문을 실은 『선조수정청의궤』 자료는 다음과 같이 중요한 정보를 제공하고 있다.

  정유(효종 8년 1657) 9월 13일
  전남감사는 꼭 살필 일 실록을 수정할 때에 쓰임이 된 바 도내 남원에 사는 유학 조경남이 바친 난중잡록 4책 속잡록 4책을 되돌려 보내니 관문이 도착하는 즉시 조경남에게 환급한 후에 수령증을 보낼 일[115]

위의 인용문 중 전남감사라 함은 전라도의 수부首府인 전주 남원의

---

113) 앞의 책, 오항령 역주, 『역주 선조실록수정청의궤』 24-26쪽
114) 오항령, 『역주 선조실록수정청의궤』, 일지사, 2004. 32쪽 〈 표1 修史綱領: 綱領〉조에서는 『趙家野史』로 되어 있는 바 이를 저자가 조경남의 『난중잡록』으로 설명하고 있으며, 125쪽 이문모음(移文秩) 참조.
115) 위 번역문은 필자가 약간 수정하였다.

칭호를 따서 칭한 당시 전라도의 공식 명칭이고, 이『난중잡록』과『속잡록』합 8책이 바쳐졌다는 사실을 확인할 수 있고, 이 자료가 바쳐진 것은 언제인지 정확한 기록이 없으나『선조수정실록』의 편찬이 시작된 인조 19년 전후일 것으로 여겨진다. 이는『속잡록』4권이 인조 16년까지를 다루고 있는 점에서도 인조 19년 이전으로 생각할 수 없다. 그런데 이때는 조경남이 생존해 있을 때인데 돌려주는 주인을 남원에 사는 "유학幼學 조경남"으로 기록하고 있는 점이 이해가 안 된다. 조경남이 "진사進士"가 된 것이 인조 2년인데 자신이 진사가 된 후 유학으로 칭했을 리가 없고, 또 중앙 정부에서 그가 진사인 줄을 알면서도 "유학"으로 기록했을 리가 없다. "유학"과 "진사" 사이의 차이는 그렇게 혼동해 쓸 정도의 신분이 아니었다.

그럼 왜 진사인 조경남을 유학 조경남으로 기록했을까? 이를 해결할 수 있는 몇 가지 가정을 할 수 있다. 이는『난중잡록』찬자에 대한 인적 정보가 정확하게 알려지지 않아서 찬자의 서문만을 보았을 가능성이 있다. 즉 무오 추 "남한후학 조경남"이란 칭호[116]를 보고 유학幼學이라고 칭했을 가능성을 생각할 수 있다. 아니면 그가 제출할 때의 기록이 반환할 때에 제대로 전해지지 않았던 중앙에서의 행정적 착오가 있었던 것인 지도 모르겠다.

원본에 표시된 부호가『선조수정실록』을 편찬할 때에 참고한 표시의 부호가 남아 있다고 한 후손가의 말을 확인하기 위하여 구체적으로 살펴보았다. 즉『난중잡록』의 기사가 시작할 첫 머리에 마치 붓 뚜껑을 찍은 것 같은 원점이 그려져 있는데 후손가에 전하는 원본에는 동그라

---

116) 이는 현재 국립중앙도서관에 전하는 영본인 1책의『난중잡록』에 부쳐진 서문이다. 이는 현재 전하고 있는 원본에는 "漢陽人趙慶男"으로 되어 있지만 이는 후일 고쳐진 표현일 것으로 생각된다. 그렇다면『선조수정실록』편찬 시에 바쳐졌던 본의 서문에는 "南漢後學 趙慶男"으로 써져 있다고 생각한다.

미 안에 옆으로 줄을 그어 놓은 것(1유형)과 동그라미 안에 작은 동그라
미를 진하게 그려 놓은 표시(2유형) 두 종류가 있다. 이를 인용함에는
면수가 적혀 있지 않음으로 국립진주박물관에서 석판본을 영인한『壬
辰倭亂 史料叢書』7, 8책과 비교해 보았다.

1유형의 기사:

　　7책 223면 '敎慶尙道士民等書'(임진년 8월)

　　7책 225면 初鄭澈自謫所 蒙恩 扈隨行朝..

　　7책 225면 以寧海府使 韓孝純爲討捕使 敎旨 …

　　7책 240면 慶尙左監司金誠一自居昌移駐草溪

　　7책 240면 嶺右避難入山之人

　　7책 240면 '錦山留賊四百餘騎 到茂州留云'

　　7책 293면 '聖旨 差遊擊張奇功等 發銀糴買蒭糧 搬到義州 轉運沿路'

2유형 기사

　　7책 239면 慶尙右道士民 聞金誠一移拜左道方伯..(임진 8월)

　　7책 293면 '請湖南義兵文'(임진 11월)

　　7책 314면 '慶尙道 咸昌義兵召募官 前奉敎 鄭經世 檄告于左道列邑守
　　　　　　　宰及士林諸君子….'(임진12월)

　　7책 316면 '慶尙道 安東 前檢閱 金涌募兵通文'(임진년 12월)

　　7책 318면 '宋應昌李如松率大軍自天朝向我國…'(임진년 12월)

　　위의『난중잡록』의 부호표시는『선조수정실록』편찬자가 표시한 내
용이라고 단정할만한 근거는 위의 기호표시 내용과『선조수정실록』의
내용 검토로서는 확인되지 않는다. 그렇다고 이 표시가 다른 사람의
표시라고 해석할 만한 근거가 없어 현재는 단정 지어 말 할 수 없다.
단지 강령綱領이라는 '줄거리 기사'의 작성에 다른 기사와 대조해 보았
을 가능성이 있다. 그리고 이들 기사는 비록『난중잡록』이 아니더라도

다른 자료를 통해서 실었을 가능성이 농후한 중요 기사였기 때문이다.

그렇다면 내용적으로 『난중잡록』을 통해서 『선조수정실록』에 반영되었을 내용을 연역적으로 살펴보고자 한다.

우선 정유년 8월 16일에 남원성이 함락되었다는 기사부터 살펴보자. 『선조실록』에는 다음과 같이 서술되어 있다.

> 왜적이 남원성(南原城)을 공격하여 함락하니 양 부총(楊副摠)이 가까스로 서문을 통하여 빠져 나와 겨우 죽음을 면하였다. 본월 12일에 왜적이 남원을 포위하고 주야로 공격하니 부총의 병마는 화살도 떨어지고 힘도 다하였다. 16일 밤에 적이 남문으로 기어 오르자 부총은 사태가 다급하여 단지 병졸 3백여 명만을 이끌고 서문으로 빠져 나오다가 탄환 두 발을 맞았으며 겨우 10여 명만이 살아 돌아왔다[117].

이에는 12일부터 왜군이 포위하여 16일 밤에 성이 함락되었음과 단지 부총병 양원楊元 등 10명이 살아남은 것으로 간략하게 기술하고 있다. 그런데 반하여 『선조수정실록』에는 9월 1일자의 기사로 다음과 같이 비교적 상세히 서술하고 있다.

> ○朔己丑/賊陷南原, 總兵楊元走還, 總兵中軍 李新芳、千總 蔣表・毛承先、接伴使 鄭期遠、兵使李福男、防禦使 吳應井、助防將金敬老、別將申浩、府使任鉉、判官李德恢、求禮縣監 李元春等皆死之。初, 賊將行長、義智等, 分道進兵, 圍城數重。 時, 楊元與李新芳在東門, 千總蔣表在南門, 毛承先在西門, 李福男在北門, 相持累日。 賊兵以薪草塡塹, 乘夜肉薄而登, 亂放飛丸, 城中大亂。 元與麾下數人潰圍而走, 僅以身免, 天兵及我師盡被砍

---

117) 『선조실록』91권, 선조 30년(1597 정유 / 명 만력(萬曆) 25년) 8월 18일(병자)
○倭賊攻陷南原城。楊副總殺出西門, 僅以身免。本月十二日, 賊圍南原, 日夜攻打, 副總兵馬, 矢盡力竭。於十六日夜, 賊扒上南門, 副總勢急, 只帶三百餘名, 殺出西門, 中二丸, 止剩十餘人而還.

殺。新芳、表、承先、期遠、福男、應井、敬老、浩、鉉、德恢、元春俱
死。南原旣陷, 全州以北一時瓦解, 事不可爲矣。 後, 天朝誅楊元, 徇于我
國。118)

　이에서는 남원성의 함락에서 죽은 장수들의 이름을 보충하고 있으
며, 양원을 부총병이란 직함을 총병으로 수정하고 있다. 양원은 요동
군사 3000명을 거느리고 남원에 도착한 것은 1597년 5월 13일이었고,
그의 직함은 총병으로 기술하고 있다119). 그는 원래는 부총병이었는데
총병 마귀馬貴가 제독으로 임해지면서 총병으로 칭해진 듯하다120). 전
쟁사의 기록인데 정확한 날짜를 명시하지 않은 것은『선조수정실록』
편찬의 공통적인 결함이며, 명나라에서 총책임자로서 자신만이 도망
친 양원을 목을 베어 우리나라에 주리를 돌리었다는 새로운 사실을 추
가하고 있다.
　『난중잡록』에는 8월 16일 기사에 다음과 같이 실려 있다.

　十六日 兇賊陷南原 總兵中軍 李新芳 千總 張表, 毛承先 接伴使 鄭期遠
兵使 李福男 防禦使 吳應井 助防將 金敬老 別將121) 申浩 府使 任鉉 通判122)
李德恢 求禮縣監 李元春等 皆死. 楊元 以五十餘騎 出西門 潰圍而走 是日
賊酋等 催楊元出城 元亦知終難免陷 多有棄師之計 城中洶懼 哭聲如雷 賊兵
肉薄城下 攻打益急 至二更闌入南門(或云 由大母泉隅 登城 非是) 承暗亂斫

118)『宣祖修正實錄』31卷, 30年(1597 丁酉 / 명 만력(萬曆) 25年) 9月 1日(己丑) 1번째
　　기사.
119)『亂中雜錄』권3 영인본,『임진왜란사료총서』8책 134쪽.
120)『亂中雜錄』권3 정유년 2월(영인본 8책 127쪽) 기사에는 총병 마귀를 제독으로 삼
　　았고 부총병 양원은 요동병 3000명을 거느렸다고 기술하고 楊總兵으로 기술하고 있
　　다.(133쪽)
121) 별장은 산성별장의 약칭이다. 142쪽 8월 11일 기사 참조.
122) 通判은 判官의 오기로서 이는 선조수정실록의 기록이 옳음은 영인본 123쪽에 남원
　　판관 이덕회의 기록이 나옴으로 확증된다.

天兵及 我國將士 驅聚北門內 賊兵揮釰追殺 兩軍盡沒于北門內 城中前後死
者 幾至五千餘名 賊盡焚城內外公私家舍(楊元 欲活伴臣期遠 乘箕一騎 與之
偕行 期遠不閑馳馬 累次墜馬 不能從一行) 當初 馬貴分付諸將曰 脫有緩急
南原告全州 全州告公州 公州告京城 次次馳援 至時 陳愚衷在全州 不爲來援
又不告急 以致大軍覆沒
　　是夜 余謁梁兄曰 城已陷矣 人無生道 相與傷歎 梁兄曰 陷城之後 敵必大擧
搜山 君須率奴僕 下山運糧 以備留山之資 余卽率十餘蒼頭 上門峴見之 是日
乃淸正兵 自咸陽踰入雲峰峙時也 荒山上下 賊鋒彌漫 夜下高村則 賊兵充斥
勢難越逕 乃空還 卽與梁李諸人 渡黃琉川 入隱身庵舊基(在香爐峰 北麓下)
結幕留住

위에 인용한 정유년 8월 16일자 『난중잡록』의 기사는 남원성 함락의
공적 기사만이 아니라 그의 일기적 성격을 겸하고 있음은 '是夜' 이후의
기사를 통해서 확인할 수 있다. 이 글에서 양형은 양덕해梁德海[123]로
조경남의 외갓집 형으로 짐작되며, 양이제인梁李諸人의 이씨는 백암白嵓
이공직李公直[124]을 지칭한다. 『난중잡록』의 일기 기사에서 왜군이 산을
수색할 것을 대단히 걱정하고 있는 기사는 왜군이 성을 공격할 때에
인근의 정황을 살피기 위한 정찰을 이렇게 과장한 것으로 생각된다.
　　남원성 함락기사는 단순히 8월 16일자의 기록만을 보면 『선조수정실
록』은 『난중잡록』 이외의 자료를 통해 서술한 것으로 보이지만 『선조수
정실록』의 9월 1일자 기사는 모두 『난중잡록』에 나오는 기사이다. 즉
『난중잡록』에는 8월 13일에 행장行長과 의지義智 등이 남원성 아래에
이르렀음을 서술하고 명나라 장수 양원이 교룡산성 등을 파하고 남원성
을 지키려 한 사실과 각 장수가 성의 어느 곳에 있었는가, 그리고 14일
15일의 전투상황을 상세히 기술하고 있어 남원성의 함락 기사는 『난중잡

---

123) 『난중잡록』 142쪽 참조.
124) 『난중잡록』 146쪽 참조.

록』의 기사에 의거하되 그 개략만을 합쳐 서술한 것으로 판단된다.

또한 1592년 7월 8일에 왜적이 전주를 점령하기 위하여 침입함을 막아낸 이치와 웅치의 전투기록은『선조실록』에는 그 정황이 거의 서술되지 않았는데『선조수정실록』의 7월 1일자 기사에 상세히 실려 있다. 이는 권율이 문집 기록을 남기지 않았기 때문에[125] 조경남의『난중잡록』의 기록을 발취한 것으로 이해된다. 단지 웅치를『난중잡록』에서는 웅치熊峴전투라고 기술되어 김제 군수 정담, 나주 판관 이복남 굳센 전투를 강조하고 있다[126].『선조수정실록』의 6월 1일자 기사는 웅현과 이현 전투라고 기술하고 있다. 그러나『선조수정실록』의 7월 1일자 웅치 이치 전투에 대한 기록은 다른 자료를 통해서 보완된 것으로 판단된다. 예컨대 이항복이 지은 권율의 신도비명 등을 이용했을 가능성을 생각할 수 있다[127]. 그렇다면 왜 7월 8일자의 전투를 6월 달의 전투로 파악했을까. 이는 왜적이 전라도와 충청도를 침범했다고 기사의 제목을 달았기 때문인 것으로 사료된다. 즉 충청도의 침입은 6월 중에 이루어진 것으로 이해된다.

그리고『선조수정실록』선조 25년 8월 1일자 7번째 기사에 김천일이 자기의 막하였던 곽현郭玄과 양산숙 등을 보내 서해를 통해 행조에 가서 표를 올리자 상이 남방소식을 친문한 다음에 이인二人에게 상직賞職을 주었다는 기사와 전라도 사민 등에게 내린 선조의 교서와 경상도사민에게 내린 교서는 이『난중잡록』을 통해서 실은 것으로 생각 된

---

125) 권율의 문집 자료는 18세기에 조경남의『난중잡록』기사 등을 발취하여 만든『만취당유고』의 자료가『한국문집총간』으로 영인된 바 있다.

126) 이는『선조수정실록』6월 11일자 기사에 실려 있다. 그리고 또한 7월 1일자의 기사에도 실려 있는데 이 두 기사의 기본자료는『난중잡록』인 것으로 이해된다.

127) 특히『선조수정실록』7월 1일자 웅치와 이치 전투기사 마지막에 나오는 "賊聚熊峙陣亡之尸埋路邊, 作數大塚, 書其上曰: '弔朝鮮國忠肝義膽'"라는 기록은 권율의 신도비, 즉「贈領義政權公神道碑銘」(『백사집』권17)에 나온다.

다[128]. 이런 교서의 자료를『난중잡록』을 통해서『선조수정실록』에 기술했기 때문에 『난중잡록』은 강령의 자료로 인식되었다고 판단된다[129].

다음으로 김덕령 장군에 대한 기록은『선조실록』에도 상세히 언급되었다. 그러나『선조수정실록』에 서술된 김덕령에 대한 기술은 거의『난중잡록』의 기술을 옮긴 것이라고 할 수 있다.

이처럼『난중잡록』은『선조수정실록』편찬 시에 8책이 바쳐져서 실록의 강령기사를 서술함에 참고하였고, 그가 조경남이 죽은 후 효종 8년 9월 13일에 그의 집에 반환되었으며, 이때 한 부가 필사되어『승정원일기』를 개수한 영조 22-23년 경에 인조 8년 기사로 많이 인용되었고, 실제로『선조수정실록』의 기사에도 많은 내용이 이에서 원용하여 서술한 것임을 확인하였다. 선조의 영남 및 호남사민에 내린 교서, 남원부의 함락기사, 이치와 웅치의 전투, 진주성 2차함락 기사, 김덕령의 기사 등은『난중잡록』자료가 이용되어 서술되었음을 확인할 수 있다.

그런데『선조수정실록』편찬자들이 임진왜란에 대한 상세한 기록을 남기려는 데에 목적이 두어지지 않고 의병장들의 활동의 기록에만 뜻이 있었음을 남원성 함락기사에서도 확인된다. 남원성에서 죽은 자가 5000명이 넘는다는 기록을 쓰지 않은 점으로 확인된다. 이런 실록편수자들의 사림 양반중심의 역사의식은 안방준의『호남의록』에 실린 대부분의 의병장에 대한 졸기卒記를 서술하면서[130] 조경남 자신의 전투사

---

128)『난중잡록』권2 8월 초4일자 220-225쪽 기사 참조.

129) 상동; 호남사민에 보낸 교서 뒤에 李好閔製라고 주기하고 이에 그의 사론을 붙임 7책 223쪽, 경상도사민에게 보낸 교서의 말미에도 상동이라 하여 이호민의 제술임을 밝히고 있다.

130) 안방준이 1615년에 짓고 1626년에 간행한『호남의록』에는 16명의 의병장의 기록이 있는데 이 중 졸기를『선조수정실록』에 서술한 사람은 최경회, 정운, 백광언, 황진, 장윤, 문홍언, 강희열, 오유, 오차(吳跰) 등 9명이고 이름이 기록되지 않은 사람

는 아예 전혀 싣지 않은 것을 이해 할 수 있다. 『선조수정실록』에는 조경남의 이름조차 오르지 않았다. 또한 『선조수정실록』에는 『난중잡록』이란 서명도 나오고 있지 않다. 더구나 『난중잡록』을 반환하는 이문移文에는 그를 유학幼學이라고 칭하여 혼란스러움을 보여주고 있다.

『난중잡록』은 『승정원일기』에도 반영되어 있다. 영조 20년에 『승정원일기』가 불에 타서 인조로부터 숙종말년까지의 일기가 소실되었으므로 이를 개수하는 작업이 영조 22년(1746)부터 있었는데 이 개수한 『승정원일기』에 『난중잡록』이 인용되었다. 즉 『난중잡록』은 인조 8년조 기사에 27가지의 기사가 인용되었음을 확인할 수 있다[131]. 그리고 『난중잡록』으로부터 『승정원일기』에 당해 기사를 베껴 넣은 사람은 낭청 이정중李廷重이었고 이를 교정본 사람은 낭청 원계영元啓英임을 확인할 수 있다[132]. 낭청 원계영과 이정중은 영조 23년에 승정원 가주서에 임용되었음을 확인할 수 있다[133]. 이때 이용된 『난중잡록』이 『선조수정실록』을 편찬할 때에 필사해둔 본인지 아니면 다른 본을 참고하였는지는 확인할 길이 없다.

『난중잡록』은 남원읍지를 편찬할 때 정유재란 시 남원성의 함락 기사를 서술함에 가장 중요한 자료원으로 이용되었으며, 의병장들의 업적을 후세 자손이 자료집을 만들 때에 이용되었다. 특히 권율의 유고집인 『만취당유고』에 중요 자료원으로 이용되었고[134], 학봉 김성일의

은 소상진, 최희립 2명 뿐이다.

131) 이 무렵의 『난중잡록』의 인조 기사는 년 월 일로 구체적 기사가 많이 기술되어 있어 이들 자료는 중앙의 자료를 얻어 기술한 것으로 이해된다. 『승정원일기』 인조8년(1630)조에 27건의 기사가 『난중잡록』으로부터 인용되어 서술되었다. 왜 다른 해의 기사는 이 책에서 취해지지 않았는지는 알 수 없다. 앞으로 연구되어야할 과제이다.

132) 『승정원일기』 29책. 인조 8년 2월30일자 접반사 장계를 인용한 후 자료출처를 말미의 세주로 『난중잡록』이라 서명을 들고 이어서 郞廳 元啓英이 교정을 보았고, 낭청 李廷重이 썼다고 밝히고 있다.

133) 『승정원일기』 영조 23년조 참조.

문집을 냄에도 인용 자료로 이용되고 있으며, 전라좌도의병장 임계영의 문집인 『삼도실기三島實記』에 중요 자료원으로 이용되었다.

『난중잡록』은 영조 대 누군가에 의해서 민간인의 자료를 집대성해 편찬된 『대동야승大東野乘』에 『난중잡록』의 전문이 실림으로써 당시의 중앙의 지식인들에게 널리 알려지게 되었다. 『난중잡록』은 『대동야승』 권 26으로부터 권34까지 9권으로 실려 있다. 『대동야승』에는 조경남 찬 『난중잡록』으로 소개되었으나 제1권이 탈락되어 있어 임진년 7월부터 실려 있다. 그리고 약간의 체재가 원본체재와 다르다[135]. 즉 본집 4권에 『속잡록』 2권(광해3년부터 인조 6년 11월까지)이 본집으로 수록되고 있고 『속잡록』으로 되어야할 인조 9년부터 인조 13년까지가 『난중잡록』으로 실리는 등 두찬을 일으키고 있는 점이다. 그리고 『대동야승』 권 32 마지막에는 『역대요람』이라는 자료를 싣고 있다.

그리고 조선 후기 조선시대의 역사를 총체적으로 정리한 실학자 이 긍익李肯翊(1736-1806)의 『연려실기술』에 『난중잡록』이 여러 차례 인용 되었을 뿐만 아니라[136] 의병장으로서의 조경남에 대해 다음과 같이 서술하고 있다.

"南原儒士 趙慶男避兵于地異山波根寺 慷慨起義 於是 賤人朴彦良等從之 多殺零賊 以求避兵之人 九月 二十二日[137] 斬賊三十六級, 十二月 初七日 一 百二十三級于山陰 所領之兵 無有損傷 亦不衒功獻馘 又嘗著亂中雜錄 頗詳 亦多發憤之義" 日月錄 [138]

---

134) 이는 1890년에 5책으로 정리되었는데 상당 부분의 기사가 『난중잡록』으로부터 인용되었다.

135) 이에 대하여는 김규성, 해제 『국역대동야승 난중잡록』 VI, 참조.

136) 『난중잡록』을 직접 인용한 것도 10여 차례 보이며, 이 책에 인용된 「경상도순영록」도 「순영록」이란 인용으로 여러 차례 인용되어 있다. 이는 서울에 있는 지식인들에게는 널리 알려진 역사서임을 뜻한다고 할 수 있다.

137) 이는 1597년 9월 23일의 오기이다.

즉『日月錄』에 의거하여 그의 전공을 소개하고 있으며 공을 자랑하지 않은 찬자 조경남의 미덕을 크게 칭찬하고 있다.『일월록』의 원래 서명은『춘파일월록春坡日月錄』으로 그 찬자는 현종 숙종 대에 살았던 한산이씨 이성령李星齡(1632-?)이었다[139]. 이에 의해『난중잡록』은 공식적인 역사 자료로서 널리 알려지게 되었다.

Ⅶ. 전라좌의병의 조직과 활약

『난중잡록』은 전라좌우도의 의병에 대한 상세한 초기 기록을 남기고 있는 유일한 자료이다. 그 중에서도 임계영 휘하의 전라좌의병에 대한 기사가 눈에 띄게 많은 양을 차지하고 있다. 여기에서 먼저, 1592년 6월로부터 1593년 5월 사이에 수록된 전라좌의병 관련기사 27건의 내용을 [표 4]로 살펴보면 아래와 같다.

[표 4]『난중잡록』소재 전라좌의병 관계기사(1592.6~1593.6)

순번	기사 연월	기사 내용
1	임진 7월	전라도 열읍에 띠운 전라좌의병의 격문내용
2	〃	전현감 임계영의 의병 1천명이 남원에 당도한 사실
3	임진 8월	전라좌의병장 임계영이 장흥의 사족들에게 발한 격문내용
4	〃	전라좌의병장 임계영이 낙안에서 발한 격문내용
5	〃	〃 순천부에서 발한 격문내용

---

138)『燃藜室記述』권17 宣祖朝故事本末「亂中時事摠錄」.

139) 申寅洙,「연려실기술의 편찬자료에 관한 서지적 연구」,『書誌學報』23, 1999. 참조.『난중잡록』은 전라좌우도의 의병에 대한 상세한 초기 기록을 남기고 있는 유일한 자료이다. 그 중에서도 임계영 휘하의 전라좌의병에 대한 기사가 눈에 띄게 많은 양을 차지하고 있다. 여기에서 먼저, 1592년 6월로부터 1593년 5월 사이에 수록된 전라좌의병 관련기사 26건의 내용을 [표]로 살펴보면 아래와 같다.

6	〃	임계영이 순천에서 전만호 장윤을 부장으로 삼아 남원을 향해 진군하면서 발한 격문내용
7	임진 8.9	전라좌의병이 구례를 경유하여 남원에 주둔한 내용
8	임진 9.22	전라좌·우의병이 남원으로 이군한 내용(좌의병 광한루 주둔)
9	임진 9.24	경상우감사 김성일이 전라좌·우의병측에 구원을 요청한 기사
10	임진 9.28	전라좌의병장 임계영이 전라도 병영의 우후에게 낸 전령
11	임진 10.6	경상우감사 김성일이 정랑 박성을 파견하여 전라좌의병장에게 구원요청(임계영이 함양으로 진군)
12	임진 10.10	전라좌의병장 임계영의 상소문 내용
13	임진 10월	전라좌의병장 임계영이 거창에 주둔한 뒤 개령의 일본군 토벌사실
14	임진 10.18	정인홍이 경상우도 사류들에게 낸 통문내용(전라좌·우의병의 원군이 현지주민들의 사기를 진작시킨 사실)
15	〃	전라좌의병장 임계영이 전라도내 의병군에게 보낸 격문내용
16	임진 11월	전라좌의병이 거창에서 합천 해인사로 진을 옮기고 정인홍군과 합세하여 성주성을 공격한 사실
17	〃	정인홍 등이 전라도에 원군을 요청한 격문내용(전라좌·우의병이 내원하여 경상우도의 사기를 진작시킨 내용소개)
18	〃	전라좌의병이 전라도에 군량지원을 강조한 통문내용
19	〃	경상도 인동선비 장봉한이 전라좌의병장으로 하여금 경상우도에 계속 주둔하여 현지방위에 힘써줄 것을 간청한 내용
20	계사 1.8	영호남 선비들이 전라좌의병의 영남철병을 반대하여 올린 상소내용
21	〃	영호남 선비들이 도체찰사에게 낸 전라좌·우의병 철병반대 상서
22	〃	경상우감사의 장계내용(전라좌·우의병이 경상우도에서 철병하는 것을 반대하는 내용)
23	계사 5.24	전라좌의병장 임계영이 도체찰사에게 올린 첩정(전과보고 및 부하들의 전공에 대한 포상건의)
24	〃	전라좌의병장 임계영의 상소내용(전라좌의병의 의병활동 과정 및 전과보고)
25	〃	비변사의 회계내용(전라좌의병의 전과와 전공에 대한 평가)
26	계사 5월말	전라좌의병장이 전라도관찰사에게 보낸 전과보고서 내용
27	계사 6.29	오성부원군 이항복의 진주성 함락경위에 대한 전기(전라좌의병 부장 장윤의 진주 가목사 선임과 그의 활동상 기록)

위와 같은『난중잡록』의 기사들을 토대로 전라좌의병의 조직과 활동 상에 대하여 검토하기로 하겠다. 그에 앞서서 전라좌·우의병의 명칭과 관련하여 전라좌우도의 개념에 대해서부터 알아둘 필요가 있다.

전라좌우도란 태종대에 성립되어 군사상의 행정명칭으로『경국대전』병전兵典에 나오고 있는 공식적 칭호이다. 이는 서울에서 내려갈 때에 전주를 중심으로 좌측에 있는 지방을 좌도, 우측에 있는 지방을 우도라고 칭한다. 이는 경상도에는 세 개의 병영과 수영이 있었고 전라도에는 두 개의 병영과 세 개의 수영이 두어졌는데 하나는 관찰사가 겸해 가지고 있고 두 개는 그 명칭을 좌도수영, 좌도 병영, 우도 수영 우도 병영 등으로 칭해졌다.

전라좌도에 속하는 부, 목, 군현은 남원, 담양, 순창, 용담龍潭(현재 진안군 용담면), 창평昌平(현재 담양군 창평면), 임실, 장수, 곡성, 옥과玉果 (현재 곡성군 옥과면), 운봉雲峰(현재 남원시 운봉면), 진안, 무주, 광주, 장흥, 남평(현재 나주시 남평면), 순천, 낙안樂安(현재 순천시 낙안면), 보성, 능주綾州(현재 화순군 능주면), 광양, 구례, 흥양興陽(현재 여수시), 동복同福 (현재 전남 화순군 동복면), 화순이었다[140]. 전라우도에 속하는 고을은 전주, 익산, 김제, 고부古阜(현재 정읍시 고부면), 부안, 금산錦山(현재 충남 금산군), 진산珍山(현재의 충남 금산군 진산면), 여산礪山(현재의 익산시 여산면), 만경萬頃(현재 김제시 만경면), 임피臨陂(현재 군산시 임피면), 금구金溝 (현재 김제시 금구면), 정읍, 함평, 고창, 무장茂長(현재 고창군 무장면), 무안, 진도, 강진, 해남, 제주(현재 제주시의 북쪽), 대정大靜(현재 제주시 남동), 정의旌義(현재 제주시의 남서) 등이었다[141]. 전라도의 선비들이 최초의 의병을 일으킨 것은 전라순찰사 이광과의 연계 하에 이루어졌다.

---

140)『증보문헌비고』권16 여지고 4, 전라도 234쪽.
141) 위와 같음.

이는 임진년 5월 26일자에 다음과 같은 자료가 보인다.

"전라좌우도의 선비들이 의병을 일으킬 것을 제창했다. 좌도에는 광주인 인 전동래부사 첨지 고경명을 대장으로 학유 유팽로, 학관 양대박을 종사관 으로 정랑 이대윤, 정자 최상중 양사형, 양희적을 모량유사(募糧有司)로 삼았다. 우도에는 나주인인 전 수원부사 김천일을 대장으로 삼았다. 담양 인 유팽노(劉彭老)가 고경명을 찾아가 제안하여 추성(秋城 담양)에서 모여 의병의 깃발을 세우기로 약속하였으므로 본도의 의병제창은 팽로들이 첫 째였으므로 호남에는 삼창의라는 말이 생겼다."[142]

위 자료에서 좌우도의 의병을 소개하고 있지만 좌도 의병의 조직에 대해서만 상세한 기술이 있을 뿐 우도의 의병의 조직에 대한 서술은 대장을 김천일을 언급했을 뿐 별다른 서술이 없다. 그리고 의병의 깃 발(장표章表)이나 의병의 숫자에 대한 기록이 보이고 있지 않다. 이 자 료는 의병 소집을 위한 상부조직을 마련한 조처라고 생각된다. 전라순 찰사 이광이 공주에서 근왕병을 해체한 후 2차 근왕병을 모집하여 수 원에 와 있는 이광의 군대에 협조하기 위해서 고경명 등은 의병을 일 으켰다. 6월 11일에 모여 출사하기로 알리고 있다[143]. 6월 3일에는 전 라 좌의병左義兵 진중陣中에서 돌린 글(回文)에서 장비는 다 구비되었으 나 군량이 없음으로 이를 가까운 관내에서 도와 줄 것을 요청함과 동 시에 혹 정병, 군마, 짐 싣는 말도 협조를 당부하고 있다. 그 책임자로 부전赴戰하는 운량장運糧將에는 진사 박천정朴天挺, 유학 양희적楊希迪 이고, 지방에 있으면서 운량하는 장수로는 정랑 이대윤李大胤 정자 최

상중崔尙重 등임을 밝히고 있다[144].

그러나 전라 좌의병이 출발하기도 전인 6월 6일 이광이 거느린 3도의 군대는 용인 전투에서 대군이 궤멸되었으나 이 소식을 바로 알지 못하고 출사표와 각도 의병을 모집하는 격문을 보냄에는 전라의병장이라고 칭하고 있다. 실제 고경명이 이끈 의병은 광주, 담양, 남원 등에서 많이 모집되었지만 학맥과 인맥에 의하여 모집되었기 때문에 엄격히 좌도의병이라고 칭하지 않은 듯하다. 고경명보다 먼저 의병을 일으킨 전 수원부사를 지낸 김천일의 군대는 나주인이 주축이 되었지만 그 의병도 우도의병이라고 칭하였는지는 의문이다. 이는 의병대장을 중심으로 좌도의병, 우도의병이라고 한다면 몰라도 그 모집한 의병의 지역성을 고려하여 전라좌도의병, 전라우도의병이라고 칭하기에는 문제가 있다. 실제로 각도에 의병을 일으킬 것을 격문을 보내거나 군량을 구하는 격문 등에서 좌도의병이라든지 우도 의병이라는 기치를 내걸지 않았다.[145].

김천일은 5월 16일 의병을 일으키는 격문을 제일 먼저 발송했고 실제로도 제일 먼저 의병 모집을 했다. 5월 23일 담양에서 거도적인 의병을 일으키기로 모인 담양(추성楸城)회동에서 의병을 일으키기로 유지들이 모여 피를 마시며 약속을 했다. 이후 김천일은 창의사倡義使라는 직함을 가지고 곧바로 2000명의 의병을 인솔하고 근왕병으로서 서울 회복을 위해 떠나 용인 전투가 패배하자 돌아오지 않고 강화도로 들어가 강화도를 수비하고 서울에 있는 왜군을 견제하며 파천한 정부와 지방 간의 통신을 통할 수 있는 중요 교통로를 확보했다고 할 수 있다. 1593년 1월말에는 행주산성의 전투를 후방에서 지원했고, 왜군이 서울

---

144) 같은 책 6월 3일조 참조.
145) 같은 책 107-108쪽 참조.

에서 철수하여 남하하자 그들을 추격하여 경상도 의령에까지 이르렀다
가 1593년 6월 제2차 진주성전투를 지휘하게 되었다. 그가 '창의사'라
는 의명장의 명칭을 가지고 군사활동에 임했지만 관군을 지휘한 점으
로 보아 국가로부터 인정을 받아 관군화한 의병이라고 할 수 있다[146].

전라도 관찰사 이광이 근왕병을 모아 북상 중 공주에서 서울이 함락
되었다는 소식을 접하고 해산하자 김천일은 이광을 성토하여야 한다는
주장을 했으나 고경명의 권유에 의해 행동으로 옮기지는 않았다.[147] 고
경명은 서울 수복을 위하여 또 근왕하기 위해서 의병을 일으켜 6월 11일
에 출사한다는 계획은 세웠으나 실제 군사의 동원, 군량의 확보 등을
위해 출사하지 못하고 전주에 머물고 있었다. 그때 임진강 전투에서 관
군이 패배했다는 소식을 듣고 의병을 더 추가해 모으자는 양대박의 의
견으로 양대박은 남원에서 의병을 추가 모집하여 1000여 명을 확보했
다고 한다. 고경명의 의병은 가장 많았을 때 6000명에 달한 것으로 알
려졌다. 의병은 숫자보다 유격전투가 장기임으로 군사훈련이 더 중요한
바 이제까지의 의병사 연구에서는 모집한 군사를 어떻게 훈련시켰는가
에 대한 연구가 거의 없는 형편이다. 이는 물론 자료의 한계점 때문에
그렇다고 생각한다. 양대박의 의병이 전주로 가다가 6월 24일부터 임실
운암계곡에서 왜군을 만나 이를 격파한 전공을 세웠으니 이는 왜군의
전주 진입을 최초로 막은 전투로서 대단히 중요한 의미를 지닌다[148].
이 전투의 왜병은 실제로 왜병이 아니라 왜병을 가칭한 반란군일 가능
성이 높다[149]. 양대박이 이 전투에서 성공한 요인은 우선 이 지역의 지

---

146) 조원래, 「김천일의 의병활동과 그 성격」, 『사학연구』 31호, 1980. 『임진왜란과 호
  남지방의 의병항쟁』, 아세아문화사, 2001. 재수록 참조.

147) 위 논문 참조.

148) 위 논문 앞의 책, 『임진왜란과 호남지방의 의병항쟁』, 180-183쪽.

149) 하태규, 「임진왜란 초기 호남군병의 난과 운암전투의 실상」, 『역사와 담론』 56집,
  2010. 호서사학회편, 427-431쪽 참조.

리에 밝아 지형지물을 적절하게 이용한 점이 지적되고 있다[150].

　7월 8-9일에는 전주를 점령하려는 왜군을 완주군 웅치와 이치 전투에서 관군과 의병이 협력하여 막아 냈다. 특히 이 이치전투는 전라병사였던 권율의 지휘 하에 전라도 관군과 의병이 함께 참여하여 왜군을 격퇴한 전투로 전주를 지켜 이후 호남을 군량을 댈 수 있는 기지를 확보했다는 점에서 중요한 의미를 지닌다. 웅치전투나 이치전투 모두 험한 산을 등지고 싸운 점에서 지리의 장점을 얻은 전투였다. 운암의 전투가 벌어지고 있던 무렵 고경명은 의병을 이끌고 북상하여 전북 여산을 거쳐 충남 은진에 이르렀다. 이때 금산에 왜군이 있다는 소식을 듣고 달려가 일본의 본군과 싸워 7월 10일 의병장 고경명, 그 아들 고인후, 유팽로 등 지휘부 인사들과 수많은 의병이 금산에서 희생을 당하였다.[151]

　『난중잡록』에는 전라좌도 의병과 우도 의병의 활동에 대해 비교적 상세한 기록을 전해주고 있다. 이에 의하면 고경명과 김천일 군대도 '좌우도 의병'이란 칭호를 쓰고 있으나 이는 그들을 구분하기 위한 것이고, 그들이 직접 내건 칭호는 아니었던 듯하다. 이들은 전라도 의병이라고 칭했음을 그들이 보낸 통문에서 확인할 수 있다. 실제로 의병부대명칭으로 '전라좌우도 의병'이라고 칭해진 것은 고경명의 전사로 인해 흐트러진 호남의 의병을 재조직하면서 좌도와 우도의 의병, 복수의병復讐義兵[152]으로 분기되면서부터라고 생각한다.

　호남의병이 이처럼 좌도의병은 보성 출신 임계영에 의하여 주도되었고 우도 의병은 화순 출신인 최경회에 의하여 주도되었으며 광주출신

---

150) 위와 같음.

151) 조원래 「고경명의 의병운동과 금산성전투」 앞의 책.

152) 이에는 의병장 고경명의 장남 高從厚, 아들 高敬厚, 부장 吳宥, 막료 吳玭(오자)등이 진주성 2차 전투에서 전사했다.『선조수정실록』권27 선조 26년 6월 1일자 기사.

인 고경명의 아들과 그 측근에 의해서 '복수의병'이 조직되었다. 이렇게 의병이 분화된 이유는 장기간 의병활동을 하려면 지역적 친근감이 있어야 하지만 근왕이라는 큰 이름 앞에 큰 인물이 이끌던 의병에서 벗어나 그 지도자의 역량이 미치는 지역으로 한계 지워졌기 때문에 이런 의병 조직의 새로운 전기가 이루어졌다고 생각한다.

우선 『난중잡록』을 통해서 전라좌우의병 조직을 살펴보면 다음과 같다.

1592년 7월 초순부터 보성에 살고 있던 전 현감 박광전朴光前(1526~1597), 능성현령 김익복金益福(1551~1599), 진사 문위세文緯世(1534~1600) 등이 보성 관문官門 앞에서 7월 20일 모이기로 통문을 보내었다. 처음의 통문은 근왕병의 모집이었을 것이나 고경명의 사망을 듣고 의병의 조직에 더욱 박차를 가한 듯하다. 이날 보성관문 앞에서 처음에는 전 부사 화동花洞 임백영任百英을 대장으로 모시려고 하였는데 나이가 이미 70이 넘었기 때문에 그의 동생인 삼도三島 계영啓英(1528~1598)에게 양보하였음으로 그를 대장으로 모시었다[153]. 임계영은 6형제 중 5번째인데 진보현감을 지낸 경력을 가졌고, 문장을 잘 썼다. 그때 임계영은 나이가 65세였다. 임계영이 전라좌의병 대장으로 추대되었다. 임계영은 등단하여 500여 명이 서약을 한 후 조직을 다음과 같이 했다. 의병의 명칭을 '전라좌의병'으로 칭하고 의병의 깃발麾表인 부대 표시를 호랑이를 그리고 깃발과 도장도 '虎'자로 표시했다.

　　　부장(副將): 전 만호 장윤(張潤)[154]

153) 『三島實記』 부록 행장 3. 참조. 임계영은 진보현감을 지냈다. 선조수정실록 권26 선조 25년 6월 1일자 기사에는 임실현감을 지냈다고 기술되어 있어 혼동을 빚고 있다. 아마도 진보현감이 옳은 듯하다.

154) 장윤은 순천사람으로 『난중잡록』에 의하면 그가 부장으로 된 것은 임계영의 의병이 순천에 이르렀을 때라고 서술하고 있다. 이는 좀더 세밀한 검토가 필요하다. 장윤

종사관: 전 정자(正字) 정사제(鄭思悌)
양향관(糧餉官): 진사 문위세
장표: "虎"旗

이에는 초기 군량은 문위세文緯世가 크게 담당하였을 것으로 이해된
다[155]. 종사관은 항상 대장을 따라다니면서 중요한 일을 보필하는 직
책으로 실제로 격문의 작성 등을 담당하는 중책이었다. 부장 장윤
(1552-1593)은 순천 사람으로 전투의 주역을 담당했다. 그는 실제로 군
사를 이끌고 전투에 참여하여 경상도 성주 전투에 혁혁한 공로를 세웠
고, 제2차 진주성 전투에 참여하여 전쟁 중 가목사로 활약하다가 그 곳
에서 전사한 인물이다. 이런 전라좌의병의 조직에는 박광전이 상당히
주도적 역할을 한듯하다.[156] 전라좌의병은 낙안 순천을 지나면서 남원
에 이르렀을 때 1000명에 달할 정도로 확대되었다.

전라우의병은 화순 사람 전 부사 최경회(?-1593)를 대장으로 임진년
7월 26일에 조직을 완료한 것으로 보인다. 전라우의병은 광주에서 발
대식을 가졌고, 부장에 고득뢰高得賚(?-1593), 장표는 '골鶻'자로 했다.
그런데 『난중잡록』 7월 26일자 기록에서는 '좌의병' 진중陣中의 전사들
이 흩어진 군사 800여 명을 소집하여 최경회를 추대하여 맹주로 삼고,
광주에서 기고旗鼓를 세웠는데 '골鶻'자를 장표로 삼았다고 했다. 우도
에서 군사를 모았기 때문에 우의병이라 칭했다, 하여 앞에서는 좌의병
진중에서라고 했고, 뒤에서는 우의병을 칭했다고 하여 얼핏 보면 모순

은 발포만호를 지냈다. 그의 졸기가 『선조수정실록』 권27 선조 26년 6월 1일자 기사
에 실려 있다.

155) 조원래, 『새로운 관점의 임진왜란사 연구』, 아세아문화사, 2005, 159-190쪽 4장
「풍암 문위세의 생애와 의병운동」 참조.

156) 조원래 『임진왜란과 호남의병전쟁』, 아세아문화사, 2001, 「전라좌우의병의 활동
과 최경회 일가의 의병운동」 참조.

되는 것 같은 서술을 했다. 이는 앞에서 '좌의병' 진중이라 함은 고경명 군대를 김천일 군대와 비견해서 칭한 칭호이고, 뒤의 문장에서 '우의병'이라 칭함은 임계영의 의병과 구분해서 칭해진 것으로 이해된다. 전라우의병과 좌의병은 8월 중순에 남원에서 만났다. 이때 우의병의 최경회는 남원에 이르러 남원부 전 첨사 고득뢰高得賚를 부장으로 삼았고 이에서 6-700명을 모집할 수 있었다. 양군이 남원에 함께 이른 것은 금산과 무주에 머물고 있는 일본군을 치기 위해 장수로 옮겨 이들을 공격하기 위함이었다.

그런데 8월 27일 금산에서 조헌과 영규의 군대가 왜군에게 패배하여 많은 군사를 잃게 되었다. 이는 호남의병과 충청의병이 서로 연계하여 공동 대응을 하려고 하였음을 알 수 있다. 전라도 좌우의병에 대한 기술은 『선조수정실록』에도 반영되었다. 즉 최경회의 졸기에서 임계영은 좌도의병을 이끌었고, 최경회는 우도의병을 이끌었다고 서술하고 있다.[157]

금산의 전투에서 조헌 영규군을 측면지원하려 갔던 전라좌의병장, 우의병장이 무주로부터 남원으로 돌아와 진을 쳤다. 우의병장은 남원 객사 서헌에, 전라좌의병장 임계영은 광한루에 진을 치고 거처하였다.

1592년 10월 이후에 전라도 의병은 근왕병으로 활약한 부대와 경상도 지역방어에 활약한 지역수호의 의병으로 대별된다. 김천일은 강화도에 근거지로 수도 탈환을 엿보고 있었고 수원에 진을 치고 있는 권율의 요청에 의하여 남원의 전참봉 변사정邊士貞이 남원의 부로父老 박계성과 함께 관군을 포섭하여 2000명을 수합하여 조직한 '적개의병敵愾義兵'과 해남 진사 임희진任希進은(장표 '彪') 수원의 독산성을 지키고 있던 권율의 전투를 지원하였고, 영남우도에 초유사로 남아서 이 지방

---

157) 『선조수정실록』 권27 선조 26년(계사) 6월 1일자 기사 이에서 임계영을 전임실현 감이란 서술은 잘못된 것이고 전 진보현감이어야 한다.

의 왜적 방어를 막음에 중간 역할을 하던 김성일은 전라 감사와 좌우
도의병장에게 군사지원을 요청했다.

　이에 전라좌도 의병장 임계영과 전라우도의병장 최경회는 10월 초순
에 산음, 개령으로 나아가 10월의 진주성을 공격하려는 왜군의 배후를
막는 역할을 했다. 당시 의병들에게 가장 중요한 것은 징집할 수 있는
사람과 그에 따른 군량의 확보였다. 임계영의 군량을 모으는 간절한 통
문 여러 통이『난중잡록』에 실려 있다. 이처럼 전라도의 모든 의병이
좌우도 의병으로 통합된 것은 아니었다. 이는 좌우의병이라 기치에 들
어오지 않은 의병집단이 또한 여럿이 있었으나 그들의 활동에 대하여
는 잘 알려지지 않았다. 예컨대 순천무사 강희열姜希說(?-1593)의 200명
(장표 '飛'자), 태인의 전 주부 민여운閔汝雲(?-1593)의 향병 200명 '熊'자
로 장표, 영광 전첨정 심우신沈友信 향병 수백명을 모집(나라국 안의 '義'
를 장표로 함)의 개별적인 의병이 진주성이 함락될 때에 함께 전사했다.

　임진년 겨울부터 일본군은 혹심한 추위와 의병 등의 습격, 그리고
명나라 군의 개입으로 점차 후퇴하지 않을 수 없었다. 그 계기는 1593
년 1월 6-7, 8일 이여송 군대의 평양탈환이었다.[158] 그리고 이처럼 전
세가 뒤바뀜에 불안한 왜군은 강화를 이용하며 후퇴작전을 폈다. 그리
고 이여송 군대는 벽제관 전투에서 혼쭐이 난 후 의기소침하여 왜군과
직접 싸우려 하지 않았다. 2월 12일의 행주산성 전투는 강화와 수원에
있는 의병이 후방에서 지원함으로써 일본군의 격침을 분산시켜 이를
막아낼 수 있었다. 4월 19일에는 명나라 군사와 우리 군대가 서울을 탈
환하였고, 왜군은 이에서 철수하여 남쪽으로 내려가고 있었지만 국왕
의 환도는 계사년 10월 4일에 이루어졌다. 또한 조선 정부는 두 왕자가
포로로 잡히고, 왕릉이 도굴당한 것을 이유로 일본과의 강화를 적극

---

158)『선조수정실록』권27, 선조 26년 1월 6, 7, 8일 기사.

반대하였다. 한편 조선 정부는 일본과 명나라 사이에 진행되는 강화회담의 내용 파악에 신경을 썼다. 관군과 의병은 일본군의 철수를 뒤따라가면서 전선은 다시 경상도 지역으로 집중되었다.

강화 도중 상호 전쟁은 배제되어야 함에도 불구하고 국지전은 지속되었다. 명나라 군대가 1593년 3월 중에는 남원·상주 일대에 도달하고 있었다. 김천일·황진이 전선을 따라 6월 중순에 진주에 이르게 된다. 그리고 이런 와중에서 경상도 의병장 정인홍의 요청을 받은 전라좌의병과 전라우의병은 성주성의 탈환을 위해 몇 차례 출전하게 되었다(1월 15일 탈환). 5월에는 삼도체찰사 정철이 경성회복을 위해서 경상도 지역에 출정 중인 충청 전라좌우의병을 차출하려고 하자 경상도 사림들의 반대, 그리고 학봉 김성일의 반대로 정철을 설득시켜 근왕병으로 차출되지 않았다.

6월 20일 전에 일본군은 남하한 전군을 동원하여 전일 패배했던 진주성을 공격해 왔다. 진주목사 서예원이 이에 적극적으로 방어하지 못했을 뿐만 아니라 철저한 준비도 되어 있지 않았다. 이에는 창의사 김천일, 충청병사 황진, 전라의병장 겸 경상좌도병사 최경회, 전라좌도의병 부장 장윤, 전라우도의병 부장 고득뢰, 충청도 군현의 여러 수령 등이 참전하였다. 일본군은 이전과는 달리 이웃지역의 지원을 차단하기 위한 조처를 해놓고 공격해왔다. 새로 부임한 도원수 권율도 이를 도와줄 수 있는 방책이 없었고, 명군도 이를 보고만 있을 뿐이었다. 또한 의령의 곽재우도 정규군과 싸우는 것이 무리임을 들어 정면 대항할 수 없었다. 이에 6월 29일 많은 의병장과 진주의 관군이 일반시민과 함께 수만 명[159]이 처참한 도륙을 당했다. 또한 전라 충청, 경상도의

---

159) 기록에는 '6만 명'으로 나오고 있으나 이 숫자의 신빙성은 희박하다. 군대 수는 총 5,000명이 넘지 않은 것으로 파악된다. 당시 진주의 인민의 숫자를 고려할 때에 6만 명이라는 숫자는 크게 과장된 것 같다.

의병장과 관군지휘관 다수가 전사하여 이후 전라도 의병의 대세가 크게 한 풀 꺾이게 되었다. 이 진주성 함락은 이후 왜병이 전라도에 침입함에 큰 장애물을 없앤 것이었다. 진주성 전투에 참여했던 남원 출신 군사는 300명으로 추산되고 이 중 한 두 명이 생환하였다[160].

2차 진주성 전투의 참패는 왜군이 전라도 지역으로 쳐들어오는 계기가 되었다. 또한 호남의 의병세력이 크게 타격을 받았다. 임계영은 계사년(1593) 9월에 남은 군사를 다시 수습하여 훈련봉사 최억남崔億男을 부장으로 삼았으나 화의로 인해 전쟁이 소강상태에 이르렀다가 1593년 11월에 전라우의병은 최경회의 형인 최경장이 다시 기치를 세워 '계의병繼義兵'이라 칭했다. 1593년 12월 15일 모든 의병을 초승군 김덕령 군대에 귀속시켰다. 1594년 4월 1일에는 모든 의병의 지휘를 충용장 김덕령에게 통합시킴으로써 의병으로서의 기치를 내리게 되었다[161]. 이는 의병의 관군화를 의미하는 것이었다.

요컨대 '전라좌의병', '전라우의병'이란 그 의병장의 출신지역에 의해 부쳐진 의병부대 명칭이었을 뿐 그것이 전라좌우도로 나눈 군사행정적인 명칭이 아님을 주목해야 할 것이다. 이는 남원지역은 군사행정상 전라좌도에 속해 있었지만 군사와 군량에서 좌도의병만을 지원한 것이 아니라는 점이다. 임진왜란 시 전라도 의병활동은 주로 전라좌도의 사람들이 보다 관심과 물력을 희생했음을 주목해야 할 것이다.

---

160) 남원사람으로 여러 의병을 따라 진주성에 들어갔던 자가 300여 명인데 남강으로 헤엄쳐 나와 살아 돌아온 사람은 정기수(鄭麒壽) 등 두어 사람 뿐이다고 기술하고 있다. 『난중잡록』권2 7책 350쪽 참조.

161) 선수 28권, 27년(1594 갑오 / 명 만력(萬曆) 22년) 4월 1일(기유) 3번째기사 "제도의 의병을 혁파하고 충용장 김덕령에게 소속시키도록 하다"

VIII. 맺음말

본 연구에서는 『난중잡록』 찬자인 조경남에 대해 지금까지 밝혀지지 않았던 것을 살펴보고, 『난중잡록』에 대한 집중적인 연구를 시도했다. 조경남과 『난중잡록』에 대한 연구의 1차 자료는 『난중잡록』일 뿐이다. 『난중잡록』의 원본인 필사본과 인쇄본에 대한 검토도 구체적으로 했다.

필자는 조경남이 어떻게 많은 자료를 동원하여 『난중잡록』을 썼는가 와 이 자료는 어디서 얻었는가? 그리고 이런 자료는 어떤 성격을 가지고 있으며, 그의 역사기술 속에 담겨진 역사정신의 핵심은 무엇이었는가 그리고 이 책의 내용은 어떤 것인가, 그리고 후대의 역사서에 어떤 영향을 주었는가를 중심으로 살펴보았다.

임진왜란 기사를 주로 다룬 원잡록 4권 2책은 그가 남원부의 서기직에 오랜 동안 근무하면서 임진왜란에 대한 중요한 자료를 얻어 보고 이를 매일 매일 기록하였고, 후일 얻어지는 자료를 보충해서 완성했음을 확인하게 되었다. 그가 남원부서기직을 지냈음이 분명함에도 불구하고 그의 후손들이 만든 자료에는 이를 모두 기피하고 있다. 서기書記 라는 직은 어떤 성격의 직인지 정확히 알 수 있는 자료는 없다. 이는 문서를 다룬 직책이라는 점을 추정할 수 있을 뿐이다. 그가 남원부의 서기직에 종사했기 때문에 이 『난중잡록』이 저술되었다는 결과만을 알 뿐 더 이상 이에 대한 설명과 해석이 지금의 자료로는 부족하다[162]. 비록 그가 향리직인 서기직을 맡았다고 해서 후손들에게 불명예스러울 점이 전혀 없다는 점이다.

또한 그의 본관은 광주廣州조씨였는데 한양조씨로 바뀌어진 것을 새

---

[162] 당시의 다른 지방의 서기직에 해당하는 자료로는 오직 『慶州先生案』(1982. 아세아문화사 간 영인본 334-367쪽 참조.)에 보이는 '頭詔文記官' '首詔文', '上詔文', '副詔文記官' '記官'의 직책이 찾아지고 있을 뿐이다.

롭게 확인했다. 이렇게 본관을 바꾼 이유가 고증을 통해서 된 것이 아니라 해도 본관의 이칭은 조선 후기 이래 지금까지 계속돼온 양반가의 한 흐름이었다.

그는 정유재란 때에 외조모를 모시고 지리산으로 피난을 하다가 왜적을 격살하는 전과를 여러 차례 올렸다. 그러나 그는 그 공을 뽐내지 않고 오직 선비가 국가와 왕실을 위해서 당연히 해야 할 일을 했다고 했다. 그러나 그가 이룩한 전공을 제대로 포상 받지 못한 것은 그의 신분적 한계로 도원수 권율, 도체찰사 이원익에게 제대로 알릴 기회가 주어지지 못한 것이 주원인으로 파악된다.

그가 일생을 공들여 편찬 기록한 『난중잡록』은 모두 8권 8책이었던바 원집 4권은 임진왜란의 기사를 주로 다루었고, 속잡록 4책은 호란의 역사를 다루었다. 모두 당시의 1차 사료를 이용하여 사실적으로 기술함으로써 대단히 중요한 역사문헌으로서 기여를 했다. 특히 남원부는 왜란시기 호남 지방의 중요한 행정 군사적 요충지였을 뿐만 아니라 호남과 영남의 관문이었고, 호영남 인사의 왕래가 빈번하였으며, 중앙으로 통하는 길목으로도 중요한 역할을 했다. 『난중잡록』의 원본은 후손가에 전해오다가 현재 남원향토박물관에 기탁되었으며, 이중 원잡록 4권은 고본의 자료로서 중요한 가치를 가진다.

『난중잡록』은 개인의 일기가 아닌 국가의 전란사를 매일 매일 기록한 일록적 성격을 가지고 있다. 특히 경상도 감영으로부터 전해진 『경상순영록』 자료의 이용은 초기 임진왜란사에 있어서 일본군의 침략과 그에 대한 항쟁의 역사, 즉 관군과 의병의 활동사를 함께 다룬 역사서로서 중요한 사료적 가치를 갖는다. 특히 전라좌의병의 활동상에서 보았듯이 의병 지휘부의 격문과 통문, 의병활동에 대한 구체적인 기록, 그리고 호남의병이 경상도에 부원하여 영남의병과 상호 협조적인 전투를 벌인 사실 등을 생생하게 서술하였다.

특히 남원성의 함락서술과 진주성 전투상황, 이치·웅치전투, 성주성 전투 등에 대한 정보를 많이 전해주고 있으며, 또한 전쟁기의 사회상에 대한 소중한 정보를 많이 전해주고 있다. 기사 내용의 계량별 분석을 해본 결과 전쟁기사가 압도적인 비중을 차지하며, 전라도 지역의 전쟁기사와 경상도 지역의 전쟁기사가 비슷한 수치를 보이고 있다. 따라서 『난중잡록』은 전쟁의 현장보고서로 중요한 의미를 가지고 있음을 실증했다.

『난중잡록』은 『선조수정실록』의 편찬 시에 바쳐져 중요 기사를 다룬 강령綱領의 역사자료로 이용되었으니 이는 전라도, 경상도 사민에게 내린 교서자료를 이를 통해 수록된 것으로 해석했다. 효종 7년 그의 집에 반환된 문서가 『선조실록수정청의궤』에 전하고 있다. 그리고 『난중잡록』은 영조 20년에 불에 탄 『승정원일기』를 보수함에 인조 8년조에 27개항의 기사가 이에서 인용되어 서술되었다. 또한 남원의 읍지에 임진왜란의 중요한 기사를 서술함에 크게 기여했다. 그러나 실록이나 중앙의 실록기록에는 그의 이름과 서명이 올라 있지 않았다.

그리고 후손가에 전하는 원본은 『선조수정실록』의 편찬 시에 바쳤다가 돌려받은 원본은 아닌듯하다. 가장 원본에 가까운 본이 국립중앙도서관에 전하고 있는 1권의 영본 자료라고 할 수 있다. 규장각에 보존되고 있는 『난중잡록』도 조경남이 증직을 받을 때에 중앙에 바쳐진 본이 아닌가 추정해보았다.

그의 이름과 서명은 이긍익의 『연려실기술』에 실렸고, 의병으로서 전쟁 공로도 밝혀지게 되었으며 영조 연간에 『대동야승』에 실리면서 자료로서 크게 공개되었다고 할 수 있다.

『난중잡록』에서 본문 서술 외에 사료의 출처, 사료에 대한 해석 그리고 역사적 사건에 대한 자신의 견해는 두 줄로 작은 글씨로 썼다. 특히 그의 견해를 밝힌 내용은 사론이라고 할 수 있으며 이에는 본연의 임무를 잘 수행한 관료, 죽음을 바쳐 싸운 관료를 칭찬하고 도망치거나, 인민을 무고히 살해한 관료를 신랄히 폄하했다. 그리고 국왕에 대한 깊은 애정을 가지고 있었다. 그의 사론은 크게는 유교적 관점을 가지고 있으나 의리나 명분을 따지는 성리학적 이론보다는 현실을 존중하는 현실적 견해를 가졌다고 할 수 있다. 이런 현실적 역사관과 국왕을 높이고 외적 방어를 중시하는 역사의식은 그가 남원부의 서기직으로 자료를 사실대로 기술한 태도, 그리고 왜적을 천시와 지리, 그리고 인화를 통해서 섬멸한 공적과 궤를 같이 한다고 할 수 있다. 이런 역사관과 역사의식을 보여주는 사론이 정묘년 2월 1일자에 실린 사론이라고 할 수 있으며 그의 유일한 상언자료가 새로이 찾아져 그의 문필력을 확인할 수 있다.

임진왜란 시기 전라의병의 경상우도에서의 활동과 의미

김강식[*]

Ⅰ. 머리말

조선 중기에 일어났던 임진왜란은 역사상 최대의 국난國難이었다. 그동안 임진왜란에 대한 연구는 많은 성과를 거두었다.[1] 이러한 연구를 통해서 임진왜란 전체에 대한 구체적인 전투 상황이 밝혀지고 있다.[2] 아울러 임진왜란 시기에 전쟁의 흐름을 바꾼 각 지역의 의병운동에 대한 연구도 활발하게 진행되었다.[3] 지금까지의 임진왜란 시기의 의병운동 연구는 각 지역 단위의 연구나,[4] 개별 인물 중심의 연구를

---

* 동서대학교 교양교육원 교수, 임진왜란사연구회 연구위원.

1) 임진왜란 연구 전체에 대한 연구사 정리는 다음의 글들이 대표적이다. 李章熙,「壬辰倭亂」『韓國史論』4, 국사편찬위원회, 1981;「倭亂과 胡亂」『韓國史研究入門』제2판, 한국사연구회 편, 1987; 오종록,「壬辰倭亂~丙兵胡亂時期 軍事史 硏究의 現況과 課題」『軍史』38, 1999; 박재광,「임진왜란 연구의 현황과 과제」『임진왜란과 한일관계』경인문화사, 2005; 北島万次,「豊臣政權の朝鮮侵略に關する學說史的檢討」『豊臣政權の對外認識と朝鮮侵掠』校倉書房, 1990.

2) 이형석,『임진전란사』상~하, 임진왜란사간행위원회, 1974; 국방부전사편찬위원회,『임진전란사』1987.

3) 경상도의 고성, 양산, 울산, 합천, 사천, 밀양, 경주, 고령, 전라도의 남원, 화순, 진도, 진안, 충청도의 금산, 청주, 충주, 경기도의 고양 등을 들 수 있다.

4) 양산문화원,『양산의 임진항쟁사』1998; 합천임란창의기념사업회,『합천임란사』

통해서 많은 성과를 거두고 있다.[5] 특히 임진왜란 시기에 일본군의 직접적인 침략로에 위치하였으며, 일본군의 장기간의 주둔지였기 때문에 전쟁 초기부터 종전 시기까지 많은 피해를 입었던 경상우도의 의병운동에 대해서도 많은 연구가 진행되었다.[6]

하지만 경상우도에서의 적극적인 의병운동과 승리에는 전라의병의 역할과 지원이 큰 역할을 하였다. 이러한 전라의병의 경상우도에서의 역할에 대한 연구는 지금까지 대부분 김천일金千鎰과 최경회崔慶會의 진주성전투 참가에 초점이 두어져 있었다.[7] 이에 본고에서는 임진왜란 시기에 일본군의 침략에 맞서 국가와 지역을 수호하기 위해 일어났던 전라의병이 경상우도에 참전하게 된 계기와 경상우도에서 활동했던 구체적인 모습과 역할에 대해서 살펴보고자 한다.

Ⅱ. 임진왜란 시기 경상우도의 상황과 전라의병의 창의

1) 경상우도의 상황

1592년 4월 일본의 침략을 맞은 경상도의 경우 관군官軍이 패주하면

1·2집, 1994·2001; 사천문화원, 『임란과 사천』 1998; 울산문화원, 『울산임란사』 1999; 밀양문화원, 『밀양의 임진항쟁』 2003.

5) 최영희, 李章熙, 趙湲來, 최효식, 宋正炫, 李錫麟, 김강식, 곽호제의 의병운동 연구를 들 수 있다.

6) 이장희, 『곽재우연구』 양영각, 1983; 김강식, 『임진왜란과 경상우도의 의병운동』 혜안, 2003; 고령군·영남대학교 민족문화연구소, 『송암 김면의 생애와 의병활동』 2005.

7) 조원래, 「金千鎰의 義兵活動과 그 性格」『史學研究』 31, 한국사학회, 1980; 조원래, 「第二次 晋州城戰鬪와 金天鎰의 戰功問題」『軍史』 5, 국방부 전사편찬위원회 1982; 조원래, 『壬亂義兵將 金千鎰研究』學文社, 1982; 조원래, 「全羅右義兵과 崔慶會一家의 義兵運動」『화순지방의 임란의병』 화순군, 삼화문화사, 1988; 宋正炫, 「全羅義兵과 崔慶會將軍」『화순지방의 임란의병』 1988.

서 무기력하게 무너지고 있었다. 일본군이 4월 13일 부산에 상륙한 이후, 4월 14일 동래가 함락 당했으며, 부산첨사釜山僉使 정발鄭撥과 동래부사東萊府使 송상현宋象賢은 순절殉節하였다. 그러나 경상우도의 방어를 책임진 경상감사 김수金晬는 동래로 향하다 도중에 적이 가까이 왔다는 소식을 듣고 경상우도로 퇴각하여 각 고을에 격문을 보내어 일본군을 피하라고 하였는데, 이때부터 도내가 텅 비어 적의 침입에 아무런 대책도 마련할 수가 없었다고[8] 한다. 경상좌병사慶尙左兵使 이각李珏은 울산에서 동래성에 원군 하러 갔다가 싸우지 않고 도망하였으며, 경상우병사慶尙右兵使 조대곤曺大坤은 연로하여 무관직武官職에 부적격하다고 평가되었던 인물로[9] 도망하다가 웅천熊川에서 참패당했다. 나머지 변장邊將이나 수령守令들도 모두 참패하고 물러남에 김해, 양산, 울산, 언양이 연이어 함락되고, 18일에는 밀양이 함락 당했다.

이런 과정에서 문제가 된 것은 임진왜란 발생 초기에 도내의 병사兵使, 수령守令, 수사水使, 방어사防禦使, 조전장助戰將 등이 각 고을의 군기軍器들을 옮겨 성城에 쌓아 두었다가 무너져 달아날 때는 물이나 불 속에 던져버리기도 하고, 도중에 버리기도 하여 병기兵器가 일체 없어지고 말았으며, 수령守令 등은 일본군이 닥치기도 전에 스스로 겁을 먹고 창고의 곡식을 불사르기도 하고, 혹은 백성들이 훔쳐 먹도록 내버려 두었기 때문에 군량軍糧도 일체 없어지게 되었다고[10] 한다.

한편 일본군의 침략에 맞선 경상도의 임진왜란 초기의 지휘계통은 경상감사에 김수金晬, 경상우병사에 유숭인柳崇仁, 경상좌병사에 박진朴晉, 경상우도 초유사招諭使에 김성일金誠一, 경상좌도 안집사安集使에 김륵金玏이었다. 이후 1592년 5월에 일본군의 점령으로 경상도가 사실

---

8) 柳成龍, 『懲毖錄』 권1.

9) 『선조실록』 권22, 21년 9월 무자.

10) 『선조실록』 권27, 25년 6월 병진.

상 분리되자 경상도를 좌·우도로 분할하여 6월에 우도 감사에 김수金晬, 좌도 감사에 김성일金誠一을 임명했다.[11) 그러나 우도의 사민士民들이 김성일金誠一을 유임시켜 줄 것을 청함에 김수金晬를 한성판윤漢城判尹으로 소환하고, 김성일金誠一을 우도 감사右道監司로 삼고, 좌도 감사에는 한효순韓孝純을 임명하여 대처하게 하였다.[12) 그렇지만 관군의 도망과 민의 유망으로 군사수가 부족하였으며, 제승방략체제制勝方略體制로 효과적인 대응을 놓치기도 하였다.

이렇게 임진왜란 초기에 경상도의 관군이 패배할 당시 경상우도에서의 민의 동향을 살펴보면, 경상우도에서는 관찰사觀察使 이하 수령守令과 장수將帥들이 모두 도주하여 자신의 보전만을 꾀하였다. 이런 상황에서 민심의 이반離反은 가속화되었으며 민들도 생존을 위해서 도망하기에 바빴다. 이러한 민의 이반離反은 반관反官과 반역反逆 행위로 나아가기도 하였다. 경상우도의 전쟁 초기의 양상은 임진왜란이 일어난 지 2개월 만에 있었던 김성일金誠一의 치계馳啓에 드러나 있다. "본도의 순찰사는 상경하였고, 병사에게는 군사가 없고, 수사는 병영을 잃었다. 잔존한 고을이란 다만 거창, 안음, 함양, 산음, 단성, 진주, 사천, 곤양, 하동, 합천, 삼가 등 10여 관이 있을 뿐입니다. 그러나 백성들은 모두 깊은 산으로 들어가고 없어 공성空城만이 남게 되었으며, 비록 수령과 가장假將이 있다 하여도 호령이 시행되지 않았고, 조병組兵하여 응모하는 일도 무책이었으니, 불일내로 이 모든 고을이 적의 소굴이 될 것입니다."[13)

이런 상황에서 민의 이반은 각 지역에서 다양하게 나타났다.[14) 첫

---

11) 『선조실록』 권26, 25년 5월 계미.

12) 李魯, 『龍蛇日記』.

13) 『선조실록』 권27, 25년 6월 병진; 『선조수정실록』 권26, 25년 8월.

14) 矢澤康祐, 「林巨正의 反亂과 그 社會的 背景」 『傳統時代의 民衆運動』 상, 풀빛,

째, 반관反官과 반역反逆 행위를 하는 경우였다. 난전의 수취체제의 모순에 대해 불만이 누적되어 온 민들은 전쟁이 발발하자 반관적인 모습을 보였는데, 부역과 형벌의 혹독함 때문에 그런 행위는 심화되었다. 경상우도 초유사招諭使 김성일金誠一의 치계馳啓에, "근래에 부역이 번거롭고 과중하여 백성들은 마음 놓고 살아갈 수 없으며, 형벌마저 혹독하여 군민 모두가 원한이 가득하였으나, 호소할 길이 없어 그들의 마음은 이산된 지 오래 되었습니다. (중략) 곳곳에서 일본군의 행세를 하는 자가 왜노倭奴는 얼마 되지 않고, 그 반이 반민이니 한심스럽습니다."15)

둘째, 민들은 왜인화倭人化하였다. 임진왜란 당시의 피난일기를 남겼던 오희문吳希文은 "듣건대 일본군이 경내에 들어온 후에 영남 사람이 적의 향도로 투입된 자가 많았으며, 혹은 붕당을 만들고 왜성을 흉내내며 여리閭里에 난입하여 사람이 흩어지면 재산을 약탈하는 자도 많았다."고16) 하였다. 당시 성주星州에서는 반민이 일본군의 앞잡이 노릇을 하는 경우도 있었다고17) 한다. 더욱이 일본은 이러한 민에게 관곡을 나누어 주면서 이들을 회유하기도 하였으므로, 이에 민들이 모두 복종하게 되었다고18) 한다.

셋째, 반란을 일으켰다. 이러한 모습은 조정에서 선조宣祖가 경상도 사람이 다 반叛했다는 데 사실인가라고19) 묻고 있는 데서 반란의 정도를 짐작할 수 있다. 경상도의 경우 합천, 초계, 고성, 진주 등에서 군졸

1981; 高承濟, 「16世紀 賤民叛亂의 社會經濟的 背景」 『學術院論文集』 19, 1980.

15) 『선조실록』 권27, 25년 6월 병진.

16) 吳希文, 『瑣尾錄』 권1 상권, 壬辰南行日錄 8월.

17) 『쇄미록』 권1 상권, 壬辰南行日錄 8월.

18) 『쇄미록』 권1 상권, 壬辰南行日錄 8월.

19) 『선조실록』 권26, 25년 5월 임술.

과 민들이 굶주림을 참지 못하여 도적이 되기도 하였으며, 의령에서는 노비의 지배층에 대한 항거가 일어나기도 하였다.20)

넷째, 민들은 대부분 피난·도피하였다. 이로 인하여 고을이 비게 되었는데, 이것은 전쟁에서 보인 가장 소극적이면서도 일반적인 대응 양상이었다. 특히 경상우도는 경상좌도로부터의 유이민이 많아서 생활고가 문제가 되었다.

이처럼 임진왜란 초기의 민의 대응은 반관적인 속성을 가질 수밖에 없는 상황이었다. 때문에 관주도의 모병募兵과 항쟁은 쉬운 일이 아니었다. 그러나 난 초기에 민을 회유하여 이용하려 했던 일본군은 시일이 지남에 따라 침략군의 본성을 드러내기 시작하였다. 즉 관아나 민가를 노략질하고 불을 지른다던가, 살육을 자행하기도 하였으며, 남녀를 잡아 본국에 송환하기도 하였고, 부녀자를 강제로 끌고 가서 강간하는 등 사람으로서는 차마 할 수 없는 만행을 자행하였다.21)

결국 일본군의 만행은 조선의 민들에게 민족적 적개심과 의분을 불러 일으켰으며, 더 이상 자신과 가족의 생명과 생존을 위해서 숨어 살거나 유리하던 생활을 할 수 없게 했다. 아울러 자신들의 생활터전인 농토는 삶의 젖줄인 만큼 민들에게는 언제까지 내버려둘 수 없을 정도로 의존성이 컸던 것이다. 이에 민의 일본군에 대한 저항 기운이 자연스럽게 싹트면서 반관적反官的인 모습보다 반침략인 것으로 전환되어 나갔다.

이러한 민의 동향은 경상우도 관찰사 김수金晬의 6월 장계狀啓에 나타나고 있다. "영산, 창녕, 현풍으로부터 우도인 성주, 개령, 금산 일로도 또한 적의 소굴이다. 사방으로 분산하여 겁략을 일삼아 도내 세가

---

20)『燃藜室記述』권17, 壬辰義兵 郭再祐條.
21)『쇄미록』권1 상권, 壬辰南行日錄 8월.

대족世家大族들이 가업을 잃고 그 처자를 잃어 주먹을 불끈 쥐고 마음을 아파하면서 기회를 얻어 나아가 일본군을 토벌하려고 결심을 하기에 이르렀다."고22) 하였다. 이에 호응하여 임진왜란 시기의 경상우도 3대 의병장이었던 의령의 곽재우郭再祐, 합천의 정인홍鄭仁弘, 거창의 김면金沔이 의병을 창의하였으며, 이 밖에 함안의 이정李瀞 등 40여 명의 의병장들도 창의하여 활동하였다.

2) 경상우도의 위치

전쟁에서 요충지역의 점령 문제는 승패를 결정짓는 중요한 문제다. 임진왜란 시기에 경상우도는 임진왜란 전기간을 통하여 일본군이 최초로 침략을 시도한 지역이었으며, 후방의 보급 기지로서 일본군에게 상당히 중요한 지역이었다.23) 조선의 입장에서도 경상우도는 일본군의 연락과 보급망을 차단하고, 회복의 근거지를 확보한다는 점에서 중요한 곳이었다.

임진왜란 중에 경상우도 지역이 중요했던 이유는 크게 두 가지 측면이었다. 먼저 임진왜란 시기 경상우도의 요충에서 전개되었던 전투들이 갖는 전쟁사적 의미는 일본군의 전라 진출을 지연·방어시킨 점이다. 때문에 여러 측면에서 경상우도를 중시하여 사수하고자 하였다.

첫째, 왕조의 입장이다. 경상우도 초유사招諭使로서 의병을 창의시키고 관군과 의병의 상충된 입장을 조정했던 김성일金誠一을 통해서 엿볼 수가 있다. 그가 처음 진주성晉州城에 도착한 6월의 치계馳啓에, "신이 보건대 진주는 남쪽 지방의 거진巨鎭으로 양도의 요충지에 위치하였으니, 이곳을 지키지 못하면 이 일대에 보존된 여러 고을이 토붕 와해되어

---

22)『선조실록』권29, 25년 6월 병진.

23) 許善道,「壬辰倭亂의 克服과 嶺右義兵-그 戰略的 意義를 中心으로-」『晉州文化』
    4, 진주교육대학, 1983.

조석朝夕을 보존할 수 없을 뿐만 아니라, 적이 반드시 전라를 침범할 것입니다."라고24) 하였다. 여기서 더 나아가 김성일金誠一은 진주는 전라의 보장保障이므로 진주가 없으면 전라가 있을 수 없고 전라가 없으면 나라는 그만이라는25) 적극적인 인식을 보였다.

둘째, 의병장의 입장이다. 실제 전투과정에서 의병장이 전략적인 측면에서 경상우도를 중시한 예는 김면金沔이 임진년 7월에 우척현전투를 할 때의 인식에 잘 나타나고 있다. 김면金沔은 지례의 일본군이 우척현을 넘으려 하자 거창居昌을 보전하지 못하면 곧 열두엇 고을을 보전하기 어렵다 하고, 드디어 장수를 정하여 고령을 지키게 하고 자기는 거창의 군사를 데리고 지례의 적을 방어하겠다고26) 하였다.

셋째, 전라도 민의 입장이다. 1593년 2월에 근왕勤王의 명령을 받고 김면金沔이 우도를 떠나려 하자, 백성들의 우려를 대변하여 김면金沔의 유임을 간청한 전라의 어느 사족의 말을 대신하여 임금에게 올린 김성일金誠一의 상장上狀에 나타나고 있다. 이것은 전라도 민의 입장에서 경상우도를 중시하고 있는 증거로 주목된다.

> 본도 의병대장 김면(金沔)은 적을 쳐서 여러 차례 승리를 거두었으니, (중략) 지금 전라 사람이 원방(遠方)으로부터 돌아왔다면서 말하기를 '조정의 물의(物議)가 이 의병장을 불러서 근왕시키려 한다.'고 하므로, 이 장수는 기별을 듣고 가만히 있지 못하고 위로 가고자 합니다. (중략) 만약 본도가 함몰되면 전라는 차례로 병화를 입게 될 것이며, 전라가 지탱하지 못하면 국가의 회복 근거는 여지가 없을 것입니다.27)

---

24) 『선조실록』 권29, 25년 6월 병진.

25) 李魯, 『龍蛇日記』.

26) 『燃藜室記述』 권17, 宣祖朝故事本末 總論義兵.

27) 『鶴峰先生續集』 권3, 請留義兵大將金沔狀 계사년 2월.

이것은 전라 지역민들이 국가 보존의 차원에서 먼저 경상우도를 지키고자 하였음을 보여주는 예이다. 때문에 전라도 지역의 의병들은 경상우도의 전투에 참전하여 적극적으로 싸우게 되었다.

한편 경상우도의 전략적 중요성을 모든 계층에서 인식하고 있었기 때문에 경상우도의 의병장들은 전라의 곡식을 이용해서라도 끝까지 이 지역을 방어하려는 적극적인 면모를 보였다. "몇 고을의 군량은 오래지 않아 떨어질 것인데 전라는 보유량을 모두 보유하고 있습니다. 경상우도 일대는 바로 전라를 보호하는 지역입니다."[28]라고 한 김면金沔의 군량 요청 사실에서 알 수 있다. 한편 정인홍鄭仁弘도 영남이 없으면 전라가 없다는[29] 점을 강조하면서 협력을 호소하였다. 이것은 외침에 맞서 지역을 뛰어넘는 민족의 공동 대응이었다.

더욱이 전라도의 의병장들도 경상우도를 중시하였다. 한 예로로 1592년 10월 2일 경상우순찰사 김성일金誠一이 조종도趙宗道를 보내 전라도의 좌우의병과 여러 장수에게 원군을 청하자, 최경회崔慶會의 부하들은 경상도의 방어를 좋아하지 않았다. 이에 최경회는 지역적인 차별성으로 대국적 과제를 해결하지 못하는 것을 꾸짖고는 경상도 행을 결정하였다. 최경회는 전시에 지방색과·당색의 구분을 중요하게 여기지 않았다.

3) 전라의병의 창의 동기

임진왜란 시기에 전라 지역은 일본군의 공격을 받지 않았고, 전쟁의 직접적인 피해를 당하지는 않았다. 하지만 일본군이 전라도로 진출하려는 시도를 계속하였고, 또 경상도의 많은 피난민들이 전라도로 넘어

---

28) 『松菴先生實記』 권1, 答上金鶴峰誠一書.
29) 『난중잡록』 권2, 임진 8월 4일.

옴에 따라 전라도도 상당한 혼란에 휩싸였다. 이에 전라도는 전투 수행을 위한 병참 기지로서의 역할을 담당하게 되었고, 그 결과 전라도 주민들의 경제적인 부담과 고충은 컸다.

이런 상황에서 전쟁의 장기화 조짐이 보이기 시작하자, 전라에서도 의병 창의가 나타났다. 전라의병 창의의 기점은 전라도 관찰사 이광李洸이 전라도 지역의 관군을 모아 근왕군을 편성하여 한성으로 진격하다가 선조가 파천했다는 소식을 듣고, 공주에서 스스로 근왕군을 해산한 이후부터였다. 이후 김천일金千鎰, 고경명高敬命, 양대박梁大撲 등이 관군의 무능을 규탄하면서 의병 활동을 시작하였다.

그런데 이들이 의병을 일으키면서 제시한 의병 창의의 목적은 김천일이 "국난國難을 당하여 임금이 이미 파천하였으니, 세신世臣인 우리들이 어찌 도망하여 살기를 구할 것인가. 나는 의義로써 거병하여 나라의 어려움을 구하기 위해 달려가고자 한다. 적을 무찌르지 못하면 죽음이 있을 뿐이다."라고[30] 하였다. 또 고경명도 "어찌 충忠과 임금을 잊을 것인가. 의義로써 마땅히 국가를 위해 죽을 때이다."라고 하였다. 이처럼 전라의병은 군주에 대한 충忠과 의義를 강조하는 유교적 이념성이 강한 근왕병勤王兵으로 창의하였다.

아울러 임진왜란 당시 전라도가 일본군의 치하에 있지 않았기 때문에 군대와 식량의 조달이라는 측면에서 국가가 전라에 의지하는 바가 컸던 것도 전라의병에게서 국가와 임금에 대한 충忠이 강조되었던 중요한 원인이 되었다. 이러한 점은 1592년 5월 11일 전주에 전달된 선조의 교서나 전주의 유생들이 전라좌도의 여러 읍에 보낸 좌도열읍통고문左道列邑通告文의 내용을 통해 확인할 수 있다.

한편 임계영도 근왕적인 입장에서 창의를 하였다. 전 보성 현감 임계

---

30) 『大東野乘』 권36, 再造藩邦志 2.

영임계영任啓英·박광전朴光前 등이 능성 현령 김익복金益福 등과 더불어 호남이 보전된 상태에서 나라를 구하기 위해서 창의하였는데,[31] 전라 좌의병장 임계영이 본도의 여러 의병에게 보내는 격문은 다음과 같다.

의거로 군사를 일으킴은 오로지 국가를 위하여 적을 토벌함이다. 흉하고 추한 놈들이 침범한 지 이제 이미 한 달이 넘었는데 관군이 여러 번 붕괴되어 소탕할 기약이 없다. 7도의 생령이 이미 어육이 되었고 다만 호남 한둘만이 겨우 보전함을 얻었으니, 지금 만약 기회를 잃으면 어찌 회복의 공을 성취하여 남아 있는 백성을 구하랴. 이때가 바로 의기 분발한 선비가 몸을 잊고 나라에 보답할 때이다. 우리들은 용성(龍城)으로부터 거창에 와 주둔하여 바야흐로 영남의 여러 어진 분들과 협력하여 개령·성주 등지의 적을 치려 하나, 외로운 군사로 깊이 들어와 형세가 고단하고 힘이 약하여 바로 흉한 칼날을 치기가 어려워서 백가지로 생각하여도 상책을 얻지 못하고 있다. 공사(公私)가 모두 군색하여 앉아서 응원병만을 기다려도 아직까지 먼저 소리치는 장수가 이 경계에 이르는 것을 듣지 못하였으니, 비록 반드시 까닭이 있다고야 하겠지마는 왜 그리 더딘지 또한 부끄러움이 없지 못하다. 개령의 험한 데가 지켜지지 못하면 운봉(雲峯)을 지키기 어렵고, 운봉을 한번 잃으면 다시는 군사를 쓸 땅이 없을 것이니, 만일 흉한 오랑캐가 마구 몰아닥친다면 그 뒤에는 제군이 비록 정성을 다하고 힘을 다하여 가득 찬 적을 막으려 한들 피곤한 군사를 거느리고 굳센 적에게 항거하기가 어렵지 않겠는가. 엎드려 원하노니, 제군은 각기 정예한 군사를 통솔하고 시기에 맞추어 와 응원하여 좌우의 어금니처럼 서로 의뢰하고 고기비늘처럼 잇달아 나온다면, 위엄이 미치는 곳에 적이 반드시 간담이 꺾어질 것이니 합세하여 일제히 치면 어떤 견고한 적인들 꺾지 못하리오. 비린내와 누린내를 소탕하고 씻어서 멀리 개령의 지경까지 막으면, 호남은 절로 완전하여져서 국가를 다시 회복할 수 있을 것이다. 일의 기미가 이와 같은데 어찌 소홀히 할 수 있으리오. 다시 원하노니, 제군은 좋은 계책을 힘써 생각하여 후회가 있게 하지 말지어다. 임기응변은 병가(兵家)

---

31) 『난중잡록』 권1, 임진.

에서 귀히 여기는 바이며, 급한 데로 달려가 형세를 타는 것은 지사(志士)
가 숭상하는 바이다. 만약 머뭇거리고 핑계하다가 늦어서 기회에 미치지
못하면 다만 모든 벗의 꾸짖음을 받을 뿐만 아니라 또한 반드시 조정의
법이 있을 것이니, 두렵지 아니하리오.[32]

전라의병은 전라도 지역이 직접적인 전쟁터가 아니었기 때문에 전라
도 이외의 지역으로 진출하여 활동하는 경우가 대부분이었다. 전라의
병은 활동 지역을 기준으로 볼 때, 근왕군을 편성하여 서울·경기 지역
으로 진출해서 활동한 경우와 경상도 지역으로 진출하여 영남의 의
병·관군과 연합 작전을 펼친 경우로 나누어 볼 수 있다. 전자에 해당
하는 것으로 고경명, 김천일의 의병 활동을 들 수 있고, 후자에 해당하
는 것으로는 경상우도에서의 활동이라고 할 수 있다.

4) 전라의병의 창의 추이

전라도에서의 창의는 전라도 관찰사 이광李洸의 근왕군勤王軍이 붕괴
된 것에서 비롯되었다. 이광은 전란이 발발하자 전라도 내의 관군을
징집하여 근왕을 위해 한성으로 북상하였지만, 공주에 이르러 4월 29
일에 선조가 파천播遷하였고, 5월 2일에 한성이 함락되었다는 소식을
듣고는 근왕군을 해산하였다. 조선의 조정은 이광의 자의적인 군대 해
산에 대해 엄중 문책하고 군대를 정비하여 일본군과 싸울 것을 지시하
였다. 이에 이광은 전라·충청·경상 3도의 관군을 다시 수습하여 용
인까지 북상하였지만, 용인 전투에서 일본군에 의해 패배하였다.

전라도의 관군이 붕괴되자 전라도에서는 사대부들을 중심으로 근왕
을 위한 의병이 일어났다. 전라도에서 가장 먼저 의병을 결집한 사람
은 유팽로柳彭老였다. 하지만 유팽로의 의병은 일본군의 침입을 반란을

---

32)『난중잡록』권2, 임진.

도모하려 했던 전라도 각 읍의 부랑배浮浪輩 수백 명을 설득하여 의병
화義兵化 한 것이었으며, 무장도 갖추지 못했고 훈련도 되지 않았기 때
문에 본격적인 의병 활동은 하지 못했다. 이에 유팽로는 의병부대를
옥과에 주둔시킨 상태에서 계속 의병을 모집하여 수가 약 1,000명까지
증가하였다. 또 유팽로는 전라도 각 읍에 격문을 띄우고 직접 각 고을
의 유력 인사들을 찾아다니면서 의병에 동참할 것을 호소하였다.

한편 남원에서는 양대박梁大撲이 창의소倡義所를 설치하고 의병을 모
집하고 있었는데, 모집한 의병의 수가 3,000여 명에 달하였다. 유팽로
와 양대박의 의병 모집은 이후 전라도 의병 중 가장 큰 부대를 이룬
고경명 의병 부대의 형성에 결정적인 역할을 하였다.[33]

[표 1] 임진왜란 시기 전라도 지역의 의병장[34]

창의 시기	창의 지역	군사수	창의자	학맥	출신지	의병 직함
임진년 5월 29일	담양	6천여 명	高敬命	기대승 문인	광주	맹주
			柳彭老		옥과	종사관
			楊士衡	노진 문인	순창	募糧有司
			梁大撲	성혼 문인	남원	종사관
			李大胤	정철 문인	남원	在鄕運糧將
			崔尙重	류희춘 문인	남원	在鄕運糧將
			楊希迪		남원	赴戰運糧將, 在鄕運糧將
			朴光玉	이이 문인	광주	모병, 군수물 모집
5월 16일	나주	3천여 명	金千鎰	이항 문인	나주	의병장

---

33) 宋正炫, 「壬辰湖南義兵 起兵考」『전남사학』 3, 1976, 110쪽.
34) 임진년 전라도 창의 의병장의 명단은 조원래, 『임진왜란과 전라지방의 의병항쟁』
   아세아문화사, 2001, 10~11쪽에서 인용.

6월	전주	7백여 명	李廷鸞		전주	수성장
6월	남원		丁熖	丁潢 문인	남원	향병장
6월	전주	2백여 명	黃璞		함열	복병장
7월	보성	1천여 명	任啓英		보성	좌의병장
			朴光前	이황 문인	보성	
			金益福	노수신 문인	남원	
7월	광주	8백여 명	崔慶會	양응정 문인	화순	우의병장
9월	순천	2백여 명	姜希悅		광양	奮義將
9월	남원	2천여 명	邊士貞	이항 문인	남원	敵愾義兵將
10월	해남		成千祉		해남	雷震將
10월	태인	2백여 명	閔汝雲		태인	飛義將
10월	해남	수백 명	任希進		해남	虎義將
10월	영광	수백 명	沈友信	고경명 문인	영광	彪義將
11월	광주		高從厚	고경명 장자	광주	복수의병장
12월	광양		房處仁	정구 문인	남원	陶難義兵將

　　전라도에서 최대의 의병은 고경명高敬命의 부대로 수는 약 6,000여 명에 달하였다. 고경명의 부대가 대부대를 이룰 수 있었던 것은 전라도 각지의 유력 인사들이 모집한 의병 부대들이 하나로 결집하였기 때문이었다. 즉 유팽로가 옥과에서 규합한 1,000명과 양대박이 남원에서 창의소를 설치하고 모집한 3,000여 명, 그리고 이대윤李大胤·최상중崔尙重·양희적梁希迪 등이 규합한 의병 부대들이 연합하여 대부대를 이룬 것이다.[35] 1592년 6월 담양에 결집한 이들은 고경명을 대장을 추대하고, 유팽로와 양대박이 종사관從事官, 이대윤·최상중·양사형·양희적 등이 모량유사募糧有司(군량 조달하는 직책)를 맡는 등 지휘 체계를 정비하였다. 또 제주 목사 양대수楊大樹에게 격문을 보내어 말을 보내 줄 것을 요청하였다. 그리고 전 좌랑 양산숙梁山璹을 행재소로 보내 자

---

35) 宋正炫, 「壬辰湖南義兵 起兵考」『전남사학』 3, 1976, 120쪽.

신들의 창의 사실을 조정에 보고하였다.

이후 고경명 부대는 여산礪山으로 북상하였고, 고경명의 두 아들인 고종후高從厚·고인후高因厚가 남원·김제·임피 등에서 군량과 군사를 모아 여산으로 집결하였다. 이후 고경명 부대는 은진까지 진격하였다 가 일본군이 금산錦山을 공격한다는 첩보를 받고 군사를 돌려 진산珍山 으로 돌아와 이곳에서 방어사防禦使 곽영郭嶸의 부대와 연합하여 부대 를 정비하고 금산성을 출전하였지만, 일본군과의 전면전에서 크게 패 하였고, 고경명과 유팽로 등은 전사하였다.[36)]

한편 금산성전투에서 비록 고경명의 대부대가 패전하였지만, 전라도 의병의 맥은 이후에도 계속 이어져 고경명의 막하에서 활동하던 의병 장들이 줄을 이어 거병하였다. 먼저 금산전투에서 살아남은 고경명의 맏아들 고종후가 복수復讐를 군호軍號로 삼고, 광주에서 1,000명의 군 사를 모집하여 거병하였다.

능주에서는 문홍헌文弘獻·최경회崔慶會 등의 주도로 고경명 부대의 흩어진 군사 800여 명을 규합하여 전라우의병을 일으켰으며, 보성에서 는 임계영任啓英을 중심으로 전라좌의병 1,000여 명이 일어났다. 남원 에서는 전 참봉 변사정邊士貞이 흩어진 군사를 수습하여 2,000여 명의 의병 부대를 조직하였으며, 스스로 적개의병장敵愾義兵將이라고 불렀 다. 이밖에 광양의 강희열姜希悅, 구례의 강희보姜希輔, 영광의 정충순丁 忠順, 태인의 민여운閔汝雲·이계련李繼璉 등 고경명 휘하에서 활동하던 이들이 계속해서 의병을 일으켜 활동하였다.[37)]

고경명과 함께 전라도 의병의 또 하나의 중요한 축을 이루는 인물이 김천일金千鎰이다. 이항李恒의 문인이었던 김천일은 임진왜란 발발 당

36) 『연려실기술』 권16, 宣祖朝故事本末, 壬辰義兵, 高敬命·柳彭老.
37) 조원래, 『임진왜란과 전라지방의 의병항쟁』 아세아문화사, 2001, 189쪽.

시 나주에 있다가 선조의 파천 소식을 듣고 고경명, 박광옥, 최경회 등
과 연계하여 본격적인 의병 모집에 착수하였다. 그 결과 김천일은 약
600~700명의 정예병을 결집하였고, 이에 고경명 등에 앞서 송제민宋
濟民・양산룡梁山龍・양산숙梁山璹・임환林懽・이광주李光宙・서정후徐
廷厚 등과 함께 5월 16일 나주에서 기병起兵하여 한성으로 북상 출병하
였다. 그리고 유생 곽현郭玄과 양산숙을 선조의 행재소로 보내어 자신
의 창의 사실을 조선 조정에 보고하였고, 이에 선조는 김천일을 판결
사判決事에 임명하고, 창의사倡義使라는 군호를 내려주었다. 6월 14일
수원에 도착한 김천일 군은 부대를 4대로 나누어 번갈아 왜적을 기습
공격하여 상당한 전공을 세웠다. 이어 김천일 군은 강화도로 들어가
주둔하면서 양화도楊花渡 전투를 비롯한 여러 전투에서 강화 연안의 일
본군을 물리치는 등의 전공을 세웠다. 하지만 장단전투에서는 적의 유
인에 빠져 복병의 기습을 받고 패전하였다.

한편 좌의병 진중의 사자士子들이 흩어진 군사 8백여 명을 소집하여
전 화순 부사 최경회崔慶會를 추대하여 맹주로 삼고, 금월 26일 광주에
서 기고旗鼓를 세웠는데, 골鶻 자로 장표章標를 만들었다. 우도로부터
군사를 모아 남원으로 향하면서 우의병이라 일컬었다.[38] 임진왜란 초
기에 최경회는 모친상을 당하여 기력이 약해져 있어 자신이 싸움터에
나갈 수 없었다. 그래서 조카인 홍재弘載를 시켜 의병 500명을 거느리
고 금산 싸움에 참가하게 하였으나, 금산성에 도착하니 고경명이 이미
패한 후였다.

이에 고경명의 휘하에 있었던 문홍헌文弘獻이 최경회를 찾아와 거병
을 요구하였다. 문홍헌은 구희具喜, 박혁기朴赫起, 노희상盧希尙 등과
함께 담양회맹에 참여하였다. 아우 홍유弘猷의 빙부聘父였다. 이때 구

---

38) 『난중잡록』 권1, 임진.

희는 기대승 문하의 동문이었으므로 최경회에게 의논하기가 좋았다. 이리하여 화순·능주지역을 중심으로 병력을 모집하고, 최경회를 맹주로 추대하여, 7월 26일 거병하였다. 이때 조직을 보면 전부장前部將 송대창, 후부장 허일許鎰, 좌부장 고득뢰高得賚, 우부장 권극평, 문홍헌을 참모로 하였다. 이처럼 우의병의 결성은 고경명 부대를 이어받아 재구성된 것으로 보인다.

8월 남원에 도착하여 고득뢰를 부장으로 삼고 군사를 증원하여 장수에 들어갔다. 최경회는 장수에다 진을 치고 정예병 500여 명을 뽑아 전주 등지에 있는 적을 공격하였다. 최경회가 장수에 진주하여 인근지역의 공격 거점으로 삼고, 또 의병을 모집하기 위하여 의병청을 두었다는 것은 장수에 대한 최경회의 관심을 알 수 있는데, 장수는 자신이 현감으로 있으면서 선정을 베풀었던 지역이었다. 최경회군은 장수를 거점으로 무주·진안·금산의 왜적을 토벌하였다.

그리고 임계영任啓英의 의병은 전라도 보성에서 출발하여 낙안·순천을 경유하여 남원으로 향해 다니면서 군사를 수합하여 천여 명을 얻어 좌의병이라 칭하고, 호虎 자로 장표章標를 만들었다. 처음에는 범을 그려 만들었다가 나중에 호 자의 인印을 만들었다.39) 좌의병장 임계영은 장흥, 낙안, 순천, 남원에서 격문을 돌려 군사를 모집하고, 군량을 출원하도록 요청하였다.40) 장흥에서의 격문은 종사從事 정자正子 정사제鄭思悌가 지었다. 임계영은 순천 전 만호萬戶 장윤張潤으로 부장副將을 삼아서 군사를 끌고 남원으로 향하였다.41)

전라도 남원에 있는 의병장 종사랑從仕郎 전 제릉참봉齊陵參奉 변사정邊士貞은 고경명·최경회·임계영 등의 세 군대가 전후로 갈 적에 향인

---

39) 『난중잡록』 권1, 임진.
40) 『난중잡록』 권2, 임진; 『연려실기술』 제17권 선조조고사본말 호남의병.
41) 『난중잡록』 권2, 임진.

들과 더불어 도모하여 군량과 군기를 모두 내어 힘껏 부조하여 보내었다. 그 뒤에 한 고을의 선비들이 전 목사 정염丁焰과 유학幼學 양주梁澍 등과 더불어 서로 의론하여 나를 늙은 선비라 하여 추대하여 도장徒長을 삼았다.[42]

변사정은 금산전투 패배 후 전 현감 임계영・진사 문위세文緯世 등과 더불어 의론하기를, "만약 불행하여 적에게 포로가 된다면 살아도 죽는 것보다 못하니 기왕 죽을 바에는 차라리 의義에 죽자."하고, 향병鄕兵을 일으켰다. 보성・장성에서 계원하는 자는 좌의병에 속하기를 허락하여 보리가 익기 전의 군량을 보충하게 하여 군사를 구제하였다.[43]

장성長城 남문창의南門倡義의 경우에도 전라 지역의 전형적인 의병 결집 양상을 잘 보여준다. 장성에 거주하던 전 좌랑佐郎 김경수金景壽 등이 1592년 7월 19일에 장성의 남문南門에 의병청의兵廳을 세우고 전라도 전역에 격문을 보내 의병을 규합하였다. 이에 장성의 정운룡鄭雲龍, 영광의 이응종李應鐘, 고창의 김홍우金弘宇, 태인의 이수일李守一, 담양의 김언조, 함평의 정절, 부안의 김억일・김해・김홍원, 광주의 기로증・박경, 정읍의 유희진, 무장의 김성진 등이 각 지역의 의병을 이끌고 집결하였는데, 병사의 수가 2,000명에 이르렀다.

이 밖에도 전라에서는 흥덕興德의 남당창의南塘倡義,[44] 광주의 김덕령金德齡[45] 등 많은 의병들이 일어났으며, 정유재란기에도 의병 활동이 꾸준하게 지속되어 대전란을 극복하는 밑거름이 되었다.[46]

---

42) 『난중잡록』 권3, 계사.
43) 『난중잡록』 권3, 갑오.
44) 조원래, 「興德南塘倡義와 蔡氏一門의 의병운동」 『한국사연구』 43, 1983.
45) 조원래, 「金德齡의 의병활동과 그 성격」 『文化史學』 11・12・13호 합집, 1999.
46) 조원래, 「정유재란과 석주관의병 항쟁」 『구례석주관 칠의사』 구례군, 1990; 「정유재란과 전라의병」 『전남사학』 제8집, 1994; 「정유재란과 순천 倭橋城戰鬪」 『아시아문화』 제12호, 1996.

한편 전라의병의 특징을 살펴보면 다음과 가다. 첫째, 전라의병들은 영남에 비해 부대의 규모가 컸고 그에 따른 조직과 지휘체계가 초기부터 정비되어 있었다. 전라의 의병은 주현 단위로 유력자를 중심으로 의병이 조직된 다음 이들이 보다 유력한 의병장을 중심으로 결집함으로써 대규모의 부대를 결성하는 형태를 이루었다. 그 결과 경상도와 비교해 볼 때 훨씬 넓은 지역 범위에서 의병의 결집이 이루어졌다.

고경명의 부대가 금산 전투에서 패전한 이후 등장한 전라의병들도, 비록 고경명 부대만큼 광범한 지역에서 모병된 것은 아니지만, 경상도와 비교해 볼 때 상대적으로 넓은 지역의 사람들이 하나의 의병 부대로 결집하는 것을 볼 수 있다. 즉 보성에서 거병한 임계영 휘하의 전라좌의병이 「격장흥장보문檄長興章甫文」, 「도낙안격향중문到樂安檄鄕中文」 등의 격문을 발송하여 장흥·낙안·순천·남원 등지에서 병력을 확보한 것이나, 화순·능주에서 군사를 모아 기병한 뒤에 담양·순천·남원 등을 경유하면서 병세兵勢를 키워 나갔던 최경회 휘하의 전라우의병은 광역의 지역에서 의병이 결집한 전라 의병의 특성을 잘 보여준다.[47]

둘째, 전라에서 창의한 의병의 주도층들을 보면 대부분인 문과 출신이거나 전직 관인들로서 지역의 명망 높은 인사들이었다.[48] 특히 임진왜란 초기 전라도 연합의병의 성격을 가졌던 고경명과 김천일 휘하 의병의 지도층들을 보면, 고경명·유팽로·양사형·이대륜·박광옥·임계영·최경회·고종후 등 고경명 부대의 지휘부 대부분이 문과에 급제한 경력이 있으며, 또 부사府使·목사牧使·현감縣監 등 지방관을 역임한 경력을 가진 이들도 상당수 있었다.[49]

---

47) 조원래, 『임진왜란과 전라지방의 의병항쟁』 아세아문화사, 173쪽.

48) 조원래, 앞의 책, 2006, 11~12쪽.

49) 고경명·양대박·김천일·최경회 등은 府使를 역임한 바가 있고, 崔尙重·丁焰은 牧使, 박광옥·임계영 등은 縣監을 역임한 경력을 가지고 있었다(조원래, 앞의 책,

셋째, 전라에서 의병이 일어난 지역을 보면 유학이 발달하고 유림의 영향력이 큰 지역에서 의병이 많이 일어난 것을 확인할 수 있다. 즉, 전통적으로 사림 세력이 탄탄한 지역에서 다수의 인사들이 의병 창의에 참여하고 있을 뿐만 아니라, 대규모의 의병부대 결성도 이들 지역에서 비롯되었다. 광주·나주·남원·보성 등과 그 인근에서 의병 활동이 시작된 것은 평소 이 지역의 사림 기반이 그만큼 공고했기 때문이었다. 따라서 전라도에서의 의병 활동은 곧 전라사림의 활동이었음을 의미한다.[50]

넷째, 전라의병도 영남의 경우와 마찬가지로 학파와 학연을 중심으로 결집하는 양상이 나타났다. 전라도 지역의 의병 지도층 등은 거의 대부분이 이항李恒·기대승奇大升·이이李珥·성혼成渾·박순朴淳·정철鄭澈·노진盧禛 등의 문하에서 수업한 이들이었다. 구체적으로 살펴보면, 고경명·최경회는 기대승의 문인이었고, 김천일·양대박·변사정 등은 이항의 문인이었으며, 박광옥은 이이의 문인, 양사형은 노진의 문인이었다. 또 심우진은 고경명의 문인이고 고종후는 고경명의 장남으로 기대승의 학맥을 잇고 있었다. 이처럼 전라의 의병 지도층들은 그 학연으로 볼 때 정치적으로는 서인계, 학문적으로는 기호학파에 속하는 학문적 성향을 공유하고 있었다. 이와 같은 정치적·학문적 공통성은 이들이 국가 위기를 맞이하여 의병 창의倡義를 함께 하는데 있어서 중요한 구심점이 되었을 것으로 생각된다.

2006, 10~11쪽)].
50) 조원래, 앞의 책, 2006, 20쪽.

5) 전라 의병의 초기 활동

먼저 전라의병은 국가와 임금에 대한 충忠을 내세워 창의하였다. 따라서 국왕의 보위하는 근왕勤王은 전라의병 활동의 핵심이었다. 김천일·고경명 등이 의병을 결집한 후 한성을 향해 북상한 것은 바로 근왕이라는 의병의 궁극적 목적을 실현하기 위해서였다. 김천일은 5월 16일 나주에서 기병起兵한 후 자신의 부대를 이끌고 고경명 부대에 앞서 한성으로 북상 출병하였다. 6월 14일 수원에 도착한 김천일 군은 부대를 4대로 나누어 번갈아 왜적을 기습 공격하여 상당한 전공을 세웠다. 이어 김천일 군은 강화도로 들어가 주둔하면서 양화도楊花渡 전투를 비롯한 여러 전투에서 강화 연안의 일본군을 물리치는 등의 전공을 세웠다. 김천일의 강화 주둔은 경기 지역을 안정시키고 경기와 충청·전라·황해·평안도의 소통을 원활하게 하는 데 있어 큰 역할을 하였다.[51] 고경명 또한 6,000여 명의 대군을 결집한 후 근왕을 외치면서 한성으로 북상하였다. 비록 은진까지 올라왔다가 금산이 위태롭게 되자 이를 구원하기 위해 길을 돌리기는 했지만, 고경명 부대의 궁극적 목적이 근왕에 있었던 것은 부인할 수 없다.

전라 우의병장 최경회崔慶會는 담양·순창으로 해서, 좌의병장 임계영任啓英은 구례로 해서 남원에 모였다. 최경회가 본부 전 첨사 고득뢰高得賚로 부장副將을 삼으니, 남원의 선비와 백성으로 의병에 모집된 자가 거의 6, 7백 명이 되다. 두 군사가 장수에 이르러 유둔留屯하고 부장으로 하여금 금산·무주의 적을 잡을 조치를 하게 하였다.[52]

다음으로 근왕을 위한 북상이 임진왜란 발발 초기 전라 의병의 주된 활동이었다면, 금산 전투 이후에는 영남의 의병과 연합하여 경상도의

---

51) 조원래, 『임진왜란과 전라지방의 의병항쟁』 아세아문화사, 2001, 126쪽.
52) 『난중잡록』 권2, 임진 8월 1일.

왜적을 물리친 것이 전라 의병 활동의 핵심이었다. 영남 의병과의 연합 작전에 가장 적극적이었던 것은 임계영과 최경회였다. 최경회는 1592년 8월에 정인홍의 부대와 연합하여 성주·개령 등지에 주둔한 일본군을 공격하였으며,[53] 임계영도 같은 10~12월에 정인홍과 함께 성주의 일본군을 공격하여 큰 전과를 올렸다.[54] 또 임계영과 최경회는 1593년 1~2월경에 김면의 부대와 연합 작전을 펼쳐서 하여 일본군의 수급首級 30과와 좌이左耳 1백 33타를 참획斬獲하는 전과를 올리기도 하였다.[55] 이 밖에도 김덕령이 진주·고성 등지에서, 변사정이 옥천·상주·선산·함안 등지에서 영남의 의병을 도와 일본군을 토벌하였다.

그런데 전라의병의 경상우도 원군에는 학봉 김성일의 원군 요청이 있고 나서 본격화되었다.

> 경상 우순찰사 김성일이 정랑 박성(正郎 朴惺)을 보내어 좌의병에게 응원을 청하니, 임계영이 남원으로부터 함양으로 향하다.[56]

> 경상도 우감사 김성일이 급히 글을 보내어 위급한 사정을 말하기를, "김해·부산의 적이 합세하여 멀리 몰아 이미 단성을 함락시키고 호남의 경계에 가까이 왔다." 하기로, 신이 부득이 하여 군사를 거느리고 달려 나아가서 요해지를 끼고 싸움도 하고 방어도 하여서 한편으로 영남의 응원을 하고 한편으로 호남 경계의 충돌을 방어하여 국가의 중흥을 만에 하나라도 보존하려 하나이다. 신이 매양 교서를 받들어 읽으매, 울며 피를 뿌려서

---

53) 『선조수정실록』 권26, 25년 10월 정해.
54) 정인홍의 의병 활동에 대한 기존 연구에서는 『孤臺日錄』의 기록을 근거로 정인홍의 제1차 성주 공격이 1592년 8월에 있었다고 하였다. 실록에는 기록되어 있지 않지만, 정인홍은 8월의 성주 공격이 실패한 후, 그 해 10~12월에 임계영·김면 등과 함께 다시 성주를 공격하여 큰 전과를 올렸다(고석규, 앞의 논문, 1992, 47~48쪽).
55) 김면과 임계영·최경회의 전공은 1593년 6월에 明軍 經略에 보낸 각 부대의 승첩 보고에 수록되어 있다(『선조실록』 권39, 26년 6월 기축).
56) 『난중잡록』 권2, 임진 10월 6일.

마음은 더욱 붉어지고 한 몸은 더욱 가벼우나 문전에 박두하는 왜적 때문에 서쪽으로 향하여 군부(君父)의 위급함에 달려가지 못하니 오활하고 늦춘 죄는 만 번 죽어도 용서받기 어렵습니다. 그러나 바다를 향하여 흐르는 물은 일만 번 굽이를 꺾어도 반드시 동쪽으로 가는 것이니 신의 몸은 비록 먼 데 있어도 마음은 왕실에 있지 않은 적이 없습니다. 장차 한 지방이 염려 없는 사세를 본 연후에 호남·영남 여러 의병과 힘을 합하고 꾀를 같이하여 길에 걸리는 적을 소탕하고 경성을 수복하려는 것이 신의 망령된 계책입니다.[57]

전라의병은 강우江右의 사우士友에게 통문하여 군량을 출연할 것을 요청하였다.

지금 임계영·최경회 두 사람이, "적을 토벌하는 데는 처음부터 피차의 구별이 없다."하고, 정예한 군사 수천을 거느리고 가까운 땅에 와서 주둔하면서 정인홍 등과 더불어 성주·개령의 적을 치고자 하여 열렬한 의기가 보고 듣는 이를 감동시키니, 실로 하늘이 국가를 도와 강토를 회복할 징조로다. 다만 군량이 부족한데 판출할 계책이 없으니, 저 수천의 군사를 무엇으로 먹일꼬.[58]

최원崔遠·김천일金千鎰 등이 장단長湍에서 적을 치다가 크게 패하여 돌아오고, 용인에서 패군하여 퇴각한 죄로 이광李洸이 체포되어 가면서 남원을 지났다. 이에 임계영 객사의 서헌으로 가서 최경회와 함께 들어가 도사를 만나고 이야기하고서 물러가다. 이튿날에 도사가 북쪽으로 돌아가다.[59] 전라 좌우 의병장이 무주로부터 군사를 이끌고 남원에 와서 진을 치다. 최경회는 객사 서헌西軒에 거처하고, 임계영은 광

---

57) 『난중잡록』 권2, 임진 10월 10일.
58) 『난중잡록』 권2, 임진 10월 18일.
59) 『난중잡록』 권2, 임진 8월 22일.

한루廣寒樓에 머물렀다.60)

　　전라 좌·우의병이 오래 영남에 있어서 성주·개령의 적과 여러 번 싸웠으나 한 번도 전승(全勝)한 때는 없고 비록 몇몇 베어 죽인 공은 있으나 정병과 용사들의 피해가 너무 많으므로 두 장수가 성공하지 못한 것을 후회하고 철병하여 북으로 가서 근왕할 계책을 하는 이가 많으니, 영우(嶺右)의 선비와 백성들이 그들에게 머물러서 살려 달라고 굳이 청하다. 인동 선비 장봉한(張鳳翰)이 임계영에게 글을 올렸다.61)

　　순천의 무사 강희열(武士 姜希說)이 군사 2백여 명을 모아서 비(飛) 자로 군표(軍票)를 삼아 거느리고, 남원으로 와서 적이 있는 처소로 향하다. 처음에 강희열이 고경명(高敬命)을 따라 군사를 일으켰다가 금산의 패전에 분하여 울면서 고향에 돌아와서 전일에 모집한 사람들을 소집하여 단결시켜 군대를 만들었는데, 최경회의 의병이 뒤이어 일어나면서 합세하자고 불렀으나 응하지 않더니, 이때에 이르러 양식과 기계를 준비하여 싸움터로 달려가다.62)

전라 좌의병장 임계영은 고을의 자제들을 권면하여 흩어진 군사를 수습하고 빠진 장정을 불러 모집하여 향병鄕兵 2백여 명을 얻었으며, 장흥의 아무 아무 등이 또한 정예한 군사 2백여 명을 모집하여 와서 신에게 소속하고 좌도를 거쳐 적의 초소로 향하였다. 남원에 이르자 부사 윤안성尹安性이 의거를 장려하여 마음을 다해 주선하여 부중의 선비들이 자원하여 날라다 주는 자가 약간이었고 옆 고을의 선비들이 소문을 듣고 호응한 연후에 양식이 부족함이 없고 병력이 차차 강화되었다. 전 부사 최경회 또한 고경명의 흩어진 군사를 수합하여 우도

---

60) 『난중잡록』 권2, 임진 8월 22일.
61) 『난중잡록』 권2, 임진 11월.
62) 『난중잡록』 권2, 임진 8월 22일.

로부터 나오매 신이 더불어 합세하여 장수현에 함께 주둔하여 혹은 기병騎兵으로 침략하고 혹은 달려 들어가 충돌하면서 어지러이 쏘니 무주의 적이 지탱하지 못하여 먼저 도망하였다. 부장副將 장윤張潤을 보내어 선봉으로 달려가게 하였더니 그날 밤중이 못 되어 적이 이미 도망하였다.[63]

이때 최경회 군에 패하여 도망하는 일본군은 전주지방으로 향하였다. 그리고 경상우도 지역인 성주와 개령방면으로 후퇴하자 경상우도 지역이 위험에 빠졌다. 전라도 지역에서 왜적을 몰아낸 후 최경회군은 9월말 남원으로 와서 진을 쳤다. 그런데 10월 2일 경상우순찰사가 조종도를 보내 전라도의 좌우의병과 여러 장수에게 원군을 청하였다. 이에 최경회군은 남원을 출발하여 운봉, 함양, 산음으로 향하였다.

Ⅲ. 전라의병의 경상우도에서의 활동과 의미

1) 1차 진주성전투

전라의병의 경상도 지역에서의 활동에서 가장 중요한 것은 역시 제 1·2차 진주성 전투라고 할 수 있다. 제1차 진주성 전투에서는 최경회와 임계영이 2,000여 명의 군사를 이끌고 참전하여 진주성을 지켜내는데 많은 공을 세웠다. 1차 진주성 전투에서 전라우의병은 진주 외곽지로서 일본군이 주둔하였던 성주, 개령지방을 공략하여 진주성을 원조하는데 주력했다.

먼저 임진년 진주성전투는 1592년 10월의 1차 진주성전투는 경상우도의 관군과 의병의 연합전에 의한 승리였는데, 그 결과는 임진왜란 3대 대첩 가운데 하나로 평가되었다.[64] 이러한 임진년 진주성전투가 승

---

63) 『난중잡록』 권2, 임진 25년.

리를 거둘 수 있었던 요인은 무엇보다도 수성전守城戰이었으며, 분산전
이었기 때문이었다.65)

　임진년 진주성전투의 지휘체계는 초유사招諭使 김성일金誠一이 주도
적으로 마련하였다. 임진년에 일본군이 진주를 공격해 올 무렵 진주목
사晉州牧使 이경李璥은 지리산으로 피병避病하였는데, 판관判官 김시민
金時敏도 동행하였다.66) 이에 초유사招諭使 김성일金誠一은 판관判官 김
시민金時敏에게 통제의 책무를 임시로 수행하게 하는 한편 군사를 정비
하여 진주성을 수호하도록 명령하였다.67) 이후 김시민金時敏은 의병장
김면金沔의 요청으로 거창으로 부원하였는데, 이때 김산현金山縣에서
서남 방면으로 공격해 오던 일본군을 사랑암 부근에서 대파하였다. 이
전공으로 김시민은 8월 진주목사에 임명되어 진주성 사수를 책임지게
되었다.68)

　그런데 임진왜란 전쟁사 전체의 흐름에서 보면, 전라의 곡창을 차지
하려는 일본군의 진격로에 위치한 진주성을 사수하기 위한 임진년 진
주성전투는 전략적 중요성이 매우 컸다. 1차 진주성전투의 군사 조직
은 다음과 같다.

---

64) 『연려실기술』 권17, 宣祖朝故事本末 晋州大捷 ; 『忠烈錄』 권1, 守城記.

65) 金潤坤, 「郭再祐의 義兵活動」 『歷史學報』 33, 1967 ; 졸저, 『임진왜란과 경상우도의
　　의병운동』, 혜안, 2001 ; 강성문, 「진주대첩에서의 김시민의 전략과 전술」 『군사』
　　51, 2004.

66) 金誠一이 진주에 초유사로 부임하자 避兵中이던 金時敏은 하산하여 진주로 돌아왔
　　으나, 목사 李璥은 병을 핑계하면서 金誠一의 명령을 거부하던 중 마침내 背疽으로
　　사망하였다(『연려실기술』 권15, 晉州之捷條).

67) 『연려실기술』 권15, 晉州之捷條.

68) 『선조수정실록』 권26, 25년 8월.

[표 2] 1차 진주성전투의 군사 조직69)

수성부대			부원부대		
	진주 목사	金時敏		의령 의병장	郭再祐(沈大承)
	진주 판관	成守慶		거창 의병장	金沔(金瑄)
	곤양 군수	李光岳		합천 의병장	鄭仁弘(金俊民)
	함창 현감	姜德龍		고성 의병장	崔堈 李達
	前 萬戶	崔德良		전라 좌의병장	任啓英
	權管	李纘宗		전라 우의병장	崔慶會
	軍官	李訥		고성 현령	趙凝道
	군관	尹思復		伏兵將, 捍後將	鄭惟敬 鄭起龍
	군사수	3,800		삼가 의병장	尹鐸(鄭彦忠)

  1592년 10월 임진년 진주성전투의 조선군의 수성부대는 김시민金時敏 외에 곤양군수 이광악李光岳 등이 거느린 인근 지역의 소수의 관군이었고, 부원부대는 곽재우郭再祐 외에 각지에서 참전한 다수의 의병장이었다. 당시 조선군의 진주 방어 책임자는 김시민金時敏이었다.70) 그가 지휘한 군사는 진주성의 군사 3,700명, 곤양군수 이광악李光岳의 군사 100명 등이었다. 반면 일본군은 가토오加藤光泰, 기무라木村重玆, 하세가와長谷川秀一가 지휘하는 약 20,000명이었다.

  그리고 중요한 점은 임진년 진주성전투에는 다수의 의병과 관군이 외곽에서 참전·지원하였다는 사실이다. 우선 초유사 김성일金誠一이 보낸 조종도趙宗道의 도움을 받았다. 다음으로 경상우도의 의병도 국가가 관군의 정비를 통해서 의병을 통제하자 의병장들은 거느리고 있는 군사를 관군의 일원으로 편입시키든지, 아니면 의병과의 연합전에 동원시켜 나갔다. 이러한 과정에서 의병의 지원은 진주성 수성군의 사기를 끌어 올렸다. 대표적으로 의령의 곽재우郭再祐는 심대승沈大承, 고령

---

69)『선조실록』,『亂中雜錄』,『邑誌』 등에서 추출하였다.

70) 박익환,「임란시 1차 진주성대첩에서의 鶴峰과 金時敏의 功業」『아시아문화』12, 1996.

의 김면金沔은 김선金瑄, 합천의 정인홍鄭仁弘은 김준민金俊民을 보내어 지원하였다.

아울러 고성에서 활약하고 있던 의병장 최강崔堈과 이달李達은 진주성의 전세가 극히 불리하다는 것을 알고 진주로 와서 응원하였다. 또 고성의 임시 현령 조응도趙凝道와 진주 복병장 정유경鄭惟慶은 군사 500여 명을 이끌고 왔는데, 복병장 정유경鄭惟慶은 300여 명의 군사를 이끌고 진현에서 사천沙遷에 이르러 일본군을 관망하면서 직접 외곽방어에 임하였다.[71] 이처럼 진주성 부근의 의병들은 독자적인 모습을 보이기도 하였지만, 차츰 관군의 활동에 보조를 맞추면서 활동하는 모습을 보였다고[72] 한다.

임진년 10월 6일에 경상우도 순찰사 김성일이 또다시 정랑 박성正郞朴惺을 보내어 전라좌도의 의병에게 구원을 요청하니, 임계영任啓英이 남원에서 함양으로 왔다.[73]

> 호남의 의병장인 전 부사 최경회(崔慶會)가 군사 1000여 명을 거느리고 산음에 와서는 어디에 군사를 주둔시킬까를 물었다. 공이 말하기를, "진주의 살천창(薩川倉)이 어떻겠는가?"하니, 최경회가 그러겠다고 하였다.
>
> 오장(吳長)이 공에게 진언하기를, "왜적들의 기세가 바야흐로 치성하여 장차 곧장 쳐들어올 기세이니, 호남의 군사들은 의당 단성에 주둔해 있으면서 왜적들의 예봉을 꺾어야 합니다. 살천창은 지리산 아래에 있어서 본주와의 거리가 너무나 멀어 성원(聲援)이 서로 미치지 못할 것입니다. 이것은 호남의 군사들로 하여금 스스로 피란하게 하는 것이니, 무슨 소용이 있겠습니까."하였으나, 공이 듣지 않았다. 조종도가 또 말하자, 공이 말

---

71) 지승종, 「16세기말 진주성전투의 배경과 전투상황에 관한 연구」『慶南文化硏究』 17, 1995.

72) 김준형, 「진주 주변에서의 왜적 방어와 의병활동」『慶南文化硏究』17, 1995 ; 졸저, 『임진왜란과 경상우도의 의병운동』, 혜안, 2001, 181~186쪽.

73) 『학봉일고』 부록 3권, 鶴峯金文忠公史料鈔存 하.

하기를, "내가 어찌 단성에 주둔시킬 생각을 하지 않았겠는가. 그러나 그 고을의 수령이 어두워서 창고 곡식을 모조리 잃었으니, 만약 호남의 군사들이 이곳에 머물러 있으면 반드시 이웃 고을들로 하여금 지공을 하게 해야 할 것이다. 살천창에 쌓여 있는 군량이 두어 달은 지탱할 수 있다. 참으로 최경회가 잘 지휘하기만 한다면, 진양의 외원(外援)이 될 수가 있고 단성의 내응(內應)이 될 수도 있을 뿐더러, 또한 흩어져 나와서 산을 뒤지는 왜적들을 막을 수도 있을 것이다." 하자, 조종도가 말하기를, "그렇기는 합니다만, 호남의 군사가 능히 공의 말씀대로 할 수 있을지 모르겠습니다." 하였다. 호남의 군사들이 살천창으로 갔다.[74]

이때 전라도 의병장 최경회와 임계영 역시 공이 서신을 보내 통보함으로 인하여 이보다 먼저 진주로 와서 공의 분부를 들은 다음 각각 군사 천 명을 거느리고 살천薩川에 진을 쳐 성세聲勢를 도왔다. 그리고 김시민은 한결같이 공의 지휘에 따라 기병奇兵을 매복하고 정예병을 숨겨 놓아 응전하였다. 이에 왜적들이 7일 밤낮을 계속하여 공격하였으나 마침내 함락시키지 못한 채 많은 사상자만을 내었다. 그리고는 드디어 그들이 주둔하였던 막사를 불태우고 시체를 태워버린 다음 허둥지둥 서둘러 도망쳤다. 그러자 공은 합천의 가장假將인 김준민金俊民, 정방준鄭邦俊 등에게 명하여 군사를 거느리고 단계丹溪로 가 왜적들을 급히 치면서 추격하게 하였다.[75]

10월 2일 적병이 소촌(召村, 진주에 있는 역 이름)에 옮겨 둔치다. 본도 우감사 김성일(金誠一)이 첨정 조종도(僉正 趙宗道)를 보내어 전라 좌우 의병 및 여러 장수에게 구원을 청하였더니, 우의병장 최경회가 남원으로부터 군사를 거느리고, 운봉·함양으로 향하고 인하여 산음·단성으

---

74) 『학봉일고』 부록 제2권 文殊誌 鶴峯先生 龍蛇事蹟.
75) 『학봉집』 부록 제2권 行狀.

로 향하다.[76]

또한 전라좌·우도의 의병이 남원으로부터 운봉, 함양, 산음, 단성을 거쳐 도착하였는데,[77] 대표적으로 의병장 최경회崔慶會와 임계영任啓英은 전라 군사 2,000여 명을 거느리고 지원하였다. 이에 김성일金誠一이 호남에 구원을 청하자 의병장 최경회와·임계영이 달려왔다.[78] 이러한 지원으로 임진년 진주성전투에서는 조선군이 수적으로도 크게 열세에 있지 않았다. 전라도의 원병은 1만명 내외였다.[79]

> 지난번에 전 부사(府使) 최경회, 전 현감 임계영이 호남에서 기병하였다는 말을 듣고는 박성(朴惺), 조종도(趙宗道) 등으로 하여금 후원군을 보내 주기를 요청하게 하였습니다. 그랬더니 두 장수가 10월 중에 모두 병사들을 거느리고 후원하러 왔는데, 이로부터 왜적들이 자못 두려워하고 위축되어 감히 멋대로 나다니지 못하였으니, 그들이 후원해 준 공이 아주 큽니다.[80]

한편 임진년 진주성전투가 승리를 거둔 이유는 경상우도 관군과 의병의 연합전이였기 때문이다. 이러한 관군과 의병의 연합에는 초유사招諭使 김성일金誠一의 역할이 컸다.[81] 초유사 김성일은 중앙 정부의 지원 속에서 경상우도의 병력을 총집결시킬 수 있었다. 예를 들면 김시민金時敏은 전투가 있기 전에 감사監司 김수金睟의 지시로 진주성을 떠

---

76) 『난중잡록』 권2, 임진 10월 2일.

77) 『난중잡록』 권1, 임진 10월 1일.

78) 『선조수정실록』 권26, 25년 10월 1일 정해.

79) 『선조실록』 권33, 25년 12월 5일 신묘.

80) 『학봉속집』 권4, 書 答西厓柳成龍.

81) 박익환, 「임란시 1차 진주성대첩에서의 鶴峰과 金時敏의 功業」 『아시아문화』 12, 1996.

나 거창의 김면金沔 군 진영에 투속하였는데, 그가 진주성으로 돌아온 것은 김성일의 지시에 의한 것이었다.[82] 나아가 김성일은 진주 지역의 재지사족들을 독려하여 의병을 조직토록 하였다. 예를 들면 전군수前郡守 김대명金大鳴을 소모관召募官으로, 손승선孫承善을 수성유사守城有司로, 정유경鄭惟敬을 복병장伏兵將으로, 하천서河天瑞를 병기 책임자로 삼았다.[83] 이들은 임진년 진주성전투에 참전하거나 지원하여 많은 전공을 세웠다. 이런 과정에서 진주지역 사족들과 민의 적극적인 참여를 확인할 수 있다.

처음에 진주가 여러 진에(陣) 급함을 고하였더니, 정인홍(鄭仁弘)이 가장 김준민과 중위장 정방준(中衛將 鄭邦俊) 등으로 하여금 스스로 정예한 사수(射手) 5백여 명을 선택하게 하여 달려 보내어 구원하다. 본월 9일에 단계에 이르니 해가 이미 뜨다. 큰 마을 하나가 시내의 동편에 있는데 앞에 대숲이 있다. 사람도 피곤하고 말도 피곤하므로 머물러 밥을 짓다. 전라 우의병대장 최경회(崔慶會)가 군사 2천 명을 거느리고, 바야흐로 단성에 머물러서 합천 군사와 합세하여 진주로 전진하려 하다. 단성의 피란하는 남녀들이 산에 올라서 바라보고는, "전라도 대군이 본현에 머물러 있고 또 합천 군사가 잇달아 올 것이니 다행히 잠깐이나마 죽음을 면하겠구나." 하다. 밥 먹은 뒤에 장수와 군사들이 출발하니 짐수레가 앞에 섰다. 몇 리쯤 가자 앞서 가던 자가 뛰어와 외치기를, "많은 적이 여기 이르렀다." 하였다. 김준민이 놀라 일어나 보니 단성 청고개(靑古介)로부터 단계에 이르기 까지 산과 들의 촌락을 일시에 분탕질하여 연기와 불길이 하늘에 자욱하고 포성이 땅을 진동하다. 적이 아직도 용감히 싸우고 퇴각하지 않다가 마침 승의장 신열(僧義將 信悅)이 군사를 거느리고 잇달아 이르매 세력이 더욱 장하여 사기(士氣)가 절로 배나 되어 일시에 어울려 공격하니 적이 드디어 퇴각하여 달아나다. 정방준이 준민을 불러 말하기를, "저것은

---

82) 李魯, 『龍蛇日記』.
83) 『난중잡록』 권1, 임진 5월 20일.

반드시 전라도 군사가 적과 싸우는 것이니 구하지 않을 수 없다." 하고, 곧 단성으로 달려가니 전라 의병장은 이미 붕괴되어 물러가고 남은 적이 뒤에 떨어져서 분탕질을 하고 있다가 우리 군사가 돌진하는 것을 보고 관망하며 물러가다. 군사들이 물을 길어 창고의 불을 끄고 불에 타다 남은 쌀 6백여 석을 수합하여 관인(官人)을 불러 지키게 하고 이튿날 진양으로 진군하니, 성은 이미 포위가 풀려 있다. 김준민 등이 추격하여 함안까지 이르렀다가 미치지 못하고 돌아오다. 최강(崔崗)·이달(李達)이 또한 군사를 거느리고 추격하여 반성(班城)에 이르러 머리 20여 개를 베다.[84]

김성일은 진주성이 위험해지자 의병장 윤탁, 곽재우, 정언충을 동쪽으로 들어가게 하고, 김준민은 북으로, 최경회는 서쪽으로, 조응도와 정유경은 남쪽으로 가게해서 적의 공격을 차단하고자 하였다.[85] 이때 최경회는 산음을 지나 단성에 주둔하면서 진주성을 후원하겠다고 선언하였다. 이때 적 5천명이 갑자기 돌격해와 전라우의병이 후퇴하였다. 이후 단성에서 살천창을 향하여 달려와 곽재우와 합세하였다. 곽재우는 선봉장 심대승으로 하여금 북산에 올라가 횃불을 들고 나팔을 불며 방포하면서 성중에다 대고 크게 외치게 하기를 '전라도의 원병 1만여 명과 의령의 홍의장군이 합세하여 내일 아침에 와서 적을 죽이기로 하였다'하게 하였다. 성안에서 호응하였다. 최경회는 김성일과 의논하여 진주 살천창에 머물렀다.

아울러 전술적으로 임진년 진주성전투가 분산전이었기 때문에 승리할 수 있었다.[86] 대표적인 예로서 진주성 안에서는 목사牧使 김시민金時敏이 모든 작전 지휘권을 장악하고 있었으나, 병사兵使 유숭인柳崇仁

84)『난중잡록』권2, 임진년, 10월 2일.
85)『선조실록』권33, 25년 12월 신묘.
86) 김강식, 『임진왜란과 경상우도의 의병운동』혜안, 2001, 167~171쪽 ; 강성문, 「진주대첩에서의 김시민의 전략과 전술」『군사』 51, 2004.

이 일본군과 싸우다가 패하여 단기單騎로 진주성에 달려와서 자신도 진주성에 들어가서 성 안의 군사와 함께 수성守城하기를 요망하였다. 이러한 요청에 대해 진주목사 김시민은 '병사 유숭인이 입성하게 되면 주장主將이 바뀌게 되고, 따라서 통솔 방법이 상이하여 군사력을 효과적으로 발휘할 수 없다'고[87) 거절하였다.

결국 병사 유숭인은 진주성에 들어가지 못하고 성 밖에서 사천현감 정득열鄭得悅 등과 일본군을 맞아 싸우다 전사하였다. 이때 의병장 곽재우는 목사 김시민이 병사 유숭인을 진주성에 입성시키지 않았다는 소식을 듣고, '이런 계책은 족히 진주인의 복이다'라고[88) 평가하였다. 이처럼 목사 김시민이 병사 유숭인을 진주성에서 입성시키지 않은 것을 작전 지휘권을 둘러싼 관군 상호 간의 대립으로 보기도 하지만,[89) 그보다는 수적으로 우위였던 일본군에 대응하기 위해서는 분산작전으로 맞서야 한다는 기본 전략 때문이었다고[90) 할 것이다.

임진년 진주성전투는 군사수의 대등함, 전술과 전략의 우위, 군관민의 단결 등으로 조선군의 대승으로 끝났다. 임진년 진주성전투의 전공은 다음과 같다. 첫째, 일본군이 입은 인적인 피해이다. 사실 임진년 진주성전투는 진주대첩으로 평가되듯이 일본군의 사망자는 장군이 300명, 병사가 만 명이라 하지만,[91) 이 수치는 정확하지 않다. 다만 그들의 피해가 매우 컸음은 사실이었다.

둘째, 진주성 함락에 실패한 일본군은 전라로의 진출이 좌절되었을 뿐만 아니라 많은 병력을 잃었기 때문에 본국에 허위 보고를 하여 책

---

87) 『난중잡록』 권1, 임진 10월 1일.

88) 『선조수정실록』 권26, 25년 10월.

89) 金錫禧, 「壬辰倭亂의 義兵運動에 關한 一考」 『鄉土서울』 15, 1962, 136쪽.

90) 金潤坤, 「郭再祐의 義兵活動」·『歷史學報』 33, 1967, 144쪽.

91) 『선조수정실록』 권26, 25년 10월.

임을 면하기에 급급하였다.[92] 더욱이 보급선의 차단과 명군의 참전 등으로 임진왜란 전체의 작전에 차질이 빚어져서 마침내 모든 병력이 남하하게 되었으며, 대명 강화교섭에도 적극적으로 나설 수밖에 없었다. 이처럼 임진년 진주성전투는 임진왜란 개전 이후 육지전투에서 거둔 가장 의미 있는 전투였다.

이러한 진주성 전투에서 의병장들의 활약은 대단하였다. 비변사에서는 '각도의 의병 가운데 곽재우, 최경회, 임계영이 거느린 군사는 쓸만해 보입니다. 이들 세 사람이 바야흐로 경상도에 있으니 급히 군사를 정돈하여 근왕하게'하도록 왕에게 건의할 정도였다.[93]

1593년 정월 15일 성주에 주둔하고 있던 적이 군사를 거두어 남으로 내려오니 영남, 전라의 모든 군사가 진주성에 들어가 지켰는데 경상우병사 김면이 죽고, 전라우의장 최경회로 대신하였다. 합천 군수 김면을 본도 우병사로 임명하고, 전라 우의병장 최경회를 통정대부로 가자하다.[94]

최경회가 경상우병사가 된 것은 대단히 중요한 의미를 가진다. 즉 이 직책이 영남의 의병장이었던 곽재우나 정인홍에게 주어지지 않았다는 점이다. 실제로 1593년 5월에 경상감사에 대한 평가에서 중앙 대신들은 김늑에 대신하여 최경회로 대체하자고 강력하게 요구하였다. 이때 후보로서 이시언과 곽재우가 거론될 정도로, 곽재우 또한 그 능력을 평가받고 있었다. 그런데 최경회는 4월 경상우병사에 임명되었다. 김면이 사망한 후 이광악이 제수되었는데, 이광악이 재기才氣가 보통 사람보다 크게 뛰어나지 못하다는 점 때문에 최경회가 천거되었다. 최

---

92) 대표적으로 일본군의 小西行長과 加藤清正 같은 참전 장수들이 알력을 드러내면서 전공을 다투게 되었다.

93) 『선조실록』 25년 12월 9일 을미.

94) 『난중잡록』 권1, 임진 10월 2일.

경회는 무신은 아니지만 여러 번의 전공으로 무장으로서의 명성이 드러났음을 파악한 때문이었다.

2) 거창·개령·성주의 전투와 의미

9월에 들어서면서 전라도 지방의 고바야가와 군이 전라도에서 철퇴하게 됨으로써 그들 후방의 지례를 확보해야 할 필요성이 다시 대두되었다. 이에 김천 지역의 일본군이 지례로 다시 남하하여 우척현의 김면 군을 위협하였다. 이때 김면 군은 진주로부터 급거 증원된 김시민 군과 함께 우척현에 위협을 가하는 일본군을 물리치고 9월 하순에 지례를 다시 확보하였다.[95]

거창 부근 전투에서 승리를 거두어 전라도에 진격한 일본군과 경상도의 일본군의 연결로를 2차례의 승리로 차단하여 일본군의 보급을 차단하였다. 한편 현지 주민들로서 구성된 사냥꾼과 산척山尺(심마니)들의 활약이 대단한 바 있어서 수많은 왜적을 무찔렀다고 전한다.

이 전투는 지형을 조선군에게 유리하게 전술적으로 이용하여 승리를 거둔 전투였다. 김면 군이 적의 이동로를 예상하고 미리 우척현에 2천여 명의 병력을 배치하여 방어 태세를 취하고 있다가 유리한 지형을 이용하여 접전을 전개한 끝에 7월 10일에 그들을 지례 쪽으로 격퇴시켰다. 또 의병군과 관군 사이의 원만한 협조와 지원으로 전투를 승리로 이끌 수 있었던 전투였다. 김면 군은 진주로부터 급거 증원된 김시민 군과 함께 우척현에 위협을 가하는 일본군을 물리치고 9월 하순에 지례를 다시 확보하였다.[96] 이에 이 지역의 피난 갔던 민들이 모여들어 농사를 짓게 되었다.

95) 허선도, 『학봉 선생과 임진 의병 활동』 학봉기념사업회, 1986, 80~81쪽.
96) 허선도, 『학봉 선생과 임진 의병 활동』 학봉기념사업회, 1986, 80~81쪽.

임계영이 거창에 주둔하니, 최경회가 군사를 끌고 잇달아 이르러 장윤張潤·고득뢰高得賚 등을 보내어 본도 의병장 김면金沔과 더불어 협력하여 개령의 적을 토벌하여 베고 사로잡은 것이 많다.[97]

최경회는 1592년 8월에 정인홍의 부대와 연합하여 성주·개령 등지에 주둔한 일본군을 공격하였으며,[98] 임계영도 같은 10~12월에 정인홍과 함께 성주의 일본군을 공격하여 큰 전과를 올렸다.[99] 또 임계영과 최경회는 1593년 1~2월경에 김면의 부대와 연합 작전을 펼쳐서 일본군의 수급首級 30과와 좌이左耳 1백 33타를 참획斬獲하는 전과를 올리기도 하였다.[100] 이밖에도 김덕령이 진주·고성 등지에서, 변사정이 옥천·상주·선산·함안 등지에서 영남의 의병을 도와 일본군을 토벌하였다.

> 각 진에서의 승첩과 노획 보고에 보면, 경상도 절도사 김면(金沔)은 전라도 의병장 임계영(任啓英)과 최경회(崔慶會) 등을 대동하고, 수급 30과와 좌이 1백 33타를 참획하였다.[101]

> 전라 좌의병장 임계영이 거창으로부터 합천 해인사로 진을 옮겨서 영남 의병장 정인홍과 협력하여 성주의 적을 쳤다. 최경회는 그대로 거창에 머물러서 김면과 개령에서 같이 일하다.[102]

---

97)『난중잡록』권2, 임진 10월 10일.
98)『선조수정실록』권26, 25년 10월 정해.
99) 정인홍의 의병 활동에 대한 기존 연구에서는『孤臺日錄』의 기록을 근거로 정인홍의 제1차 성주 공격이 1592년 8월에 있었다고 하였다. 실록에는 기록되어 있지 않지만, 정인홍은 8월의 성주 공격이 실패한 후, 그 해 10~12월에 임계영·김면 등과 함께 다시 성주를 공격하여 큰 전과를 올렸다(고석규, 앞의 논문, 1992, 47~48쪽).
100)『선조실록』권39, 26년 6월 기축.
101)『선조실록』권39, 26년 6월 기축.
102)『난중잡록』권2, 임진 11월.

최경회는 의병장으로서 정예병을 이끌고 지례·거창 두 지역 사이의 요충 지대를 차단하였으니, 호남 한 도와 영남 우도가 여태 보존된 것은 모두 그의 힘입니다.103)

도부장 전 만호 장윤과 우부장 훈련 봉사 최억남은 몸소 군사들에게 앞장서서 죽음으로써 돌격하여 베고 죽인 것이 많으니 성주·개령이 수개월 동안에 수복된 데는 그들의 공이 큽니다. 그러나 위의 사람들은 강개히 분발하여 조금도 공을 바라는 마음이 없습니다마는, 무지한 군졸들은 다른 도에 깊이 들어와서 일 년이 넘도록 서리와 눈 속에서 죽음을 무릅쓰고 힘껏 싸운 공이 아직도 은전을 입지 못하였으니 두 번째 싸움에 임할 때에 불평하는 태도를 깊이 품었습니다. 임계영이 의병을 많이 모아 영남에 깊이 들어가서 이미 성주·개령 두 고을을 수복한 공이 있는데도 죽음을 무릅쓰고 힘껏 싸운 사람에게 아직 상을 내리지 않았음은 과연 잘못되었습니다.104)

변사정은 충청도 옥천 땅으로 가서 부장 이잠(副將 李潛)으로 하여금 정예한 군사 3백여 명을 거느리고 황간에 들어가 지키면서 요해지에 매복시켜 상주·선산·개령·금산에 왕래하는 적을 막아 치게 하여 작년 12월부터 금년 5월 말까지는 늘 그곳을 떠나지 않았습니다.105)

영남 의병장 정인홍(鄭仁弘) 등이 호남 의병장 최경회(崔慶會) 등과 약속하고 개령·성주에 주둔한 적을 공격할 것을 의논하였다. 그리하여 체부(體府)에 구원병을 요청하니, 정철(鄭澈)이 전라좌도의 운봉(雲峯) 등의 관병을 파견하여 돕게 했는데, 도합 5천여 명이었다. 그러나 성주 등지에 주둔한 적을 공격하였다가 크게 패하여 돌아왔다.106)

진주성 1차 전투가 끝난 뒤, 경상남도의 의병 부대들은 진주성 전투

---

103) 『선조실록』 권, 26년 3월 갑술.
104) 『난중잡록』 권2, 계사 5월 24일.
105) 『난중잡록』 권3, 계사 9월.
106) 『선조수정실록』 권, 25년 10월 정해.

의 승전 여세를 타고 성주와 개령 지역의 일본군을 구축하는데 주력하
였다.107) 김면金沔 군은 전라 좌우병의 지원을 받아 거창을 거쳐 김천
으로 북진하여 개령의 모리 데루모토 군의 본진을 위협하였다. 전라좌
의병과 우의병은 진주성 방어전을 지원한 후 10월 20일에 거창으로 이
동하여 임계영의 부장 장윤張潤과 최경회의 부장 고득뢰高得賚를 김면
군에 파견하여 김면 군을 돕게 하였다.108)

김면 군이 전라 좌우의병의 지원을 받아 개령 지역의 일본군과 산발
적인 접전을 계속하고 있는 동안 성주의 일본군이 인근 지역을 약탈하
면서 고령의 정인홍 군에 압력을 가하였다.109) 정인홍鄭仁弘은 감사 김
성일과 김면에게 병력 지원을 요청하였으며, 이에 따라 김면 군을 지
원하던 임계영의 전라 좌의병 부대가 11월 중순부터 정인홍 군을 지원
하였다. 김성일은 당시 전라도에 체류 중이던 체찰사 정철鄭澈에게 전
라도 군의 지원을 요청하여 운봉현감 남간南侃과 구례현감 이춘원李春
元 등이 이끄는 5천여 명의 병력을 지원받아 정인홍 군을 증원하도록
조치하였다.

정인홍과 임계영 의병 부대와 운봉·구례의 전라도 관군은 12월 초
순까지 성주의 일본군과 산발적인 접전을 계속하여 일군을 성주성에
고착 시킨 뒤, 12월 10일을 기하여 전 병력이 성주성을 공격하기로 계
획하였으나, 각 공격부대들 사이의 협조가 잘 이루어지지 않아 성공을
거두지 못하였다. 12월 이후로 군세가 위축된 성주의 일본군은 조선군
측의 끈질긴 공격에 견디지 못하여 1593년 1월 15일 밤에 성주성에서
개령으로 철수하고 말았다.

조선의 관군과 의병이 연합하여 일본군을 물리친 대표적인 전투였

---

107) 국방부전사편찬위원회, 『임진왜란사』 1987, 111~113쪽.
108) 『난중잡록』 권2, 임진 8월과 10월.
109) 일반적으로 개령 성주 전투로 알려져 있다.

다. 조선의 정인홍 군은 성주성을 수복하였으며, 전라 좌의병은 개령
쪽으로 이동하여 김면 군의 개령 공격에 협력하였다. 그러자 개령의
모리 데루모토 군의 본대도 더 이상 개령을 장악할 수 없어 1593년 2월
16일에 선산으로 퇴각하였다.

경상남도 의병과 전라 의병들이 성주와 개령을 탈환함으로써 1593
년에 들어서면서 일본군은 부산에서 밀양–청도–대구–인동–선산–함
창–문경–조령의 중로만을 보급로로 간신히 유지하게 되어 한성 쪽의
일본군 주력이 후방 차단 위험에 직면하게 되었다.

당시 정기룡이 상주와 함창 주변 지역을 세력권에 넣게 됨으로써 일본
군의 후방차단 위험은 더욱 가중되었다. 이에 일본군은 상주성과 함창성
밖으로는 나가지 못하고, 성을 지키기에만 급급하게 되었다.[110] 그리고
안음에다 군사를 주둔하고 김면과 합세하여 개령으로 쳐들어갔다. 그러
나 개령에서 패하여 도망하였다. 다시 전라도 관군과 전라도 의병 및
경상도 여러 군사가 합세하여 성주로 진격하였으나 실패하였다.

11월 최경회군은 거창에 주둔하면서 김면의 군사와 협조하여 개령에
있는 적을 치기로 하였다. 이때 김면이 우병사가 되었다.

11월 중순 이후 성주성 전투는 계속되었고, 여기서 왜장이 중상을 당
하면서 적세가 꺾이었다. 이후 적들은 성주·개령을 철수하였다. 성주
전투에서 정인홍군, 관군과 전라좌의병이 연합하여 공격하기로 하였으
나 정인홍군과 관군이 약속을 어기고 전라좌의병만 전투를 감행하였다.

3) 2차 진주성전투와 의미

다음으로 계사년 진주성전투는 1593년 6월에 있었다. 평안도와 함경
도까지 북상했던 일본군은 명군의 참전과 조선군의 재정비, 의병의 저

---

110) 엄기표, 『정기룡전』 1978, 74~82쪽.

항 때문에 남하할 수밖에 없었다.[111] 그것은 임진년 진주성전투의 패배와 해전에서의 연속적인 패배로 전라 진출이 좌절되자, 일본군 자체의 군수물자 조달이 곤란해졌기 때문이다. 이런 과정에서 일어난 계사년 진주성전투는 일본군에 의한 보복전이었다.

문제는 일본군의 남하와 진주성 공략을 앞둔 시점에서 조선군과 명군의 활동이 진주성전투와는 무관하게 이루어졌다는 사실이다. 당시 명과 일본 사이의 강화講和를 반대하면서 일본군을 추격하며 남하해 온 조선의 관군과 의병은 창녕과 의령 등 영남 일대에 포진하고 있었다. 즉 도원수都元帥 김명원金命元과 순변사巡邊使 이빈李薲은 의령에 포진하였고, 전라병사 선거이宣居怡, 충청병사 황진黃進, 전라방어사 이복남李福南 등도 각각 군사를 거느리고 왔으며, 전라감사 권율權慄 또한 병사를 거느리고 운봉을 넘어와 창녕과 의령 등지에 포진하였다.[112]

> 한편 뒤에 적들이 내려가자 이잠이 먼저 앞서서 대구로 들어가서 명나라 병사와 합쳤더니 수일 만에 명나라 장수가 말하기를, "너희들이 여기에 있어서는 소용이 없으니 모름지기 너희 나라 군사들과 일을 같이 하라." 하므로, 바로 함안으로 내려와서 모든 장수들과 함께 진(陣)을 쳤습니다. 당시에 창원의 적이 가득하여 세력이 치성하매 다른 장수들은 감히 손을 대지 못하는데 이잠만은 능히 들어가 토벌하여 곧 머리 세 개를 베어 바쳤는데 그 사실도 또한 방어사 이복남의 장계에 있습니다. 또 적의 세력이 함안으로 충돌하자 곧 여러 장수들과 함께 의령으로 나갔습니다. 그때에 병사 최경회와 창의사 김천일 등이 모두 이곳에 나와서 신과 의논하기를, "진주를 보존하고 못함은 호남의 존망과 가장 관계가 깊은데 주장(主將)의 조처가 어긋나서 성을 지킬 것을 생각하지 못하고 고을의 목사와 판관이 모두 먼 데로 나갔으니, 우리들이 급히 입성하지 아니할 수 없다." 하고,

---

111) 국방부전사편찬위원회, 『임진왜란사』 1987, 175~214쪽.
112) 『선조실록』 권40, 26년 7월 2일.

일시에 군사를 내어 삼가(三嘉)에 이르렀더니, 이잠이 신에게 말하기를, "대장과 부장이 모두 한 성으로 들어가면 군량의 운반이 극히 어려우니 대장은 나누어 밖에서 진을 치고 양식을 운반함이 옳다." 하므로, 물러가 산음현에 있었는데, 진주와의 거리가 하룻길이었습니다. 겨우 한 번 양식을 운반한 뒤에 벌써 진주성이 포위를 당했다는 말을 들었습니다.[113]

6월 적이 비로소 임해군臨海君 등을 돌려보내며 심유경으로 하여금 돌아가 보고케 하고는, 진격하여 진주성을 포위하고 함안咸安을 침범하며 전라도로 핍박하면서 장차 한강 이남을 회복하여 경계로 삼겠다고 떠벌리니, 이는 평수길이 저희 병사가 일찍이 김시민에게 참패한 적이 있으므로 이제 여러 적으로 하여금 연합하여 힘을 합쳐서 진주성을 기어코 섬멸하려고 하였기 때문이었다. 창의사 김천일이 이 소문을 듣고 그 병사 4백 명을 거느리고 제일 먼저 성안으로 들어가니 양산숙梁山璹이 따랐다. 김천일은 사인士人으로서 성을 나가 스스로 보전하고, 군대는 부장에게 맡길 것을 권하여도 김천일은 끝내 듣지 않고 오로지 촉석루矗石樓 방면을 지키고 있었고, 경상 병사 최경회·충청 병사 황진·의병복수장 고종후·좌의병부장 장윤張潤·이계련李繼璉·민여운閔汝雲과 김해 부사 이종인 등이 차례로 입성하였다. 최경회가 우도의 의병을 거느리니, 이른바 우의병이다. 호령이 엄숙하고 처사가 정밀하고 민첩하므로 백성들이 무척 의뢰하고 믿을 수 있다 하였으며, 선거이·홍계남 등은 적병은 많고 아군은 적으므로 내지內地로 물러가 지키는 것만 못하다 하여 군사를 이끌고 성을 나와 운봉雲峯으로 퇴진하니, 김천일이 말하기를, "호남은 우리 나라의 근본이요, 진주晉州는 실로 호남의 방패이니, 진주를 지키지 못하면 이는 바로 호남을 없애는 것이다."[114]

---

113) 『난중잡록』 권3, 계사 7월.

　이처럼 조선군과 명군의 주력군이 대부분 진주성을 중심으로 하는
영·전라 일대에 주둔하고 있었지만, 실제 계사년 진주성전투에는 아
무런 도움이 되지 못하였다. 이런 상황에서 지원하러 온 인근의 관군
으로서는 충청병사 황진만이 계사년 진주성전투에 적극 가담하였
다.115) 계사년 진주성전투의 군사 조직을 살펴보면 다음과 같다.

[표 3] 2차 진주성 전투의 군사 조직116)

직책	이름	직책	이름
창의사(우도절제사)	金千鎰	복수의병장(복수대장)	高從厚
경상병사(좌도절제사)	崔慶會	복수의병부장(전투부대장)	吳宥
충청병사(도순성장)	黃進	飛義兵將(부장)	閔汝運
진주목사(전투대장)	徐禮元	의병장(전투부대장)	李繼璉
사천현감(左義兵副將, 部將)	張潤	彪義兵將(부장)	姜希輔
거제현령(부장)	金俊民	敵氣의병부장(전투부대장)	李潛
김해부사(부장)	李宗仁	奮義兵將(전투대장)	姜希悅
감포현령(전투대장)	宋悌知	右義兵副將(부장)	高得賚
해미현감(전투부대장)	鄭名世	해남의병장(전투대장)	任希進
진주판관	成守璟	영광의병장(전투대장)	沈友信
공조좌랑(부장)	梁山璹		

　계사년 진주성전투 수성군의 부서편성은 우도절제사 김천일金千鎰,
좌도절제사 최경회崔慶會, 도순성장 황진黃進, 복수대장 고종후高從厚
등이었다. 김천일과 최경회가 도절제都節制가 되고, 김천일은 의병을
통솔하고 최경회는 관군을 통솔하였으며, 황진黃進이 순성장巡城將이
되었다. 제도諸道의 관군과 의병들에게 지역을 할당하여 지키게 하고

---

114) 『재조번방지』 권3, 6월.
115) 『忠烈錄』 권1, 陷城記.
116) 『선조실록』, 『亂中雜錄』, 『邑誌』 경상도 편 등에서 추출하여 작성하였다.

엄히 경계하며 변에 대비하였다.[117] 이들 가운데에는 임진왜란 초기에 독자적인 의병장이었던 김천일金千鎰과 최경회崔慶會 등이 관군의 주력으로 참전하고 있다.[118] 이처럼 계사년 진주성전투에서는 관군이 주가 되고, 소수의 의병이 가담하고 있었다.[119] 당시 조선군 주력은 창의사 김천일金千鎰 등이 거느린 군사 3,000여 명이었다. 김천일 300명, 황진 700명, 최경회 500명, 고종후 400명, 장윤 300명, 이잠 300명, 민여운 200명, 이계련 100명으로 파악되어 있다.

의병장 변사정邊士貞은 그 부장 이잠李潛을 보내어 군사 3백을 거느리게 하고, 의병장 민여운閔汝雲은 군사 2백을, 강희열姜希悅·고득뢰高得賚·강희보姜希輔·오유응吳宥熊 등도 모두 군사를 거느리고 왔으며, 거제 현령 김준민金俊民 및 김해 부사 이종인李宗仁 등은 먼저 성안에 있으면서 목사牧使 서예원徐禮元과 수비책을 의논하고 있었다.[120] 반면에 일본군은 가토 기요마사(加藤淸正) 등 93,000명이었다. 이처럼 조선군은 군사수에서 일본군보다 열세에 있었다.

2차 진주성전투의 주력부대는 전라도 의병이었다. 1593년 4월 일본군이 한성에서 철수하자 조선 조정은 일본군을 추격하라는 교지를 전군에 내렸다. 이 교지를 받은 김천일은 당시 병중이었음에도 불구하고 남은 군사 수백여 명을 수습해서 일본군 추격을 위해 남하하였다. 이때 김천일은, "적의 계책을 헤아리기 어려우나 그들이 다만 진주를 공격하리라는 것은 분명하다. 지금 전라는 국가의 근본이 되고 진주는 전라에 가까이 인접한 곳이니 실로 순치脣齒의 관계이다. 진주가 없다면 전라 또한 없게 될 것이다."라고 하면서 전라의 관문인 진주의 중요

117) 『선조수정실록』 권27, 26년 6월 갑신.
118) 『선조수정실록』 권27, 26년 6월 갑신.
119) 조원래, 『임란의병장 김천일연구』, 학문사, 1982.
120) 『선조수정실록』 권27, 26년 6월 갑신; 黃渭顯 外, 『湖南節義錄』 120~121쪽.

성을 강조하였다.

이때 변보邊報가 매우 위급하자 창의사 김천일이 군사 3백 명을 거느리고서 6월 24일 진주로 달려 들어갔고, 충청 병사 황진黃進이 7백 명, 경상 우병사 최경회崔慶會가 5백 명, 의병 복수장 고종후高從厚가 4백 명, 부장副將 장윤張潤이 3백 명, 의병장 이계련李繼璉이 1백여 명, 의병장 변사정邊士禎의 부장이 3백 명, 의병장 민여운閔汝雲이 2백 명의 군사를 거느리고 왔다. 그밖에 강희열·강희보·오유 등도 각기 군사를 인솔하여 진주성으로 들어왔다.[121] 이미 먼저 와서 본부 목사 서예원徐禮元과 김준민金浚民·이종인李宗仁 등과 수성守城을 의논하고 있었다.[122]

이렇게 볼 때, 제2차 진주성 전투에는 김천일을 중심으로 당시 전라에서 거병한 의병들이 거의 대부분 참전했음을 알 수 있다. 장윤張潤은 순천인 전란 초에 임계영任啓英을 따라 군사를 일으키고 부장副將이 되었는데, 호령이 공정하고 분명하여 사졸들이 즐겨 따랐으므로 임계영이 군사의 일을 모두 그에게 위임시켰다. 그러다가 진주성에 들어가게 되었다. 서예원徐禮元이 목사로 있으면서 탈출하려고만 하므로 김천일이 계문啓聞하여 장윤으로 목사의 임무를 섭행하였으나, 장윤이 전사하였다.[123]

김천일이 최경회와 더불어 손을 잡고 통곡하고 함께 북쪽을 향하여 재배하고 먼저 병기를 물속에 버리고 그 아들 상건과 서로 안고 다락 아래 깊은 물속에 몸을 던져 죽으니, 최경회·고종후·문홍헌文弘獻·양산숙梁山璹·최희립崔希立·강희민姜希民 등이 모두 죽고, 백성으로서 죽은 자가 거의 6만여 명이요, 우마牛馬와 계견鷄犬까지도 남음이 없었다. 또 성을 무너뜨리고 참호를 메워버리고 우물을 틀어막고 나무를

---

121) 조원래, 앞의 책, 2001, 136쪽.
122) 『선조실록』 권40, 26년 7월 무진.
123) 『선조수정실록』 권26, 26년 6월 갑신.

베어버려 전날의 분패를 앙갚음 하였다.124)

일본군은 거의 10만에 가까운 대군으로 진주성을 공격하였다. 6월 21일부터 29일까지 9일간의 치열하게 이어진 제2차 진주성 전투는 결국 진주성의 함락으로 막을 내렸고, 김천일은 맏아들 김상건金象乾, 부장 양산숙 등과 함께 촉석루에서 몸을 던져 순절하였다. 제2차 진주성 전투는 비록 패배로 끝났지만 일본군도 이 전투에서 큰 손실을 입어 이후 더 이상 전라로 진출하지 못하였고, 정유재란 이전까지 전라가 안정하게 보호될 수 있었다.125) 바로 이 점에서 제2차 진주성 전투와 이를 주도한 김천일의 전공이 중요한 의미를 갖는다고 할 수 있다.

한편 계사년 진주성전투에서 나타난 양상은 일본군의 병력과 화력이 비교적 우세하였으며, 실제 전투 과정에서도 화공전火攻戰의 구사, 귀갑차의 이용 등 다양한 전술과 전략이 동원되었다는 점이다.126) 이처럼 계사년 진주성전투는 처음부터 임진년 진주성전투와는 전혀 양상을 달리하였으며, 일본군은 압도적인 병력과 화력을 토대로 하면서도 계획적이고 치밀한 전술·전략까지 구사하였다.

하지만 계사년 진주성전투는 조선군과 진주 지역민의 격렬한 저항에도 불구하고 많은 희생자를 내면서 조선군이 패배하였다.127) 그런데 계사년 진주성전투의 패배 요인은 많은 영향을 끼쳤다. 즉 계사년 진주성전투의 승패와 대응은 전쟁 이후의 정국운영에도 많은 영향을 미쳤다.

때문에 여기서 주목해야 할 것이 계사년 진주성전투의 전술론 문제이다. 대표적으로 곽재우郭再祐를 위시한 경상우도의 의병장들은 임진년

---

124)『再造藩邦志』권3, 6월.

125)『연려실기술』권16, 宣祖朝故事本末, 壬辰義兵, 金千鎰.

126) 강성문, 「진주대첩에서의 김시민의 전략과 전술」『군사』51, 2004.

127)『선조실록』권40, 26년 7월 임술, 갑자, 을축, 정묘, 무진 ;『연려실기술』권16, 晋州城陷明兵撤還..

진주성전투 때와는 달리 계사년 진주성전투에 소극적이었으며, 나아가 적극적으로 공성론空城論을 주장하였다. 곽재우는 일본군이 서울을 철수하자 순변사巡邊使로 임명되어 추격에 나섰던 이빈李蘋의 지원 요청을 전략과 전술상의 문제를 들어 거절하였다. 그 이유는 적은 대군이고 아군은 수적으로 열세이므로 분산작전으로 적의 병력에 대응하자는 것이었다.128) 이로 말미암아 곽재우는 경상우감사 김륵의 노여움을 사지만, 끝내 응하지 않다가 정암진鼎巖津을 지켰다.129) 이러한 곽재우의 태도에 대해서 분산작전을 꾀한 현명한 대책이라는 견해가 있다.130)

7월 19일에 전라 병사 선거이宣居怡와 홍계남洪季男 등이 군사를 거느리고 와서 사태를 보고는, 적은 많고 우리는 적으니 물러가서 내면內面을 지키는 것이 낫다고 하자, 김천일이 강력히 저지하였으나 선거이와 홍계남 등은 성을 나가 운봉雲峰에 진을 쳤다.131)

왜적이 진주를 함락시켰다. 김천일·최경회 등이 전사하였다. 당시 진주에서 급변을 보고하니, 이여송이 경성에서 열둔列屯의 제장諸將인 유정劉綎·오유충吳惟忠·낙상지駱尙志 등에게 전령하여 군사를 전진시켜 구원하게 하였으나, 제장들은 적의 형세가 막강함을 두려워하여 감히 진격하지 못하였다. 적은 여러 둔병屯兵을 다 동원하여 30만이라 호칭하며 곧장 진주로 향했는데, 의령宜寧 등 여러 고을을 분탕하고 노략질하니 화염이 충천하였다. 권율은 이빈과 함께 함양으로 물러가 주둔했다가 이어 남원으로 들어가고, 곽재우는 정진鼎津을 버리고 후퇴하였다.132)

---

128)『선조수정실록』권27, 26년 6월 ;『징비록』권2.
129)『난중잡록』권2, 계사 6월 15일.
130) 金潤坤,「곽재우의 의병활동」『역사학보』, 1967, 36~37쪽 ; 李載浩,「壬亂義兵의 一考察」『역사학보』35·36 합집, 1967, 309쪽.
131)『선조실록』권40, 26년 7월 무진.
132)『선조수정실록』권27, 26년 6월 갑신.

그러나 계사년 진주성의 관군과 전라도 의병이 수성론守城論을 주장한 것과 좋은 대조를 보인다.[133] 당시 공성론空城論을 주장한 사람은 도원수 김명원金命元, 순찰사 권율, 곽재우 등이었으며, 수성론을 주장한 사람은 국왕 선조宣祖, 우도절제사 김천일, 경상우병사 최경회崔慶會, 충청병사 황진黃進 등이었다. 더욱이 계사년 진주성전투의 주력 부대는 김천일의 전라지방의 군사와 관군이었다.

계사년 진주성전투의 피해상과 전공은 다음과 같다. 첫째, 진주성의 인적인 피해이다. 진주성이 함락된 후 일본군에 의해 진주성은 비참한 상황을 맞이하였다. 김천일이 그 아들 김상건金象乾 및 최경회·고종후·양산숙 등과 함께 북쪽을 향하여 두 번 절하고 강에 몸을 던져 목숨을 끊었다. 진사進士 문홍헌文弘獻, 정자正字 오자吳玼, 참봉參奉 고경형高敬兄 등이 모두 따라 죽었다. 일본군은 성 안에 있는 사람들뿐 아니라 심지어 우牛·마馬·견犬도 모조리 살해하였는데, 성 내외의 사망자 수가 약 6~7만이라 한 데서도 상황을 짐작할 수 있다.[134] 즉 김륵金玏이 사근찰방 이청李淸으로 하여금 진주성 일대를 살펴보게 하였다. 그때 성 안의 시체는 천여 구요, 촉석루에서부터 남강 북안에 이르기까지 쌓인 시체가 서로 겹쳐져 있었고, 청천강으로부터 옥봉에 이르는 5리 사이에는 시체가 강의 상하에 가득했다고[135] 한다.

둘째, 계사년 진주성전투가 조선군의 패배로 끝났지만, 일본군의 전력을 약화시켜 일본군의 전라도 진출을 막는 요인이 되었다. 일본군은 계사년에 진주성을 함락시킨 것으로써 그들의 일차적 목적을 달성하였지만, 계속 진주 주변을 약탈하면서 7월에는 전라도 고부까지 쳐들어

---

133) 郭再祐의 空城論은 명군이 전쟁 회피를 위해 주장한 도피적 空城論과는 구별해야 한다.
134) 『선조수정실록』 권27, 26년 6월 ; 『충렬록』 권2, 忠愍彰烈兩祠享禮節目.
135) 『선조실록』 권40, 26년 7월 갑술.

갔다.[136] 그러나 일본군은 진주성전투에서 입은 막대한 병력 손실과 그로 인한 전력의 약화 때문에 사실상 전라 공략의 목적을 달성할 수 없었다. 이처럼 2차 진주성 전투의 패인은 군사력의 절대적 열세와 아군측 간의 협조가 제대로 이루어지지 못한데 있다. 진주성을 사수하는 부대를 응원할 수 있는 후방 지원군이 제 역할을 하지 못한데 있다. 이는 물론 적들이 진주 주위의 단성, 곤양, 사천 방면에서 사방으로 진주 진입을 차단했던 이유도 있겠지만, 적의 세력에 먼저 겁을 먹고 함양, 운봉 방면으로 멀리 도망해 버렸던 응원군에 커다란 문제점이 있었다. 응원군이 제 역할을 하지 못한 이유는 곽재우 같은 영남 의병이 전라도 의병이 지키는 진주성에 대해 호감을 가지지 않았던 점도 지적되어야 하리라 본다.

성이 함락된 뒤 적은 군대를 몇 기起로 나누어 1기는 단성·산음을 향해 출발하여 지리산으로 들어가고, 1기는 바로 본주本州 서면西面으로 나아가서 지리산으로 간 적과 합세하여 구례·광양·남원·순천 등지로 흩어져 들어가서 마을을 노략질하였다.

이후 동궁이 전주에 머물고 또 윤두수를 성주에 보내어 유독부兪督府를 보고 돌아왔다. 이때에 권율이 역시 성주에 있었다. 좌의병장 임계영이 부장副將 최억남崔億男과 더불어 남은 군사를 수습하여 하동에 들어가 지키면서 때때로 날랜 군사를 내어 고성·거제 등지에 매복하여 나무하고 풀 베는 적을 잡았다.[137]

이때 낙駱 참장參將은 남원에 있으면서 성지城池를 수축하여 죽음으로 지킬 계획을 하고, 포수砲手 3백 명을 파견하여 취성鷲城에 진을 친 다음 영상嶺上에 기치旗幟를 많이 벌여 놓고서 불을 들어 호응하게 하

---

136)『난중잡록』권2, 계사 7월.
137)『난중잡록』권3, 갑오년 선조 27년.

였다. 홍계남洪季男이 군사를 거느리고 령嶺을 내려가다가 적의 선봉을 만나 길에서 적을 공격하여 수십 리를 가며 싸우다가 구례·광양에 이르러 오랫동안 크게 싸우니 적이 물러갔다. 1기는 사천·고성으로 향해 가서 분탕질을 했고, 1기는 삼가·의령으로 향해 가서 공사公私의 가옥을 불태우고 돌아와서 함안·창원 등지에 주둔하였으며, 1기는 포로로 잡은 남녀와 복물卜物을 싣고 김해를 향해 돌아갔다.[138]

2차 진주성전투 이후 국가는 희생자들을 위로하였다. 전라도에서 참전한 의병들이 단연 주목된다. 판결사判決事 김천일을 의정부 좌찬성 겸 판의금부사, 수충청병마절도사守忠淸兵馬節度使 황진을 의정부 우찬성 겸 판의금부사, 수경상우도병마절도사守慶尙右道兵馬節度使 최경회를 이조 판서 겸 대제학 지경연 성균관 춘추관사, 김해 부사 이종인을 호조 판서 겸 지의금부사, 거제 현령 김준민을 형조 판서 겸 지의금부사, 훈련원정겸사천현감訓鍊院正兼泗川縣監 장윤을 형조 참판 겸 동지의금부사로 각각 추증하였다.[139]

이후 진주성에는 전사한 자들을 위한 사당이 마련되었다. 사당에 배향된 인물들의 배치는[140] 충민사忠愍祠 및 창렬사彰烈祠의 열위도列位圖에,[141] 보면, 증자헌대부贈資憲大夫 의정부우참찬議政府右參贊 행경상우도병마절도사行慶尙右道兵馬節度使 최경회崔慶會, 증숭정대부贈崇政大夫 의정부영의정議政府領議政 좌찬성左贊成 창의사倡義使 김천일金千鎰, 증자헌대부贈資憲大夫 병조판서兵曹判書 겸兼 지의금부사知義禁府事 행통훈대부行通訓大夫 진주목사晉州牧使 충의忠義 장윤張潤, 증승지贈承旨 창의사倡義使 종사관從事官 양산숙梁山璹, 증참의贈參議 김상건金象乾(김천일의

138)『선조실록』26년 7월 무진.
139)『선조실록』26년 8월 무자.
140) 현재 충렬사와 창렬사에는 모두 38인의 위패가 봉안되어 있다.
141)『忠烈錄』권2, 忠愍彰烈兩祠東西祠列位圖.

아들), 증통정대부贈通政大夫 병조참의兵曹參議 분의의병장奮義義兵將 강희열姜熙悅, 증자헌대부贈資憲大夫 이조판서吏曹判書 효렬공孝烈公 행임피현감行臨陂縣監 복수의병장復讐義兵將 고종후高從厚(제봉霽峰의 아들) 등이 대표적인 전라도의 관군과 의병이다.

우선 배향된 인물들이 충민사忠愍祠의 김시민金時敏을 제외하면, 계사년의 중요 전사자들은 모두 창렬사彰烈祠에 배향되고 있다. 그리고 나머지 인물들은 창렬사의 양사兩祠에 배향되어 있다는 점이다.[142] 이것은 두 차례 진주성전투 가운데 패배한 계사년전투를 국가적인 차원에서 중시하고 있음을 보여준다.

참모 진사 김득지金得地와 종사 유학 양주梁澍에게 부쳐 삼가 일의 전말을 갖추어 멀리 어전御前에 호소합니다. 신은 지금 전망戰亡한 나머지의 군사를 수합하여 함양 지방의 요해처에 주둔해 지키면서 적을 평정하여 강토를 영원히 맑히기를 기다립니다.[143]

V. 맺음말

임진왜란의 국난을 극복하는 과정에는 전국적으로 많은 전투들이 있었다. 이러한 전투들의 승리 덕분에 궁극적으로 일본군의 조선 침략을 극복할 수 있었다. 대표적으로 육지에서는 경상우도의 의병운동을 지적할 수 있다.

그런데 경상우도의 의병운동이 성공적일 수 있었던 것은 경상우도의

---

142) 『증보문헌비고』 권213, 各道書院. 한편 『國朝人物考』 下, 倭難時立節人에는 최경회, 황진, 이종인, 장윤, 고종후, 양산주, 이잠이 올라 있다. 또 『典故大方』 권4, 書院鄕祠錄에는 창렬사에 김천일, 최경회, 황진, 장윤 4명, 충민사에 김시민, 양산주 외 23명이 기재되어 있다.

143) 『난중잡록』 권3, 계사 9월.

의병장의 활동, 관군과 의병의 유기적인 연대, 전라의병의 지원이 있었기 때문이었다. 임진왜란 시기에 전라의병은 다른 지역 의병과 달리 근왕병勤王兵으로 북쪽으로 진격하여 충청도와 경기도 일원에서 전투를 하였다. 그러나 금산전투의 패배 이후 경상우도의 전투에 참전하면서 임진왜란 극복의 전기를 마련할 수 있도록 하였다는 점에서 전라의병의 큰 의미를 찾을 수 있다.

먼저 전라의병의 창의 동기는 국왕에 대한 신하의 충성이라는 충의군忠義軍으로서의 역할 때문이었다. 그리고 경상우도로의 원군은 국가적 방어의 필요성을 인정하였기 때문에 가능하였다. 아울러 경상우도를 지키지 못하면 전라도도 위험할 수밖에 없다는 공동체의식이 있었기 때문이었다. 그리고 경상우도에 참전한 초기의 전라의병은 좌우의병으로 조직화되어 경상우도에 원군으로 참여하여 활동하였다. 그것은 김성일金誠一의 원군 요청에 따른 지원 때문이었다.

다음으로 전라의병은 경상우도에서 1차 진주성전투, 거창·개령·성주전투, 2차 진주성전투 등에 적극적으로 참여하여 많은 전공을 세웠다. 1차 진주성전투에서는 외곽에서 지원군의 역할을 수행하였으며, 거창·개령·성주에서는 전라도 침략이 좌절된 후 경상우도로 침략하는 일본군의 침략을 의병장 김면, 정인홍과 연합하여 좌절시켰다. 2차 진주성전투에서는 전라도의 김천일과 최경회의 관군과 의병이 전투를 주도하다가 장렬히 전사하였다. 이에 많은 전라도의 군사들이 전후에 추증되고 국가 차원에서 기려졌다.

임진왜란 시기에 경상우도에서 활약한 전라의병은 지역과 학연을 뛰어넘어 국가 위기 상황을 극복하기 위해서 다른 지역을 지원하여 전쟁의 전기를 만들어 내는데 기여한 사례로 평가할 수 있다.

1592년 성주전투와 일본군의 동향

신윤호[*]

Ⅰ. 머리말

임진왜란 7년간의 전쟁은 동아시아의 큰 변화를 야기한 사건이었다. 동시에 조선에 있어서는 당시의 국내사정을 여실히 보여주는 계기가 되기도 하였다. 예컨대 개전 20일 만에 도성이 함락되고 말았던 국방력의 실태, 그럼에도 불구하고 국난극복의 동력이 되었던 의병의 사상적 기반 등이 그러하다.

본고는 전쟁 전반에 걸친 사건의 흐름과 그에 따른 인과관계를 하나하나 밝혀내는 것이 임진왜란을 정의할 수 있는 필수요소라고 보고, 경상도의 성주전투를 살펴봄으로써 임진왜란을 이해하는 데 일조하고자 한다.

성주성은 일본군이 번성藩城으로 삼았던 곳으로서 부산에서 한성까지의 침입로 사이사이에 설치된 주요성들 가운데 하나였다. 경상도를 전담하였던 모리 데루모토[毛利輝元]는 개령에 주둔하면서 인근에 위치한 성주를 통솔하고 있었으며 일본군의 거점이자 수송·보급 선상에

* 국립진주박물관 학예연구원.

있었던 전략적 요충지였기 때문에 성주는 조朝·일日양국의 치열한 공
방전이 이어졌던 곳이다.

현재 성주전투에 대한 본격적인 연구는 전체 양상에 대하여 이형석
李炯錫의『임진전란사壬辰戰亂史』가 있으며, 조원래趙湲來의 연구에서는
전라도 의병의 활동과 관련하여 일부 연구되었다.1)『임진전란사』의
경우 전투 전반에 걸쳐 서술되기는 하였으나 사료의 한계성 및 내용상
의 오류가 발견되는 바 이를 수정하고 보완할 필요성이 제기된다. 따
라서 본고는『임진전란사』에서 3차에 걸친 전투로 분류한 것과 같은
형식을 취하되, 다만 기존의 사료를 재검토하고 여기에 일본 측 사료
를 대조하여 사건을 더욱 세밀하게 분석하고 객관적 사실을 밝히는데
중점을 두었다.

일본 측 자료로서『일본전사조선역日本戰史朝鮮役』2),『朝鮮日々記·
高麗日記-秀吉の朝鮮侵略とその歷史的告発-』3), 그리고 비록 간략한
내용이기는 하나 성주전투의 생생한 현장을 기록한『조선도해일기朝鮮
渡海日記』4)를 비교·분석하여 서술하려 한다.『조선도해일기』는 모리
데루모토의 부장으로 조선에 온 요시미 모토요리[吉見元賴]의 가신家臣
시모세 요리나오[下瀨七兵衛尉賴直]가 기록한 것이다. 1592년 3월 8일부

---

1) 李炯錫,『壬辰戰亂史』, 신현실사, 1975
   趙湲來, 「임란 초기 전라좌의병과 임계영의 의병활동」(『조선시대사학보』, 조선시
   대사학회, 2011)
   _____, 「전라좌우의병의 활동과 최경회일가의 의병운동」(『임진왜란과 호남지방
   의 의병항쟁』, 아세아문화사, 2000」.
2)『日本戰史朝鮮役』, 參謀本部編, 1978
3) 北島万次,『朝鮮日々記·高麗日記-秀吉の朝鮮侵略とその歷史的告発-』, 株式會社
   そしえて, 1982.
4) 下瀨七兵衛尉賴直,『朝鮮渡海日記』(防長叢書 第六編, 防長史談會, 1934), 별칭은『下
   瀨賴直朝鮮日記』,『朝鮮陣留書』,『朝鮮滯陣日記』,『吉見家朝鮮陣日記』,『吉見元賴朝
   鮮日記』등이다. 그리고 異本은「下瀨七兵衛尉賴直文祿二年吉見二郎兵衛尉元賴ニ令
   供奉朝鮮渡海ノ時ノ日記」이다.

터 이듬해 4월 7일까지 그날그날의 상황을 보고들은대로 서술하였기 때문에 일본군의 사정 및 이동경로의 정확한 시기를 파악할 수 있다는 점에서 매우 중요한 사료이다.

위와 같은 자료를 토대로 성주전투를 살펴보고 여기에 일본군의 동향과 군사정책을 연관지음으로써 임진왜란이라는 넓은 관점에서 성주전투가 의미하는 바를 찾을 수 있을 것이다.

Ⅱ. 개전초 영남지방의 실태

1) 모리 데루모토[毛利輝元]의 전략

도요토미 히데요시[豊臣秀吉]는 일본 전국을 통일하고 조선을 침략하기 위해 규슈[九州]의 나고야성[名護屋(城)]에 약 30만 대군을 집결시켰다. 이 가운데 1번~9번대로 구성된 15만여 병력으로 침략을 감행하였는데 1592년 4월 14일 부산진성을 기점으로 하여 4갈래로 진격하였다.

일본의 대군 앞에 조선 각지의 수령들은 패하거나 퇴각하는 등 공세를 감당하지 못하고 모두 무너지고 말았다. 이에 의병이 그 역할을 대신하였으니 곽재우가 가장 먼저 기병하여 경상도 의령을 중심으로 활약하였다. 가산을 털어 전사들을 모집하고 창고의 곡식을 풀어 군량으로 삼기도 하였다.

한편 모리 데루모토는 7번대로서 3만의 병력을 이끌고 왔다. 4월 20일, 부산포에 도착[5]하여 5월 10일에는 현풍에 이르러 진을 쳤다. 다음날 모리 모토야스[毛利元康]·고다마 산사에몬[児玉三左衛門]과 담합하였고 현풍에 성을 축조하거나 진을 구축하려는 용도였는지 대나무 베기를 하였는데 이때 조선인地下人 300여 명으로부터 공격을 받았다. 이에

---

5) 北島万次, 『壬辰倭乱─秀吉の朝鮮侵略─関係史料稿本』Ⅰ(2005), 130쪽.

요시미 모토요리가 출동하여 기습한 조선인들을 창녕까지 추격하였으며, 12일은 창녕에 군영을 설치하여 조선인의 기습에 대비하기도 하였다.[6] 또한 조선 민중에게 '찰札'을 발급하여 통제하였다.[7] 이는 임란초 조선인에 대한 회유책의 수단이었는데, 소 요시토시[宗義智]가 경상도 지역에서 발급한 패牌의 경우에는 "군현의 백성들은 속히 옛집으로 돌아가 남자는 모를 심고 보리를 걷고, 여자는 누에를 치고 실을 뽑아 각각 자기 집 일에 힘쓰라. 만약 우리 군사가 법을 범하면 반드시 처벌한다"라고 쓰여 있었으며 한성을 점령한 후에도 이와 같은 명패를 만들어 줌으로써 일본군에 항복하였음을 표시하였다.[8]

모리 데루모토를 비롯한 요시미 모토요리·모리 모토야스 등은 현풍으로부터 성주를 향해 북상하였다. 5월 17일, 낙동강을 건너자 조선인들의 습격을 받았는데 요시미 모토요리 등이 이를 격퇴하고 18일은 성주성에 들어갔다. 성주에 입성한 모리 데루모토는 그의 부장 무라카미 가케치카[村上景親] 등으로 하여금 무계茂溪에 보루를 쌓아 수비함으로써 낙동강의 도장渡場과 수운水運을 엄호하게 하였다.[9]

모리 데루모토의 부장 깃카와 히로이에[吉川広家]는 숙박소御座所 건설을 위해 개령에서 문경으로 진출해 있었는데 예천에서 용궁현감 우복룡의 군대와 한 차례 전투가 있었고, 이로 인해 숙박소 건설을 할 수 없게 되자 모리 데루모토는 요시미 모토요리·모리 모토야스 등에게 경상도 동북부 진압을 명하여 6월 17일에 선산을 출발하여 안동으로 향하게 하였다. 의성을 지나 만덕萬德에서 조선인을 사로잡아 길안내

---

6) 北島万次, 『朝鮮日々記·高麗日記—秀吉の朝鮮侵略とその歴史的告発—』(1982), 153~154쪽.

7) 위의 책, 154쪽.

8) 『亂中雜錄』 1, 壬辰 4월 24일·5월 3일.

9) 『日本戰史朝鮮役』, 參謀本部編, 1978, 203쪽.

를 하게 하여 22일에 안동을 침입하였다.[10] 여기에서 많은 군량을 마련하였으며 장기적인 군량조달을 위해 패찰을 만들어 조선 민중을 위무하고 농경에 힘쓰도록 하였다. 모리 모토야스의 군사는 안동에 주둔한 채, 요시미 모토요리는 예안으로 진격하여 진을 쳤다. 그 후 요시미 모토요리의 군사는 7월 9일 철수하여 안동의 모리 모토야스에 합류하여[11] 7월 18일 안동에서 퇴각하였다.

조선 8도를 일본 제장들이 각각 나누어 다스리기로 하였는데 모리 데루모토는 경상도白國를 담당하였다.[12] 도요토미 히데요시는 부산으로부터 한성에 이르는 곳곳에 숙박소 건설을 명하였고 경상도 지역을 담당한 모리 데루모토에게는 청도 · 대구 · 팔거 · 인동 · 선산 · 상주 · 함창 · 문경 · 조령 등 9곳에 건설하도록 하였다.[13] 이러한 임무를 맡고 경상도를 침략한 모리 데루모토는 5월 26일, 도요토미 히데요시에게 서장을 보냈는데 그 내용 가운데 조선 점령에 대하여 다음과 같이 보고하였다.[14]

첫째, 숙박소 건설을 위한 인부가 아직 도착하지 않아 현재 거느린 인력으로 공사를 시작하게 되었다.

둘째, 조선의 영토는 일본보다 넓으며 이번에 조선으로 건너온 병력만으로는 다스릴 수가 없다. 하물며 명나라를 정복한다는 것은 더욱 어렵다.

셋째, 말이 통하지 않아 일본 측의 의도를 제대로 전할 수 없다.

---

10) 北島万次, 『朝鮮日々記・高麗日記－秀吉の朝鮮侵略とその歷史的告発－』, 161~164쪽; '倭入安東…'(『鄕兵日記』, 壬辰 6월 22일庚戌).

11) '禮安倭 還安東'(『鄕兵日記』, 壬辰 9월 9일丙寅).

12) 『日本戰史朝鮮役』(參謀本部編, 1978), 「附記」157쪽.

13) 「毛利家文書」(『秀吉と文祿・慶長の役』, 佐賀県立名護屋城博物館, 2007, 42쪽).

14) 北島万次, 위의 책, 155~158쪽.

　이러한 문제점 등으로 인하여 숙박소 공사가 쉽게 이루어지지 않고 있었으며 조선을 점령하는 것조차 어렵다는 점을 밝히고 있다. 이후 모리 데루모토는 약목若木·김산金山을 거쳐 6월 9일 선산으로 이동하였고 그곳에서 고바야카와 다카가케[小早川隆景]와의 회담을 계획하였지만 조선 의병의 습격으로 무산되었다. 6월 12일, 모리 데루모토는 요시미 모토요리를 선산에 주둔시키고 자신은 개령으로 군사를 이동하여 진을 쳤고 이곳을 본진으로 하였다. 그리고 요시미 모토요리에게 안동 진압을 명하였으니 이때 안동에서는 조선 의병의 저항이 일어나고 있었기 때문이다. 또한 6월 15일, 숙박소 건설을 위해 문경에 와 있던 킷카와 히로이에는 예천에서 우복룡 등과 전투를 벌이는 상황이었다.[15] 모리 데루모토는 안동·예천 등지를 공략하여 보급로를 확보하는 한편, 도요토미 히데요시의 명에 따라 숙박소 건설을 늦추지 않기 위해 여러 모로 노력하였으나 조선 의병의 반격으로 인해 계획이 지지부진하였다. 이러한 상황을 극복하기 위해 6~7월 기간에 경상도 비안比安에 주둔한 모리 데루모토의 부장으로 보이는 시시도 모토츠구[宍戸元次]·산보 모토타다[三寶元忠]가 다음과 같은 방을 써 붙였다.

　　일본국 宰相은 어명을 받들어 세상을 교화하고 백성을 다스리는 것이 목적이라 군내 사람이 산중이나 혹은 해외로 피난간 자는 집으로 돌아와 전과 같이 편안히 살라. 일본사람으로 唐人의 처자를 빼앗은 자는 포박해서 죽이고 있으니 농업에 종사하는 자는 부지런히 밭을 갈고 물을 대고 풀을 뽑아 가을 수확을 기다리라. 조선에서 만약 무기를 가지고 우리 군사의 왕래를 방해한다면 모조리 잡아서 형벌할 것이며 만약 도망한 백성이 하소연할 일이 있으면 기록해서 개령의 우리 장군의 진으로 아뢰어라. 이상 조목에 대하여 혹시 의심할지 모르나 하늘이 밝게 내려다보니 절대 헛

---

15) 北島万次, 위의 책, 160~161쪽.

말 하지 않는다.[16)]

앞서 언급하였던 조선인에 대한 회유책으로서 상황이 여의치 않자 일본군에 대한 호감을 높이기 위한 문구가 보이며 농업에 종사하게 함으로써 군량의 현지조달을 위한 방편이었음을 알 수 있게 하는 대목이다. 또한 조선 의병의 반격이 곳곳에서 있었기 때문에 이에 대한 경고성 문구도 보인다. 그럼에도 불구하고 조선 의병의 공격은 끊이지 않았다. 7월 9일, 예안에 주둔해 있던 요시미 모토요리는 진을 거두어 안동에 주둔해 있던 모리 모토야스에게 돌아와 합류하였으며, 이들은 18일에 다시 안동을 떠났다. 조선 의병의 공격으로 이동이 불가피했던 것으로 보인다. 이어서 7월 23일, 모리 모토야스의 군대가 조선 의병의 습격을 받자 요시미 모토요리는 지원병을 보냈으나 27일, 다시 조선 측의 공격을 받아 요시마츠 야구로[吉松弥九郎]가 반궁半弓에 맞아 사망하였다.[17)] 이들은 병량을 구하기 위해 예천 지역을 주축으로 움직였으며 이 과정에서 조선 의병과 맞닥뜨리기도 하였던 것이다.

당초 모리 데루모토가 경상도를 관할하면서 꾸준히 진행했던 일은 숙박소 건설과 군량보급이었다. 각 지역 간의 연락망을 구축하여 보급로를 확보하고 부족한 군량은 조선민중을 회유하여 현지에서 조달하려 하였다. 이는 도요토미 히데요시가 조선으로 건너올 것을 대비하여 부산에서 한성에 이르는 사이에 숙박소를 건설하고, 군량 조달 등의 보

---

16) 『亂中雜錄』 1, 壬辰 7월 5일; 『日本戰史朝鮮役』(參謀本部編, 1978), 「附記」, 158~159쪽.
　　『난중잡록』에 의하면 이 방문은 7월에 쓴 것이며, 『일본전사조선역』에 실린 방문은 6월에 쓴 것이다. 여기에서 주목할 만한 것은 이 두 방문은 핵심 내용이 일치하며 문서의 마지막에 서명된 '安藝宰相代 完戶元次 三寶元忠'이 정확히 일치한다는 것이다. 즉, 毛利輝元 측에서는 몇 개월에 걸쳐 여러 차례 방문을 썼다는 것을 확인할 수 있으며, 『난중잡록』의 사료적 가치를 알만한 부분이다.

17) 北島万次, 위의 책, 168쪽.

급로를 확보하려 한 것이었으나 조선 의병의 봉기로 인하여 당초의 계획이 처음부터 난관에 부딪쳤다.

2) 조선측의 대응

일본군이 부산에 상륙하여 경상도 지역 곳곳을 점령하면서 세 갈래 길로 북상하여 개전 20일 만인 5월 2일에 한성을 점령하였다. 북상하는 과정에서 점령한 지역에 군사를 주둔시킴으로써 전략적 거점으로 삼았으니 일로一路는 동래·양산·밀양·청도·경산·대구·인동·성산·상주로 이어졌으며, 또 다른 일로一路는 영산·창녕·현풍·성주·개령·김산으로 이어져[18] 부산으로부터 한성에 이르는 연락선이 형성되었다.

한편 조선 조정에서는 적침의 대책마련을 위한 논의를 거쳐 김성일을 경상도초유사로, 김륵을 안집사로 각각 임명하여 의병을 召募하도록 하였다.[19] 김성일은 경상도에 도착하자 초유문招諭文을 포고[20]하여 백성들로 하여금 국토수호의 의지를 북돋았다. 그리고 의병들을 지휘하여 방어선을 형성하였으니 김면의 군대로 하여금 거창을 지키면서 김산·무주의 왜적들을 방비하게 하고, 손승의孫承義와 제말諸沫 등으로 하여금 고령을 지키면서 성주의 왜적들을 방비하게 하였다.[21]

이처럼 각지에서 의병이 봉기한 것은 전란 초기에 조선의 관군이 일본군의 일방적 공세에 속수무책으로 당하며 패주하였기 때문이었는데 가장 먼저 곽재우가 기병하였다. 그는 가산을 털어 군사를 모집하고 의령·초계 창고의 곡식과 조세미를 확보하여 군량으로 삼았다. 초유

---

18) 『선조실록』 권27, 25년 6월 丙辰(28일).
19) 위의 책, 25년 5월 壬午(23일).
20) 『학봉선생문집』 권3, 招諭文, 「招諭一道士民文」.
21) 『학봉선생문집속집』 권3, 狀, 「左監司時狀壬辰」.

사 김성일의 지원으로 삼가三嘉의 군사와 참모를 얻어 자못 군세를 떨
치며 활약하였다. 특히 정암진鼎巖津을 방어하여 안코쿠지 에케이[安國
寺惠瓊]의 군사가 강을 건너지 못하도록 하였으며 주로 낙동강 주변을
방어하였는데 일본군의 도강渡江을 저지함으로써 적군의 연락선을 차
단하였다.22) 곽재우에 이어서 5월 4일, 조종도趙宗道와 이로李魯가 도
내에 통문을 돌려 의병을 일으켰다. 합천의 정인홍, 고령의 김면, 현풍
의 곽단郭䞐·박성朴星, 삼가의 박사제朴思齊, 초계의 전치원全致遠·이
대기李大期, 산음의 오장吳長, 단성의 권세춘權世春, 함안의 이정李瀞 등
이 통문에 응하여 의병을 일으켰으니23) 이러한 각지의 의병들은 정인
홍과 김면을 중심으로 조직을 정비해 나갔다.

　정인홍은 손인갑·김응성金應聖 등과 함께 고령을 중심으로 활동하
였다. 5월 18일 경, 무라카미 가게치카 등은 무계茂溪에 보루를 쌓아
낙동강을 수비하고 있었는데 이러한 일본군의 연락선을 깨뜨리기 위해
정인홍은 "무계의 왜적도 현풍과 성주 사이에 끼어 왕래하면서 서로
도와주고 있으니 반드시 이 왜적을 먼저 제거해서 강 길을 끊어 놓은
후에야 성주를 회복할 수 있을 것이다"하고 손인갑을 필두로 하여 성
주탈환을 위한 군사행동에 들어갔다. 김면의 군사와 협력하여 무계를
습격하였으나 군사들의 전투 미숙으로 실패하고 다음 날인 6월 5일,
다시 공격하여 적군이 약탈한 재물을 무계의 역사驛舍에 쌓아 태우고
소와 말을 빼앗았다. 승세를 타고 추격하자 적군은 배를 타고 달아났
으며 현풍으로부터 구원병이 도착하여 공격하자 정인홍 등은 일단 퇴
각하였다. 이 전투에서 무계 수비의 책임을 맡았던 무라카미 가게치카
가 부상을 입기도 하였다.24)

---

22) 『난중잡록』 1, 壬辰 4월 22일.
23) 李魯, 『龍蛇日記』, 5월 초4일.
24) 『난중잡록』 1, 壬辰 6월 5일;『日本戰史朝鮮役』, 參謀本部編, 1978, 203쪽.

한편, 김면은 고령·거창을 중심으로 활동하였다. 고령에서 군사를 모으고 거창으로 갔을 때에는 거창의 선비들이 적인跡人(산척山尺)을 모집하여 김면에게 투속시키기도 하였다. 참모로서 곽준·문위·윤경남·박정번·유중룡·박성 등을 편성하여 2천여 명의 병사를 모은 후, 2백여 군사로 거창현의 북부를 수비하게 하고 자신은 직접 군사를 이끌고 고령으로 가서 진을 쳤다.[25] 또한 곽재우와 교류하며 정암진을 방비함으로써 적진 간의 연락선을 차단하였다.[26]

경상좌도 지역은 안동·예안을 중심으로 일본군과의 산발적인 전투가 있었으니 그 상황을 살펴보자. 6월 1일, 안동에서는 진사 배용길裵龍吉과 김병한 등이 의병을 일으켰으며 예안에서는 신지제申之悌가 군사를 모집하였다.[27] 11일은 예안의 향민들이 김해金垓를 대장으로 추대하고 금응훈琴應壎을 도총사로 삼았으며 격문을 돌려 300여 명의 군사를 모았다. 또한 춘양春陽에서는 유종개柳宗介·임흘任屹 등이 의병을 일으켰다.[28]

용궁현감 우복룡은 6월 15일 경, 숙박소 건설을 위해 문경으로 진출한 깃카와 히로이에의 군대와 예천에서 전투를 벌였고 이에 상황이 여

한 사건을 두고 조·일 양 측 자료에는 상반된 기록이 보인다. 『日本戰史朝鮮役』과 『난중잡록』의 내용을 비교하였을 때 각각 자신에게 유리한 내용만을 중점적으로 서술하였음을 짐작할 수 있다. 즉, 『난중잡록』에는 본문에서 보듯이 현풍의 구원병이 오기 전까지 조선군 승세의 입장을 크게 다루었다. 반면, 『日本戰史朝鮮役』에는 손인갑 등의 공격에 대하여 수비병이 이를 격퇴하고 추격하여 수백 명을 쓰러뜨리고 村上景親가 상처를 입었다고 한 것은 아마도 현풍에서 구원병이 오기 전까지 조선의병에 의해 수세에 몰리는 상황은 생략하고 현풍에서 구원병이 도착한 이후, 조선의병이 퇴각한 상황만을 두고 서술한 듯하다. 특히『日本戰史朝鮮役』은 『난중잡록』을 참고문헌으로 서술하였음에도 일본 측에 불리한 부분은 다루지 않은 듯하다.

25) 『난중잡록』 1, 壬辰 6월 3일.
26) '金沔聞倭賊屯於鼎津之南 卽引兵進陣津北以禦之'(李魯, 『龍蛇日記』).
27) 『鄕兵日記』, 壬辰 6월 1일己丑.
28) 위의 책, 壬辰 6월 11일己亥.

의치 않자 요시미 모토요리·모리 모토야스 등은 17일에 선산을 출발하여 안동으로 향하였다. 모리 모토야스의 군사는 안동에 주둔한 채, 요시미 모토요리는 예안으로 진격하여 진을 쳤다. 안동·예안이 한 동안 일본군의 수중에 떨어졌으나 영천에 있던 안집사 김륵이 권희순·황서·이유·박연 등을 수성장으로 삼고 군사를 모아 다인多仁지역을 방어케 함으로써 예안의 적군을 견제하였다.[29] 그러자 예안의 요시미 모토요리의 군사는 7월 9일 철수하여 안동의 모리 모토야스에 합류하였다.[30] 안동에 집결한 일본군에 맞서 영천에 있던 김륵이 안동으로 가서 안제·김용·권전 등 50여 명의 관리들을 편성하여 적을 방비케 하고 도피한 수령들을 불러 모았다.[31]

  이와 같은 조치를 취하자 요시미 모토요리·모리 모토야스 등은 7월 19일 안동에서 퇴각하여 풍산 구담촌九潭村으로 진을 옮겼다. 일본군이 물러가자 병사兵使 박진이 들어와 배용길이 일으킨 군사 200여 명을 수습하였다. 또한 권응수가 영천성永川城을 탈환하는 과정에서 적 300여 명을 무찔렀다.[32] 권응수는 김성일이 의병장으로 임명하고 여러 고을의 병사를 거느리게 하였는데 하양河陽 의병장 신해申海 등과 합력하여 영양(영천)성의 적군을 섬멸하였던 것이다.[33]

  경상도 지역은 가장 먼저 적군의 침입을 당한 곳인 만큼 가장 먼저 창의倡義하였고 초유사 김성일이 수령 및 의병들을 독려하여 일정한 조직력을 다질 수 있었다. 적군의 침략을 직접 당한 곳으로서 각 지역

---

29) 『난중잡록』 1, 壬辰 7월 9일.
30) 『향병일기』, 壬辰 9월 9일丙寅, '禮安倭還安東'.
31) 『난중잡록』 1, 壬辰 7월 9일.
32) 『향병일기』, 壬辰 7월 19일丙子.
33) '… 仍以訓鍊奉事權應銖 爲義兵大將 傍數邑 皆定義兵將 使之聽命於應銖 應銖感公推擧 益自奮勵 其後與河陽義兵將奉事申海等合謀 領四邑兵掩擊永陽據城難動之賊 鏖盡之 …'(李魯, 『龍蛇日記』).

에서 다발적으로 기병起兵하게 된 것은 자보향리自保鄕里의 특성을 나타낸다. 앞서 보았듯 경상도 지역 곳곳에서 의병들이 낙동강 유역을 중심으로 활약함으로써 일본군의 연락선·보급로를 차단하였다. 따라서 일본군은 조선침략 20일 만에 한성을 점령하고 두 달 만에 평양성까지 진출하였지만 늘 후방이 불안했으며 군량·군수 조달이 제대로 이루어지지 않았다. 특히 경상도 지역을 담당하였던 모리 데루모토는 조선 의병의 봉기로 인해 지역민 통치와 숙박소 건설 등의 임무를 수행할 수 없을 지경이었다.

Ⅲ. 성주전투와 전라도의병의 내원來援

이 Ⅲ장에서는 『임진전란사壬辰戰亂史』(이형석, 신현실사, 1975)의 제 1·2·3차 성주성전투의 체제를 참조하였다. 다만 '성주성전투'가 아닌 '성주전투'로 하였는데 성주성에서의 공방전 뿐 아니라 성 밖 및 성 주변에서의 전투도 있었기 때문에 이를 모두 포함하는 의미에서 '성주전투'로 하였다. 그리고 『임진전란사』의 제1차 성주성전투[34]의 경우는 그 내용이 시기적으로 모순이 있으며 참고문헌의 내용 또한 인용이 잘못 된 부분이 있다. 예컨대 김면과 정인홍, 임계영 등이 합천 해인사에서 작전회의를 했다[35]는 내용이 있으니 당시는 8월이었다. 그런데 임계영은 보성에서 7월에 기병하여 8월 초, 남원에 도착하였다. 그 후에 무주로 진출했다가 9월 말에 이르러서 다시 남원으로 돌아온 사실[36]에 비추어 본다면 임계영이 경상도에 진입한 사실이 없었다. 임계영을

---

34) 『壬辰戰亂史』(이형석, 신현실사, 1975), 482~485쪽.
35) 위의 책, 483쪽.
36) 『난중잡록』2, 壬辰 8월 9일·9월 22일.

필두로 한 전라좌의병 및 최경회를 필두로 한 전라우의병이 경상우도
로 진군하게 된 시기는 9월 말에서 10월 초순 사이였으며 임계영이 해
인사로 진을 옮겨 정인홍과 합세한 것은 11월에 있었다.[37] 즉, 8월 21
일에 있었던 1차 성주전투는 임계영과 관계가 없으므로 시기적으로 명
백히 오류가 발견된다.

또한 『임진전란사』의 '1차 성주성전투'에 있어서 참고문헌 역시 9월
과 10월의 기사를 주로 참고하였는데 이에 대해 〈문헌연구文獻硏究〉란
에 별도로 서술하기를, 참고한 문헌의 내용이 1차 · 2차 · 3차의 전투가
혼합되어 서술되어 있는 점, 혼합된 사실을 시기별로 정확하게 구분하
여 기록하지 못한 점 등의 결함이 있을 수 있음을 고백하고 있다. 따라
서 본고의 '제1, 2차 전투와 영우의병嶺右義兵의 공성전'은 기존 사료를
재검토하고 새로운 사료를 대조함으로써 이를 정오 · 보완하는 차원으
로 서술하였다.

1) 제1, 2차 전투와 영우의병嶺右義兵의 공성전

모리 데루모토를 중심으로 한 일본군은 부산, 현풍, 성주, 금산, 선
산, 개령 등의 경로로 침입하는 과정에서 조선의 군사와 산발적인 전투
가 있었다. 모리 데루모토가 개령을 본진으로 하여 경상도 지역 곳곳에
군사를 파견하는 등 군사 배치에 안정을 꾀한 이후 8월에 이르러서 성
주 지역을 둘러싼 공방전이 가열되었는데 성주성에는 번성藩城을 설치
하고 가쓰라 모토쓰나[桂元綱]에게 수비의 책임을 맡겼던 것이다.

8월 초, 조선 측에서는 김성일이 지휘하여 경상도의 군사를 정비하
여 지역별로 배치하였다. 그 중에서 경상우도의 경우는 김면을 거창에
주둔시켜 김산 · 무주의 적을 방비하게 하고, 손승의孫承義와 제말諸沫

을 고령에 주둔시켜 성주의 적을 막게 하고, 정인홍과 김준민을 초계 및 강 위의 왕래하는 적을 방비하게 하였다.[38]

8월에 들어서면서 조·일 양측의 군사는 성주·개령지역을 중심으로 이와 같이 대치하고 있었다. 그러던 중 성주성으로 들어가는 수로水路 (도구渡口)가 조선군에 의해 차단되자 이에 맞서 성주성의 가쓰라 모토 쓰나는 개령의 본진에 구원병을 요청하였다. 모리 데루모토는 14일, 가쓰라 모토쓰나에게 구원병을 보낼 것이니 즉시 조선군을 공격하라는 명령을 내렸다. 그리고 그의 부장 요시미 모토요리를 파병하여 성주성 을 구원케 하였다[39]. 요시미 모토요리를 종군하였던 시모세 요리나오 는 그의 일기에 그날의 전투상황을 다음과 같이 기록하였다.

(8월)20일 (주군은) 같은 곳에서 주둔하시며 (본진으로부터) 해자를 파는 일을 명받아 해자를 파고 계시던 차에, 唐人(조선인)이 성주를 맹렬하게 공격해오니 속히 출진하여 무찌르라는 명령이 본진에서 도달하였기에 주군께서는 출진하셨습니다. 낮에 비가 약간 내렸습니다. 우측 성주 쪽으로 8리쯤 가면 있습니다. (주군은 부대를 이끌고) 오전 10시 경에 출진하시어 오후 4시 경에 도착하셨습니다. 唐人(조선인) 수 만 명이 그 성을 포위하고 계속 공격하고 있다가, 원군이 도착한 것을 보고 재빨리 도망치는 것을 보신 주군은 부대를 이끌고 그쪽으로 향하여 직접 다섯 명 정도를 죽이셨습니다. (그러나) 뒤이어 오는 부대가 없어서 많이 죽이지 못했습니다.[40]

---

38) 『학봉선생문집속집』 권3, 「狀」, 左監司時狀壬辰 ; 『난중잡록』 1, 壬辰 8월 3일.

39) 北島万次, 『朝鮮日々記·高麗日記-秀吉の朝鮮侵略とその歴史的告発-』, 170~171쪽.

40) (天正20년 8월)'二十 同所に被成御逗留堀普請御當御堀せ候所にせんぐじう唐人 歴々打出候而早々御出候而御打果候へと御本陣より被仰候間殿樣被成御出候書程に 雨少降候右せんぐしうへの中間八里ほと在之四ッ時分にかけ馬にて御成候七ッ時分 程に御かけ着候所に唐人數萬人彼城を取卷しきりに攻候へども加勢を見候て早々引 のき候所に送り附唐人御手前へ五人ほと打取候跡よりつゝき候勢候はて唐人おほく も討不申候事'(下瀨七兵衛尉賴直, 『朝鮮渡海日記』, 防長叢書 第六編, 防長史談會, 1934).

요시미 모토요리는 20일(조선력(曆) 21일) 오전 10시에 개령을 출발하여 오후 4시 경에 성주에 도착하였다. 조선인 수만 명이 성을 포위하고 공격하고 있었다고 한 것은 성주성을 에워싸고 공격을 준비하던 김면·정인홍 등의 군사를 말하는 것으로서 이 구원병의 급습을 받아 흩어지고 말았다.[41] 일본군의 기습을 예상치 못한 조선군은 제대로 싸우지 못하고 패퇴하였으며 목적을 달성한 요시미 모토요리의 군대는 다음 날 개령으로 돌아갔다.[42]

1차 전투의 패배로 퇴각한 조선군은 다시 성주성을 공격하기 위해 모의하였다. 정인홍·김면 등이 협력하여 부대를 정돈하고 진격하기로 하였다. 이에 김준민은 조선 측에 불리하다 여겼으나 대열에 합류하였다. 9월 10일, 성주성에서 5리쯤 떨어진 가평可坪에 진을 치고 군사를 성문 가까이 진퇴하며 적을 유인하려 했지만 철환으로 응수하며 성을 굳게 지킬 뿐 싸움에 응하지 않았다. 이튿날 다시 공격하기로 하고 철수하였고 김면은 배설裵楔에게 부상현扶桑峴에 매복하여 개령에서 오는 원병을 방비하게 하였다. 그러나 배설은 '내가 어찌 서생에게 절제를 받아서 저를 위해 중로中路에 매복한다는 말인가'하고 끝내 가지 않았다.[43]

여기서 부상현은 개령과 성주를 통하는 유일한 길이었으며 좌우로 산세가 험준한 협곡으로서 군사를 매복하기에 적합한 전략적 요로要路였다.[44] 1차 성주전투의 패인敗因도 개령으로부터 부상현을 거쳐 오는 적군을 방어하지 못하였기 때문이었는데, 김면이 배설을 파견하여 부상현

41) 『日本戰史朝鮮役』, 參謀本部編, 1978, 205~206쪽.

42) (天正20년 8월)'二十一日に同所に御打り候直に宰相樣へ被成御出候事'(下瀬七兵衛 尉賴直, 『朝鮮渡海日記』, 防長叢書 第六編, 防長史談會, 1934)

43) 『난중잡록』2, 壬辰 9월.

44) 扶桑峴은 현재 김천시 남면 부상리와 성주군 초전면 용봉리 사이에 있는 고개이다. 조선시대에 제작된 각종 고지도에는 '扶桑峴', '扶桑峙'로 기록되어 있으며 扶桑驛이 있었던 곳이기도 하다.

을 방비하게 한 것도 이러한 실책을 반복하지 않기 위해서였다.

　조선군과 대치하게 된 성주성의 가쓰라 모토쓰나는 개령의 본진에 다시 구원을 요청하였고 모리 데루모토는 그의 부장 모리 모토야스와 요시미 모토요리를 파견하였다.[45) 시모세 요리나오의 기록을 통해 당시의 상황을 보자.

> 10일. 같은 곳에 주둔. 唐人(조선인)들이 성주로 공격해온다는 소식이 (본진으로부터) 도착하자, 주군께서는 직접 부대를 이끌고 출진하셨습니다.
> 11일. 같은 곳에 주둔. 단 성주에서 주무셨습니다. 또 현풍에는 기후의 부대가 주둔하고 있었는데, 적이 날마다 공격했기 때문에 버티지 못하고 후퇴하셨습니다. 그러자 노지마 님도 강어귀에 있는 성을 버리고 성주로 몰려드셨습니다. 이때 후퇴해 온 부대는 미무라 님, 아마노 고로에몬 님, 한편 모토야스 님 부대 가운데에서는 우리 주군 가문에서도 왔습니다. 그 밖의 무리들도 이곳으로 많이 보내졌습니다.
> 12일에는 성주에서 개령으로 낮에 귀진하셨습니다. 우리들도 함께 돌아갔습니다.[46)

　9월 10일(조선력(曆) 11일) 요시미 모토요리는 성주성 공격의 소식을 듣고 바로 출진하였으며, 다음 날 현풍의 일본군들이 성주로 후퇴했다

---

45) 『日本戰史朝鮮役』, 參謀本部編, 1978, 206쪽.

46) '十日 同所に御在陣星州へ唐人付出之由御到來候而御人數被召列御自身被成御出張候
　十一日 同所に御在陣但せんぐじう御泊被成候また玄風に岐阜衆籠候所に日々敵打出候間不被得持候あけのかれ候左候へは野島殿も川口の城明せんぐじうへつほまれ候引取ルせひには三村殿天野五郞右衛門殿元康御內よりすいきやう御家賴よりは吾等式も罷越候其外傍輩衆數多被遣之候事
　十二日にはせんぐじうより開寧へ晝ほとに被成御歸候我等事も御供にて罷戾候'(下瀨七兵衛尉賴直, 『朝鮮渡海日記』, 防長叢書 第六編, 防長史談會, 1934)

고 하였는데 아마 곽재우의 공격으로 쫓긴 듯하다. 12일은 소기의 목적을 달성하였기 때문에 개령으로 복귀하였다.

배설이 부상현에 군사를 매복하지 않았기 때문에 아무런 저항 없이 성주에 이르렀다. 적군이 다가오는 것을 모르는 조선의 군사는 공성을 위해 여러 기구를 준비하던 중 적군의 공격을 받았다. 개령으로부터 달려온 일본군은 학익진으로 에워쌌으며 이에 호응한 성주성의 군사들도 성문을 열고 쏟아져 나오니 조선군은 앞뒤로 적군을 맞게 되었다. 뜻밖의 공격에 당황하여 김면의 군사가 먼저 퇴각하고 정인홍의 군사를 비롯한 모든 군사가 물러났다. 이때 김준민은 후퇴하는 한편 싸우기도 하면서 퇴각하는 군사를 엄호하여 큰 피해를 줄일 수 있었다. 이 싸움에서 정인홍을 따랐던 교생校生 주국신周國新이 전사하고 손승의는 탄환에 맞아 전사하였다. 그리고 사사射士(궁수) 이죽李竹은 금안金鞍에 탄 일본장수를 쏘아 죽였다.[47] 이번에도 제대로 싸우지 못하고 패주하였으니 1차 전투 때와 마찬가지로 개령으로부터 오는 구원병을 막지 못한 것이 큰 원인이었다.

3) 제3차 전투와 전라좌의병의 승첩

두 차례에 걸친 성주전투에서 조선군은 일본군 각 번성藩城간의 연락망에 의해 고전을 면치 못하였다. 그런데 명군明軍의 출병과 관련하여 전국에 걸친 전황戰況에 따라 경상도 지역을 담당하는 모리 데루모토의 군사체계에도 변화가 일어났다. 게다가 경상우도에 전라도 의병이 부원赴援하게 되면서 전세가 바뀌는 데 큰 영향을 미쳤다.

---

47) 『난중잡록』2, 壬辰 9월; '…巨濟縣令金俊民 爲陜川假將 鄭仁弘之夜襲星賊也 俊民爲
先鋒 迫至城下 及曉賊悉出 大肆豕突 丸刃交飛 有如雹散電閃 軍皆退北 俊民或前或去
殿後而射 發無不中 賊不敢逼 使諸軍遠走 然後信馬徐廻 一軍賴以得全 非俊民 仁弘亦
殆矣 校生周國新 畏仁弘令 羸馬從之 爲賊所追斬…'(李魯, 『龍蛇日記』)

우선 일본 측의 동향을 살펴보면, 8월 29일 도요토미 히데요시는 그의 생모生母가 사망하자 나고야[名護屋]에서 오사카[大阪]로 돌아가 장례를 치른 후, 10월 초에 다시 나고야[名護屋]로 돌아왔다. 이때 명나라 군사가 출병한다는 소식을 듣고 조선의 일본군 제장들에게 다음과 같이 명령하였다.[48)

　　첫째. 평양성 수비를 엄하게 할 것
　　둘째. 부산포에서 평양에 이르는 주요 보급로상의 모든 성을 굳게 지키고 연락을 중단치 말 것.
　　셋째. 明年 3월을 기점으로 내가 직접 바다를 건너가 일거에 평정하기를 기다릴 것.

특히, 평양성 수비에 대한 명령으로 인하여 개령·선산 등지에 주둔해 있던 모리 모토야스와 요시미 모토요리 등은 군사를 이끌고 북상하였다. 11월 2일 문경에 도착하였으며 5일에 하치스카 이에마사[蜂須賀家政]가 주둔한 충주를 거쳐 11일에는 이코마 치카마사[生駒親正] 진영이 있는 음성陰城으로 갔으며 21일경 개성부에 도착했다.[49) 12월, 명나라 제독 이여송李如松의 지휘 하에 수 만 명의 대군이 압록강을 건너 의주를 지나 평양을 향해 진군하고 있었다. 이러한 명군明軍의 움직임에 고니시 유키나가를 비롯한 일본 제장들이 평양성전투를 앞두고 회담을 했는데, 이때 모리 모토야스와 요시미 모토요리는 이 군의軍議에 참석하였다.[50)

---

48) 『임진전란사』(이형석, 신현실사, 1975), 532~533쪽
49) 下瀬七兵衛尉賴直, 『朝鮮渡海日記』(防長叢書 第六編, 防長史談會, 1934), 天正20년 11월 2일·5일·11일·21일.
50) 위의 책, 天正20년 12월 9일·10일.
　　12월 10일 기사에는 '大唐七万餘の大將'라 하여 명나라 군사 규모를 7만여 명으로

한편, 성주·개령지역의 조선군 동향을 살펴보자. 경상우도 의병이 주축이 되어 활동해왔던 것과는 달리, 10월 이후로는 전라도 의병이 부원赴援하게 되면서 새 국면을 맞이하게 되었다. 임계영을 중심으로 한 전라좌의병과 최경회를 중심으로 한 전라우의병이 경상도로 진입하면서 전세가 크게 달라졌던 것이다.

전라좌의병은 7월, 전라도 보성에서 임계영을 중심으로 창의倡義한 후에 장흥, 낙안, 순천을 거쳐 남원으로 진군하면서 각각 격문을 돌려 의병을 모집하였다. 이러한 과정에서 군세를 더욱 키워 1천여 명을 얻었으며, '호虎'를 장표로 만들어 좌의병이라 칭하였다. 특히 순천을 지나면서 전前만호 장윤張潤을 부장으로 삼았으니 장윤은 무과출신의 장수였으며 순천부 수성장으로 자원하여 읍성을 지키고 있을 때였다.[51]

전라우의병은 최경회를 중심으로 창의하여 7월 26일 광주에서 출진한 후 담양, 순창을 거쳐 남원에 주둔하였다. 여기서 전 첨사 고득뢰를 부장으로 삼았다. 전라 좌·우의병이 남원에 당도한 것은 8월경이며, 장수로 진군하여 금산·무주를 공격할 계획을 세웠다.[52] 이 금산·무주는 이미 경상우도의 관·의병이 여러 차례 공격하였으나 번번이 패하였던 곳이었다. 전라도 의병이 진군하여 다시 공격을 감행하였는데 장윤의 활약으로 격퇴시켰다.[53] 그 후 9월 22일 다시 남원으로 와서 각각 진을 쳤다.[54]

파악하였다. 일반적으로 이때의 조명연합군은 약 5만 명으로서 명 측 4만, 조선 측 1만으로 파악하고 있다.

51) 『난중잡록』 1, 壬辰 7월 10일·二, 壬辰 8월 4일.

52) 『난중잡록』 2, 壬辰 8월 9일.

53) '領率軍人 指揮制勝 實是其時領兵將之功 副將前萬戶張潤 茂朱錦山賊勢方熾 官軍義兵連敗屢潰 人心畏懼 莫敢輕犯 身先士卒 出入賊藪 如履家庭 使據窟兇賊 終至遁去'(위의 책, 癸巳 5월 24일).

54) 위의 책, 壬辰 9월 22일.

10월 5일~10일에 있었던 1차 진주성전투 당시, 전라우의병은 일시적으로 진주성을 외원外援하였다. 최경회가 함양에서 산음으로 이동하여 김성일과 의논한 후 살천창薩川倉에 주둔함으로써 진주 뿐 아니라 단성지역까지 아울러 방비하였다.55) 진주성전투가 조선 측의 승리로 끝나자 최경회는 임계영의 전라좌의병이 주둔한 거창으로 이동하였으며 김면과도 협력하여 연합작전에 들어갔다. 최경회가 10월 20일, 11월 2일 김성일에게 보낸 두 통의 편지에 의하면 자신은 400명을 거느리고 주둔한 채, 먼저 선발대 약 1200명을 우지치牛旨峙(거창)로 보냈는데 16일 병사 737명에 이어 19일에 436명을 뽑아 부장 고득뢰와 종사관 곽천성郭天成으로 하여금 이끌고 가게 하였다.56)

임계영·최경회는 김면·정인홍과 연합하여 개령·성주지역을 공략하였다. 연속적인 전투가 이어진 가운데 특히 부장 장윤을 선봉으로 하여 전과를 올렸다. 『난중잡록』과 『고대일록』을 토대로 그 상황을 정리하면 다음과 같다.57)

> 10월 20일 - 개령, 장윤을 선봉으로 적군 사살 및 참수 2급
> 11월 3일 - 개령, 적군 사살 및 참수 8급
> 11월 4일 - 개령, 최경회군 참수 20급, 임계영군 참수 11급
> 11월 18일 - 성주, 정인홍의 구원요청으로 장윤군 개령으로부터 성주로 가는 도중 적군 사살 및 참수 2급

---

55) '湖南義兵將前府使崔慶會 率軍千餘 來會山陰 問於何舍兵 公日 晋州薩川倉何如 崔應日諾 … 薩川倉軍粮 可支數月 誠使崔義將 善爲指揮 可以爲晋陽外援 可以爲江城內應 亦可以遮遏散出搜山賊 趙曰 然則然矣 第未知湖軍能如公所言否 卽午餉午 湖軍往薩川倉'(『龍蛇日記』).

56) 최경회 간찰 10월 20일자(국립진주박물관 소장)·11월 2일자(『槿墨』, 성균관대학교박물관, 청문사, 1981); 이상훈, 「임진왜란 연구에서 간찰의 활용」(『古文書硏究』33, 한국고문서학회, 2008) 참조.

57) 『난중잡록』2, 癸巳 5월 24일; 『孤臺日錄』, (萬曆壬辰) 11월 4일.

11월 22일 – 성주, 접전
12월 2일 – 성주, 접전

10월 하순부터 전개된 개령·성주지역의 산발적인 전투는 12월 이르
자 성주에서 본격화 되었다. 12월 7일, 적군을 유인하여 성 밖으로 끌
어내자 기병 10기를 선봉으로 하고 보병이 그 뒤를 따라 나왔다. 선봉
으로 나온 기병 2명을 사살하자 나머지 기병은 놀라서 성으로 달아났
는데, 그들을 추격하여 4명을 쏘아 맞췄다. 다음날 성주성에 포로로
있던 황언黃彦이 정인홍에게 말하기를 "화살에 맞은 왜놈이 여섯인데
즉사한 것이 5명이며 그날 왜장이 서문으로 나오다가 말과 함께 참호
속에 떨어져 오른팔 뼈가 부러져서 거의 죽게 되니 적군들이 겁을 내
소동한다"라고 하였다. 즉, 12월 7일 성으로 달아나던 기병 4명을 쏘아
맞췄는데 그 중 3명이 죽었고 왜장이 부상을 입었다. 정인홍은 이러한
적군의 꺾인 기세를 기회로 삼아 여러 장수들과 날을 정하여 협공하기
로 하였다. 약속한 14일, 장윤을 중심으로 일제히 공격하여 적군의 3
분의 2가량을 참살하고 아군 측도 10여 명의 피해를 당했다. 그런데
이날 적군과 교전한 것은 전라좌의병 뿐이었는데 임계영은 약속을 지
키지 않은 장수들을 성토하며 이날 성주를 수복할 좋은 기회였으나 그
렇지 못하게 됨을 분통해 했다.58) 최경회의 전라우의병은 개령의 적을
방비하고 있는 상황이었으며 성주성을 협공하기로 한 정인홍을 비롯한
경상우도의 다른 장수들은 약속한 날 참전하지 않았던 것이다. 정인홍
의 문인인 정경운鄭慶雲은 이날의 전투상황을 다음과 같이 기록하였다.

　　호남의 임대장이 장졸 5백여 명을 파견하여 성주의 적을 들판 가운데로
유인하여 급습, 다수의 적을 사살하여 거의 섬멸하였다. 그런데 성주목사

---

58) 위의 책, 癸巳 5월 24일.

제말과 고령현감 곽천성이 머뭇거리며 진격하지 않아서 그대로 기회를 놓쳐 성안에까지는 들어가지를 못하였다. 이 때문에 정대장이 크게 노하여 성주목사 제말과 고령현감 곽천성 등에게 곤장을 쳤다.[59]

12월 14일의 성주전투는 임계영의 지휘하에 있는 전라좌의병 단독으로 치른 것임을 알 수 있으며 이날의 전투 역시 7일의 경우와 마찬가지로 적군을 들판으로 유인, 습격하여 적군을 거의 섬멸하기에 이를 정도로 대승을 거두었다.

이와 같이 승세를 이어간 전라좌의병의 운용 및 전술을 살펴보면 크게 '전투활동과 군사행정의 이원적 운용'과 '군량의 안정적 조달'의 두 가지로 볼 수 있다.[60] 첫째, 전투활동과 군사행정의 이원적 운용을 살펴보면, 의병장인 임계영은 65세의 노령으로 인해 외진에 머물며 군비를 조달하였고, 부장인 장윤은 40세의 무과출신 장수로서 전장을 누비며 전투활동을 담당하였다. 이처럼 의병장과 부장이 역할을 분담함으로써 부대의 전력을 극대화 할 수 있었다. 둘째, 군량의 안정적 조달은 전라좌의병의 성군과정에서 군량조달의 방책이 마련되었는데, 보성·장흥·남원·옥과·곡성 등 다섯 고을에서 집중적으로 공급을 받았다. 각 고을마다 군량조달의 책임을 지고 있는 계원유사繼援有司가 있었으니 전라좌의병은 그 부대 자체로만 운용되는 것이 아니라 각 지역과 연락망이 구축되어 연계적으로 운용되고 있었음을 알 수 있다.

전라좌의병에 큰 타격을 입은 12월 14일의 전투에서 무라카미 가케치카가 부상을 입었는데[61], 7월 무계전투에서 정인홍군에게 부상을 입

---

59) 『孤臺日錄』, (萬曆壬辰) 12월 15일; 趙湲來, 「임란초기 전라좌의병과 임계영의 의병활동」(『조선시대사학보』57, 조선시대사학회, 2011) 102쪽 인용.

60) 趙湲來, 위의 책, 90~92쪽.

61) '十二月十三日敵復夕出テテ星州城ヲ攻ム城將桂元綱、村上景親等奮闘シテ敵ヲ撃退シ景親再ヒ負傷ス'(『日本戰史朝鮮役』, 參謀本部編, 1978, 206~207쪽), 여기서 12월

은 바 있었다. 앞서 언급하였지만 제1·2차 전투당시 구원군으로 파병되어 조선군과 여러 차례 전투를 벌였던 모리 모토야스와 요시미 모토요리 등은 도요토미 히데요시의 '평양성 수비를 엄하게 하라'는 명에 따라 개성부까지 북상하고 없었다. 이러한 사실과 전라도 의병이 경상우도에 부원赴援하여 연합작전을 펼쳤던 점 등은 조선 측이 승세를 이어갈 수 있는 주요인이 되었다고 판단된다.

Ⅳ. 성주수복과 전국戰局의 추이

모리 데루모토가 경상도를 전담하여 각지를 점령하고 개령을 본진으로 삼았으며 그의 부장 가쓰라 모토쓰나로 하여금 성주성 수비를 책임지게 하였다. 개령·성주를 중심으로 곳곳에서 산발적인 전투가 이어진 가운데 조선 측에서는 성주를 수복하기 위한 전략을 구사하였다. 8월부터 12월까지 많은 전투가 있었고 크게 3차례의 전투가 있었다. 특히, 제3차전투에서 전라좌의병의 활약으로 일본군에 큰 타격을 주었고 크게 위축된 성주성의 일본군은 1593년 1월 15일, 마침내 성을 버리고 퇴각하였다. 이에 조선 측의 군사가 성주성을 수복하였고[62] 그 후 장윤이 이끄는 전라좌의병은 곧장 개령을 향해 퇴각하는 적군을 추격하여 2월 2일, 부상현扶桑峴에서 400여 명을 사살하였다. 또 11일에 개령의 적을 공격하여 2백여 명을 사살하였으며 조선인 400여 명을 구출하였다. 이어서 15일에 다시 공격하였고 이에 견디지 못한 일본군은 16일에 개령을 버리고 퇴각하였다. 개령까지 수복한 조선군은 승세를 타

13일로 기록된 것은 당시 일본의 책력이 조선보다 1일이 앞서기 때문인데 이날은 조선의 12월 14일에 해당된다.
62)『난중잡록』2, 癸巳 1월 15일.

고 선산까지 진군하여 3월 26일·4월 5일·15일에 걸쳐 적군을 사살하며 전투를 이어갔다. 결국 4월에 선산의 적이 퇴각하자 조선의 군사는 의령까지 가서 주둔하였다.

성주·개령지역을 두고 조·일 양군의 공방전이 약 6개월간 지속되었는데 성주지역은 낙동강 중류에서 서쪽에 위치하고 있으며 남북을 잇는 교통의 요충지이다. 체찰사 정철이 경상우도에 있던 전라좌·우의병을 근왕을 위해 경성으로 가도록 하였는데 이때 호남·영남의 선비들이 상소한 내용을 보면 "영남 6·7고을이 버티지 못하고 왜적에게 들어갔다면 화가 호남으로 왔을 것이니 호남이 없어지면 국가는 어디를 근거로 하여 회복할 터전을 마련할지 알 수 없습니다. 작년에 호남은 마침 풍년을 당하여 창고가 가득 찼으니 이것은 하늘이 국가회복의 근본을 도와준 것입니다."[63]라고 하였으니 성주·개령을 포함한 인근 지역을 방비하는 것은 호남을 보존하는 것이고 나아가 국가회복의 동력이 된다는 논리로써 주장하였다. 이 지역이 호남으로 통하는 관문이기 때문에 특히 그 중요성을 강조한 것이다.

이와 같은 시기 일본군의 전략과 동향을 살펴볼 필요가 있다. 개령·성주지역에서 일본군과 조선군의 전투가 끊이지 않았고, 1593년 2월까지 성주에 이어 개령까지 조선군이 수복하게 되자 일본군은 연락망과 보급로가 차단되어 전략상 혼란이 야기되었다. 1593년 2월 27일, 도요토미 히데요시가 작전을 지시한 내용을 보자.

> 첫째. 군량미도 없고 진을 치는 것도 어려워진 것은 부산포와 도성사이에서 赤國(전라도)의 견제를 받고 있기 때문이므로 羽柴安藝宰相(毛利輝元), 小早川侍從(小早川隆景), 그리고 규슈 사람들이 합심해서 그곳을 차지할 것.

---

63) 위의 책, 癸巳 1월 8일.

둘째. 도성을 지키고 있는 가운데 赤國의 움직임에 대해서는 창원의 淺野彈正(淺野長政), 岐阜출신의 사람들(羽柴秀勝의 병사들), 羽柴可賀宰相(前田利家), 羽柴會津少將(蒲生氏鄕) 등이 의논하여 모쿠소성(진주성)을 포위하면 가까이 주둔하고 있는 羽柴安藝宰相(毛利輝元)이 따라서 공격할 것.[64]

위의 내용에 의하면 아카쿠니[赤國], 즉 전라도 군사의 압박으로 부산과 한성 사이의 보급로가 차단되어 군량미가 부족할 뿐 아니라 번성藩城의 존립자체도 위협받고 있음을 알 수 있다. 따라서 전라도를 점령할 것을 지시하고 있으며 그러기 위해서 진주성 공격을 명하고 있다. 앞서 살펴보았던 성주전투 등 전라좌·우의병의 활약으로 인해 일본군의 전략이 수정되고 있었다.

한편, 한성에 집결한 일본 제장들은 군사들이 기아와 혹한에 시달려더 이상의 진격이 어렵다고 판단하고 이러한 조선에서의 사정을 도요토미 히데요시에게 보고하였다.[65] 이에 도요토미 히데요시는 작전상후퇴를 지시하며 1593년 3월 10일 한성에서 부산지역에 이르는 곳곳에성을 쌓고 3만 7천여 병력으로 진주성을 공략하라는 명령을 내렸다.[66] 당초 명나라를 정벌하겠다던 계획을 미루고 전라도 점령, 특히 그 관문인 진주성을 공격하기 위한 작전에 돌입하게 되었는데 이는 개령·성주 등에서 전라도의병의 활약상이 두드러졌기 때문이다. 1593년 4

---

64) 『日本戰史朝鮮役』(參謀本部編, 1978)文書, 제96호, 98~100쪽; 『임진왜란과 진주성전투』, 국립진주박물관, 2010, 470~471쪽.

65) 「宇喜多秀家外十六名連署契狀」(『小西行長基礎資料集』, 宇土市敎育委員會 제26호, 2005, 53~54쪽) ; 「朝鮮在陣諸將連署誓紙」(『秀吉と文祿·慶長の役』, 佐賀縣立名護屋城博物館, 2007, 53쪽).

66) 「淺野家文書」文祿2년 3월 10일, 豊臣秀吉朱印狀覺書263(北島万次編, 『壬辰倭亂－秀吉の朝鮮侵略－關係史料稿本』, 2005, 607~615쪽;『小西行長基礎資料集』, 宇土市敎育委員會 제26호, 2005, 55~58쪽).

월, 조선 전국에 걸쳐 주둔해 있던 일본군들은 모두 철수하여 경상도 연해지역에 주둔하였고 이후 진주성 공격에 총력을 기울이게 되었다. 그 결과 1593년 6월, 제2차 진주성전투가 발발하였는데 이때 일본군은 진주성을 공격하기 위해 1번 대에서 5번 대에 이르는 약 10만의 병력을 동원하였다.[67] 8일 간의 전투 끝에 진주성을 함락하고 그 주변지역까지 샅샅이 수색하여 분탕·살략함으로써 보복의 성격이 강한 전투였음을 보여주고 있다.

V. 맺음말

경상도 지역은 가장 먼저 적군의 침략을 당한 곳인 만큼 창의倡義의 시기도 가장 빨랐으며, 곳곳에서 저항이 지속되었다. 그런 가운데 성주전투는 8월부터 12월에 이르기까지 크게 3차례에 걸쳐 일어났다. 이에 대해 본고는 성주전투를 상세히 알아보기 위해 요시미 모토요리의 종군가신從軍家臣 시모세 요리나오가 기록한『조선도해일기朝鮮渡海日記』를 검토하여 일본군의 이동과 전투의 시기를 명확히 비교·검토하였으며, 임란 초 및 성주전투를 전후한 상황에 대해서『일본전사조선역日本戰史朝鮮役』·『朝鮮日々記·高麗日記-秀吉の朝鮮侵略とその歷史的告発-』를 조선 측의 자료와 비교하여 서술하여보았다. 특히,『임진전란사』의 '1차 성주성전투'는 그 내용상의 오류가 발견됨에 따라 수정·보완하였다.

모리 데루모토의 지휘 아래 그의 부장 가쓰라 모토쓰나는 성주성을 지키고 있었고, 요시미 모토요리·모리 모토야스 등은 성주성이 조선군에 의해 공격 받을 때 구원군으로 파병되어 전투를 2차례 치렀다. 김면·정인홍을 중심으로 한 조선 측의 군사들은 성주를 탈환하기 위해

---

67)『日本戰史朝鮮役』(參謀本部編, 1978)本編, 晋州城ノ攻略(一), 256~260쪽.

8월(1차), 9월(2차)에 각각 공격을 시도했으나 부상현扶桑峴을 지나오는 적군을 막지 못하는 등 전략부족 및 군령체계의 한계성으로 인해 실패하였다. 3차 전투에 있어서는 1·2차 전투 때와 상황이 달라지게 되었는데 첫째는 매번 구원군으로 파병되었던 모리 모토야스와 요시미 모토요리는 도요토미 히데요시의 '평양성 수비를 철저히 하라'는 명령에 따라 북상하고 없었다는 점, 둘째는 전라좌·우의병이 경상도로 부원赴援함으로써 경상도의 군사와 연합전선을 형성하였던 점을 들 수 있다. 1·2차 전투에 비해 전력戰力면에서 일본 측은 약화되었고 조선 측은 강화된 셈이다. 특히 전라좌의병의 부장 장윤張潤의 활약으로 3차 전투를 전후하여 많은 전과를 올렸으며, 전라도·경상도군의 연합작전으로 결국 1593년 1월 15일, 성주를 수복하게 되었다.

물론, 임란전국의 큰 흐름을 보면 성주·개령·선산 등지의 일본군이 성을 버리고 퇴각한 것은 일본 측의 전략상 조선 각지에 주둔해 있던 일본군이 경상도 연해지역으로 철수하기 위한 수순으로 볼 수 있다. 그러나 반대로 이러한 일본군이 작전을 변경하여 철수하도록 하는데 큰 계기가 된 것은 성주전투였다. 즉 도요토미 히데요시의 1593년 2월 27일에 내린 명령 가운데 보이는 '군량미도 없고 진을 치는 것도 어려워진 것은 부산포와 한성 사이에 아카쿠니[赤國, 전라도]의 견제를 받고 있기 때문이므로…'라는 내용은 전라좌·우의병의 활약으로 성주지역을 탈환하기 위한 전투가 이어졌고 이로 인해 일본 측의 주요 번성藩城이 위협받았으며 군량보급도 원활하지 못했음을 의미한다. 그리하여 도요토미 히데요시는 모든 계획을 미루고 우선 전라도를 공략하기 위한 작전을 지시하였고 그 첫 번째가 바로 진주성 공격이었다. 이로써 1593년 6월, 제2차 진주성전투의 서막이 올랐으니 10만의 병력을 동원하여 진주성을 공략하였던 것이다.

이와 같이 조선 측 군사들이 성주를 수복하기 위한 지속적인 활동은 자보향리自保鄕里에 그친 것이 아니라 성주지역의 전략적 중요성을 인식한 데에서 비롯되었다고 판단된다. 영남 6·7고을을 지키지 못하면 호남이 화를 입고 호남이 없으면 국가를 회복할 근거가 없다고 하였던 영·호남 선비들의 상소上疏를 보아도 성주와 그 인근지역에 대한 일반의 인식이 어떠하였는지 짐작할 수 있다.

임란 초기 전라좌의병과 임계영의 의병활동

조원래[*]

Ⅰ. 머리말

1592년 임란 초기 조선의 관군이 그 기능을 발휘하지 못하고 있었을 때 일본군에게 맞서 싸운 비정규군이 바로 민병조직체인 의병이었다. 관군이 정규군의 기능을 발휘하지 못했다는 표현보다는 당시에 있어서는 사실상 관군이 없었다고 보는 것이 보다 정확할 것이다. 가장 먼저 전면적인 침략을 받은 경상도에서 향토보위를 위해 싸운 곽재우 휘하의 군사도 의병이었고, 도내 대부분의 지역이 보전된 전라도에서 서울로, 경상도로 출전한 군사들도 의병이었다. 그러나 의병의 목표와 성격에 있어서는 차이가 있었다.

경상도에 있어서는 개전 초기부터 도내 전역이 일본군의 침략을 받고 있었기 때문에 현지에서 일어난 의병이 싸울 곳도 출신지역의 향리일 수밖에 없었다. 즉 향토에서 침략군을 물리치기 위하여 싸웠던 향보의병鄕保義兵이었다. 반면에 전라도에서는 일부 산간지역을 제외한 도내 전역이 일본군의 침략에서 벗어나 있었기 때문에, 국왕을 보위하고 도성을 수복하기 위해 북상하거나, 침략군이 치성한 경상도를 구원하기

---

* 순천대 교수, 임진왜란사연구회 회장.

위해 진군한 근왕의병勤王義兵이 주류를 이루었다. 근왕의병이란 향보鄕保를 뛰어넘어 국가보존을 위한 목표하에 의병활동을 펼친 예였다.

전라좌의병 역시 임진왜란 초기에 봉기한 전라도 근왕의병의 일군이었다. 1592년 6월 초 나주에서 일어난 김천일 휘하의 의병이 북상하여 근왕길에 오른 다음, 담양에서 회맹한 고경명 휘하의 전라도 연합의병이 뒤를 이어 북상하던 중 7월 10일 금산전투에서 패전한 직후 전라좌도의 보성에서 성군한 것이 전라좌의병이었다. 전라좌의병은 7월 중 거의 같은 시기에 광주에서 일어난 전라우의병과 연합전선을 이루어 경상우도에 진군하여 근왕의병의 활동을 전개하였다. 전라좌·우의병의 활동에 대한 대체적인 성격은 이미 소개된 바가 있었다.[1] 그러나 본고는 전라좌의병에 한정하여 서술하되, 지난 날의 연구에서 소략했던 경상우도에서의 구체적인 활동상을 보다 깊이 살펴보았다. 그리고 지금까지 전혀 알려지지 않았던 의병장 임계영任啓英의 사회적 기반에 대해서도 알아보고자 하였다. 전라좌의병의 활동에 있어서 특히 우리가 관심을 갖는 것은, 65세의 문관출신 노의병장의 활동과 역할이 과연 어떤 것이었는가에 대한 문제이다. 무관출신이 아닌 연로한 의병장이, 의병을 이끌고 멀리 경상우도에 진군하여 실전이 벌어진 전투현장에서 어떻게 대처하였는가? 이에 대한 관심이 곧 전라좌의병의 성격을 규정하는 열쇠가 될 것으로 판단하였다.

본고에서는 1592년 10월에서부터 1593년 5월에 이르기까지 경상우도에서 계속된 전라좌의병의 활동과정을 통하여 현지 의병과의 협력관계 및 관군 지휘부와의 관계에 대해서도 관심을 갖게 될 것이다. 다만 서술대상의 기간은 계사년 5월, 즉 제2차 진주성전투 가 있기 전까지로 한정하였다. 물론 전라좌의병의 활동은 제2차 진주성전투시에도 부

---

1) 조원래, 「임란 초기 전라도의병의 성격」-임진년 영남지방에서의 활동상을 중심으로-, 『사향』 제2집, 공주사범대학 역사교육과, 1985.

장 장윤의 지휘 하에 진주성이 함락될 때까지 계속되었다. 그러나 당시의 상황은 호남의병 전체의 활동과 관련되어 복잡한 양상을 띠고 있었을 뿐 아니라 임계영과는 관계되지 않아 논외로 하였다. 여기에서는 먼저 의병장 임계영 가문의 사회적 기반에 대하여 살펴본 다음, 전라좌의병의 성군과 경상우도 부원赴援의 과정, 그리고 성주 개령지역 수복전투의 전모와 임계영의 활동상에 대하여 집중적으로 검토하려고 한다. 이를 통하여 전라좌의병과 임계영의 의병활동상에 대해서는 물론, 임진왜란 시 전라도 근왕의병에 대한 새로운 인식의 계기가 되어 줄 것을 기대한다.

Ⅱ. 의병장 임계영 가문의 사회적 기반

임진왜란 시 전라도에서 의병을 일으킨 김천일·고경명·최경회 등의 의병장들이 자세히 알려진 것과는 달리 전라좌의병장 임계영에 대하여는 거의 소개된 바가 없다. 이것은 아마 그가 문과에 급제한 후 진보현감을 지낸 것 외에 뚜렷한 관력이 없고 학문의 수수관계도 또한 나타나 있지 않기 때문일 것이다. 따라서 여기에서는 임계영의 가계를 중심으로 장흥임씨가의 인맥과 사회적 배경에 대하여 살펴보기로 한다.

임계영(1528~1597)의 자는 홍보弘甫, 호는 삼도三島, 본관은 장흥이다. 장흥임씨는 고려 때부터 오늘날 전라남도 장흥지방의 유력한 토성으로서 확고한 성장기반을 갖춘 가문이었다. 고려초의 행정구획상 정안현定安縣이었던 이 지역이 영암군 임내에 속해오던 중 인종 때에 이르러 장흥부長興府로 승격된 것도 이 가문에서 배출된 인물과 관계있었다. 임원후任元厚의 딸이었던 공예태후의 고향이 바로 이곳이었기 때문이다.[2] 『장흥임씨세보』에서는 이 집안의 시조인 임호任顥를 송대 중국

소흥부에서 귀화한 인물로 기록하였으나,[3] 이것은 흔히 보는 시조동
래설의 한 예일 뿐이다. 『세종실록지리지』 장흥도호부의 5대 토성 가
운데 하나로 기록된[4] 장흥임씨가는 고려초기부터 정안현의 지방호족
세력으로 성장해온 가문이었다.

　고려 귀족가문의 성장과정을 분석한 어떤 연구에 의하면, 이 집안은
지방호족으로부터 가문을 일으킨 후에 중앙귀족화한 대표적인 예의 하
나였다. 가문의 전통이 학문과 문장으로 뛰어난 인재들을 집중적으로
배출함에 따라 과거급제자와 지공거를 거친 인물들이 많았다. 구체적
으로 보면 14인의 과거급제자를 냈고, 5인의 수상과 10여인의 재상을
배출한 것을 통해서도 그 점을 알 수 있다. 그리고 이 가문의 성세는
무신란 이후에도 왕실 내지는 최충헌 등 무인정권 담당자와 인척관계
를 형성하면서 더욱 번성했던 집안이었다.[5]

　그러나 조선왕조의 개창과 함께 쇠퇴하기 시작했던 장흥임씨가문은
문헌공파의 임득창任得昌(?~1486[6])이 성종때 무과에 장원급제한 이후
당대 최고의 무장으로 명성을 떨치면서 가문을 드러내기 시작하였다.

---

　2)『세종실록』 권151, 지리지, 전라도 장흥도호부.
　3)『장흥임씨세보』(1956 병신보) 권1, 「시조」. 이 세보에서 뿐만 아니라 문중에 소장
　　된 가장기록들이 모두 같은 내용들이다. 예컨대 임장원의 「삼도판서공행장」(『규암
　　원집』 권8 소수)에서의 예를 보면, "其先中國紹興府人 宋高宗建炎五年 浮海東出 至定
　　安縣 天冠山下居焉 後定安陞爲長興府 逐爲長興人"이라 하였다. 즉 시조 任顥가 남송
　　의 건염 5년에 중국에서 정안현으로 이거하였다는 말인데, 건염 5년이라면 1131년
　　(인종 9)에 해당된다. 그런데 그의 아들로 기록된 懿의 생졸년이 1041~1117년인 것
　　을 보면, 임호의 浮海東出의 연대 자체가 잘못된 것을 확인할 수 있다.
　4) 장흥도호부의 土姓에는 曹·吳·禘(혜)·任·丁 등 5대씨성이 있었다(『세종실록』지
　　리지, 위와 같음).
　5) 박용운, 『한국사론총』3, 성신여자사범대학, 1978.
　6)『장흥임씨대동보』에는 득창이 1455년에 출생하여 1494년에 세상을 떠난 것으로
　　기록되었으나『성종실록』(권192, 17년 6월 정해)에 의하면, 첨지중추부사 임득창의
　　卒記가 1486년으로 나타나 있다.

득창은 광세光世와 충세忠世, 두 아들을 두었는데 장남이었던 관산군 임광세(1469~1541)가 바로 전라좌의병장 임계영의 조부였다. 여기에서 득창을 기점으로 하여 임계영 가문의 가계도를 보면 다음과 같다.

[도 1] 임계영 가문의 가계도

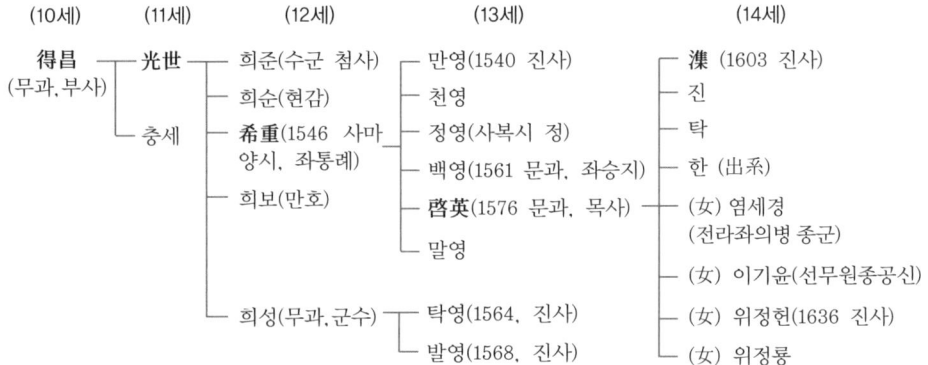

위의 가계도는 장흥임씨 제10세 득창으로부터 제14세 집濈 대에 이르기까지 5세의 가계를 나타낸 것이다. 그림에서 보는 대로 득창이 현달한 이후 광세의 아들 5형제 대에 이르러 형제 자질들 가운데 무과가 아닌, 사마시나 문과가 등제한 인물들이 배출되었다. 특히 5형제 중에서도 3남 희중과 5남 희성의 집안 인물들이 두드러졌다. 눈에 띄는 것은 3남 희중이 사마 양시에 입격한 것으로부터 그의 아들 3형제와 손자 집 등 3대의 인물 5인이 사마 또는 문과에 올랐다. 희성의 두 아들 탁영과 발영이 같은 시기에 모두 진사시에 합격한 것까지 포함해 보면, 임진왜란을 전후한 시기에 이 가문에서는 무과를 제외한 대·소과에서만 모두 7인의 등과자를 배출하였던 것이다. 이와 같은 사실은 장흥 보성지방에 세거해온 장흥임씨 문헌공파가 16세기 중반에 들어와 재지사족으로서의 기반을 갖추게 되었음을 말해준다.

16세기에 들어와 이 집안을 크게 일으킨 인물은 국담菊潭 임희중 (1492~?)이었다. 그는 김해김씨 진사 규奎의 인한 후 장흥에서 보성(조 성면)으로 입거하였다. 1519년 기묘사화 이후 호남사림의 관직기피 현상이 두드러지면서 관직에 뜻을 버린 선비들이 속출하였으니, 그 역시 향리에 은거하며 백천당百千堂을 짓고 후진교육에 진력하였다. 과거를 멀리했던 그가 석천 임억령 등의 권유를 받고 명종대에 이르러 마침내 세상밖에 나와 사마시에 응시하였다. 생원 진사시에 모두 나아가 진사 1등 3인(3/100), 생원 2등 2인(7/100)의 괄목할만한 성적으로 양시에 합격하였으니 그의 학문과 문장의 수준이 그 만큼 높았음을 가능할 수 있겠다. 국담과 가장 친교가 두터웠던 인물은 해남출신의 을사명현 임억령이었다. 양인은 기절과 시재가 모두 뛰어나 상통하였을 뿐 아니라 그들의 자가 석천은 '대수大樹', 국담은 '대수大受'였으니, 두 사람이 부르는 호칭이 서로 같았다. 또한 이들의 세교와 인간관계는 일찍부터 혼맥으로 이어져 양가의 돈독함이 더했던 것으로 보인다. 국담의 아우 희성이 석천의 맏형인 천령千齡의 딸과 혼인함으로써 서로 사돈되는 인척관계를 맺었기 때문이다.

국담의 두 아들 만영(1517~1547)과 백영(1525~1595) 형제가 20대에 진사시와 생원시에 각각 합격한[7] 뒤 백영이 식년문과에, 계영이 별시 문과에 급제함으로써 명종 선조대에 와서 이들 형제들이 문관직에 진출하게 되었다. 백영은 김해부사・예조정랑 등을 거쳐 승정원 좌승지를 지냈으며, 계영은 진보현감을 지낸 후에 관직을 떠나 향리에 있다가 임진왜란을 맞이하였다. 임백영이 홍문관 정자로 있을 당시 향리인

---

7) 만영은 1540년 24세에 진사 3등 15인(045)으로 합격하였고, 백영은 1549년 25세에 생원 2등 12인(017)으로 합격한 뒤 1561년 식년문과에 병과로 급제하였다. 그런데 『사마방목』과 『국조문과방목』에는 이들의 이름이 萬鈞과 百鈞으로 기록되어 있어 개명하였음을 알 수 있다.

보성의 축내築內(당시 유곡(鍮谷))에 와 있을 때, 을사명현이었던 유희춘이 오랜 유배생활에서 풀려난 직후 해남을 거쳐 순천으로 향하던 중 그의 집을 방문하였다. 그 자리에는 백영과 양 숙부인 희보와 희성이 함께[8] 참여하여 주과를 나누면서 한담하였다는 기록이 남아있다.[9] 특히 희성은 유희춘이 전라도 관찰사가 되기 직전, 정월 초하룻날 해남의 사가에서 서로 만나 장기를 두기도 했을 만큼 매우 가까운 사이였다.[10] 이와 같은 사실은 재지사족으로서 국담계 임씨가문의 사회적 위치를 가늠할 수 있게 해준다.

임백영은 동향의 죽천 박광전과의 우의가 두터웠으며 문장이 탁월하여 선조대에 문명을 떨친 사실이 죽천의 만시輓詩에 잘 나타나 있다.[11] 뒤에 다시 설명되겠지만, 백영·계영 형제와 죽천과의 관계는 어려서부터 함께 글을 읽으면서 형제처럼 지냈던 것으로 생각된다. 죽천의 연령이 두 형제 사이의 1년 아래이자 2년 위에 있었으므로 3형제처럼 친숙하였고, 임진왜란이 일어났을 때 순창군수로 있던 백영이 협력하여 죽천과 계영이 창의기병할 수 있게 작용하였던 것이다.

국담의 아우로서 임억령의 조카 사위가 된 희성(1498~?)은 중종때 무과에 급제하여 만호를 거친 다음 진도군수를 지냈으며, 두 아들 탁영과 발영이 모두 진사시에 합격하였다. 발영(1539~1593)의 경우에는 스스로 무과를 희망하여 무관직에 진출하였으며, 임진왜란 시엔 종묘의 묘주廟主를 의주까지 봉행함으로써 선조의 칭탄과 함께 호성공신에 책록되었다. 탁영의 장남인 충간忠幹 역시 무과에 급제한 뒤 지방관직

---

8) 『장흥임씨대동보』에는 희보와 희성의 생졸년이 각각 1494~1563년, 1498~1545년인 것으로 기재되었으나 양인이 모두 1567년 말까지는 생존해 있었음을 확인할 수 있다.

9) 『미암일기초』 제1, 1567년 12월 25일.

10) 위의 책, 권3, 1571년 정월 초1일.

11) 『죽천집』 권1, 「挽任花洞百英」.

을 두루 거쳐서 경상좌·우병사를 지냈다.

장흥임씨 문헌공파 가문은 관직에 진출한 이후에도 관향貫鄕 장흥을 중심으로 보성·강진·해남·진도 등 전라도 서남부 해안지역에 세거하였다. 문충공파의 주류가 경기·호서지방에 터를 잡은 것과는 달리 문숙공파 역시 대부분이 해남지역에 거주하였다. 장흥임씨 가문이 조선초기 이후 전라도 남부지역에 집중적으로 세거해온 결과는 문중의 결속력을 높이고 문세를 강화하는 동력으로 작용되었다. 따라서 지역사회에서 차지하는 가문의 위상과 재지사족으로서의 영향력 또한 그만큼 탄탄하였을 것임을 의미한다.

이와 같이 보성·장흥·해남지역을 중심으로 한 사족사회에서 문세를 넓혀가기 시작했던 장흥임씨가는 12세 희중 형제와 13세 계영 형제대에 이르러 그 전성기를 맞이했다고 할 수 있다. 그 같은 사실은 그들의 통혼관계를 통해서도 짐작할 수 있다. 희중의 아우 희성이 해남의 선산임씨와 혼인한 것은 이미 언급하였거니와 그의 맏형 희준과 아우 희보가 화순·능주지역의 명문이었던 창녕조씨·해주오씨 집안과 통혼한 사실. 그리고 백영이 장흥의 남평문씨가와, 계영이 해남현감을 지낸 광산 김백옥의 가문과 혼맥을 이은 것들이 모두 그것이다.

16세기 중반 장흥임씨가의 혼맥이 대체로 보성·장흥·해남·화순지역의 사족가문들과 결연된 사실을 확인할 수 있다. 임계영의 자녀 4남 4녀의 혼맥은 어떠하였을까? 임진왜란 직후 진사시에 합격한 장남 집潗(1565~1618)[12]은 보성 박실의 제주양씨 양산항梁山沆의 사위가 되었다. 양산항은 기묘명현 양팽손의 손자로서 유명하다. 정유재란시 명량해전을 앞둔 상황에서 수군통제사 이순신 일행이 그의 집에서 3, 4일을 머무르며 작전을 구상했던 일도 있었다.[13] 임집은 학포 양팽손의 증손녀

---

12) 1603년 『사마방목』(진사시)에는 집의 생년이 가사년(1569)으로 기재되어 있다.

사위였으며, 동시에 그는 죽천 박광전의 손자였던 춘호春豪의 손위 동서가 되었다. 장남 집溴을 제외한 3남의 처가에 대하여는 자세한 것을 알 수 없지만, 4녀의 통혼가문은 보성의 파주염씨(염세경)·순천의 광산이씨(이기윤)·장흥의 장흥위씨(위정헌)·같은 장흥위씨(위정룡) 집안이었다.

파주염씨는 조선전기 보성·강진지방의 망족 가운데 하나였다. 염인廉寅의 아들 세경은 임진왜란 시 부용을 따라 전라좌의병군에 출진하여 의병참모로 공을 세운 뒤 양산사(청계영당)에 배향된 인물이다. 이기윤은 기축옥사 때 광산일씨 일가가 참혹한 화를 입었던 동인계 이발의 족질이다. 1589년 옥사가 일어나자 광주에서 조부 이천근이 일가를 이끌고 순천으로 이거했던 가문이다. 임진왜란 시 그는 종형 기남, 두 아우 기준·기현과 더불어 모두 선라좌수사 이순신 휘하에 자진종군하여 일가가 해상의병의 활동으로 전공을 세워 유명하다. 그 형제들이 『선무원종공신록권』에 책록되었을 뿐 아니라 임란 직후에 작성된 순천향안에 그들의 이름이 모두 함께 입록된[14] 것을 통해서도 이 가문의 위상을 알 수 있다.

임계영의 두 딸과 혼맥을 같이한 위정헌과 위정룡은 나란히 장흥위씨 22세 동항의 인물들이다. 이 가문은 장흥임씨와 함께 일찍이 장흥의 관산에 그 뿌리를 둔 재지명문으로 잘 알려져 있다. 특히 정헌과 그의 부친 위덕의는 부자가 모두 사마시에 합격하여[15] 당시 '五德派' 문중에서도 그들의 이름이 높았다. 이순신의 『난중일기』에 이름이 보이는 위

<hr>

13) 『난중일기』 정유년 8월 11일 기사.
14) 1605년 「順天府留鄕座目」에는 이기윤과 그의 종형 이기남이 입록되었고, 1623년의 향안에는 이기준·이기현 등이 입록되어 있다 [『순천향교사』(순천향교, 2000), 464~469쪽].
15) 위덕의는 1573년 생원시에서 3등(81/100)으로, 정헌은 1635년 진사시에서 2등(20/100)으로 합격하였다.

덕의는 임진왜란 호종원종공신이었으며 죽천사의 주벽으로 제향되었을 만큼 향중에 널리 알려진 거유였다. 이와 같이 임진왜란 이전의 상황에서 임계영가의 통혼관계를 살펴봄으로써 이 가문의 사회적 위치를 보다 구체적으로 확인할 수 있었다. 그리고 이기윤과의 혼인이 이루어진 것으로 보아 임계영가의 통혼권이 종전에 비하여 보다 확대되었음을 엿볼 수 있다. 아울러 통혼의 정확한 시기를 확인할 수는 없지만, 당색이 뚜렷했던 동인계 가문과의 혼사가 이루어진 사실도 주목된다.

　전라도 남부지역에 집중적으로 세거한 장흥임씨가의 인물들이 임진왜란 의병활동과 깊이 관계되어 있었다는 사실도 간과할 수가 없다. 그 요인은 16세기 보성·장흥지역의 재지사림의 의병활동이 왕성하였고, 전라좌의병이 이 지역에서 봉기하였다는 점도 관계있었을 것이다. 그런데 장흥임씨가의 의병활동이 문헌공파 국담계 문중의 인사들에게만 한정된 것은 아니었다. 해남지역에 집성촌을 이루고 있던 문숙공파 백헌계柏軒系(謹)의 활동도 활발하였기 때문이다. 그 대표적인 예가 임희진과 그 자질子姪들의 활약이다. 『난중잡록』에 의하면, "전라도 해남의 진사 임희진任希進(1524~1593)이 향병 수백 명을 뽑아서 표자彪字로 장표를 삼고, 군량과 기계를 마련하여 영남지방으로 출전하였다."[16]라는 기록이 있다. 이것이 임진년 10월이었으니 당시 영남지방에는 각처에 일본군이 치성할 때였고, 임희진은 이듬해 제2차 진주성전투에 참전하여 성함과 더불어 순절한 의병장이었다.

　진주성에서 임희진이 순절한 이후 그의 두 아들 달영과 준영 그리고 재종질 자영·중영 등의 활동이 계속되었다. 그 중에서도 정유년 일본군의 재침시에 크게 활약했던 이들이 달영과 준영이었다. 이순신의『난중일기』에 그 이름과 활동상이 구체적으로 나타나 있다. 특히 임준영의

---

16)『난중잡록』권2, 임진하 10월 10일 기사.

경우에는 이순신의 군관으로 있으면서 명량해전 직전, 적선 55척이 어란진에 내침하였음을 최초로 전달하였을 뿐 아니라 일본수군의 적정을 소상히 보고함으로써 눈앞에 닥친 격전을 대비할 수 있게 하였다.[17]

지금까지 국담 임희중과 임계영의 형제들을 중심으로 한 장흥임씨가의 가계와 인물들의 행적을 살펴보았다. 일찍부터 장흥·보성·해남·강진·진도 등지에 뿌리를 내린 이 집안은 성종 때 문헌공파의 임득창이 무장으로서 중앙에 명성을 떨치면서 가문을 드러낸 후 더욱 번성해진 시점은 그의 손자대인 임희중 5형제 때부터였다. 기묘사화를 겪으며 향리에 은거했던 임희중이 명종 때 사마 양시에 합격하여 문명을 드러내기 시작하였다. 그의 아들 백형과 계영대에 이르러 형제·종형제들이 잇달아 생원·진사시와 문과에 급제하여 현달함으로써 마침내 이 가문을 남도의 명족 반열에 올려놓았던 것이다. 따라서 국담계 장흥임씨가는 16세기 중반부터 전라도 보성·장흥지역의 재지사족으로서 확고한 사회적 기반을 구축한 이후 임진왜란을 맞게 되었다.

Ⅲ. 전라좌의병의 성군과 경상우도 부원

임진년 5월초 도성이 함락된 직후부터 시작된 호남지방의 의병운동은 크게 두 갈래의 흐름이 있었다. 하나는 나주의 김천일 휘하 의병이었고, 다른 하나는 고경명·유팽로·양대박 등을 중심으로 담양에서 회맹한 전라도 연합의병이었다. 전자는 최초의 근왕의병으로서 한성수복을 위해 경기도 지방에 진출한 의병이었다. 나주의병은 수원·강화 등지에 거점을 두어 의병활동을 계속하다가 이듬해 4월에 남하하여 제2차 진주성전투를 주도하였다. 후자는 전라도 20여개 열읍에서 봉기한 6천의병

---

17) 『난중일기』정유년 8월 26일 및 9월 14일.

의 결집체로서 담양에서 회맹한 뒤, 전자의 뒤를 이어 북상길에 오르다
가 제1차 금산성전투에서 의병활동의 최후를 맞이하였다.

고경명 휘하의 전라도 연합의병이 금산전투에서 패산된 직후인 7월중
에 다시 전라좌·우도에서는 새로운 의병이 결기하였다. 7월 20일 보성
에서, 7월 26일 광주에서 일어난 전라좌의병과 전라우의병이 그 대표적
인 결집체였다. 전라좌의병의 경우는 보성의 임계영任啓英(1528~1597)과
박광전朴光前(1526~1597)·장흥의 문위세文緯世(1534~1600)와 김여중金汝
重(1556~?)·능성현령 김익복金益福(1551~1599) 등이 주축을 이루었고,
전라우의병은 화순의 최경회崔慶會·능주의 문홍헌文弘獻과 구희具喜
(1552~1593) 등이 중심인물이었다. 전라좌·우의병은 나주의 북상의병
(김천일군)·담양의 연합의병(고경명군)·장성의 남문의병과 함께 임진년
호남지방에서 봉기한 전라도 5대 의병이었다. 양군의 명칭에 좌·우가
붙은 까닭은 기병지 보성군이 전라좌도에 속하였고, 광주목이 전라우도
에 위치하였기 때문이다.

전라좌의병장 임계영과 전라우의병장 최경회(1532~1593)는 모두 60
을 넘긴 노령의 전직 문관들이었다. 최경회는 1567년(명종 22) 식년문과
에 급제한 후 중외의 여러 관직을 거쳐서 1590년 담양부사로 있을 때
모친상을 맞아 향제에 있던 중 임진왜란을 당하였다. 임계영은 자세한
기록이 남아있지 않아 그의 전력을 구체적으로 확인할 수는 없지만,
1576년(선조 9) 별과문과에 급제한 뒤 분관되었다가 1580년대에 이르러
경상도 진보현감을 지낸 것으로 나타나 있다. 그의 「행장」에 의하면 임
기를 마치고 향리에 돌아온 다음엔 더 이상 관직에 뜻을 두지 않고 경사
經史에 침잠, 후진양성에 힘쓰던 중 국난을 당하였다.[18] 이때 임계영의

---

18) 『三島實記』권3 부록, 「행장」(趙觀彬 찬). 『삼도실기』는 임계영의 실기로서 1973년
   전남 보성군 龜山亭 발행으로 任弼柱가 편찬한 4권 1책의 신활자본이다. 권수에 임
   계영의 친필간찰 2편이 '삼도유묵'으로 실려 있으며, 권1에는 임계영의 시 2편과 간

나이 65세의 노령이었으니, 그 후 험난한 전쟁터를 전전하며 풍찬노숙하는 가운데 그는 67세에 이르기까지 의병활동을 계속하였다.

당시의 전라도 의병지도층은 대부분이 고경명 휘하의 추성창의秋城倡義(담양에서 회맹한 전라도 연합의병)와 관계있었거나 또는 그 영향을 받은 인사들이었다. 특히 전라우의병의 경우는 추성창의에 참여했던 인사들이 대부분이었다. 그들은 금산패전 이후 흩어진 군사들을 다시 규합하여 재기의 기치를 세운 예였다. 전라좌의병의 경우에는 제1차 금산전투 이전, 즉 6월 중에 의병운동이 시작된 것으로 보인다.[19] 6월 11일 담양에서 전라도 연합의병이 북상한 후, 전라좌·우수군은 이미 영남해역에 출전하여 본격적인 해상전투가 벌어짐에 따라 도내에는 향보鄕保를 위한 최소한의 군사조차 없었을 때였다. 따라서 시기적으로 큰 차이는 없었지만 좌·우의병의 창의동기에는 차이가 있었음을 알 수 있다. 여기에서 전라좌·우의병의 창의기병을 처음으로 소개한 『난중잡록』의 기사를 보자.

[좌의병]
전 현감 임계영이 의병을 일으켰다. 임계영은 전라도 보성 사람인데 처음에 본도 관군과 의병이 모두 함께 근왕길에 나가고 일도가 텅비게 되었다. 흉적들이 이를 틈타 경내에 쳐들어올 위험이 조석지간에 닥쳐 도내의 위태롭기가 더없이 급박하였다. 이에 임계영은 동지 여러 사람들과 더불

찰 3편이 실려 있는데, 간찰들은 임진년 10월과 계사년 정월에 경상우도순찰사 김성일에게 보낸 것들이다. 그밖에는 의병활동 중에 발한 疏.狀.檄文類 등 13편의 글이 수록되었는데 모두가 임계영과 전라좌의병의 활동전모를 밝히는 데 반드시 필요한 사료들이다. 권2 부록에는 『난중잡록』외 각종 임란관계 사서에서 撫錄한 전라좌의병관련 사료들을 실었다. 권3 부록의 내용은 가장, 행장류 및 각종 묘도문자들을, 권4 부록에는 임계영의 유적인 구산정의 事實記類의 글들을 수록하였다.

19) 1594년 초에 박광전이 선조에게 올린 상소문에서도 보성에서의 의병운동이 임진년 6월부터 시작되었음을 밝히고 있다(『난중잡록』 권3, 갑오 정월).

어 격문을 띠우고 군사를 모집하여 방어할 계획을 세웠다. 그리하여 본군에서 출발하여 낙안·순천을 경유하여 남원으로 향하여 진군하면서 1천여 명의 군사를 수합하여 좌의병이라 칭하고 虎字로 장표를 만들었다.

[우의병]
좌도의병(담양에서 기병한 고경명 휘하 의병, 담양은 전라좌도에 속함 ; 필자주) 진중의 선비들이 흩어진 군사 8백여 명을 소집하여 전 부사 최경회를 추대하여 맹주로 삼고, 7월 26일 광주에서 기치를 세웠는데 鵑字로 장표를 만들었다. 우도(화순·광주는 전라우도에 속함)로부터 군사를 모아 남원으로 향하면서 우의병이라 일컬었다.

즉 좌의병은 텅 빈 도내방위를 위하여 일어났고, 우의병은 금산패전 이후 고경명군의 후속의병으로 봉기하였음을 확인할 수 있다. 다만 좌의병의 모병설군募兵設軍 과정에서 금산패전의 결과가 나오면서 좌·우의병의 활동이 거의 동시에 이루어진 셈이었다. 그리고 양군이 모두 남원으로 출병한 까닭은 곧 도내방위를 위한 것이었음을 의미한다. 당시의 전황으로 볼 때 무주 금산지역에 소굴을 이룬 일본군이 남원방면으로 남하, 전라좌도에 쳐들어올 가능성이 컸던 까닭이다.

임계영은 7월 20일 경 보성관문에서 전라좌의병을 이끌고[20] 출발한 후 낙안·순천·구례를 경유하면서 남원에 이르러 약 1천 병력으로 성군하였다. 최경회 휘하 전라우의병은 7월 26일 광주에서 출진한 후 약 8백여 병력으로 담양·순창을 거쳐 역시 남원에 주둔하였다. 좌·우의병이 남원에 당도한 시점은 8월 초~10일 경이었을 것으로 생각된다. 우의병은 좌의병보다 먼저 남원에 당도한 뒤 여기에서 전 첨사 고득뢰高得賚를 의병부장으로 맞이하여 성군의 기틀을 마련하였다.[21] 광주를 출

---

20) 7월 초 도내에 발한 것으로 보이는 첫 격문에서 "이 달 20일 보성 관문에서 모인다."(『난중잡록』 권1, 임진 상 7월 10일)라고 하였다.

발할 당시에는 부서조직을 제대로 갖추지 못하였으므로 의병장과 참모관 문홍헌 외에 구희具熺 등이 의병진을 이끌었던 것으로 보인다.[22) 좌의병진 역시 불완전한 상태에서 보성 관문을 출발하였다. 의병장 외에 양향관에 문위세文緯世·참모관에 박근효朴根孝(1550~1607)·종사관에 정사제鄭思悌(1556~1594)를 임명하여[23] 대체적인 지휘부를 구성한 다음, 순천에 이르러서 장윤張潤(1552~1593)을 의병부장으로 영입한 이후 마침내 의병군의 군용을 갖추게 되었다. 무과출신의 뛰어난 장수였던 장윤은 전란이 발발하자 순천부의 수성장으로 자원하여 읍성을 지키고 있었을 때였다.

문위세의 일기에 의하면, 순천에서 장윤을 부장으로 삼아 군사를 정비한 후 남원으로 향한 것이 8월 9일이었다고 하였다.[24] 보성에서 출진한 후 순천으로부터 남원으로 진군하기까지 도중에서 상당한 기일이 소요되었음을 알 수 있다. 좌의병의 경우에 의병 소모지역이 전라좌수군 관내에 있었다는 점에서 모병에 더 큰 어려움을 겪었던 것 같다. 전라좌·우의병이 모두 완전한 군사조직을 갖추지 못한 상태에서 출진, 주위 여러 고을들을 순회하여 남원부에 진주한 이후에 비로소 의병조직을 완성시켰다. 이에 대하여 좌의병장 임계영의 다음과 같은 글을 참고하기로 한다.

    …(처음에) 향인 모모 등과 같은 마음으로 서로 뜻을 합하여 고을의 자

---

21) 『난중일기』 권2, 임진하 8월.
22) 최경회의 『일휴당실기』, 「창의서록」에서는 전부장에 宋大昌, 후부장에 許鎰, 좌부장에 高得賚, 우부장에 權克平 등을 임명하고 문홍헌을 참모로 정하였다고 기록하였다. 그러나 송대창(여산)·권극평(태인)·허일(순천)등은 당시 도내에 있지 않았으니, 이것은 아마 제2차 진주성전투시 최경회가 경상우병사의 신분으로 입성하였을 때 고득뢰와 함께 그 휘하에서 활동했을 당시의 군사조직이었던 것으로 추측된다.
23) 『삼도실기』 권2, 「거의실적」.
24) 문위세, 『풍암실기』 권3, 「임진창의일기.」

제들을 권면하고 (금산에서 돌아온) 산졸들을 수습하며, 유루된 장정들을 불러 모집하여 향병 2백여 명을 얻었습니다. 장흥의 모모 등이 또한 정예한 병졸 2백여 명을 모집해와 신에게 소속하면서 좌도 열읍을 거쳐서 적이 있는 곳으로 향하였습니다. 그러나 해상의 교만한 장수와 게으른 군사들, 지방의 토호와 비겁한 사내들, 이 모두가 의병을 오활하게 여겨 헐뜯는 자도 있고 방해하는 자도 또한 많아서 서로 도와주려고 하지를 않아, 군량과 군기를 스스로 마련하기가 또한 매우 어려웠습니다. 남원으로 행군하여 거기에 이르자 부사 尹安性이 의거를 장려하여 정성껏 주선해 주었고, 고을 선비들이 자발적으로 지원해준 것도 있었으며 이웃 고을의 유생들이 소문을 듣고 호응해온 이후에 군량이 확보되고 병력도 조금 충실해졌습니다. 전 부사 최경회 또한 경명의 흩어진 군사를 수합하여 우도로부터 진군하여 신과 더불어 합세하였습니다.[25]

윗글은 전라좌의병이 선조께 올린 상소문의 일부이다. 이 글을 통하여, 보성에서 거병한 후 남원에 이르러 성군하기까지 많은 어려움이 수반되었음을 알 수 있거니와 전라좌의병의 성군과정에 대해서도 짐작할 수가 있겠다. 보성 관문을 출발할 때의 병력은 4백여 명에 불과하였다는 것, 해상군의 장졸 즉 전라좌수군 관계자들과의 갈등과 마찰이 있었다는 것, 남원부사 윤안성의 지원과 그 고을 선비들의 협찬이 의병진의 군사력을 크게 증진시켰다는 사실 등을 확인하였다.

이와 같은 성군과정을 거치면서 전라좌의병에게 부딪힌 어려운 문제들은 또 있었다. 특히 무장이 아닌 유학자, 그것도 65세에 이른 노령의 선비가 군사를 이끌어 직접 전투를 지휘할 수 있을 것인가? 도내 전역

25) "鄕人某某等 先獲臣心 議以克合 勸勵邑中子弟 收拾散亡之卒 召募遺漏之丁 得鄕兵二百餘人 長興某某等 亦募精卒二百餘 來屬於臣 由左道進向賊所 海上驕將惰卒 豪民怯夫 皆以儒兵爲迂 詆毁者有之 沮遏者亦多 莫肯相濟 兵糧軍器 私自辦出 亦甚艱窘 行到南原 府使尹安性 獎勵義擧 盡心調度 府中之士 自願輸勞者若干 榜邑儒生 聞聲相應 然後糧道不匱 兵力稍張 而前府使臣崔慶會 亦收敬命散卒 由右道而進 臣與之合勢"(『난중잡록』 권2, 임진하 10월 기사 ;『삼도실기』 권1, 「주둔함양시상소」1).

이 병참기지가 되어 있었을 뿐 아니라 이미 타군의 물자징발이 계속되고 있었던 실정에서, 1천 병력을 움직일 수 있을 군량충당의 방안은 무엇인가? 이 두 가지 난제야 말로 의병활동의 성패가 걸린 중대한 문제가 아닐 수 없었다. 임계영이 1593년 10월 선조에게 올린 상소문을 통하여 그 첫 번째 문제부터 살펴보기로 하자.

> 신은 본래 무예가 부족하고 적을 제압할 계책도 없었습니다. 지난번 개령에서 두세번 승첩을 거둘 수 있었던 것은, 실로 부장 장윤이 나라에 목숨을 바치기로 의분에 불타 싸운 힘 때문이었습니다. 신은 外陣에 있으면서 군비를 조달하여 후원을 했을 뿐이니 신은 실로 공이 없습니다.[26]

노의병장의 솔직 담백함이 군사활동의 한계성을 가식 없이 토로한 글이라 하겠다. 그리고 의병장 자신은 외진에 머물며 군비를 조달하였고, 부장 장윤은 전투현장에서 실전을 지휘하였음을 밝히고 있다. 의병장은 의병본부에 위치하여 군비를 공급하고 군사행정을 총괄했던 데 대하여, 부장은 적진을 공격하는 등 일선에서 전투를 주도하는 방법으로 역할 분담이 이루어졌음을 의미한다. 의병장이 머물던 곳을 '외진'이라 하였지만 이것은 실전현장을 '내진'으로 본 관점의 표현이며, 의병부대의 입장에서 보면 본진이었다고 하겠다.

임계영이 밝힌 이 같은 역할 분담의 사실은, 임진년 10월 경상우도에 진군한 직후에 선조께 올린 상소문이나[27] 계사년 5월 체찰사 유성룡에게 올린 전과보고서에서도[28] 확인할 수 있다. 전투와 행정을 2원적으로 분할하여 운용했던 의병의 전략전술은 매우 이례적인 예가 아

---

26) "臣素乏弓馬之才 亦無制賊之策 頃者開寧數三獻捷 實賴副將張潤殉國敵愾之力 臣退在外陣 調發繼援而已 臣實武功"(『삼도실기』 권1, 「車駕還京時上疏」1)

27) 『난중잡록』 권2, 임진하 10월, 「전라좌의병장임계영상소」.

28) 위의 책, 계사 5월 24일.

닐 수 없다. 임계영의 상소에서, 자신은 "무예가 부족하고 적을 제압할 계책도 없었다."라고 하였지만, 노의병장이 구사한 군략의 실제는 오히려 탁월한 것이었고 의병지도자가 발휘한 최선의 현책이었다고 하겠다. 이는 곧 관군과 다른 의병전략의 한 특성으로 보아도 좋을 것이다.

다음은 군량조달의 방책에 대해서이다. 전라좌의병의 군량공급은 양향관 문위세와 그의 자부姉夫 박광전에 의해 주도되고 있었다. 문위세는 본진과 후방을 오고 가며 군량수송을 추진하였고, 박광전은 후방에서 군량확보를 뒷받침했던 것으로 생각된다. 박광전은 당시 보성지방의 사림을 대표하는 향중의 원로로서 의병을 일으킬 때부터 중요한 역할을 담당하였다. 기병시 임계영 보다 2년 연상이었던 그는 노환중이었고 따라서 의병장의 자리에 임계영을 천거했던 것도 바로 그였다. 의병전쟁의 일선에 나서지 못한 대신 후방에서 좌의병의 군량공급을 자임했던 것이다. 그 후 박광전은 1593년 말경, 근왕의병의 활동이 막바지에 이르면서 의병의 군량난도 극도에 이르렀을 때, 왕세자 광해군께 올린 글에서 이렇게 술회하였다.

> 신이 전 현감 임계영·진사 문위세 등과 더불어…향병을 일으켰는데, 보성은 실로 처음 일어난 곳이었고 장흥·남원·옥과·곡성 등 몇 고을이 함께 호응하였습니다. 임진년 6월부터 지금까지 약 20개월 여에 이제 선비들 집의 재물은 바닥이 나서 남아있는 양으로는 겨우 한 달 밖에 지탱할 수 없으니, 양식이 없는 군사는 머지 않아 스스로 무너질 것입니다. …좌의병을 후원하는 것은 다섯 고을에 불과합니다.[29]

즉 전라좌의병의 군량 공급원을 밝힌 매우 중요한 사료이다. 여기에

---

29) "臣與前縣監任啓英進士文緯世等…謀起鄕兵 寶城爲首起之地 長興南原玉果谷城等數邑 相與之和 自壬辰六月 至于今二十朔有奇 士子之家財力已竭 計今見存之數 僅支一月 無糧之兵 不久自潰…則左義兵繼援 不過五邑"(『죽천집』권2,「上王世子撫軍時書」)

서 우리가 확인할 수 있게 된 것은 전라좌의병의 성군과정에서 구체적
인 군량조달의 방책이 마련되었다는 것과, 보성·장흥·남원·옥과·
곡성 등 다섯 고을에서 집중적으로 공급받는 조직체계가 갖추어졌다는
점이다. 이 사실은 계사년 5월에 임계영이 전라도 순찰사에게 보낸 글
에서도 밝힌 내용이다. 그 글에서, "각 고을의 계원유사繼援有司들이 성
심껏 모우고 재산을 털어 군기를 마련, 멀리 타지역에 와있는 우리에
게 군량이 떨어질 걱정이 없도록 해주었기 때문에 일군을 부지할 수
있게 하였다."30)라고 하였다. 즉 위의 다섯 고을에는 좌의병의 군량조
달 업무를 책임진 계원유사들이 따로 있었음을 확인할 수 있다.

이와 같이 볼 때 전투활동과 군사행정을 분리하여 이원적으로 운용
하는 지휘체제, 그리고 군량의 공급 및 수송을 위한 후방조직체제를
구축한 이후에 전라좌의병의 의병활동이 시작되었던 것이다. 또한 전
라좌·우의병이 남원에 도착하기 전에 이미 긴밀한 협력관계가 있었던
것으로 보이지만, 양군이 남원에 주둔하여 기각지세掎角之勢를 이루면
서 본격적인 의병활동이 개시되었다.

그런데 임진년 9월 이후 남원부와 접경을 이룬 경상우도지역의 적세
는 한층 치성해지고 있었다. 김해 부산지역의 일본군이 합세하여 진주
성 공격을 엿보고 있었으며, 무주 금산방면에서 퇴거한 적병들이 김산
金山·성주지역으로 유입되면서 일본군의 공세가 가중되었기 때문이
다.31) 이와 같은 실정에서 전라좌·우의병의 경상우도 부원을 촉발하
게 되었다. 향토보위를 목표로 일어났던 양군이 의병활동을 시작한 이

---

30) "各邑繼援有司 誠心召募 傾財備械 遠在他境 却無乏絕之患 扶持一軍"(『난중잡록』 권
   2, 계사 5월, 「左義兵將爲行下事」)
31) 전라좌의병장 임계영이 경사우도 순찰사 김성일의 관문을 받은 직후 전라도병영의
   虞侯에게 보낸 전령에서 경상도의 실정을 설명하고 있다(『난중잡록』 권2, 임진하 9
   월 28일).

후 전국戰局의 추이에 따라 근왕의병으로 전환되어 갔던 것이다.

전라좌·우의병이 도경을 넘어 경상우도에 신속히 진군하게 된 직접적인 동기는 특히 경상우도 순찰사 김성일의 화급한 구원요청에서 비롯되었다. 그에 앞서 의병장 김면이 전라도 순찰사에게 보낸 원군요청의 글도 있긴 하였지만, 9월 말에서 10월 초순 사이에 양 의병진 중에 빗발친 김성일의 내원요청이 설득력을 발휘하였다. 그의 종사관들이 달려와 현지실정의 화급성이 거듭 전달됨으로써 전라도의병의 경상우도 진군을 서두르게 하였다. 이에 대하여는 전라좌·우의병장이 경상우도 순찰사에게 보낸 간찰들이 남아 있어 당시의 정황을 잘 이해할 수 있게 해준다. 뒤에서 다시 보겠지만 좌의병장 임계영이 10월 10일·10월 12일·1593년 정월 27일 세 차례에 걸쳐 김성일에게 보낸 서찰과 우의병장 최경회가 10월 20일과 11월 2일에 역시 경상우감사 김성일에게 보낸 두 차례의 서찰내용이 그것이다.[32]

좌·우의병 가운데 경상우도 경내에 먼저 진군한 군사는 전라우의병이었다. 10월 6일 최경회가 이끈 의병이 함양군에 당도하였다는 기록이 있다.[33] 전라우의병은 함양에서 곧 바로 산음으로 이동하여 경상우도 순찰사와 협의한 후 진주 살천창에 주둔하였다.[34] 그곳에서 단성에 이르는 지역을 방어함으로써 제1차 진주성전투의 외원으로 활동하였다. 진주성전투가 끝난 후에는 전라좌의병 및 경상우도 의병과의 연합작전을 전개하면서 임진년 겨울을 모두 함께 이곳에서 보내게 된다.

---

32) 임계영의 간찰 세 편은『三島實記』(임필주 편, 龜山亭,1973)에 수록되었고, 10월 20일자 최경회의 간찰은 국립진주박물관(유물번호 진주8347)에 소장되어 있으며 11월 2일자 간찰은 성균관대학교 박물관 편, 『槿墨』(청문사, 1981, 도판번호 125)에 수록되어 있다.

33)『고대일록』권1, 만력 임진 동10월 6일.

34) "湖南義兵將前府使崔慶會 率軍千餘 來會山陰 問於何舍兵 公曰 晉州薩川倉何如 崔應曰諾"(『용사일기』앞의 책, 189쪽)

임계영의 좌의병이 우의병의 뒤를 이어 경상우도에 진군한 것은 10월 18일이었다. 남원에 있을 때 경상우도 순찰사 김성일의 구원요청에 접한 뒤 10월 18일 함양에 당도하기까지 전라좌의병의 움직임을 살펴보기로 한다. 먼저 10월 10일과 12일에 김성일에게 보낸 임계영의 간찰부터 검토하기로 한다. 친필 간찰을 그림으로 본 다음, 그 내용을 국역으로 정리해보면 아래와 같다.

[도 2] 임진년 10월 10일자 임계영의 간찰

[번역문]
　시사가 이 지경에 이르렀으니 모두가 다 함께 충의로 (분발하여) 나라에 목숨을 바쳐야 할 때인데, 더구나 보내주신 서찰을 받아보니 그 간곡한 사연들 하며, 또 박정랑을 통하여 위급한 사정을 자세히 듣고나니 간담이 굳어지고 주먹이 떨려 어찌할 바를 모르겠습니다. 다만 이곳의 적들이 이제 막 물러갔으니, 생각같아서는 근왕하고 싶은 마음 간절하나 겨울철을 맞은 군사들에게 동복을 준비하게 하였는데, 대부분이 먼 길인지라 아직 돌아오지를 못해 지체되고 있으니 걱정스런 마음만 더할 뿐입니다. 그러나 이제 조금씩 모여들고 있으니 전군의 반이라도 모일 때까지만 기다렸다가 달려갈 계획입니다. 이곳의 정세는 정랑이 목격한 대로입니다. 영감

께서 살펴주시기 바라오며 삼가 절하고 답장을 올립니다. 만력 임진년 10월 초 열흘 임계영 배.

이 글은 전라좌의병이 아직 남원에 머물고 있을 때 경상우감사 김성일의 종사관이던 박성朴惺 편에 보낸 답장이었다. 당장 경상우도에 진군할 수가 없는 자대의 실정과 의병장의 안타까운 심정이 그대로 드러나 있다. 7월 하순의 초가을에 보성에서 출진한 전라좌의병에게 겨울철이 닥침으로써 추위를 이겨내야 할 동복들이 필요했던 것이다. 겨울옷들을 마련해오기 위해 남원으로부터 전라도 해안지역까지 도보로 귀가했다가 먼길을 되돌아가야 했을 의병들의 고초가 어떠하였을까 짐작이 간다. 이제 이틀 후인 10월 12일의 서찰을 보기로 하자.

[도 3] 임진년 10월 12일자 임계영의 간찰

[번역문]

잇달아 보내주신 서찰을 받아보니 그 말이 격렬하고 절실하여 엎드려 머리숙이니 저절로 눈물이 떨어집니다. 다만 단기로 운봉에 來到하여 들

으니 적세가 조금은 누그러졌다 하니 아직 모여들지 못한 군사들을 기다
렸다가 분부하신 대로 진주로 달려감이 어떨런지오. 그러나 사세의 완급
을 헤아렸다가 다시 지시하신다면 감히 곧바로 달려가지 않겠습니까. 영
감께서 살펴주시기 바라오며 삼가 절하고 답장을 올립니다. 만력 임진년
10월 12일 임계영.

이틀 전에 답장을 보낸 뒤 그 사이에 다시 김성일의 서찰을 받고 쓴
글이다. 이번에는 임계영이 단기로 운봉까지 달려가 경상우도의 적세
를 가까이서 탐지한 후 그곳에서 보낸 답장이었다. 진주성 방위를 위
한 김성일의 구원요청이 거듭되었음을 알 수 있지만, 그 시점에서 제1
차 진주성전투가 이미 종결됨으로써 이후 전라좌의병의 활동목표는 진
주가 아닌 개령 성주지역으로 바뀌었다.

제1차 진주성전투가 끝난 직후 10월 18일, 마침내 전라좌의병이 경
상도 함양군에 진주하였다. 함양출신의 의병종사관 정경운鄭慶雲이 기
록한 『고대일록孤臺日錄』에 보면 그 날의 상황을 이렇게 전하고 있다.
"전라의병장 임계영이 군사 천여 명을 인솔하여 본군에 당도하였다.
사졸들이 모두 장흥·보성·흥양 등지에서 나왔는데 정강精强하기가
이 보다 더할 데가 없다."[35] 즉 '정강한 의병'으로 인식되었던 만큼 전
라좌의병에 대한 현지인들의 신망과 기대가 매우 컸음을 엿볼 수 있다.
다음 날 19일 안음으로 부대를 이동한[36] 직후 곧바로 군사활동이 개시
되었다.

---

35) "十八日甲辰 全羅義兵將任啓英 率軍千餘到郡 士卒皆出長興寶城興陽等 故兵力精强
　　無出於此"(『고대일록』만력 임진 동10월 18일)
36) 『고대일록』권1, 동10월 19일. 최경회가 김성일에게 보낸 10월 20일자 서찰에서도
　　"任義兵은 어제 이미 안음을 향해 출발하였다."라고 하였다.

Ⅳ. 성주 개령지역 수복전투와 임계영의 활동

전라좌의병이 경상우도에 부원赴援하여 이루어진 최초의 접전은 10월 20일 개령전투였다. 현지의 의병장 김면의 구원요청을 받고 전라우의병과 합세하여 개령의 적진을 공격하면서부터 본격적인 전투가 전개된 것이다. 이 날의 전투에서 부장 장윤을 선봉으로 하여 치열한 접전을 펼친 끝에 적병들을 사살하고, 그 중 2급을 참수하는 전과를 올렸다.[37] 이로부터 시작된 전라좌의병의 활동은 한겨울 동지섣달에도 계속되어 이듬해 6월, 제2차 진주성전투 시까지 이어졌다.

뒤에서 다시 보겠지만 경상우도에 진군한 전라좌의병이 10월 하순부터 이듬해 2월까지 줄기차게 펼친 주공전선은 성주 개령지역 수복전투였다. 의병장 김면과 정인홍이 이끄는 현지의 향보의병과 합세하여 성주와 개령지역을 오르내리며 적진을 공격함으로써 계사년 2월, 마침내 개령 성주지역 일대를 수복하였던 것이다.

성주와 개령일대는 모리 데루모토[毛利輝元]과 가쓰라 모토쓰나[桂元綱] 휘하의 일본군 주력부대가 일찍부터 이 지역에 굴혈을 이루고 있었을 뿐 아니라 제2차 금산성전투 이후 양호지방으로부터 남하한 군사까지 가세되어 더욱 치성한 군세를 떨치고 있었다. 바로 이때 전라좌·우의병이 내원함으로써 영우의병의 전의를 촉발시킴으로써 그들에게 실지회복失地恢復의 의지를 갖게 해주었다. 전라좌·우의병이 이곳에 진군한 직후 의병장 정인홍이 경상우도 일원에 돌린 통문에 의하면 그 사실을 다음과 같이 전해주고 있다.

인홍 등은 어리석게도 격동된 바 충동만으로 스스로의 힘을 헤아리지 못한 채 창의모병으로 회복을 도모하여 군사를 일으킨 지 반년에 겨우 한

---

37) 『난중잡록』권2, 계사 5월 24일.

구역만을 지켜 아직도 영남에 유둔한 적을 능히 토멸하지 못하였으니 그
비분전고함에 마음이 타드는 듯하다. 이제 임계영과 최경회 양군이, 적을
치는데는 처음부터 피차가 따로 없다하고 정병 수천을 인솔해와 영남에
주둔하여 인홍 등과 더불어 성주 개령의 적을 공격하고자 하니 그 열렬한
의기는 보고 듣는 이들을 감동시키고 있으며 이는 실로 이 나라를 도와
강토가 회복되려는 징조이다.[38]

위와 같이 전라좌·우의병은 영우의병과 연합전선을 구축하여 개령
과 성주성 수복전투에 임하였다. 임진년 10월 하순부터 11월 중순까지는
주로 좌·우의병과 김면군이 합세하여 개령의 적진을 공격하였고, 11월
중순 이후에는 좌·우의병이 분리되면서 우의병은 김면군과 함께 개령
에서, 좌의병은 정인홍군과 더불어 성주에서 일본군과 접전하였다.

여기에서 전라좌의병의 활동상을 보다 체계적으로 파악하기 위하여
먼저 그들이 수행한 전투실적부터 개관해보기로 한다. 이에 대하여는
1593년 5월 24일, 전라좌의병장 임계영이 체찰사 유성룡에게 보낸 전
과보고서가 『난중잡록』에 실려 있어 대체적인 파악이 가능하다. 따라
서 이 사료를 토대로 작전지역과 전투상황 및 전과 등을 [표]로써 요약
해보면 아래와 같다.

[표] 경상우도에서 펼친 전라좌의병의 전투실적

일시	작전지역 및 전투상황	전과	적요
임진 10.20	개령/ 경상우도 의병장 김면의 구원요 청에 의거, 적진 공격전	적사살 (수불명), 2급 참수(부장 장윤의 선봉)	김면군 및 전라 우의병 합세
11.3	개령/ 공격전	적사살 (수불명), 참8급	

---

38) "仁弘等愚衷所激 不自揆度 倡義聚兵 以圖恢復 提軍半歲 僅守一區 尚未能討殲留屯之
賊 悲憤轉苦 盡如焚灼 今者任崔二君 以討賊初無彼此 率精兵數千 來駐近地 欲與仁弘
等共擊星開之賊 烈烈義氣 聳動瞻聆 實天贊國家恢復彊宇之兆也"(『난중잡록』 권2, 임
진하 10월)

11.4	개령/ 적진 습격전	31급 참수 (좌의병 11, 우의병 20)	『고대일록』의 기록, 전라우의병 합세
11.18	성주/ 경상우도 의병장 정인홍의 구원 요청에 의거, 노상 접전	적사살 (수불명), 참2급 (부장 장윤의 선봉)	
11.22	성주/ 위와 같음		
12.2	성주/ 위와 같음		
12.7	성주/ 성중의 적병 유인작전	적사살 5명, 적장 村上景親 중상	
12.14	성주/ 성주성 주둔군 유인, 좌의병 독력에 의한 성밖의 야전으로 종일 접전 (정인홍의 의병 및 현지 관군과의 합동작전으로 계획된 전투)	대첩에 의한 적사살 부지기수, *성주성 수복 전투 (부장 장윤의 혈전, 좌의병 사상자 10명)	현지의 관,~의병 모두 불참
계사 2.2	개령/ 扶桑峴 전투(성주 개령지역 탈출적병 추격전)	적병 4백여 명 사살	
2.11	개령/ 적진 공격전(부장 장윤의 지휘)	적병 2백여 명 사살, 조선인 포로 4백여 명 구원	
2.15	개령/ 위와 같음	적사살 (수불명)	
2.16	개령/적병 추격전(부장 장윤의 지휘)	〃	
3.26	선산/ 위와 같음	〃	
4.5	선산/ 위와 같음	〃	
4.15	선산/ 위와 같음	〃	

위의 전투실적은 임진년 10월 20일부터 계사년 4월 15일까지 약 6개월간에 걸친 작전결과를 기록한 것이다. 계사년 정월을 제외하고서 매월 전투가 계속되었으며 작전지역이 개령·성주·선산에 집중되었음을 보여준다. 그리고 임진년 11월, 12월의 전투는 주로 김면과 정인홍 등이 이끄는 경상우도 의병 및 전라우의병과의 연합작전이었음을 알수 있다. 이와 같은 작전동향은 임진년 5월 이후부터 모리 데루모토[毛利輝元], 가쓰라 모토쓰나[桂元綱] 등이 이끄는 일본군의 주력부대가 성주성에 웅거하여 소굴을 이룬 상황에서 적세가 그 만큼 치성하였기 때문이다.

[표]에 나타난 전라좌의병의 전과를 일일이 거론할 필요는 없겠지만, 임진년 12월의 성주 수복전투와 계사년 2월의 개령전투에서 거둔 대규모의 전과에 주목하지 않을 수 없다. 개령 성주지역에서의 공격전은 실지를 회복하고 적에게 일대 반격을 가한 승첩이었으니 1593년 정월과 2월 중 이 지역에는 일본군의 패잔병들까지 모두 사라지고 없었다.39) 그리고 계사년 3월 중에 거듭된 선산지역에서의 추격전은 성주 개령방면에서 숨어들어온 잔병들과 명군의 위세에 밀려 남하한 일본군을40) 궁지에 몰아넣은 전승이었다.

특히 12월 14일 전라좌의병 독력으로 치루어진 성주대첩은 오랫동안 일본군의 근거지가 되어왔던 성주지역을 사실상 탈환하였다는 점에서 더욱 중요한 일전이었다. 이 날의 대첩은 전라도 근왕의병의 활약 가운데서는 가장 큰 전과였다고 할 수 있다. 뿐만 아니라 현지의 관군과 의병이 합동작전을 약속하고서도 모두 이를 어겨 전투를 기피한 상황에서 고군으로 대첩을 이끌었다는 점에서 보다 중요한 의미를 갖는다. 임계영은 그 날의 전투실황에 대하여 도체찰사 유성룡에게 다음과 같이 보고하였다.

> (12월)10일에 의병장 정인홍 및 관군의 여러 장수들과 더불어 약속하였는데, 그 뒤 4일 만에 우리 군사가 약속과 같이하여 종일토록 죽도록 싸워서 전장과 길바닥이 모두 핏빛이 되었으며 성밑에 쌓인 송장이 언덕과 같았습니다. 우리 군사들이 왜적의 머리를 탐내어 앞다투어 성밑으로 달려

---

39) 『난중잡록』에 의하면 성주성의 적이 정월 15일에 모두 퇴각함에 따라 호남과 영남의 군사들이 입성하였다고 하였다. 한편『고대일록』에서는 2월 5일에 성주의 적들이 빠짐없이 달아났고, 개령의 경우에는 2월 19일자로 적의 무리들이 모두 도망쳐 달아났다고 하였다. 따라서 2월 5일에 달아났다는 성주의 적들란 그때까지 성밖에 잔존해 있었던 일부의 패잔병들이었을 것으로 추측된다.

40) 성주 개령방면의 패잔병들이 달아나 숨은 곳이 주로 선산 인동지역이었는데 이 지역은 위쪽에서 내려온 일본군들이 함께 모여든 곳이었다(위의 책, 계사 봄2월 1일).

갔더니, 궁한 적이 죽음을 무릅쓰고 칼날을 돌려 우리 용사들 10여 명이 피해를 입었습니다. 부장 또한 말이 지쳐서 달리지를 못하므로 말에서 내려 걸으면서 용맹을 떨쳐 돌입하여 한 화살에 한 놈씩 죽인 것이 수를 헤아릴 수 없게 되자, 적이 그제야 물러나 달아났습니다. 흉적들 가운데 죽은 자가 3분의 2는 되었는데 한창 싸울 때에 쏴맞히고 쏴죽인 것은 낱낱이 헤아릴 수도 없었습니다. 성주를 수복한 것이 바로 그날이었는데 현지의 모든 장수들이 약속을 배반하고 응원하지 않았으니 그 분통함을 금할 수 없습니다.[41]

위의 내용을 요약해 보면 전투가 벌어지기 4일 전, 12월 10일에 정인홍 휘하의 의병 및 현지 관군들과의 합동작전이 약속되었다는 것. 부장 장윤을 선봉으로 하여 종일 계속된 혈전 끝에 적병 2/3 가량을 사살하는 대첩을 거두었으며 좌의병진의 군사들도 상당한 희생이 있었다는 것. 12월 14일이야 말로 성주성을 수복할 수 있게 된 전승일이었지만 현지의 관군과 의병이 약속을 어겨 참전을 기피했던 사실 등을 자세히 밝힌 내용이다. 이 글이 전시 최고위 군사책임자였던 체찰사에게 보낸 공문서였다는 점에서 허위와 가식이 게재될 수가 없었을 것이다.

이 부분은 개령 성주지역 수복전투의 진실이 담겨있을 뿐 아리라 전라좌의병의 업적평가에 직결된 부분임으로 가장 중요한 기록이 아닐 수 없다. 따라서 다른 사료를 통하여 그 날의 전황에 대해 다시 한 번 검토할 필요가 있겠다. 그에 대하여 『선묘중흥지』는 이렇게 기록하였다.[42]

---

41) 『난중잡록』의 원문을 보면 이와 같다. "同月初十日 與義將鄭仁弘及官軍諸將約束 越四日我軍如約 盡日殊死戰 戰場及路 盡爲血色 城下積屍如丘 士卒貪級 爭趨城下 窮寇奮死回鋒 勇士被害十餘 副將亦馬困不走 下馬步趨 奮勇突入 一箭立斃 不知其數 賊乃退北 兇徒死者 居三分之二 而酣戰之時 射中射殺難可枚擧 星州之復 正在此日 而此道諸將負約不援 不勝憤惋"(『난중잡록』 권2, 계사 5월 24일, 「全羅左義兵將爲相考事」)

42) "任啓英大破倭人於星州…啓英進至星州城下挑戰 賊出精騎邀擊 義兵射倒先導數騎 餘兵驚走入城 倭將墮壕重傷 賊衆恐動 義兵聞之氣倍 啓英遂與鄭仁弘 及官軍諸將 刻期約戰十四庚午 啓英如期出兵 而仁弘等皆負約不至 賊背城出陣 啓英獨以其兵戰 副將張潤先

임계영이 성주에서 왜적을 대파하였다.…계영이 성주성 밑에 진격하여
싸움을 거니 적이 정예병을 내서 요격하였다. 의병이 화살을 쏘아 적의
선도병 數騎를 거꾸러뜨리니 나머지 적병들이 놀라서 성안으로 달아났다.
또한 왜장이 참호에 떨어져서 중상을 당하게 되자 적진이 크게 놀라 경동
하였으니 의병진의 사기가 배나 더하였다. 계영이 마침내 정인홍 및 관군
제장과 더불어 14일에 함께 싸우기로 약속하였는데, 啓英軍은 기약한 데
로 출병하였지만 인홍 등이 모두 그 약속을 저버려 나오지를 않았다. 적이
성을 등지고 출격하니 계영군이 그들 독력으로 싸울 수밖에 없었다. 부장
장윤이 선봉에 서서 돌진해 싸웠는데 장시간 계속된 전투로 인해 타고 있
던 말이 지쳐서 싸울 수가 없게 되었다. 마침내 그가 말을 버리고 걸어서
싸우며 더욱더 용기를 떨쳐 분전하니, 해질 무렵에 마침내 적이 대패하여
쌓인 시체들이 언덕을 이루듯 하였고, 유혈이 들판에 가득히 널려 있었다.
의병이 성밑까지 추격했다가 환진하였는데 이 전투에서 적의 전사자가 열
에 여섯 일곱이었으니 마침내 적은 성문을 닫고 나오지를 않았다.

 이 글의 앞 부분은 위의 [표]에서 보는 12월 7일의 전투상황이며, 뒷
부분은 12월 14일 전라좌의병 단독으로 성주대첩을 거둔 상황을 기록
한 것으로서 체찰사에게 보낸 임계영의 전과보고서 내용과 큰 차이가
없음을 확인할 수 있다.

 전라좌의병의 성주대첩을 뒷받침할 수 있을 현지인의 기록이 남아
있다면 그것 만큼 중요한 것도 없을 것이다. 이와 관련하여 정경운이
남긴『고대일록』은 임진왜란 중 영우지방에서 전개된 의병활동에 대해
서는 물론 도내의 전투상황이 매우 소상하게 기록된 중요한 사료이다.
임진년 12월 15일자『고대일록』은 바로 그 전날 이루어진 성주대첩에
대한 기사가 실려 있어 우리의 관심을 집중시킨다. 여기에서 정경운은
다음과 같이 기록하였다.

登突馳 戰久馬疲 遂捨馬步鬪 勇氣愈廣 日暮賊兵大散 積屍如丘 流血遍野 遂至城底而還
是役賊兵死者十六七 遂閉門不出"(『선묘중흥지』권3, 23면, 규장각도서 15213 - 3)

호남의 임대장이 장졸 5백여 명을 파견하여 성주의 적을 들판 가운데로 유인하여 급습, 다수의 적을 사살하여 거의 섬멸하였다. 그런데 성주목사 諸末과 고령현감 郭天成이 머뭇거리며 진격하지 않아서 그대로 기회를 놓쳐 성안에까지는 들어가지를 못하였다. 이 때문에 정대장이 크게 노하여 성주목사 제말과 고령현감 곽천성 등에게 곤장을 쳤다.[43]

이렇게 보면, 성주전투가 전라좌의병 독력으로 이루어낸 대첩이었음이 분명하다. 위에서 지칭한 정대장이 정인홍인 것은 물론이다. 따라서 스스로가 이 전투를 기피하여 참전하지 않은 상황에서 어떤 연유로 성주목사 등을 징벌하였다는 것인지 이해할 수가 없지만, 어쨌든 그날의 전투시 현지의 관·의병이 모두 참전하지 않았다는 사실만은 확실하다. 의병장 정인홍의 당시 행동에 대하여는 부정적인 평가가 지배적이다. 그는 독자적인 의병운동에 치우쳐 비타협적인 모습을 드러냈고, 그의 기병 동기 또한 향보적인 성향이 더욱 강했다는 것이다. 이 때문에 그는 의병을 사병화하여 향촌에서 향권을 장악하는 데 이용하였다는 평가를 받고 있는 것이[44] 바로 그것이다.

정경운이『고대일록』에서 밝혔듯이, 전라좌의병의 대첩으로 기록된 이 성주전투는 공성전이 아니라 성내에 진치고 있던 일본군을 밖으로 유인, 들판에서 적을 섬멸하였다는 사실도 중요하다. 연합작전이 아닌 일군의 독자적인 의병전술에 의한 전승이었기 때문이다. 자세한 기록이 없어 세밀한 내용을 밝힐 수는 없지만 전라좌의병의 작전에서 재평가되어야 할 문제가 아닐 수 없다. 아울러 실전을 지휘했던 부장 장윤

43)"湖南任大將 遣將卒五百餘名 誘因星州之賊中野 掩襲多數射殺 幾致殲盡 而星州牧使 諸沫 高靈縣監郭天成 逗遛不進 座失機會 不得入城 故鄭大將大怒 杖星州牧諸沫 高靈倅 郭天成等"(『고대일록』임진 12월 15일)
44) 고석규,「정인홍의 의병활동과 산림기반」,『진단학보』51, 일지사, 1988; 김강식,『임진왜란과 경상우도의 의병운동』(도서출판 혜안, 2001). 235쪽.

의 무재와 전술능력이 그 만큼 뛰어났음을 말해주는 방증이기도 하다. 향보의병과는 달리 모든 상황이 불리한 여건에서, 그것도 동계작전의 의병전이었다는 점에서 중요한 의미를 갖는 것이다.

성주대첩 이후 경상도에서는 전라도의병이 펼친 현지에서의 활약을 매우 높이 평가하였다. 1593년 정월 영남지방의 선비들은 임계영과 최경회 두 의병장의 전공을 다음과 같이 평가하였다.

> 의병장 정인홍과 김면의 군사가 감히 홀로 당하지 못하여 전라좌·우의병에게 구원을 청함에 두 의병장이 군사를 이끌고 거창·합천 등지에 달려와서 거년부터 지금까지 수개월 동안 혹은 산성에 둔쳐서 진주의 적을 쫓는 데 협력하였고, 혹은 요로를 지키면서 성주·개령을 나누어 공격하며 날마다 싸우지 않은 적이 없었고, 달마다 이기지 않은 적이 없었다. 그러므로 적이 움직이지 못하여 영남의 6,7개읍이 온전히 살게 되었으니, 두 장수의 공이 이것으로 보아도 큰 것을 알 수 있다.[45]

즉 성주 개령일대의 적을 공격하여 영남지역 6, 7개 읍을 보전할 수 있게 된 것이 바로 전라도의병의 전공이었다고 평가하였다. 임계영 휘하 전라좌의병이 성주지역 일본군에게 결정적인 타격을 가한 직후 적장 가쓰라 모토쓰나[桂元綱]은 잔여병을 이끌고 성주성을 철수하지 않을 수 없었다. 또한 [표]에서 보는 대로 계사년 2월중의 개령전투에서 크게 패한 모리 데루모토군[毛利輝元(軍)] 역시 그곳에서 퇴각할 수밖에 없었다.[46] 오랜 기간 일본군의 근거지가 되어 있었던 성주 개령일대가 전라좌의병의 용전에 의해 마침내 수복된 것이었다.

---

45) "義將鄭仁弘金沔之兵 不敢獨當 竭誠衰號 救援於兩義兵 兩將提兵 馳入居昌陜川等邑 自上年至於今 數月之間 或屯山城 助逐晉州之賊 或守要路 分攻星州開寧 無日不戰 無月不捷 故賊不敢動 嶺南六七邑 賴以安堵 兩將之功 於是爲大"(『난중잡록』 권2, 계사 정월)

46) 『선묘중흥지』앞의 책, 40면.

그런데 1593년 정월, 조정의 명에 따라 전라좌·우의병이 경상우도
에서 철병해야 할 상황에 놓이게 되었다. 당시 조정에서는 명군의 지
원하에 도성을 수복하기 위해 체찰사 정철로 하여금 전국의 관·의병
을 모두 징발케 하였다. 이에 따라 전라좌·우의병 역시 경상도에서 철
수하도록 하였다.[47) 전라도 의병이 경상우도에서 물러갈 것이란 소문
이 있었을 때 그 지방 사람들은 집을 버리고 여기 저기에 숨는 자들이
잇달았으며, 노유할 것 없이 벌써부터 사방으로 흩어지고 있었다는 사
실을 통해서[48) 볼 때 영남지방에서 활동했던 호남의병의 역할이 작지
않았음을 말해준다. 따라서 전라좌·우의병의 철병을 반대하는 현지
선비들의 상소 또한 강경하였다. 이 무렵 전라좌의병장과 경상우도 순
찰사가 주고 받은 서찰 중 계사년 정월 27일자로 임계영이 김성일에게
보낸 답장이 남아 있다. 그 내용이 어떤 것이었는지 보도록 하자.

지극히 사모하던 차에 보내주신 서찰을 받고서, 명군이 이미 평양을 수
복하였다는 소식을 살피게 되었으니 기쁨에 흐르는 눈물을 금할 수가 없
습니다. 적의 통로를 차단하여 요격하라는 지시는 바로 저의 생각과 같습
니다. 다만 체찰사께서 속히 올라와 함께 싸우라는 명령이 거듭 내려오니
저로서는 어찌해야 할런지요. 걱정스럽고 근심스런 마음 그지없습니다.
그러나 전해 듣건대 순찰사께서 저의 의병을 머물게 하고 싶다는 뜻을 이
미 체찰사께 보고했다 하니, 그에 대한 회보를 기다린 후에 거취를 결정하
도록 하겠습니다.[49)

---

47) 『난중잡록』 권2, 계사 정월 초8일.
48) "嶺南數邑之民 聞兩將之去 撤家藏人岩穴者相繼 携老幼四方者相望 潰散之勢已城"
    (『난중잡록』 권2, 계사 정월)
49) "傃慕之極 謹承垂札 就審天兵已復西都 喜淚難禁 遏截邀擊之敎 正合愚算 第體察使
    速來 合戰之令非一 此將奈何 憂悶罔極 然傳聞使相欲留義兵之意 已報于體使云 待此回
    報後 欲決去就"(『삼도실기』 권1)

중앙의 체찰사 명命과 현지 순찰사의 뜻, 그리고 아직 적세가 치성한 현지의 실정을 잘 알고 있는 의병장으로서의 고뇌가 잘 나타난 글이라 하겠다. 이 문제는 임계영의 서찰에 쓰인 대로, 순찰사의 주장에 따라 전라도의병의 철병령은 중지되었다.[50] 그런데 당초 조정으로부터 전라도의병에 대한 철병령이 있었던 데는 그만한 까닭이 있었다. 당시 전라좌·우의병과 곽재우 휘하 의병이 가장 뛰어난 의병군으로 정평이 나 있었기 때문이다. 즉 "각 도의 의병 가운데 곽재우·최경회·임계영이 인솔한 군사들이 가장 쓸만한데 이 3인이 바로 경상도에 있으니 급히 군사들을 정돈하여 근왕케 해야 한다."는 비변사의 주장이 있었던 것이다.[51] 전라좌의병을 포함한 3대의병의 전력이 그 만큼 출중하였음을 의미한다.

전라좌의병이 경상우도에 출병하여 해를 넘기면서 계속 이어진 의병활동의 결과는 괄목할 만한 전과와 전공으로 나타났다. 앞에서 본 [표]의 수치가 전부일 수는 없겠지만, 적병의 수급을 참획한 것만도 650급을 헤아리는 전과를 거두었으며, 성주와 개령지역을 되찾게 한 의병의 전공이야 말로 다시 평가되어야 할 부분이다. 이와 같은 성과를 가져오기까지 전라좌의병과 의병장 임계영은 천신만고의 역경을 겪었다. 작전기간이 동한의 계절이었기 때문에 얼어붙은 땅에 매복하기도 하고, 서릿발과 눈 속에서 전투를 수행하지 않을 수 없었다. 게다가 진중에 질병이 만연하여 희생자가 속출하였으며, 전쟁의 고통을 이기지 못해 탈출하는 군사들이 늘어가는 등 악전고투의 연속이었기

---

50) "慶尙右巡察使啓曰… 朝議欲招兩義將勤王云云 兩將聞奇 不遑啓處 卽欲上去矣 本道陷沒之餘 僅存者五六殘邑 凶賊四面充斥 必欲吞滅乃已… 朝廷十分參酌 許留兩將于本道 以固保障 詮次喜啓云云 體察使亦枚擧馳啓 朝廷停招兩義將"(『난중잡록』 권2, 계사 정월)

51) "備邊使啓曰 各道義兵之中 郭再祐崔慶會任啓英所率之軍 以有可觀 此三人 方在慶尙道 令急急整率勤王"(『선조실록』 권36, 26년 3월 갑술)

때문이다.52)

전라좌의병이 성주와 개령지역을 수복하는 과정에서 부의병장 장윤과 더불어 뛰어난 전공을 세운 장수들이 있었다. 특히 부장 최억남崔億男과 별장 소상진蘇尙眞이 그 대표적 인물들이다. 훈련원 봉사 출신이었던 최억남은 매번 전투 시마다 선봉에 서서 용맹을 떨쳐 적진에 돌격하였으며,53) 소상진 또한 장윤과 호응하여 성주전투를 승리로 이끄는 데 공헌하였다. 그는 이 전투가 끝날 무렵, 죽음을 두려워하지 않고 더욱 의기를 분발하여 끝까지 적을 추격하다가 장렬히 전사하였다.54)

그러나 조정에서 전라좌의병의 전공을 포상하는 데 있어서는 더디고 인색했던 것으로 보인다. 1593년 5월, 임계영이 올린 상소문에 의거하여 비변사가 선조에게 회계回啓하기를 "임계영이 의병을 많이 모아 영남에 깊이 들어가서 이미 성주와 개령 두 고을을 수복한 공이 있는데도, 죽음을 무릅쓰고 힘껏 싸운 사람들에게 아직 상을 내리지 않았음은 과연 잘못되었습니다."55)라고 한 예가 그 점을 말해준다. 뿐만 아니라 영상우도의 관군 장수들 가운데는 한 때 호남의병의 활동을 못마땅해 하여 불편한 심기를 드러낸 예도 있었다. 특히 전라좌·우의병에게 직접 구원요청을 했었던 순찰사 김성일 까지도 한 때 그들을 부정적으로 바라보았다는 사실이다. 김성일이 임진년 11월 이후 유성룡에게 보낸 것으로 보이는 서찰에서 그는, 임계영과 최경회 두 장수가 후원해준 공이 매우 크다고 하면서도, "그러나 이들이 실제로는 왜적들을 토벌할 뜻이 없어 앉아서 군량만 허비하고 있다."56)라고 했던 것이 또한

---

52) "自去年秋冬之間 兩軍深入嶺南賊藪 埋伏於凍雨之中 暴露於霜雪之地 躬冒矢石死腹生者數矣 自此之後 癘疫熾蔓 死亡連仍 諸軍不堪防戌之苦 逃亡者過半 留陣者疲困"(『난중잡록』권2, 계사 정월)

53) 『난중잡록』권2, 계사 5월 24일.

54) 『은봉전서』권8, 「호남의록」.

55) 위의 책, 계사 정월 말미의 기사.

그 일예가 될 것이다. 이렇게 볼 때, 경상우도에서 전개된 의병활동 과정에서는 현지인들과 근왕의병 사이에 노출된 갈등과 불협의 현상도 없지 않았을 것으로 짐작된다.

V. 맺음말

임진년 6월 담양에서 일어난 고경명 휘하의 전라도 연합의병이 7월 10일 금산전투에서 패전한 직후, 뒤를 이어 보성과 광주에서 다시 봉기한 것이 전라좌의병과 전라우의병이었다. 양군은 주위 열읍에서 군사와 군량을 모아 성군하는 과정에서 남원에 이르러 군세를 보강한 다음 연합전선을 구축하였다. 그 후 무주 금산지역의 일본군을 공격목표로 하여 장수현에 주둔, 매복전에 의한 약 1개월간의 의병활동을 전개하였다. 그 해 9월 이후 전라도 공략을 포기한 일본군이 경상우도로 집결하면서 그 지역의 적세가 한층 치성하게 되었다. 이와 같은 상황에서 전라좌·우의병이 경상우도에 부원, 임진년 겨울에서부터 계사년 봄에 이르기까지 근왕의병으로서의 활동을 계속하였다. 그 가운데서도 앞에서 우리가 집중적으로 서술했던 것이, 성주 개령지역에서 펼친 전라좌의병과 임계영의 활동상이었다.

전라좌의병장 임계영은 일찍이 문과에 급제하여 진보현감을 지낸 전직문관이었다. 장흥임씨가는 고려 인종비 공예태후와 10여 명의 재상을 배출한 명문거족으로서 조선왕조에 들어와서는 장흥·보성·해남 지역을 중심으로 세거해왔다. 이 집안은 해남의 임억령·유희춘 등의

---

56) "頃開前府使崔慶會 前縣監任啓英 起兵于湖南 슈朴惺趙宗道等請濟師 兩將十月中 皆領兵來援 自此賊頗畏縮 不敢恣行 其爲聲援甚大 而實無討賊之意 坐費軍餉"(『학봉전집』, 속집 권4, 「答柳西厓」)

가문과 친교가 두터웠으며 임계영의 부친 임희중은 명종 때 사마 양시에 합격하여 문명을 떨친 인물이었다. 특히 임계영 대에 이르러서 두 형제가 문과에 급제한 것을 포함하여 형·종형·장남 등이 다수 생원진사시에 합격함으로써 재지사족으로서의 위상을 드러냈다. 그와 같은 사회적 기반 위에서 임진왜란이 일어났을 때 임계영은 죽천 박광전과 풍암 문위세 등의 후원으로 전라좌의병장에 추대되었다.

　전라좌의병이 성주 개령지역을 수복하였을 때 의병장 임계영은 66세의 고령이었다. 임진란시 전투가 벌어지는 현장에 종군했던 의병장으로서는 그가 최고령이었다. 그는 전장의 선봉에 서서 직접 전투를 지휘하지는 않았다. 그러나 작전지역 내에 위치한 본진을 벗어나지 않고 부장의 전투활동을 뒷받침하였다. 그는 전과를 보고할 때마다 "자신은 군수와 행정으로 뒤에서 후원했을 뿐, 모든 전공은 부장과 의병들이 세운 것"이라 강조하였지만, 이는 부하들의 전공을 극대화하기 위한 의병장의 충심衷心이었다고 보아야 할 것이다. 그의 전공을 평가함에 있어서는 전라좌의병의 다양한 공문서류 사료에 잘 나타나 있다. 그는 경상우도의 의병전투 현장에서 전라도를 향해 다급하게 원군을 요청하였고, 간절하게 군량지원을 호소하였다. 그는 부하들의 전공포상戰功褒賞이 이루어지지 못할 것을 염려하여 그들의 공적을 세밀하게 기록하여 체찰사에게 첩정牒呈으로 올린 뒤에, 다시 국왕에게 상소문을 올려 거듭 포상을 요청하였다. 이것은 곧 노의병장의 업적이 무엇이었는가를 말해주는 동시에 전라좌의병장의 역할을 입증하는 예가 될 것이다.

　전라좌의병이 경상우도에 부원한 후 약 6개월 사이에 정인홍 김면 등이 이끄는 영우의병과 합세하여 일본군을 공격한 주공전선은 거창·개령·성주·선산지역이었다. 그 중에서도 성주 개령지역 수복전투에서 세운 그들의 전공은 매우 컸다. 개전 초부터 모리 데루모토 휘하 일본군의 주력부대가 소굴을 이루고 있었던 성주 개령지역을 탈환하였기 때문이다. 특히 12월 14일에 벌어진 성주대첩에서는 성내에 진치고 있던 일본군을 들판으로 유인한 후 전라좌의병 독력으로 일본군을 물리쳤다. 따라서 당시 이 지역에서 세운 전라좌의병의 전공은 비변사의 평가에도 뚜렷이 나타나 있었다. 이렇게 볼 때, 전라좌·우의병이 잇달아 경상우도에 부원함으로써 현지 주민들의 사기를 북돋고, 영우의병의 전의를 촉발시킨 가운데 양도 의병이 연합전선을 이룸으로써 성주 개령지역을 탈환할 수 있었던 것이다. 이것은 두 차례의 금산전투 이후 일본군의 공세가 경상우도에 집중되던 시기에 있었던 호남의병의 구원활동이었다는 점에서 더욱 중요한 의미를 갖는다.

경상우도에서 전개한 전라좌의병의 활동기록을 통하여 몇 가지 새로운 사실을 확인할 수가 있었다. 우선 원거리에서 도경을 넘어 진군해 온 근왕의병이었다는 점에서 처음부터 향보의병과는 다른 여건에서, 불리한 의병전투를 계속하였다는 사실이 주목된다. 아울러 작전기간의 대부분이 겨울 추위가 한창이던 시기에 집중됨으로써 설한의 동토凍土에서 악전고투의 의병활동을 수행하였다는 점도 빼놓아서는 안 될 것이다. 더욱 중요한 것은 의병지휘부의 전략전술이다. 노령의 문관출신 의병장과 젊은 무관출신의 부장이 각기 군사행정과 전투지휘를 분담하여 의병활동을 이끌었다는 점이다. 따라서 실전에서는 부장 장윤이 정예병 2, 3백 명을 이끌고 적진을 공격하는 기병전술奇兵戰術이 계속되었음을 알 수 있다. 이것은 정규군과는 다른 민병조직의 취약성을 보완하는 전술인 동시에 의병의 전투효과를 크게 높이는 데 작용되었다. 임란의병이 보여준 탁월한 전법의 하나로 주목하지 않을 수 없다.

▷ 사료의 영인자료는 448쪽부터 349쪽까지 우철 순서로 배치되어 있습니다.

전라좌의병 관계 주요사료

해제 : 조원래

Ⅰ. 창의기병과 의병활동 전반의 과정

전라좌의병의 성군과정 및 의병활동 과정에서 의병지휘부가 발급한 군사행정관련 자료들로서 전라좌의병의 활동상을 밝히는 데 있어서 가장 중요한 1차 사료들이다. 의병활동이 진행되는 과정에서 의병장 임계영의 이름으로 발급된 이 사료들은 대부분이 종사관 정사제가 작성한 것으로 보인다.[1] 임진왜란 중 전라도의병 가운데 진중에서 발급한 군사행정 문서들을 가장 많이 남긴 예도 전라좌의병이다. 그들이 남긴 檄·書·疏·牒·關·통문류의 문서들은 그 대부분이 『난중잡록』과 『三島實記』[2]에 실려 있다. 여기에서는 兩書의 자료들을 [표 1]과 같은 순서대로 영인하여 수록하였다.

---

1) 『난중잡록』권2, 임진하 8월 4일, 「左義兵將任啓英移長興士子檄」의 말미 細註에서 "從士正字鄭思悌撰 後皆依此"라 한 것으로 보아 대부분의 문서들을 그가 작성하였음을 알 수 있다.

2) 4권 1책으로 구성된 임계영의 실기이다. 전라좌의병과 임계영의 의병활동 사적을 후대에 모은 것으로 1973년 任彌柱가 편찬한 책이다. 권1에는 詩疏 및 격문류의 글들을 실었으며, 권2 부록에는 각종 사서에서 발췌한 전라좌의병 관련사료 및 난후 도내유림의 등장류 글들이 실려 있다. 권3 부록에는 임계영의 행장류 및 묘도문류이며, 권4의 부록으로 龜山亭의 記銘類 글 몇 편을 덧붙였다.

[표 1] 창의기병과 의병활동과정 기록(진중발급의 군사행정 자료)

순번	시기	사료 유형	사료명	내용	소재3)
I-1	1592. 7월	격문	檄列邑文	급박한 도내실정 및 의병운동의 당위성 강조	『잡록』 임진 7월, 『실기』 권1
I-2	1592. 7월	〃	檄長興章 甫文	장흥의 사족들에게 의병진 참여 촉구	『잡록』 임진 8.4, 『실기』 권1
I-3	1592. 8월초?	〃	到樂安檄 鄕中文	의병진 참여의 비협조성을 역설, 의병의 공공성 강조	『잡록』 임진 8.4, 『실기』 권1
I-4	1592. 〃	〃	到順天檄 鄕中文	순천이 부유하고 큰 고을임을 들 어 군량지원을 역설	『잡록』 임진 8.4, 『실기』 권1
I-5	1592. 〃	〃	向南原移 檄列邑文	장윤을 부장으로 삼고, 남원으 로 진군하는 과정에서 열읍에 군 량조달 역설	『잡록』 임진 8.4, 『실기』 권1
I-6	1592. 9월말	전령	傳令全羅 兵營虞侯	경상우도 순찰사의 關에 의거, 전라도 관군을 인솔해와 의병과 합세, 경상우도에 구원갈 것임 을 통보	『잡록』 임진 9월말, 『실기』 권1
I-7	1592. 10.10	서찰	答慶尙右 巡察使金 誠一	경상우도 순찰사의 구원요청에 대한 답장, 월동대비 후 즉시 부 원할 것을 밝힘	『실기』 권1, ※『잡록』 不載
I-8	1592. 10.12	서찰	위와 같음	군사 정비후 진주방면에 시급히 구원갈 것임을 회답	『실기』 권1, ※『잡록』 부재
I-9	1592. 10월 중순	상소	駐屯咸陽 時上疏	창의기병의 전말과 경상우도 부 원 사실, 현지의 적을 섬멸후 근 왕할 것임을 상소	『실기』 권1, 『잡록』 임진 10월
I-10	1592. 〃	격문	檄本道諸 義兵文	거창 주둔시 후속 호남의병의 내 원촉구, "開寧失險 則雲峰難守 요 雲峰一失 則更無用武之地임 " 을 강조	『실기』 권1, 『잡록』 임진 10월
I-11	1592. 11월일	통문	通湖南文	호남인의 군량지원 당위성 및 영남 군량난의 화급성 강조	『실기』 권1, 『잡록』 임진 11월
I-12	1593. 1월 27	서찰	答慶尙右 巡察使金 誠一	체찰사로부터 영남철병을 독촉 받은 사실, 그에 대한 현지 순찰 사의 대응조치 요청	『실기』 권1, ※『잡록』 부재
I-13	1593. 5월 24	첩정	報體察 使狀	도체찰사 유성룡에게 올린 의병 활동의 전적 및 전과보고서	『실기』 권1, 『잡록』 계사 5.24
I-14	1593. 5월?	상소	'駐屯咸陽 時再疏'4)	장윤 최역남 등의 전공 및 군량 지원자들의 포상 청원	『실기』 권1, 『잡록』 계사 5월

I -15	1593. 5월말	첩정	'左義兵將 爲行下事'5)	전라감사에게 올린 글, 좌의병 진의 군량조달에 진력한 도내제 읍의 繼援有司들에게 포상할 것 을 청원한 내용	『잡록』 계사 5월, ※『실기』 부재
I -16	1593. 10.14	상소	車駕還京 時上疏	1년 수개월간의 의병활동결과 술회, 병력 및 군량난에 봉착 한 의병진의 실정진달, 의병장 의 향후거취에 대한 국왕의 하 명요청	『실기』 권1, ※『잡록』 부재
I -17	1593. 10월 일?	상소	車駕還京 時'再疏'	제2차 진주성전투 이후 의병활 동의 한계성 술회, 의병장의 직 첩 환수요청	『실기』 권1, ※『잡록』 부재
I -18	1593. 12월말	상서	박광전이 왕세자 광해군께 올린 글	전라좌의병의 성군과정과 계사 년 도내의 민정실태를 개진함	『난중잡록』 권3, 갑오 정월 ※『죽천집』 권2, 「소」

Ⅱ. 전라좌의병의 전투현장·전투실황 및 전과

임진년 10월 18일 전라좌의병이 남원으로부터 함양에 진군한 이후의
활동사례들을 구체적으로 제시한 사료들이다. 성주 개령지역을 중심으
로 의병전투를 펼친 사료들이 중심을 이루고 있다. 특히 여기에서는 『난
중잡록』임진년 11월, 인동선비 장봉한이 전라좌의병장 임계영에게 보낸
서장내용과 정경운의 『고대일록』임진년 12월 15일 기사가 주목된다.

---

3) 여기에서 『잡록』과 『실기』는 『난중잡록』과 『삼도실기』를 약칭한 것이다.

4) 『삼도실기』 권1에 「駐屯咸陽時上疏」에 이어서 「再疏」로 수록된 글이다. 그러나 그
   내용으로 볼 때 성주 개령지역이 수복된 이후, 즉 계사년 2월 이후에 성주부근에서
   써올린 상소문으로 추측된다. 『난중잡록』에는 계사년 5월에 실려 있다.

5) 문서의 명칭이 없이 서두에 '좌의병장위행하사'로 시작된 내용의 공문이다(『난중잡
   록』 권2, 계사 5월 말미의 기사).

[표 2] 의병전투의 현장 및 전과 기록

순번	시기	사료명	내용	소재
II-1	1592.10.18	정인홍의 통문	전라좌·우의병이 경상우도에 내원해온 사실을 강조함과 동시에 그들에게 공급할 군량지원을 호소한 내용	『잡록』임진 10.18
II-2	1592.11월	정인홍의 '請湖南義兵文'	임계영과 최경회 의병군의 현지구원 사실과 후속의 원군청원	『잡록』임진 11월
II-3	1592.11월	장봉한의 서장	경상도 인동선비 장봉한이 전라좌의병장 임계영에게 보낸 서장으로서 전라도의병의 구원활동이 현지민에게 미쳐준 영향이 지대한 사실 강조	『잡록』임진 11월
II-4	1593.1 8	영호남 선비들의 상소문 및 체찰사에게 보낸 서장	전라좌·우의병의 경상우도 철병을 반대함과 아울러 임계영, 최경회가 주도하는 현지 의병 활동의 중요성 강조	『잡록』계사 정월 8일
II-5	1592.10.18~19	전라도 임계영 의병의 경상우도 주둔기사	임계영이 의병 천여 명을 이끌고 함양에 당도한 후 안음에 주둔한 사실	『고대일록』임진 10월
II-6	1592.11.4	전라좌·우의병의 전과	임진년 11월 초, 개령전투에서 전라좌·우·의병이 거둔 구체적인 전과기록	『고대일록』임진 11.4
II-7	1592.12.15	전라좌의병의 성주전투 승전기록	임계영 휘하 전라좌의병이 성주관내 야전에서 대승을 거둔 사실과 정인홍 등 현지 관, 의병의 동향에 대한 기사	『고대일록』임진 12.15
II-8	1593.1.15	전라좌·우의병의 동향	1593년 정월, 전라좌·우의병의 경상우도에서의 철병반대 여론 및 두 의병장의 전공포상 사실	『고대일록』계사 정월 15일
II-9	1592. 10월 현재	전라좌·우의병의 경상우도 내원 및 동향	최경회와 임계영 의병의 연합전선 형성과 장수 무주지역 주둔 사실, 경상우도 내원 이후 영우의병과의 합세상황	『선묘중흥지』권3, 임진 10월
II-10	1592.12월	전라좌의병의 성주대첩 사실	의병부장 장윤의 지휘 하에 성주에서 대첩을 거둔 전라좌의병의 전과기록 및 일본군의 대패실황 기사	『선묘중흥지』권3, 임진 12월
II-11	1593.2.2~3	전라좌의병의 부상현 승전사실	1593년 2월초, 개령현 부상현전투에서 거둔 전라좌의병의 전과기록(적군 4백여 명 사살, 포로 4백영 탈환), 의병부장 장윤의 전공기록	『선묘중흥지』권3, 계사 2월

Ⅲ. 전라좌의병 지휘부 인물의 생애와 의병활동 실적

전라좌의병의 지휘부 인물들로는 의병장 임계영(1528~1597) 외에 창의
기병에 크게 공헌했던 박광전(1526~1597), 의병부장 장윤(1552~1593), 양
향관 문위세(1534~1600), 종사관 정사제(1556~1594) 등을 빼놓을 수 없다.
따라서 여기에서는 행장이나 묘지명·묘갈명·전 등을 통하여 그들의 생
애와 의병운동의 실적을 살펴볼 수 있게 하였다.

[표 3] 의병 지휘부의 생애와 의병활동 실적 기록

순번	지휘부 인물	사료명	내용	소재
Ⅲ-1	임계영	贈兵曹參判 任公行狀	1741년(영조 17)을 전후하여 예조판서 趙觀彬이 찬한 임계영의 행장. 의병활동의 전과정은 물론, 1594년 이후의 在官 사실까지 기록하였다.	『삼도실기』 권3, 부록
Ⅲ-2	임계영	楊州牧使贈 參判任公墓 誌銘	임계영을 '湖左義兵將'으로 지칭하여 그가 문무를 겸전하였으며, '事親以孝' 에도 뛰어났음을 강조하였다.	『豊墅集』 권10
Ⅲ-3	박광전	竹川朴先生 行狀	1653년 문인 안방준이 심혈을 기울려 기술한 행장. 여기에서는 특히 죽천의 實踐躬行과 그 독실성이 강조되었다.	『隱峰全書』 권5
Ⅲ-4	장 윤	贈兵曹參判 張潤傳	1685년 경 송시열이 찬한 전라좌의병 부장 장윤의 충절기록. 장윤의 충의를 송나라 鄭驤의 충절에 빗대어 기술하였다.	『宋子大全』 권214
Ⅲ-5	문위세	楓巖文先生 小傳	성호 이익이 기술한 풍암 문위세의 傳. 퇴계의 문인이었던 풍암의 학문적 독실성, 죽천과의 창의기병, 전라좌의병의 糧餉官으로서의 업적을 강조하였다.	『星湖全集』 권68
Ⅲ-6	정사제	承文院正字 鄭公墓碣銘	1740년경 승지 曺夏望이 기술한 전라좌의병 종사관 정사제의 묘갈명. 모친 상중에 起復從軍, 종사관으로서 직접 작성한 상소문을 의주 행궁에 전달하는 등 의병운동의 실적이 뚜렷했음에도 불구하고 사후의 褒崇이 전무한 사실이 강조되었다.	『五峰集』부록 권4

【Ⅰ-1】①

使軍官與黃進等往還日本詳知彼賊強弱至是隨父共討賊累戰皆捷前後

獻馘幾至百餘級近地屯賊畏縮不出卹以軍功除本府判官○忠清道前案

訪朴春茂舉義兵討賊○全羅道寶城前縣監任啓英朴光前等與綾城縣令

金益福謹再拜奉書于列邑諸友嗚呼國家所恃而無虞者三下道而慶尙忠

清旣已潰裂爲賊窟穴獨此湖南僅全一隅軍粮餫輸精卒徵發皆倚一道興

復之機實在于此今者以　王城爲急巡察領精兵有從海道上去之計兵使

領數萬共已越錦江兩義亦各勤　王已離本道列邑將士定將出去所餘無

幾賊路咽喉備禦極踈湖西之賊已犯境上廟堂之勢將戚克復之望何恃

國家之事岌岌乎誠可痛哭此義士舊發之秋也下以思之則賊至城下屠戮

丁壯哀我生民措躬何地竄家置之何所嶺南已然之蹟其所聞也目所見也

林藪竄伏之計左矣苟保性命跧伏等死耳何不死於　國事乎況萬一我通

控扼要害使賊勢沮遏則死中求生此其機也寧耻復圖此其時也凡我通內

【Ⅰ-1】②

必有遺漏之丁散亡之卒如使有識之士相與召募勸勵協力奮起自成一軍

視賊所向固守要衝則上可以爲 王師之聲援下可以保一境之生靈及此

勉圖無若鎭南人然鎭南之人當賊之初不思一心捍禦奉頭鼠竄是雖倉黃

急遽罔知所爲之致而今日思之必有追悔矣及其賊勢猖獗宅舍灰燼妻子

污辱然後義士奮起多數斬獲雖曰差强人意而亦已晚矣伏願諸君咸創若

時化秀偸情爭先振發赴期不後生等豪乏弓馬之才不知鞱鈐之策而挺

撻楚之計可謂踈矣區區倡首者一以激義士之志一以奮勇夫之氣人心所

同然者未甞泯滅必有所與起矣檄到之日卽與有志之人曉諭一邑開錄軍

人月二十日來會寶城官門一失事機後悔何及 主辱不救何以爲人咸思

終始而倡義僉君是圖○宋濟民檄伏以濟民去月二十三日從義將到水原

山城留五日以京城之賊尙熾而淸州振川流賊亦肆孤軍深入糧運可慮故

一軍共推鄒生送募忠淸義兵以淸梗路之賊以通來援之共故來與忠淸士

【Ⅰ-4】　　　　　【Ⅰ-3】　　　　　【Ⅰ-2】

及見回　鑾轝平之日雖坐之軍興之罪萬々滅死無悔 [出慶尙營錄○左義兵將]

先而今雖庸愚之卒偸惰之輩亦皆向義來赴矣長興巨府也同志一二人外

任啓英移長興士子檄義兵之擧自儒生倡則名衆士類者固當奮起爲士卒

餘皆畏縮不肯從事於此不知僉君別有何意也當此之時苟爲臣子不可幸

亂中雜錄第二
宣祖壬辰　六

生不知僉君獨不念　君父乎公論一發停擧綴矣軍律至嚴而今姑待之須

更思齋會毋貽後悔 [從事正字鄭思悛撰後皆倣此] ○任啓英在樂安移本郡檄　國家今日

之事匡子所不忍言錦山之敗義氣消沮更無可振之路吾等不計适踈倡擧

義旅人心泂同然者庶有所興起矣今者來駐郡城以待旁邑義士之來而本

郡之人應募己矣無一人出見不知別有何意耶似聞當初義檄之來本邑有

郡之意而未爲信也以今觀之果不虛矣郡守之意亦與郡人同知其郡人

之所囑也吾等此擧公耳國耳此邑視之以私嗟乎此邑之人獨無　君父乎

於吾等無所損益其無公論於後日乎○任啓英到順天移本府檄擧義敲懷

人心所同而　東宮手札奬勵義師辭極懇惻意甚衰痛苟困獸之鬪不可

隕淚欲效一分之力乎而況倭賊爲　天兵所驅散下南道則困獸之鬪不可

當矣焚掠之禍到底皆然室家財貨與其一朝爲賊所有寧費尺寸

爲軍需一助乎昇平巨府物縣人富又當西成未稼如雲豈可坐享豐有而置

- 3 -

【Ⅰ-5】①

國事於相忘之域子名家右族咸知　國恩亦審事體不待告諭至於間巷九

詆亦播此意廣收勤聚使有司主之及期繼援則昇平一府乃興漢之關中也

伏願僉君勉旃無怠○左義將任落英以順天前萬戶張潤爲副將引兵向南

原移檄列邑云舉義之辭前檄盡已矣想入僉照否等選得數千精銳方向賊

所與崔兵協力偕作而調度方急軍無見粮辨自數邑之儒將無可繼之道此

非吾輩獨任之憂諸貴邑許多知名士曾莫與共分其責何哉僉君同有共戴

之憤其視此等舉事安忍恝然於懷耶況錦茂之賊作爲巢穴一道之勢危若

一髮不知僉君有朝夕苟安之念子當此之時苟爲臣子不敢有其身況敢有

其財産惜其尺寸乎今雖責出非一途民間困竭而一息尚存不容少懈僉君

雖或有庠於病故不肯從事於此至於繼援兵食猶可勉圖焉想須移櫛沐行

聞之苦思去醜焚滅之禍各自奮勵彈心竭力于囊于橐以濟不給使吾等先

勤境上之賊終達勤　王之會甫淸　宮禁奉還　鑾輿則給饋餉不絶糧遂

【Ⅰ-5】②

昔日蕭何不獨專美於漢室伏惟勉旃無怠○天兵之推轂者爲卜我國云支

巧俗樊將反大疾僵屍如麻血流漂杵人知其母不知其父然後干戈乃止○

崔遠金千鎰兵入據江華島○以光州牧使權憛爲羅州牧使○晉州判官金時

敏與前兵使曹大坤泗川縣監鄭得悅等龍殺擊泗川固城鎭海之賊賊稍稍通

去咸安倅柳崇仁添原倅李邦佐領軍追擊射殺甚多賊走入兵營諸軍乘勝

進圍賊宵遁時敏遂復沿道列邑 出慶尚巡營錄 ○郭玄琈山璹等自西海十生九死

得達 行朝上表 上親問南方消息二人賞職曰宣布有旨 教全羅道士

民等書 王若曰惟 予不碎不能保民而圖存一失之人和一失之禦戎失

國西邊退次義州已閱月耳 宗社兵壝臣民魚肉悠悠蒼天此何人哉專

在 予良漸慚憇西南逷消息無憑自聞李洸之師潰於龍仁無復有南望

待救之念矣茲者郭玄等水陸得達報高敞令金千鎰糾義旅數千而與節度

使崔遠共馬二萬進屯水原云 予之不德何能得人死力至此哉我 祖宗

【Ⅰ-6】

于全羅監司及左右義兵○二十八日水兵諸將搜討于熊川之海逢倭交戰

我軍大敗還○全羅左義兵大將傳令于本道兵營虞候云當日到付慶尚

右巡察使關內金海釜山之賊合勢長驅諸將潰散兵使退北二十五日己入

昌原兵營等處内地闌入之患迫在朝夕賊勢鷗張衆寡不敵星州留賊方今

窺覘居昌之路衝東擊西之變不朝即夕彼賊方謀晉州宜寧山陰等地若此

失守賊必直犯責境事郭危迫南原近處軍兵乙良山陰等順天等官軍人乙

良晉州官以足將領送爲於責通兩義兵大將今陣南原是如乙仍于馳援事

乙移文爲去乎兩大將不分晝夜山陰宜寧之路以率軍馳到的戰事關是遣

有亦賊勢鷗張長驅犯此之患迫在朝夕各官軍兵犬迫調發義兵一時合勢

馳援者○南原前僉奉進士貞與本府朴繼成募散卒近邑官軍投屬者甚多

數句之内得二千餘名以敵愾爲章標○有盲守令邊將戰亡故處各通監

司擇見存可堪人隨闕假差使之察任後啟聞

【Ⅰ-8】　　　　　　　　　　【Ⅰ-7】

○　　　　　　　　　　○

【Ⅰ-7】

答慶尙右巡察使 金誠一 壬辰十月十日

時事至此義均殉　國況承垂翰披閱懇到之辭又對朴正郞

細知危迫之勢寸膽更張奮拳欲騰第以境賊繞退意切勤

王卒歲之軍許備寒衣而多在遠塗趁未還聚遲滯至此憂憤

益切然自今稍集竢其半合奔赴是計此間情勢正郞目覩之

矣

【Ⅰ-8】

二 壬辰 十月十二日

連承惠書辭旨激切下地而拜危涕自零第以單騎來到雲峯

聞賊勢少退欲待未聚之軍晋赴令命此計何如然量勢緩急

更示則敢不卽趍

- 7 -

【Ⅰ-9】①

○

歷境掃蕩有期然一家之雖讓與他人不自下手則非孝子仁人之志而禮義
之邦將胥爲夷狄矣　予爲此懼誕告有衆勵爾心腹奮爾爪牙各復其儔人
自力戰斬畋平行長之首爲飮器且將玄蘇之血以釁鼓則獨不快於心乎嗚
呼仁未遺親義不後君春秋明百世之法復讎爲大忠孝非二致之道奇功早
收○全羅左義共將任啓英上疏云云外夷之禍何代無之不意玆毒出於威
立綸蕩之辱憐不忍言遷邠之　駕遷滯至此而無一人推鋒向敵顧列邑望
風奔北人心崩潰如水橫流倘非首義諸臣鼓出思漢之心障川迴瀾則國之
爲國未可知也臣退處海濱力乏補天咸爲共戴未覆死所西望慟哭而已當
其荐食之禍侵入湖南義將臣高敬命敗死錦山也一路士民神泣聽寒禽視
歎息坐待賊鋒之糜爛臣竊念當此之時不可幸生等死耳寧死於鄕人某
某等先獲臣心議以克合勸勵邑中子弟收拾散亡之卒呂暴遺漏之丁得鄕
共二百餘人長興某某等亦募精卒二百餘來屬於臣由左道進向賊所海上

【Ⅰ-9】②

驍將惰卒豪民怯夫皆以儒兵爲逬詆毀者有之沮遏者亦多莫肯相濟兵粮

單器私自辨出亦甚艱窘行到南原府使臣尹安性獎勵義擧盡心調度府中

之士自願輸勞者若干旁邑儒生聞聲相應然後粮途不置兵力稍張而前府

使臣崔慶會亦收敬命散卒由右路而進臣與之合勢共駐長水縣或奇兵侵

掠或馳突亂射茂朱之賊不支先遣臣度其必與錦山賊相率而遁遣副將張

潤先鋒馳進其夜未半賊已遁去臣所遣壯士百餘進出境外至於永同等地

亮蹤已遠不得藏殘醜類然臣等用兵失機之罪萬死難赦然而願瞻四方盡瘁

腥膻獨此湖南僅得完保意者天眷我　朝以啓我恢復之基也臣卽當整兵

八廳　鸞輿第念玆土雖遠京師士馬府庫征輸根本放漢關中也今者兵帥

提兵遠赴迎使擧軍勤　王乘虛投隙玄謀難測而況慶尙右監司臣金誠一

馳書告急有言金海釜山之賊合勢長驅已陷丹城迫近湖境云臣不得已率兵

馳進欲控扼要害且戰且守一以爲嶺南之聲援一以爲禦湖境之衝突庶保

【Ⅰ-9】③

中興放萬一也臣每奉讀 諭旨掩抑酒血寸心增丹一身愈輕而迫放門庭
之寇不能西向以赴 君父之急迂緩之罪萬死難赦然朝宗之水萬折而必
東臣身雖在遠乃心罔不在 王室將見一境無虞之勢然後與湖嶺諸義兵
合力共謀蕩平梗路之賊收復京城此臣之妄計也臣以一介迂儒素之才畧
區區爲此舉志同塡海之鳥愚甚起山之夫而忠舊所激不能自己成敗利鈍
有不可顧冀使豪傑之士望風繼起鎭定人心憚壓賊氣擎天浴日贊開中否
亦臣之妄計也伏願 聖明少垂照臨焉西極遼逈兵塵擁隔寸忱微懇不敢
不達謹遣從事官臣某奉疏以進慚哭流涕罔知所言○敎八道放學先是丙
戌年間置提督于長官使之巡督屬校日事修文至是盡革敎訓之官廢春秋
釋奠驅儒徒編於行伍以校奴爲官奴○泰仁前主簿閔汝雲慕聚鄕兵二百
餘名以熊字爲章標治械備糧向嶺南○任啓英進屯居昌崔慶會引兵繼至
遣張潤高得賚等與本道義兵將金沔恊討閒寧之賊斬獲居多○體察使鄭

【Ⅰ-10】①

予況旅人之知義理者予諸君其勉之鄭仁弘等○全羅左義兵將任啓英移
本道諸義兵檄擧義興師專爲 國家也爲討賊也克醜爲患今旣閱月而官
軍屢潰蕩掃無期七道生靈已爲魚肉只有湖南一面僅得全保今若失機何
以建恢復之功救予遺之命此政慷慨舊義之士忘身報國之秋也等自龍城
來駐居昌方與嶺南諸賢惆討開寧星州等賊而懸軍深入勢孤力弱難於直擣
兇鋒百甫思之未得上策公私俱急坐待援兵而迄未聞先聲將到此境雖曰
必有以也而亦不能無愧於何多日也開寧失險則雲峯難守雲峯一失則更
無用武之地使迄虜長驅隨突然後諸君雖竭誠磬力捍禦充竹率罷卒抗勁敵
不亦難予伏願諸君各統精銳及期來援輔車相資魚鱗縱進則聲威所暨賊
必摧膽合勢齊擊何照不拉蕩蕩腥膻遠邊開境則湖南自甫完固國業可以
重恢事機若是其可忽諸更願諸君勉思良圖母貽後悔臨機應變兵家所貴
赴急乘夔志士所尚脫有遲留退托緩不及事則非但失諸友之顯責亦必有

【Ⅰ-10】②

朝家之令典可不懼哉○星州開寧屯據之賊勢極熾蔓官軍義兵連戰不利

本道監司及諸義將累報 體察使懷請援兵鄭澈以雲峰縣監南佩求禮縣

監李元春等爲領將率本道官軍五千餘名往助星開之戰南佩等進兵海印

寺與嶺南諸將恊攻星城大敗而走死者不知其數○朝廷久滯龍灣追悔兼

城之擧扈 駕諸臣皆歸咎於其時首相李山海時山海謫居江原道平海郡

賦詩自解云同渦驚波子所安何如編貝入深山遺民忠義應無數一旅中興

未必難○設科于永柔得武臣五千又於義州文武對擧得文臣十三武臣六

百○陞休靜嘉善爲八道僧兵都摠攝惟政折衝爲副摠攝封賊功多有是

命。十一月京畿助防將僉知洪季男爲復讐事昊天不吊亂如此臆 鑾蹕西巡

萬姓無依擧目山河其誰不肝蝕而腸裂土舍氣者皆富桄戈嘗膽爲君父

復讎而吾不幸遭此鞠凶兇鋒之下父兄俱殞豈容苟求生活與此賊共一天

【Ⅰ-11】①

○

而能急困之義者也然救刑書次麟經所識機不可失古史攸戒如或擁象遲

回遠爲聲援而己則藜藿之採雖憚於山之虎張鎬之救無益於睢陽之敗

緩不及事之責有所歸矣況今任崔兩將赴隣急新鋒方銳疲卒賈勇三捷

之期指日可待伏願幕府快決雄圖亞賦無衣來與二帥恊謀共力則樊邦士

氣有所恃而自倍湖路兵勢亦相依而震疊勤孤蝶不爲醜虜之吞卽墨餘

城可復七齊之業矣豈不偉歟嗚呼 廟貌風塵汛掃無期 金輿霜露回蹕

何時西望慟哭無淚可揮康王被留於金營丞相見俘於五坡 主辱如此義

固當死枕戈之憤彼此收同疆界雖分於湖嶺形勢相須於輔車後時不及噬

臍何益父老手額方竚高子之來叔伯多日無蹈衛人之懲言出肺肝勗哉夫

子鄭仁弘等〇左義共通文調度之急書以馳告者屢矣曾未見答深用愧怪

恐或中滯未入僉雅照故輒忘煩瀆更有所言夫舉義討賊專爲 國家則饋

餉一事無分彼此惟視緩急而己今者我軍所處乃是湖嶺咽喉而星山雄據

【Ⅰ-11】②

之賊勢將充斥若此夫守雲峰以下更無險阻可以控禦我道之危將不能救

克復之基亦無所倚機關之重固不在此歟吾輩用是有事於此且戰且守擊

殺居多殲醜之勢己在吾目中矣弟以嶺南淪爲之餘給餉無策吾輩所辦亦

己告匱毒成之功一朝將蔡此豈吾輩獨任之憂同道有識所當寒心者也大

抵食在兵先無食則兵不能自爲此所以興漢之功歸美於蕭何歟況今儒林

舉事行者致力行間居者爲共謀食一是公義臨機制勝我當其責不絕糧途

誰任其重以諸賢公耳之心想必是圖廣收勤衆亦聞有設廳措備將有

所待矣我軍之急旣如是諸賢所謀亦如是一心相濟機不可失當此之時不

敢有其身況敢有其財乎私財且不敢有況校院所有乃是儒家公物而今置

之於無用者哉伏願諸公或公或私隨其所有電輸星送以解如渴之望則此

事克終何莫非諸賢之力耶伏願諸賢詳察而勉圖之 龍南文湖 ○以陝川郡守

金沔拜本道右兵使全羅右義兵將崔慶會加資通政 ○忠清道人李山謙收

【Ⅰ-12】

三 _{癸巳正月二十七日}

傔慕之極謹承靈札就蕃 天兵已復西都喜涙難禁遄截邀
擊之教正合愚算第體察使速來合戰之令非一此將奈何憂
悶罔極然傳聞使相欲留義兵之意已報于體使云待此回報
後欲決去就

【Ⅰ-13】①

〇

壞預讓豊臣行長輸誠向和而界恨。不逾誰謂朝鮮反間構起戰爭雖致我卒

死傷終無懷報第。王京惟敬舊約復申日本諸將初心不易還城郭獻蜀茧

蓋見輸誠之烟送儲臣歸土地用盡恭順之心今差一將小西飛彈守陣布赤

心冀得 天朝龍章銀錫以爲日本鎮國寵榮伏望廓日月照微之光洪天地

覆載之量比照舊例。特賜藩王名號。臣吉感知遇之洪休若高深之大造增

重曧品共作藩蘺之臣豈發膚永戩海邦之貢祈皇基正著於千年祝

聖壽延綿放萬歲〇天將衆軍呂應鍾鳴放推數今在善山以詩寄湖南監侯

士子云壽㐬妖虵走大海吞人暴虎入深山追共百萬成何事饋餉徒傷百姓

錢又以倭字占之曰字中有木字當以金克故正月初七八金日己復平壤金

元師之屢捷亦應此兆字過有人字傍人不住主故失住無定巴字上有禾字

夏月當得成事字下有女字難化者婦人但禾音和女字成好字則和好之說。

亦必有矣〇二十四日全羅左義兵將爲相考事領率軍人指揮則勝實是其

【Ⅰ-13】②

賊熾義將金沔力不能支馳書告急與崔慶會合勢同進十月二十日令副將

南近境長驅躁躪禍將難免不得已整兵馳赴咸陽則晉州難免陷開寧

嘉山陰陽安陰居昌陝川等邑亦危迫朝夕求護甚急義將亦以數邑爲湖

赴京城之際慶尚右監司金诚一達工曹正郎朴懼云晉州今將見陷丹城三

心畏懼莫敢輕犯身先士卒出入賊數如履家庭使據窟玉賊終至遁去後將

時領兵將之功‧副將前萬戶張潤歿朱鋒山賊勢方熾官軍義兵連敗屢潰人

官人黃彥告目于鄭仁弘曰中矢倭六即斃者五其日倭將出西門與馬落濠

先出步者隨後射倒先騎二倭餘騎驚馬走入城追射又中曰倭翌日被擄內應

二十二日又戰十二月初二日又戰初七日引戰設謀進薄城下則騎倭十餘

寧我軍即向星州同月十八日使副將進攻與賊路遇接戰射中射殺斬二級

又熾勢將衝突傍縣義將鄭仁弘屢戰不利求愆之使一日三至兵回守開

張潤先鋒掩擊射中射殺斬二級十一月初三日又戰射中射殺斬八級星賊

- 17 -

【Ⅰ-13】③

中右臂折骨幾至放死衆賊方事恐動云曰其摧挫期攻星州同月初十日與義

將鄭仁弘及官軍諸將約束越四日我軍如約盡日殊死戰戰場及路盡爲血

色城下積屍如丘士卒貪級爭超城下窮寇舊死回鋒勇士被害十餘副將亦

馬困不走下馬步趨奮勇突入一箭立斃不知其數賊乃退北之徒死者居三

分之二而酣戰之時射中射殺難可校擧星州之復正在此日而此道諸將頁

約不援不勝憤惋今二月初二日探賊潛逼狙擊遇放扶桑峴射中射殺四百餘

名同月十一日令張潤移擊開寧賊射中射殺二百餘名奪還我國男女四百

餘人同月十五日又戰射中射殺同月十六日賊乃遁去令張潤追擊射中射

殺三月二十六日又與善山賊戰射中射殺四月初五日又戰射中射殺十五日又戰射中射

十月間開寧戰功.體察使全羅慶尚巡察使歧良牒報十一月十二月間星州戰軍功.體察使

慶尚右巡察歧良牒報今癸巳二月間軍功.體察使牒報義兵軍功狀事.體察使

都
　體察使專掌云兩道巡察使或爲狀啓或不狀啓立功將士迄未蒙恩

【Ⅰ-14】①

○

典副將張潤雖武人聽言觀色凡激忠憤無一毫希功之態未蒙　恩典猶可、

至放軍卒深入他境經年暴露不計死生多有死殺之功而立軍功萬一遺漏

則各各冤悶壬辰十一月初三日以前軍功　恩典己來其後各日軍功不爲

牒報憑考以賞其功使軍卒激勵奉事崔億男非徒驍勇絕人慷慨奮激興張

論賞新舊　體察交代之際慮或有遺失之獎勸不得己各日軍功更爲成冊

潤同心協力多立戰功各別論賞以襃身先士卒之功何如右呈　體察使○

全羅左義兵將臣任啓英誠惶誠恐頓首頓首謹百拜上言于　正倫立極盛

德弘烈主上殿下伏以禦倭之方有三一曰軍糧二曰器械三曰戰士軍糧不

備何以餉士器械不備何以禦敵士不驍勇何以制勝此三者用兵之大要顧

三者之全備屢戰屢捷豈非倡義召募軍兵傾財破産以補粮械之功乎各人之

功如是其多故兵塵掃清則臣超庭拜闕錄其功賞其職計之熟矣國運不幸

賊徒充斥罷兵無日臣死而後已然餉軍之糧用兵之器幾盡難繼誠可痛泣

【Ⅰ-14】②

愚臣之計以起兵後補軍糧備器械有軍功者急急論賞使人人效此納粟有

何乏絶之慮士不旋踵樂死於敵有何制勝之難哉且副將前萬户張潤右部

將訓鍊奉事崔億男身先士卒敢死突戰多有斬殺星開兩邑以復放數月之

間其功極大然右人等慷慨奮激少無希功之心矢至放無知士卒深入他境

經年暴霜雪奮死力戰之功远未蒙　恩典再次臨戰長懷不平之態故各日

所立軍功磨鍊都錄成丹上送于備邊司矢應或主掌之官軍務匆匆之中幸

不狀啓今従所錄成丹一一論功以賞其功勞其情何如且納粟補軍粮者姓

名石數亦錄于後飛其多寡次次論賞犒人瞻聽以示勸勉之意事勢急迫

區敢達伏惟　殿下垂察焉臣不勝戰慄惶悚之至謹昧死以　聞備邊司回

啓曰臣等伏見任啓英上疏補軍粮備器械有軍功者急急論賞使人人效此

而远未蒙　恩心懷不平之態軍功成丹上送軍粮軍器備納之人亦錄于後

次次論賞犒人瞻聽以示勸勉之意云任啓英多聚義兵深入嶺南旣有星開

【Ⅰ-15】

○

兩邑收復之功而僉死力戰之人尚未論賞果爲未便並其粮器備納者令其

該書掌前後狀啓錄依例論賞以示奬勸之意何如啓 依允○左義兵將

爲行下事義將所率將卒隨其多少似蒙 恩典其中從事叅謀皆是智才一

軍之事諮議覘畫雖無斬將搴旗之功而策應制勝其功亦多各邑繼援有司

誠心召募傾財備械遠在他境却無之虞之患扶持一軍專恃此人其視將卒

斬級之功輕重判然義將之力上達無路恒懷憂悶許多有司每勿中難盡枚

擧其中表表人牒後錄爲去乎大抵呈賊充斥擧國風靡獨此書生忠奮激勵

期死於國胃矢石而不懼傾家産而不惜堂堂忠義似可褒賞擧人瞻聽詮次

啓達以示勸勉之意妄料云云右報監司○池惟敬時在行長營中聞知淸正

欲攻晉州之事以空城避鋒之策告于本國元帥金命元宋應昌亦聞此事

移文惟敬明曉諸酋使不爲侵掠劉綎亦移書淸正陳以禍福賊不聽時邊警

日急倡義使金千鎰本道右兵使崔慶會忠淸兵使黃進及諸義兵自咸安退

【Ⅰ-16】①

車駕還京時上疏 十月十四日

臣等伏以儒生生長海隅徒守章句之學不習軍旅之事適值
國運中否凶賊煽亂三京失守　乘輿播越　廟社丘虛生靈
魚肉國家之事尚忍言哉其在去年初夏七道陷沒獨有湖南
僅存一隅而賊鋒未犯錦茂官軍諸將已赴勤王一道空虛事
不可測臣之愚計若湖南並入虎口國脉更無可托之處心懷
痛悶乃與數邑士子相與謀議招集鄉兵收拾潰散與右義將
臣崔慶會共赴長水把守要衝以爲捐生必死之計數月之後
錦賊退遁義當勤　王而巡察使臣權慄勸臣姑守境上慶尚
道巡察使臣金誠一使從事朴惺再三來招欲與共遏開寧之
賊以塞湖南之路故深入嶺南開寧星州之賊旣退之後與大

【Ⅰ-16】②

軍留陣咸安晉州之戰臣使副將張潤領軍三百餘人入城拒

守臣在於外調兵運粮以爲繼援之計不幸被陷精兵健卒盡

死於凶鋒之下可勝痛哉臣獨欠一死尙且苟活以不得同死

國亂爲恨思以一毫更效餘力又與同志收拾遺卒把守要害

以覘賊勢而臣之事勢有所惘迫者二焉軍卒一也粮餉二也

此二事與去年不同軍卒則去年官軍之赴勤 王而潰散投

屬者許令勿問故人皆樂赴今年則精兵三百餘名晉州盡沒

之餘所存無幾而州縣之官皆欲括出括出此類則更無餘軍

矣軍粮則去年士子各出私財軍卒中老殘者有病者皆以軍

粮代納故自初起兵至于今日而粮餉不乏今年則天兵下來

諸將皆集飛輓方急公力旣竭士子財盡無以繼援代納之軍

- 23 -

【Ⅰ-16】③

亦被州縣所侵不願代納恐無粮之兵不戰自潰也夫餼粮旣
無更出之路軍卒又有被奪之勢臣雖欲勉力其於事勢之困
竭何哉臣以前年七月始擧至于今一年有餘而未有絲毫之
報少雪君父之恥濫占無益之兵徒費士子之財臣罪當死方
待斧鉞之誅而 恩典謬及猥忝通政之列臣非徒揣分未安
實玷國家褒賞之典且素乏弓馬之才亦無制敵之策頭者開
寧數三獻捷實賴副將臣張潤殉國敵愾之力臣退在外陣調
發繼援而已臣實無功伏願 殿下亟收成命使微臣獲免非
分之榮不勝幸甚謬忝 恩典遽罷義兵尤爲未安欲罷則凶
賊雖退屯一隅而其志未嘗不在湖南微臣敵愾志願恐未畢
也不罷則事勢之難如前所陳極爲憫慮臣在初擧義之時旣

【Ⅰ-17】①

○

以

　啓達故亦不得任意私退兹用陳疏伏願　殿下進退焉

再疏

臣伏以去年夏凶醜充斥七路陷沒國家所賴只有湖南而賊

欲幷吞雄據錦茂當時官軍諸將及倡義使臣金千鎰各率精

銳已赴勤　王之師一道空虛事不可測獨有招討使臣高敬

命不幸一與交鋒反死於賊禍迫朝夕人心危懼潰散之卒官

不能收臣所居數邑士子以義相勉各自奮發招集鄉兵勸臣

統率臣智劣才短兼以少有疾病殉國敵愾之心雖不後於他

人被堅執銃之勇實未先於士卒兹難其任而迫於士子之勸

痛其不共之讎誓心一死猥自領兵與亡臣義兵將崔慶會合

勢共討據錦之賊適爾退北臣更閱精卒將赴京城慶尚巡察

【Ⅰ-17】②

使臣金誠一事急來救之檄前後相望且承　聖旨有各守要
害勤截賊路之教直入嶺南與星州之賊轉鬪累月斬殺頗多
賊不能支夜遁開寧又與臣崔慶會設左右翼合擊開寧賊又
退走此皆非臣之力乃臣副將前萬戶臣張潤忠義奮激勇力
兼備挺身奮擊士卒樂用之所致也厥後京賊下來把截要衝
大軍躡後齊到咸安至於分守晉城之日使副將臣張潤盡抄
壯勇三百餘名先入晉城臣以調粮未備未及投進賊已薄城
彼此相阻城中壯士咸以忠淸兵使臣黃進副將臣張潤倚以
爲恃天不助順黃進張潤相繼中丸士氣一挫賊乃登城臣之
精卒三百餘名與大軍俱沒公私之痛腸摧膽裂臣留屯境上
終始哨探而兵孤勢弱不能外援臣之罪責萬死難容方俟斧

【Ⅰ-17】③

鉞之誅反獲超陞之　寵獎分踰涯感與愧幷夫爵賞所以勸

有功也上不可以虛授下不可以虛受伏請　聖明亟收成命

則上無濫賞之患下無忝冒之恥矣臣措躬無地退伏待罪而

前日士子益自激勵相與謀曰不可以一敗而自沮況凶賊雄

據邊方猖然窺覘揣其凶謀志不在少今若罷歸將來之禍有

不可勝言者矣於是更收餘卒將圖再擧情雖可矜事多抵牾

將何以任士友之責而雪國家之恥乎其所可慮者抑有二焉

前則軍粮措辦專擬於士子士子等自備之餘多設方畧隨便

收合各於列邑別置繼援輸運之力半依於公故兵雖深入粮

道不絕今則年月己久士子財竭天兵下臨饋餉方急官家民

力一時俱困勢不得相顧故備粮運粮皆辦於陣中老殘而老

【Ⅰ-17】④

殘無幾亦非可繼之道此事之可慮者一也前則凶賊彌滿官
軍喜潰闔帥勤　王道內無禦只有義旅招集散亡以守關防
列郡咸賴亦各勸勉故公私俱便事無牽掣今則賊姑退屯天
兵官軍共會一方勢若稍緩故同是討賊也而處事之間不無
官軍義軍之分至於己付義籍之軍州縣之官並爲奪去臣名
雖義將徒擁虛簿此事之可慮者二也嗚呼臣素乏弓馬之材
亦無制敵之謀固知無益於時也而所以激勵駑鈍分死行陣
者誠以偶忝科第叨忝殱列鴻恩如天絲毫未報　主辱臣死
乃其職分一息尚存寧可少懈雖無孔明應變之策頗懷孔明
盡瘁之心今者計粮則曾無見存之儲論兵則只有虛名之簿
旣無尺寸之效反積尸素之罪心乖終始事違前後斯不得不

【Ⅰ-17】⑤

罷兵而退歸然在初擧義之時旣以　啓達故今之罷歸亦不
得任意私退玆用陳疏其於士子之奮義亦多有愧食息言念
不覺兢惶伏望　聖明曲乖照察幷命臣職盃令鐫改則臣雖
死之年猶生之日也伏望　聖明更加矜察焉

【Ⅰ-18】①

用彰甫爲國效忠之意甫當祗服　訓命激勵軍心整頓戈甲星馳電邁受元

帥指揮孅珍醒類茂建奇勳則凡有爵賞予不汝吝及汝行伍之士徒其功

勞同受爵賞之典汝其晶哉毋替　予命故兹教示想宜知悉〇忠清道鴻山

居采儒眞謀反投密書于全州云　王惡不悛朝廷不解賦役煩重民生不安

鷹揚牧野雖有愧於夷齊吊民伐罪實有光於湯武云或上纓告義兵將李

山謙反山謙自明于全州撫軍司收而殺之　〇忠勇將軍金德齡拜　東宮于全

賊臣董卓以扶漢爲辭亂臣邦昌以恤哭自明晝皆亂賊之魁而不欲居亂賊之名也今此眞賊泰國家悔缸之會作歹残悖逆之如上厚君父下誘愚民名

分幾於素亂綱常庶子墜麦使　亂離中漢之民竟未克王石俱焚之禍　可勝痛哉

亂逆之愛何代無之然而君臣之分截然如天高地卑之不可紊故

州　邸下親御北亭令試其勇德齡鎧甲馳馬卽還潭陽〇前懷德縣監朴光

前薰沐百拜上言于　王世子邸下伏以國運中否兇賊猖獗三京失守　乘

與西邊此實千古听未有之變幸賴　皇恩如天神威用邊腥塵暫息退屯一隅

此亦千古听未有之慶今者　龍馭還都　鶴駕南臨耀我兵威鎮我民心使

【Ⅰ-18】②

遺民復觀漢官威儀孔有血氣者孰不謳歌仰戴曰吾君之子也耶人心思奮

將士增氣覆墜之機已轉恢復之勢將成廢品改慶曷可勝言臣曾添侍讀持

紆恩慈雖在眇末情不尋常當初變起之日道路阻梗兇賊旣遷之後疾病

常縈未遂南宮抱新之願空垂杜陵感時之淚適當今日始來號訴遲緩之罪

萬死難逭伏念時事艱虞智士無策兇鋒所過勇夫束手成敗係於呼吸存亡

決於瞬息言念至此誠可寒心閭巷私議以爲賊兵撤左移右盡八巨濟其心

未嘗一日不在湖南也天兵及我國諸將皆據八莒鼎津等上所距賊壘非一

日程途脕若賊兵由鎮海固城直向蟾津則毋寧之陣旣不足恃蟾津上下六

十里之屯戌皆是疲卒飢兵聞兇賊警刼之聲則已不知所歸八莒鼎津之救

亦已無及前日晋城之陷足爲明證矣求禮焚蕩之賊撤兵還鎮此天助也非

人力也莫如咨請天兵下諭元帥量分兵力晋州順天等地陣結防戌則蟾津

之兵庶得蟻子之援可以免晋城之敗而湖南得保無事矣此言似亦有理但

- 31 -

【Ⅰ-18】③

惟幄運籌閫外節制其經緯密勿豈宜比於閭巷之議下我昊必有所以然者

臣以巷議不敢決以爲可從也然姑下廷議以試可否至若民心國脉所係在

前辛日邑宰邊將侵懲剝剝利歸於下怨歸於上曹子虧謂民散久矣頃在庚

寅日本刷還人等來言彼國無貴賤無徭役家積粟用如水大邊民聞此引

領方深壬辰之變適當其時衆口喧譯至有虧不忍聞者其後克鋒虧及爻爻

焚蕩奪其妻孥而衆心憤怨始有思漢之心此實我國之辛也穀使彼賊安撫

招集施之以姑息之仁則民心向背將不可測矣生變之後小民無赴愬之地

貪虐恣溪壑之慾所可道也言之長也嗚呼己往之人心旣己潰裂將來之人

心不可不攷方今之事有如抄軍有如運粮凡千軍務等事雖極冤悶生道殺

人勢不得己至於不緊之貢無名之稅可蠲者蠲之使斯民知國家不得己之

中又有不得己之恩義則虽虽者民至愚而神宣無感激轉移之理矧今日之

民生如彼棲遑絕無生意今日之民心六馬杶索凜守可畏爲盜賊驅民者是

- 32 -

【Ⅰ-18】④

誰之咎也 郎下南臨萬姓顒望碩沾一分之
賜珥頸頻下書開諭守令申
勒邊將使勿利己傷人招集父老申之以撫恤之意時發暗行出入閭閻問民
疾苦如有依舊轍躍前躕者亦以奇賣則民生庶得安集民心從此可收矣噫
呼卿秉干城非用人之量浚民膏血豈保障之道收合民心此正今日之急務
也若夫魚之依水木之依土人之依食其理一也魚無水則餒木無土則枯人
無食則死食出於田不能治其田則食安從出守上年凶歉百穀之登比前減
牛徭役之重比前什倍未及卒歲室已懸罄矣據今所見計之則家之朝夕之
資者過半而嶺南運粮之價舟師軍之粮每月米不下七八石則刳却心頭
求死不聽以此流連相繼村落空虛保抱攜持道路疆屬道殣枕籍慘不忍目
稍實之家已竭於私儲之搪補窘之募上年官穀之捧僅得三分之一公私俱
困食口何以軍粮何以種租何以此言之則賊未至而邦本先撥矣今日之
事使賣生見之則豈特痛哭而战已民折東作節候已屆而或從軍遠戍或避

【Ⅰ-18】⑤

軍逃竄或避一族不還有田者無計犁鋤無田者亦求并作其勢良田沃壤將
盡爲菜賊若衝突蹂躪則已矣若使彼此終歲連年則子遺之民何以爲食屯
戍之卒何以爲糧民何以爲國乎臣意以爲耕田鑿井雖是自
育之事不違農時此實王道之始謂宜別置勸農使者招集流民壯健應抄者
外其餘老弱浮戶無根者憫撫保存使之安心農畝官庫種租計印均分或募
富家以補不足且禁飭吏胥人情侵暴之害耕種耘耔無失其時則庶得善後
之智矣方今抄軍使者募粟使者項背相望而獨於勸農一事無有主之者置
之相忘之域芒種節序在四月之半若虛過四五十日則已無及矣令盡心
民事者幾人而或赴舟師或赴陸戰或承差出入雖有盡心民事者亦未如之
何矣謂宜列邑各擇忠厚勤幹一人以掌其事且勸農使者巡行檢督人力不
裕者種租不足者各別措置以補不給則今日之迂計乃後日之長策也嗚呼
當此門庭充斥之時塵土搶攘之日未有一策以應上求乃以收合人心勸農

- 34 -

【Ⅰ-18】⑥

耕作爲言迢遠之譏在所不辭雖然五十里之滕介於齊楚之間難以命丑蚤
聖之才無以爲計曰是謀非吾所及也亦曰强爲善而己愚臣所見不過如此
至若禦侮折衝之策飛芻輓粟之事各有主者此不足爲盞室憂也抑有一說
仰冐顙呼往在壬辰變起之初巡察之兵濱於龍仁節度之師勤王遠赴道内空
虛無人呵禁高敬命趙憲相繼敗衂臣與前縣監任啓英進士支韓世等議曰
設若不幸被賊驅使則生不如死等耳寧死於義乃以蟭臂拒轍之計謀起鄉
兵寶城爲首起之地長興南原王果谷城等數邑相與之和自壬辰六月至于
今二十朔有奇士子之家財力己竭計今見存之數僅支一月無粮之兵不久
自濱第旣上達行兵勢難任意自罷當寶狼狽不如軍士及粮餉付合翼虎軍
之爲得旦也如不得之則左義兵繼援不過五邑繼義兵繼援一道同力繼義
兵業己見罷其繼援之在寶城者在長興者許屬芘義兵以補兩麥前軍粮則
庶可以救自濱之兵請下撫軍司議處焉謹昧死以　聞〇初六日忠勇將軍

【Ⅱ-1】①

軍四哨每軍各使我人百名爲先導史儒爲前鋒夜行六十餘里黎明進薄平

壤攻破城門喊殺連天矢石如雨賊共佯出大同門史儒遼入城行長等督軍

逆戰亂殺靡遺史儒死之祖承訓等收餘兵奔還遼東○通諭江右士友嗚呼

惟我 宗社爲灰燼爲丘墟者今幾月矣惟我 聖上狩關西寄一隅者今幾

月矣亂之初生意謂醜虜汚穢我禮樂文物天將悔禍而誘衷豈非我族類又

肆殺掠人孰不思漢廓妖氛定兩京當不久矣噫未聞有社稷之臣能回奉天

之駕干城之將能辦郭李之忠者自古變亂之時必有應壽之才今獨不然者

何歟吁鍾簴投地尊俎蒙塵 祖宗陟降之靈踽踽而疇依乎讎賊尚熾殲

無日 主上枕戈之志何嘗頃刻而少弛也間者伏覩 教音末云地維已盡

予將何歸思歸一念如水滔滔凡有人心者孰不悲感而洒涕乎仁弘等愚衷

所激不自揆度倡義聚兵以圖恢復糾軍半歲僅守一區尚未能討殲留屯之

賊悲憤轉苦晝如焚灼今者任崔二君以討賊初無彼此率精兵數千來駐近

【Ⅱ-1】②

地欲與仁弘等共擊星開之賊烈烈義氣聳動曠矜賛天賛國家版復疆宇之

兆也第以軍糧告匱辦措無計彼數千之兵將何以饋之耶嶺之南五十餘邑

皆赤地千里唯江右六七邑秋稼稍稔而官庾新羅之粟只餉吾軍猶恐不贍

況能給於湖之兵乎傳云食不足則無可固之地糧資不繼則雖湖之義兵亦

未免於潰散爲恢復者可不應所以給軍餉乎念我士友既之弓馬之才馳騖

矢石之場射一賊以效敵愾之志已矣而可補報萬分者其惟贍兵之事

乎伏願諸君通論同志殫誠出粟積少而成多贍湖兵數目之糧俾成恢復之

策不其美歟主辱臣死其身之不足惜況敢吝其財乎側聞湖南義士仰念

行在經費之匱傳相勉諭聚米數萬斛名之曰義穀載船車運關西其忠誠至

矣顧惟江右之多士其財力固不逮於湖南之全盛雖未效義穀之盛舉敢不

師其美意隨力所及用冀涓埃之補乎且列邑之中能有倡起者同聲而

自有不期而至以故敢於列邑定有司記姓名其倡之有道至誠感神況於人

【Ⅱ-1】③

乎況旅人之知義理者乎諸君其勉之鄭仁弘等○全羅左義兵將任啓英移

本道諸義兵檄舉義興師專爲 國家也爲討賊也堯醜爲患今旣閱月而官

軍屢潰蕩掃無期七道生靈已爲魚肉只有湖南一面僅得全保今若失機何

以建恢復之功于遺之命此政慷慨奮義之士忘身報國之秋也等自龍城

來駐居昌方與嶺南諸賢恊討開寧星州等賊而懸軍深入勢孤力弱難於直擣

先鋒百甫思之未得上策公私俱急坐待援兵而迄未聞先聲將到此境雖日

必有以也而亦不能無愧於何多日也開寧失險則雲峯難守雲峯一失則更

無用武之地使远虜長驅隨突然後諸君雖竭誠竭力揮㦸充斥率罷卒抗勁敵

不亦難乎伏願諸君各統精銳及期來援輔車相資魚鱗繼進則聲威所曁賊

必推膽合勢齊擊何啻不拉蕩橋腥膻遠邊開境則湖南自甫完固國業可以

重恢事機若是其可忽諸更願諸君勉思良圖毋貽後悔臨機應變兵家所貴

赴急乘勢志士所尚脫有遷留退托緩不及事則非但失諸友之顯責亦必有

【Ⅱ-2】①

○

突擊射賊應弦而倒遂乘勝追殺埋伏之賊卒然四合腹背受賊左攻右拒力

訛被害事聞　贈通政〈出慶尚巡營錄〉○鄭崑壽等回自京師蒙兵部題請准給與馬

價銀三千兩許令貿運弓面火藥等物〈出啓〉○帝以兵部侍郎〈品正三〉宋應昌爲

經略軍門提督同知〈品從一〉李如松爲提督軍務統率南北官兵四萬餘名來救

本國副總兵楊元爲左協大將副總兵王有翼王維貞飛將李如梅李如梧楊

紹先及先鋒副總兵查大受孫守廉飛將李寧遊擊葛逢夏等咸統副統兵李

如栢爲中恊大將副總兵任自強飛將李芳春遊擊高策錢世禎戚金周弘謨

方時輝高昇王問等咸統副總兵張古爵爲右恊大將副總兵祖承訓吳惟忠

王必迪飛將趙之牧張應种駱尚志陳邦哲進擊谷遂梁心等咸統飛將方時

春爲中軍備禦韓宗功爲旗鼓兵部員外部〈品從五〉劉黄裳兵部主事〈品正六〉袁黄

爲贊畫戶部主事〈品正〉艾維新督餉　特命倍道馳援〈出啓〉○聖音差遊擊張奇

功等發銀糴買芻糧搬到義州〈轉運沿路以濟軍餉〉〈出啓〉○請湖南義兵文鳴

【Ⅱ-2】②

呼海冠憑陵屛翰無人七路山河畫淪賊手惟我湖南獨免存食 祖宗疆場

至今依舊者何莫非一二義將激勵忠舊斜合義士之力也龍錦數城已為賊

藪而旋即殲勤完山一府幾被吞噬而畢竟保守捷書屢飛醜徒稜魄一道生

靈顓以莫居他日恢復放是根基而敵愾豐勳可紀太常高風攸曁孰不聳慕

顧惟仁弘等奮起於列邑瓦觧之餘收拾於將卒波潰之後間関招集僅得一旅

鷸蚌相持自夏徂冬師老河上食少祈山而諸城雄據之賊環列於左右道途

住來之倭克乍放遠通以瘡殘餓羸之卒扰方張飈突之賊亦難矣近日以

來賊勢益熾隣境圮亡者上道齟退者咸萃星城寔繁有徒関入之患非朝卽

夕今或失禦則僅存八九餘邑將次第不守長驅蹂躪之禍亦湖境之兩同慮

也下陽一擧虜號隨亡邯鄲固守趙魏以全䢈之於湖南卽虜號之下陽趙

魏之放邯鄲無嶺南則無湖南矣幕府烏得恝視其存亡而不為之動念哉顧

惟幕府不待平原之使欲援江黄之危桓桓虓貅來駐局地此實脣齒之勢

【Ⅱ-2】③

而能急困之義者也然救刑書次麟經所譏機不可失古史攸戒如或擁衆遲

回遠爲聲援而已則襲藿之採雖憚於在山之虎張鎬之救無益於睢陽之敗

緩不及事之責有所歸矣況今任崔兩將之遠赴隣急新鋒方銳疲卒賈勇三捷

之期指日可待伏願幕府快決雄圖亞賦無衣來與二帥恊謀共力則樊邦士

氣有所恃而自倍湖路兵勢亦相依而震疊疏勒孤堞不爲醜虜之呑卽墨餘

城可復七齊之業矣豈不偉歟嗚呼 廟貌風塵汛掃無期 金興霜露回躔

何時西望慟哭無淚可揮康王被留於金營丞相見俘於五坡 主辱如此義

固當死枕戈之憤彼此同彊界雖分於湖嶺形勢相須於輔車後時不及噬

臍何益父老手額方佇高子之來叔伯多日無蹄衛人之怨言出肺肝勗哉夫

子鄭仁弘等〇左義共通文調度之急書以馳告者屢矣曾未見答深用愧怪

恐或中滯未入僉雅照故輒忘煩瀆更有兩言夫擧義討賊專爲 國家則饋

餉一事無分彼此惟視緩急而已今者我軍所處乃是湖嶺咽喉而星山雄據

【Ⅱ-3】①

○

盟之時適曰事機未會大舉思之未嘗不痛恨也更將苦意敢此傳致其詳在

口悉各盡蚍蜉之力共啣鷄狗之血勿使城下之盟同歸灞上之戲伏惟諸君

其各勉旃勉旃

○全羅左右義兵又在嶺南累戰星開之賊一無

全勝之時雖有箇箇斬馘之功精兵勇士被害過當兩將悔不能成功多有撤

兵勤 王之計嶺右士民苦請留活仁同士人張鳳翰上書于任啓英曰以

義名其兵者夫豈偶然哉其忠勇非他官軍之比也其奮義亦非釋徒之類也

義聲高節稟孑截然決策旅倉卒之間忘身旅危亡之際臨機制變唯義而已

大小強弱非所論也故強焉者不得爲强衆焉者不得爲衆觸之者碎犯之者

焦其勢同旅摧枯拉朽之易也若此類者在周曰鄭武公魏文侯在唐曰郭子

儀李光弼是也求諸盛時猶未可得而况於其下代乎夫如是其難得而思皇

我 朝之多士痛飛鴟泮林之集耻太原整居之辱奮不顧身鴉集義旅者無

處不起而精神折衝氣壯山河忠義俱烈誠貫金石者全羅居其最也此豈非

【Ⅱ-3】②

我祖宗二百年之風化使我民咸舊勸於臨亂之際而湖南之義士尤興起

放其中也是以一人龍駐於岐下百官鳥竄於蜀中赫赫之　廟社已屬泰離

之墟而　聖上之所幸者全羅完其師也瑣尾之蒼生未免俎上之肉噐中之

魚荒離艱若之已極而赤子之所恃者全羅固其守也非徒上下之望咸屬於

全羅倭賊之所畏亦湖南一道也則起義兵於湖南者固不可退坐而負所望

於孔棘之今日也所當望鑾輿於霜雪而思所以迎之見民弱於水火而思

而以援之夙夜盡瘁伏靡臨之節終如一效先登之勇者此必將軍之所望

也故南州六十之餘民寬伏於山谷者仰蒼天而長吟曷有極之句望湖南而

每咏何多日之詩引領於式微中露之際者有甚於葵傾之望叔伯也今者昂

星戒節玄感慄烈各赤報國之心爭淬復讎之刃遠冒風霜之苦不憚跋涉之

勞白旆央央於金陵之夜月亦鼓淵淵於甘門之靑霜謹諜之聲山頃而河泄

踴躍之氣霆鬪而雷馳其志將以追吉甫之薄伐踵衛霍之濯征甫清宮禁廢

【Ⅱ-3】③

定
王國是豈空往而空來耶肆我子遺之民聞其擊鼓之其鐘雖不得簞食
壼漿以爭近與欣欣有喜色而相告曰吾將軍威威武勇略義以爲上者也
不然何以致將士之雲集馳號令之嚴甫軍勢之苦是其克壯也由是顯望方
切旅一月之三捷殄殲咸期於七步之未懲破竹之勢鷹揚之績廢可見放崇
朝也項曰前導之夜驚妄致大軍之星散以失卒獲之機勢是豈將軍之失實
由嶺南之兵卒畏怯放獷狗之醜類者已非一朝一夕之故誤傳追我之說以
負退軍之罪終使將軍之兵廢有回車之志噫百戰百敗不如終能上勝豈以
一驚之故決其去就哉夫勤　王者必盡勤　王之實然後可謂充其名而不
負其職矢江淮殘壘敢拒睡茹之羯奴聲罪尺紙能却百萬之猛師萬古歸來
稱爲義兵不亦宜乎凡此数者苟或較賊勢之强弱計一身之利害聞其名則
有似乎義士顧其實則反類放怯夫放義有所盡乎是故君子盡其實之爲貴
也今將軍攝赴赴之虎勇率桓之能卒伏倚天之釰秉揮日之戈義以爲名

- 44 -

【Ⅱ-3】④

擁湖而來其名也顧不偉歟撥亂而反正在此一行扶顚而持危亦在此行其

寄也重其任也大則豈若小丈夫戰勝則意氣揚揚戰敗則軍輈羸羸輕進退

於一勝負之間哉必也倡義轘門威克厥愛軍容甫肅惟義之比則方叔之謀

猷克壯孔燸之賊勢自縮而日廢之土宇可復矣如其屈孟施之勇而生趙括

之怯斧鉞未至於破缺而征軍遽於故道則寧徒來蘇之失望抑亦頁 聖上

克復之望而示弱於賊者盖亦深矣生恐陸梁之賊勢自此而肆毒螫之猛毒

之怵簽咨慶振義募衆之實果安在哉其名其實灼然頓殊難或謂之義兵生

瑣尾之蒼生益水火之深熱也然則將軍之此去或者 國家之不幸也其始

不信也惟將軍思之哉又不可速其去者去七月 聖上手詔頒此萬里之關

之周爰吊塗炭之餘民而襃揚聚兵之義士一札十行無非激臣子之忠悃而嘉

西慰義兵極湖南之將士以 殿下之明哲夫豈不知而稱贊之若是耶果敢

乃忠義

之風已驗於無事之日故忠憤之悃益信於危亂之後而今來賊穴未獻在泮

【Ⅱ-3】⑤

之識鞱乃戈矛將回挽溺已車雖不恤呱呱之切子獨不念式微之我 殿下

乎旌立之鴛鸞節旄天西之風霜旋旗之望徒切於京東之父老悲涼氣像不

嘗岐下之退夜則侯興之勢只恃湖南之義士而駐兵一旬未效血戰已誠將

天之不純佑耶何不幸之至此哉嶺南之軍招集於散亡之中則慶退於若崩

之餘固其勢也將軍之兵強銳勇武之難此而死長親上之知義猶挫於鐸之

氣反有班師之音昔其來斯徒積兒女之悲今其往湖南義士之競明朝湖

路無面山河父老有問更答何言非但失答於父老湖南義士之喪膽亦自將

軍始也伏願將軍深痛鄂社之將屋更聖勤 王之丹裹勿遍其行南土是復

召穆之經營告成李牧之尊征蔡功此其時也此其時也生則武之儫侮難住

荷戈之勞文踈却敵何賞無衣之賦將欲效申胥之寸赤致天庭之號哭則去

路茫茫誰曰誰極遙瞻北辰哀泪徹天耿耿日夜惟所望者屹屹我公今代郭

李棋獬閣上功必居一菱凱之日願頌支武之德更歌六月之詩惟將軍其增

【Ⅱ-3】⑥

釁鍪之氣昆衷之啄也奔竄之中不堪吞聲之哭謹昧死以聞伏惟念之哉〇

廛從典消署別坐慶尚道高靈人金應禎所傳變後消息云云當初聞變諸務

蒼黃又無一人可將者李鎰浪戰初敗大軍申砬非韓信而行背水陣法又殞

舉國壯士　上及朝廷常以申李為長城及聞二將之敗人心驚遑一二執政

首倡西幸之議以致京城不守　大駕離國傾城士女塡街奔波顚仆道路彌滿

溝壑而隨處衛者僅數十人駐　蹕箕都括江邊七郡土兵禦于臨津賊藏兵

山谷數日示弱是時申砬為中軍李薲李薦為左右左右未至中衛先突賊伏

四起我軍或投水中或罹鋒凡流屍塞江子遺之卒心喪膽落裹鎧馬畫散

賊轉陷松京及海西一路結三陣于大同江邊亮衆諸匡召集散卒守城設伏

收入紬三十餘同木四十餘同軍粮七萬餘石軍聲稍振人心思舊昌城官人

任旭慶所號壯勇自募先登率軍夜聲藏賊中衛斬倭先鋒將賊勢大挫粮盡

欲退中和入爲向導京通事金德謙助畫方略導自王城灘守將金億秋成驚

【Ⅱ-3】⑦

朴錫命金應瑞及監司宋言愼兵使李潤德等皆走然而城守甚嚴 上泣謂

諸子曰一身非關矣不忍坐視兒女之受辱巳 車駕將發命開城門窄臣窄〇

不從命聞有數人請出城尹左相獨坐城上賊圍城然後單騎以出 上決策

渡遼送中殿于江界 東宮于江原道 上一晝夜馳數百里駐于龍川諸臣

執斬潰散將曰以金命元爲元帥禦于順安屢戰皆捷賊不敢長驅曰咨遼陽

請援唐遊擊將史儒王惟貞王守官戴朝弁徐一賢及副總兵修養正寬奠堡參

將祖承訓等出來廣寧衛揣兵楊紹動東遼東陽站之平壤城底多水田

天又兩史儒分軍爲四哨毎哨各使我軍百名爲前導宵夜破城一時突入賊

驚出大同門我軍一哨導入餘三哨不入賊還戰史儒馬死之喪唐馬五千匹天

兵四百餘名其餘盡遂入送禮判請兵于遼東凡蓮城楊總兵仍奏 朝廷漸

江將駱尚志手擧千斤號駱千斤者及宋應昌等奉炮手三千近當出援 帝

遣天使薛蕃宣慰 主上留一日還唐兵來者數萬俱事馳逐放平地弓矢不

- 48 -

【Ⅱ-3】⑧

精姑待炮手之來矣 東宮月餘駐伊川賊兵四進移駐成川方向寧邊 東
宮侍臣領相崔興元右相俞泓二上相崔滉而 大朝諸宰盡豊原君柳成龍左
相尹斗壽吏判李山甫兵判李恒福禮判尹根壽刑判韓應寅及具思孟柳根
泥忠諫朴忠佩鄭士偉李忠元沈喜壽吳德嶺李磈李廷立洪麟祥朴應福鄭
昆壽閔瀁洪聖民李海白惟誠而已 上出箕城時以金貴榮爲咸慶道都
體察使與李陽元黃廷彧父子等陪臨海順和兩君送入咸慶 上問隨 駕
渡遼者右上所列之臣是也使俞泓崔滉奉 五廟主與 東宮送入嶺東賊
兵關入咸慶金貴榮以南兵使李榮爲優使定都巡察使制南北兵使北兵使
韓克誠恥其居下爭長不相能以致軍卒懈體策以咸興生員陳大猷首叛
王子諸宰夬入會寧官奴鞠景仁爲同謀引賊執兩君與夫人其他朝臣降于
倭將俀將以轎子奉 王子及諸臣內室所到宿處客舍行至文川今幾至月
想今已到洛陽矣北道監司柳永立及判官幷家屬被擄柳逃來新監司尹卓

【Ⅱ-3】⑨

然僅保關西界薛罕嶺下別河小堡賊團會寧仍討六鎭越江擊胡諸胡速遒

盡焚其部落而還向者請援使到遼東聞修養正言我使謝其　天兵見敗答

曰兵死地也豈有我生而彼死之理乎且天時地利人和爲可貴聞平壤形

勢地皆泥淖又多水田是無地利也時方霖雨是不得天時也　上國與本國語

音不通情志不孚是無人和也所以取敗必待南兵之來兼使原野乾燥然後

乃可馳逐調度兵粮迄當出援成周末天子難救七國戰爭況我國自檀君以

來北接山戎南隣島夷干戈相尋未聞天兵來援至於此極以此觀之恢復一

脉緣斯可占南中義兵處處其起是其大機但聞賊經營數載傾其巢穴而來

者非欲竊取財物而已初出時分部諸將散入各道蕩覆然後明年二月犯遼

作計今則拒于箕都諸道謹　王兵與　天兵雲集其計未必不中沮但朔方

關東諸賊與漢都箕城聲勢相應自東萊至平壤道路無遮而賊徒咸據雄府

我軍處處野屯主客殊形勞逸異勢且　　行在所侍衛　東宮處從順安元帥

【Ⅱ-3】⑩

所管江東李鎰所率三縣金應瑞所領崔遠金千鎰義兵萬餘湖西三浦海西

各有監司巡察防禦等咸達軍官數千兵少將多以至諸道擧義勤王將士無

應數十萬軍馬一月所食粮太不下數萬石而各邑倉廩蕩棄無儲逃民戰士

不耘無收若未可以歲月興復則軍粮難辦天若助順平壤可復京城可期痛

哭奈何 大駕候 天兵出援却平壤賊則轉向定州漸駐延安李廷龥金大

晛田見龍共守延安賊圍七晝夜百計攻城能爲城守卒金保障 等求禮石

柱雲峯八良等新城兩處乃湖南關防舊有城基時本道防禦使郭嶸自九月

恒鎮南原分遣助防將別將等于嶺界等城把守石柱則別將及求禮縣監李

元春守之八良則助防將李福男雲峯縣監南侃守之如井東六十時皆有守

將設伏防備李福男以熊峴力戰之功陞堂上〇召募官安敏學受 命于〇

東宮調兵馬于兩湖〇慶尚道軍粮差使員承文判校吳澐通文今年俵變開

闕以來吾東方所未有者〇 君父之辱私門之禍言之痛矣何忍諱說除凶雪

【Ⅱ-4】①

○

是進軍竹山設車陣鸛翼而入賊共逆出橫衝亂斫我軍敗走賊裵火防車入

車之兵盡燒死以中僅以身脫共季男領軍馳援斬數級大際如此云云其則在遠不得知○

朝廷以暢攻京城事令 體察使徵諸道官義兵鄭澈傳令全羅左右義將領

兵赴京湖嶺士子等上疏曰元事之成敗皆有機會雖云在天人賣爲之苟不

蔡將然之故而毀已成之勢則非但無益放事而禍有不可測者矣京城失守

列邑瓦解而全羅一道獨能支吾者有左右義兵爲之捍蔽也舉義之初遂錦

茂賊使不得葠食又相與約束同赴上道之際嶺南留屯之賊方熾而義將鄭

仁弘金沔之兵不敢獨當焉誠衰竭求援於兩義兵兩將提兵馳入居昌陜川

等邑自上年至于今數月之間或屯山城助逐晉州之賊或守要路分攻星州

開寧無日不戰無月不捷故賊不敢動嶺南六七邑已非國家有矣六七邑不支入

爲大若無示威耀武進擊殺傷之功則六七邑已啡賴以寶賭兩將之功於是

於賊虜則禍中於湖南矣苟無湖南則未知國家何據而爲恢復之根基也去

【Ⅱ-4】②

年湖南適值有年之祥倉廩盈溢此天所以佑國家恢復之本也連馱于北連
絡于道轉糧于東饋餉不絶倭冦之不敢侵犯固有以也然客兵逾年倉穀殆
盡倭冦遊魂日夜思所以合力西窺者非曩時比也當此之日曰己成之勢益
固藩籬則虜不敢衝突六七邑而湖南獲全矣湖南獲全則慶尚之賊自退慶
尚之賊自退則京城之賊豈能獨存乎然則堅守慶尚六七邑使不敢西驅者
是固復京城之一大機會也事之成敗於是乎係焉賊之去留於是乎關焉兩
將之去就其不重歟若使備虜之策小弛於湖嶺而有隙可入則回府庫之財
以爲食驅無顏之民以爲兵其爲患有不可勝言者矣臣等伏聞備邊司以兩
將爲可用使之卷甲西上者偶未之思耳義兵退一步則賊兵進一步義兵今
日去則賊兵明日來六七邑朝見屠戮則全羅夕受其禍湖嶺之聲勢相依賊
虜義兵之相爲進退如是雖在愚民莫不知其情狀而廟謀反不及此者何歟
誠切於 君父之辱而不暇察於將然之故也兵難遙度而未及詳知己成之

【Ⅱ-4】③

勢耳果若耳目於斯而思萬全之策則其不撤兩將藩蔽審矣自常情言之則
提過圍戰守之兵同赴國難而夫誰曰不可是固先根本之地而後枝葉也以
今日岌岌之勢觀之湖南財力可以扶　國家之危賊鋒進退亦決於藩蔽之
固不固如何早徒以急攻京城之賊爲忠不念夫固守藩蔽乃所以復京城之
根本則不幾放撤藩媚盜之失乎存亡成敗係呼吸瞬息之間可不察於將然
之故而昧己成之勢乎而況一道大將若巡兵使若倡義使領數十萬衆或屯
水原或陣江蟇以扼水陸要路如　體察使如召募使盡發一道精兵以爲聲
援藏珍醜類可翹足待願惟留防不多藩蔽未固豈無可慮之機乎益加措置
之規以過方張之勢固不可緩而敢移兩將之去撤家藏入崑穴者相繼携老幼之
冠驟突之氣乎嶺南數邑之民聞兩將之去撤湖嶺相依之勢而生倭
四方者相望潰散之勢已成湖南之民將伺所依歸恢復之基更無餘地靜言
思之不如無生伏願　殿下察於將然之故而不撤藩蔽之兵回其己成之勢

【Ⅱ-4】④

而益固保守之計則豈惟兩道生民得免屠戮將見國家恢復指日可待又聞

天兵臨境醜類自逃京城之賊皆會嶺南云又當嚴兵固守合勢邀擊不失其

機而已臣等固知順否為純批鱗為逆伏見今日之勢頓殊平常之時故敢以

枝葉庇根本之策仰干 天威伏願垂察焉臣等不勝屏營之至謹昧死以

聞○又上 體察使書曰伏以當今恢復之勢無賴於七道而惟湖南一路恢

復之根基也嶺南之賊常欲並吞累肆跳梁而迄不能長驅衝突獲全一隅者

任崔兩兵扼其要害作輔車之勢設防戍之策兩兵者實湖南之藩籬國家之

屏翰也今者勤 王之舉雄出於不得已自撤其藩籬以資走徒荐食則恐非

中興之大計也以義言之則捍衛王室臣子之職分恩難之所先不待 朝廷

之命而屬從之計兩將之初心也以勢言之則無嶺南則失湖南無湖南則

國家恢復之望缺矣南民之欲留兩者非敢私一道後 君父欲不失於恢

復之基則是為一國非為一道也以一國比湖南則猶一身之有一髮一道之

【Ⅱ-4】⑤

存亡不可顧也然七道陷没之後錢穀甲兵皆従此道之有闕於　國
家大矣況今遠近流民無貴無賤雲合霧集以一道爲且逃死之所此道又
陷則未知流民奚其適歸而　國家亦誰頼而興復哉兩兵之上去又有狼狽
之勢自去年秋冬之間兩軍深入嶺南賊藪埋伏於凍雨之中曝露於霜雪之
地躬冒矢石幾死復生者數矣自此之後癘疫蕓死之連仍諸軍不堪防戍
之苦逃亡者追半留陣者疲困若又遠赴萬里則任在兩將之忠雖切於勤
王而師散無餘則恐有可上之逍遙也然則既無寧亂之盃又失恢復之效竊
之兩將之行有害而無益也非徒此也湖南素稱精鋭倭賊所向無前而雄此
道獨能全保生等區區妄計　輦輿播越勢不可偏保西陲兵亂之餘調度不
恐機械不備此豈偸安之所乎晋之建業宋之臨安皆出於勢迫而卒致中興
充國之有湖南非特建業臨安之比也保完此道以期興復此今日之急務
也伏願明公恕察愚生臆料急速傳聞于　上則放國家幸甚〇慶尚右巡察

【Ⅱ-4】⑥

使啓曰上年十月晉州之將陷也。臣分遣掌樂僉正趙宗道工曹正郎朴惺請

援于湖南左右義兵任兩將以湖嶺有輔車相依之勢存亡成敗間不容髮

即提兵相繼應援前主簿閔汝雲亦自泰仁而來雖未及晉州之變曰留星州

知禮之境與本道義兵大將金沔鄭仁弘等恊力討賊累次接戰賊勢甚多賊

頻挫氣藏伏不出一道之人方倚以爲重庶幾共成犄角之勢而今者湖南之

人回自 日邊朝議欲招兩義將勸 王云兩將聞奇不遑啓處卽欲上去

矣本道陷没之餘僅存者五六殘邑若賊四面充斥必欲呑滅乃已當此時湖

兵雖留此策應亦恐未濟一朝卷甲而退則賊洞知無援長驅永突之患決在

朝夕此道旣没則湖南次第被兵湖南不支則 國家恢復根基恐無餘地思

之至此心肝欲裂罔知所措 朝廷十分裒高許留兩將于本道以固保障詮

次善啓云云 體察使亦枚舉馳啓 朝廷停招兩義兵○提督李如松章兵

馬自平壤過海西直渡臨津哨馬回報先鋒將查大受等擒斬賊倭百餘級于

【Ⅱ-8】　　　【Ⅱ-7】　【Ⅱ-6】　　　【Ⅱ-5】

○

十八日甲辰全羅義兵将住啓英率兵十餘到郡士卒皆出長興寶城兵
陽等故兵力精強無出於此
十九日乙巳義兵将住啓英駐旗于安陰○上慮有調度置碼之患令民
納粟賀官

○

四日庚申全羅崔任兩義兵襲開寧之賊崔兵斬二十級住兵斬十一
級云乙

○

十五日辛丑湖南住大将進率五百餘名誘引星州之賊中野梅襲多數
射殺幾致殲盡而星州牧使諸沫高靈縣監郭天成逗遛不進云
機會不得入城故鄭大将大怒杖星州牧諸沫高灵倅家天成等

○

十五日庚午金大将巡到于草溪○金忠毅崔汭射士五十住晉
州○聞王子劃彼謀集駕設伏于尚州地○都事傳令于廬士
尚以湖南兩大将～赴湖西故使者夫住洪州體體使鄭澈處乞
留兩将之行以保數邑欲固輔車之勢云。○湖南義兵将崔慶
會升通政階住啓英加副正

【Ⅱ-9】

○兵于秀吉、以為明春、進攻湖南之計各募渡雞人起

兵初高敬命敗歿其子前縣令從厚繡素從軍收父

餘兵為別將至是都體察使鄭撤宣 朝旨初諭洪

季男首通書諭道趙憲子完堵葉應之又令從厚繕

寺奴為兵 義兵將崔慶會住啟英進屯嶺南初慶會

啟英連兵屯長水與故朱屯賊相持至是兩湖諸屯

賊皆合于星州開寧等地兩將遂引兵援嶺南屯扎

居昌興金沔協攻開寧未幾啟英移屯陝川與鄭仁

弘協攻星州以黃進為忠州助防將諸將合兵攻

【Ⅱ-10】

○任啓英犬破倭人於星州、初任啓英崔慶會興星州
開寧賊景戰不克精銳多折傷、兩將悔不能成功謀
移兵兵勤 王仁同人張鸞漢移書止之、啓英進至
星州城下、挑戰賊出精騎邀擊我兵射倒先導殹騎
餘兵驚走入城、倭將墮壞重傷賊眾恐動我兵聞之
氣倍啓英遂興鄭仁弘及官軍諸將剋期約戰十四
庚午啓英如期出兵、而仁弘等皆負約不至賊背城
出陣啓英獨以其兵戰副將張潤先登突馳戰久馬
疲遂捨馬步鬪勇氣愈厲、暮賊兵大敗、積尸如丘
流血遍野逐至城底而還是役賊兵死者十六七、遂
閉門不出、鄭起龍又破毛利輝元於尚州、復其城、輝

【Ⅱ-11】

○任啓英擊走毛利輝元復屯星州開寧啓英與星州屯
賊相持屢月賊勢漸困初二日丁友賊潛就開寧啓英
覘知之設伏於挾桑峴掩擊大敗之殺獲甚眾丙甲
又遣張潤進擊毛利輝元於開寧潤一戰殺二百餘
人被擄男子四百餘人後三日又戰殺二百人聖日、
輝元撤兵走入中路潤追擊至善山於是右路州郡
悉復惟金海昌原爲賊所擾後張潤以功拜泗川縣
監

【Ⅲ-1】 ①

公諱啓英字弘甫自號三島任是長興大姓其遠祖自中國紹
興府乘石舸來泊故定安縣即今之長興史失其名麗朝中葉
有太師貞敬公懿太師文獻公元順門下平章事邦富世秉國
政名載史傳入我朝簪纓不替高祖諱錫命登虎榜早卒曾祖
諱得昌穩城府使祖諱光世　贈判書考諱希重有文行中生

【Ⅲ-1】②

進兩試所著人才策選在震英粹語世稱菊潭居士妣金海金
氏進士奎之女以嘉靖戊子生公質品峻整才藝贍敏讀書過
眼成誦雖文義難解處能領解要旨無讓老師以神童名尤長
於駢儷操筆立就如宿構傍通兵家識者許以文武全才事父
母孝順致養盡誠遭菊潭公喪幾毀滅三年廬墓跡不出洞行
臺稱歎遺布帛居母夫人憂如前喪一鄉士林狀公至行通道
伯道伯松江鄭公澈轉聞于朝而爲該官所寢公議惜之家居
愛幽靜開大池池中有三島蒔荇荷梅竹逍遙自娛不汲汲於
名場三島之號盖以此也丙子始登文科雖黽勉從仕而以祿
不及養爲終身憾除眞寶縣監大著治效及其爪遞而歸邑民
遮途挽行有去後思自是居閒絶意榮進沉潛經史惟以訓廸

【Ⅲ-1】③

後生爲務近邑學子多負笈者萬曆壬辰倭寇陷三京　乘輿

西狩勤　王兵隨處敗衂義兵將高霽峯敬命亦戰亡于錦山

賊勢漸熾宗社危如一髮公西望痛哭曰國事至此吾得死所

矣遂倡義旅同鄉人前縣監朴光前前正字鄭思悌長興人進

士文緯世綾城縣令金益福與之謀畫七月二十日會于寶城

官門公及朴公所募壯士各數百餘人諸公皆推公爲左義兵

將檄列邑有日嶺南湖西皆爲賊藪獨此湖南僅全一隅給餉

徵卒國家之所靠專在於此一道而今賊鋒己犯境上國事岌

岌乎誠可痛哭矣此義士奮發之秋苟全性命之計左矣等死

矣何不死於國事乎當賊起之初嶺南之人不思捍禦捧頭鼠

竄及其賊勢猖獗宅舍灰燼妻子汚辱然後義士奮發多所斬

【Ⅲ-1】④

獲雖曰差強人意亦晚矣生等素乏弓馬之才不知韜鈐之策

而區區倡首者誠以主辱不救無以爲人也遂以鄭公思悌爲

從事官順天人前萬戶張潤爲副將文公緯世爲粮餉官整軍

伍前發由樂安順天轉向南原收得千餘人軍聲大振及抵南

原府使尹安性力助器械蒭粮鄰近儒士多聞風投袂者時右

義兵將崔公慶會亦收高霽峯散卒由右道進公與之合軍陣

長水以遏錦山茂朱之賊路使副將張潤等逼賊寨出奇兵勦

之賊兵稍稍遁去十月慶尚右監司金公誠一遣人告急請公

來援公封疏　行朝日朝宗之水萬折必東臣身雖在遠乃心

罔不在　王室將與湖嶺諸義兵合力共謀蕩平梗路之賊收

復京城志同塡海之鳥愚甚移山之夫忠憤所激不能自己金

【Ⅲ-1】⑤

公又移書促之公乃進屯居昌崔公慶會亦至公遣張潤偕崔

公副將高得賷嶺南義兵將金沔合攻開寧所據之賊大捷移

陣陜川海印寺賊自星州衝突傍縣義兵將鄭仁弘累戰不利

乞援書日三至公引軍赴星州且戰且行十二月初七日薄城

下與鄭仁弘及官軍連進十四日終日力戰賊兵死者過半積

尸如山賊逐潰散星州得全諸將多違約不赴公移檄責之朝

廷以謀復京城徵諸路官兵義旅體察使鄭公澈令左右義兵

將進軍畿甸湖嶺多土疏請姑留以防要路金公誠一亦馳

啓言不便事遂寢癸巳二月公邀擊賊兵於扶桑峴又使張潤

移擊開寧賊前後所厮殺甚多奪還我國男女被擄者星州開

寧賊悉平公疏論將士戰功粮餉補助之勞皆許施賞諸路賊

【Ⅲ-1】⑥

合兵自宜寧直向晉州官軍義兵皆入晉州公使張潤抄精壯

三百餘人先入晉州公則以餽械之未及具殿後俄而賊圍城

陷諸公皆立懽張潤亦戰歿公以不得同死爲恨公收拾殘兵

更以訓鍊奉事崔億男爲副將把守要害十月　車間還京公

上章陳師中形情辭　恩典時有陞資之　命故也甲午正月

世子次于全州朴公光前上書請以義兵繼援之在長興寶城

者屬左義兵以給軍餉賊兵方據巨濟意在湖南公與崔億男

移駐河東設伏要衝捕勦樵採之賊四月　命罷諸道義兵盡

屬于金德齡忠勇軍九月拜楊州牧使丙申正月拜定州牧使

旋移長湍府使二月拜海州牧使三月移淳昌郡守楊淳皆有

德政碑丁酉倭再猘公己病不能更倡義擧臥東福維摩山憂

【Ⅲ-1】⑦

憤病轉劇以十月二十七日卒享年七十南中士民流涕相語

曰此老已亡彼賊更肆吾輩將何恃返虞之日奔走迎哭者

漫藏原野葬于本郡栗於面慈梅岳艮坐之原賊平朝廷紀公

功績　贈以兵曹判書同知義禁府事噫人之大節孝與忠而

己爲子而誠於養生禮於居喪出天之行鄉人一辭如鄭松江

方伯上聞而請褒壬辰之變以處散末官倡率義師遏錦茂之

路復星寧之境隱然爲一面長城眞個天生社稷之臣讀公疏

檄可以想像其人而惜乎如公義勇才略不早見施終又未假

數年試用止於數州之牧蕭然　恩贈不足以償公偉烈且公

平日行蹟及所述作皆逸於兵燹只有一絶傳于世其詩曰少

壯太平日老衰戎馬時滄江有白鳥吾與爾相隨似是罷兵時

【Ⅲ-1】⑧

所吟而工於詩可見也配貞夫人宋氏佐郎太平之女與公異
原葬有二男四女男準進士澬女僉正廉世慶僉知李奇胤進
士魏廷獻魏廷龍澬一男景高澬一男景說景高一男聖尹景
說三男二女男世尹志尹處尹女梁晋紀李東瀚聖尹一男二
女男大觀護軍女朴聲古朴挺榮縣監世尹二男大柱大杓志
尹一男大老大觀子拭女李慶茂大柱二男命天命九大老一
男命龜杙一男一女男以燮女李聖杓命龜一男以賢餘幼公
之歿今巳百有五十餘年矣公之後孫以燮爲懼美行偉烈之
湮沒無傳集公遺事使其宗人正言鏡觀編爲一通來請狀文
以燮可謂能孫矣余雖鹵莽感其爲先之誠據本狀叙大略以
備立言君子之採擇焉崇政大夫行禮曹判書兼判義禁府事
知經筵春秋館事弘文館提學同知成均館事世子左賓客趙
觀彬撰

【Ⅲ-2】 ①

學知本而世驚榮利身則遞而。乃如之人甘況淪而。

納銘其幽昭無垠而。

　楊州牧使　贈叅判任公墓誌銘

壬辰倭冠之變官軍義兵遇輒奔潰前真寶縣監任

公啓英弘甫雪涕誓死倡率鄉郡諸人會官門計事

衆皆推公為湖左義兵將移檄列邑署鄭思悌為從

事官張潤為副將文緯世為粮餉官由樂安順天轉

向南原行收兵得千餘軍聲益振時右義兵將崔慶

會亦收高敬命敗卒與公連兵屯長水以過錦山茂

朱之賊賊又合諸首移居星州開寧等地。慶尚右監

【Ⅲ-2】②

司金誠一遣人求救。公與崔公引兵赴援屯居昌。遣
張潤等與義將金沔恊攻開寧大捷。未幾又移屯陜
川時星州賊熾甚義將鄭仁弘戰數北乞援急公遂
進薄城下諸將皆不至。公獨與張潤力攻日暮賊兵
大敗積尸如山。明年又邀擊賊於扶桑峴大破之遣
張潤擊走賊殺四百人奪被虜男女甚衆於是嶺右
州郡盡復俄而諸路賊合兵陷晉州崔公張潤皆死。
公偶殿後恨不得同死乃更收拾殘兵把守要阨。
車駕還京賞加公一資上疏辭甲午世子次全州命
以義兵在長興寶城者屬公時賊擾巨濟意在湖南。

【Ⅲ-2】③

公移駐河東以處之尋　命罷諸義兵盡屬于忠勇
將金德齡。自是連拜楊州・定州・長端・海州・淳昌等郡。
丁酉倭再猘而公已病矣憂憤以卒時十月二十七
日距其生　嘉靖戊子壽七十南中士民流涕相語
曰。將復疇特癸同福紫梅岳良坐原後　朝廷紀公
切。　贈兵曹參判・同知義禁府事。公聰敏俊整文藝
凤茂又通習韜鈐人皆曰。文武全才事父母盡誠居
喪哀毀幾滅性丙子登文科雖黽勉從仕。而以祿不
及養為痛家居日浸淫扵経籍及其一朝奮義能成
摧陷廓清之功。則人又曰。忠孝全節嗚呼盛哉興陽之

【Ⅲ-2】④

任遠有代序。有諱懿諱元順•諱邦冨。世東麗政八我

朝簪纓不督考諱希重中司馬兩試。妣金海金氏進

士奎女諱光世。 贈判書諱得昌府使公祖若曽祖

也配淑夫人宋氏佐郞大平女癸同兆異原二男澄

進士澄四女適僉正廳世慶•僉知李奇亂進士魏廷

龍澟一男景高澄一男景訖景高一男聖尹景訖三

男世尹志尹•慶尹二女適梁晉紀李東翰噫公之義

勇才略。殆與金倡義•黃兵相上下其扼險苦戰歿

遮湖嶺已致 國家中興之勢。則丁酉之亂使公而

在者。又何難其再勒也。悲夫銘曰。

衰幾扵滅義忘其死雄鞱偉烈乃公餘事。維孝維忠。

卓厥終始。我撮其大銘示無止。

【Ⅲ-3】①

竹川朴先生行狀

先生姓朴諱光前字顯哉竹川其號系出珍原縣高

麗門下侍中益陽伯謚忠義諱瞻之後也至 本朝

益陽曾孫藝文館直提學諱熙中工草隸名滿 皇

朝嘗使日本能敦信義大爲 恭定大王所器重以

直見忤於執政河演退老于珠原縣城上洞其長子

生員諱暉生聚寶城居宣綾城時中之女因居郡地

遂爲寶城人是先生之玄祖也高祖司醞直長諱文

其曾祖成均生員諱胤原祖宣教郎諱衍考成均進

士諱而誼姓宜人崔氏諱隸院習讀命夔之女以嘉

【Ⅲ-3】②

靖丙戌正月十六日寅時生先生生而有美質。
醇粹溫柔自幼遊戲不凡及年八九歲已有成人儀
度性又穎悟。時洪相公適謫在興陽縣進士公令先
生受業于洪相先生寓舍去洪相所居幾十餘里而
先生隆寒盛暑徒步往來不廢日課洪相嘉其篤志。
訓誨益勤又使夫人梳洗如撫已兒一日進士公使
先生占一聯自道字止爲字先生卽應聲曰道自天
命豈人爲又使自爲止道先生卽又應聲曰爲一大
成孔子道父兄大奇之及年十餘歲進士公急扵科
業責先生以詞章先生日課之餘私取性理大全。溜

【Ⅲ-3】③

心探賾頗有所得。年十三文理通曉讀書不賴師友。
時去已卯士禍不遠人人諱言理學爭尚浮華先生
獨於擧業中知有所謂爲已之學玩繹深思所就日
兼進。二十以後始念親之道無出科名遂從事科
塲科發解無不中。人皆以巨擘許之然猶不專意於
擧業與韓胤明討論古義共榻一年凡然端坐夜分
明燭雞鳴盥洗相與警責做鍊工篤已未夏與諸友
棲于天鳳山講習之暇築臺鑿池以爲藏修游觀之
所。依仙家三淸境界作一別區升降黜陟皆有程式
其居常嬉戲亦不妄雜皆類此丙寅冬始執贄于退

【Ⅲ-3】④

溪先生之門退溪一見許以相知時退溪方抄朱子
書節要謂先生曰立脚根基專在朱門許令受業業
旣卒先生以定省久曠辭歸臨別退溪以節要一帙
贐之又贈詩五章曰勿爲外人道也別後累寄簡牘
以寓戀戀不忘之意且敎以自樹立不爲流俗所奪
先生亦留心訓誨潛究節要老而不襄嘗有質疑一
卷士多謄行戊辰秋中進士第二榜未唱聞先妣病
重徑爲南下躬自湯藥晝夜不離及沒喪葬祭祀一
依家禮先生自少多疾人皆危之旣服関無恙鄉隣
皆以爲誠孝所感庚午柳眉巖希春爲監司自　上

【Ⅲ-3】⑤

引見曰。本道士子之窟。卿其搜訪以聞。眉巖到界先
令各邑薦其學行才德之士。進士宣應直等以先生
事親盡孝。居喪盡禮。持身有法錄上眉巖拔一道之
尤五人　啟聞而先生居首應直等以薦得其人受
賞。壬申　際全州　慶基殿參奉殿在州內後苑多花
果娼妓雜類日夕游戲其來已久先生以爲殿上有
先王遺像不當褻慢一切禁抑齊中靜肅癸酉除獻
陵參奉前此邑宰例與參奉相約田獵分其所獲一
日邑宰使人來請先生曰。陵寢非田獵之所利之所
在尤不可從也。不許。未幾棄官而歸。是年秋進士公

【Ⅲ-3】⑥

病歿。先生執喪一如戊辰先生既失雙親。無意於仕
宦。誘掖爲己任嘗見小子輒勸讀書以小學爲先庚
辰秋。除東氷庫別坐遂赴　關肅拜而還時　王子
將就學朝廷以　中殿無嗣擇謹愼純正之人以責
輔導之任遂薦先生爲師傅以河洛爲副河進講務
多。先生以精明爲主　上考王子所讀　王子以是
告之。　上曰貪讀不明當從朴師傅講癸未夏秩滿。
遷拜監察冬。除咸悅縣監到縣之後儉素節用倉儲
盈滿嘗書視民如傷四大字於壁上慈祥樂易民皆
親之公退之暇躬往學校與諸生講論經史先生自

【Ⅲ-3】⑦

少喜怒不形於色居家未嘗罪一奴僕及柱官幸有
濫出門外者嚴杖不貸衙中肅然親戚謂家與縣有
二道也丙戌秋監司某惑於營婢所言皆從列郡贈
賂爭先時某爲全州府尹多賂營婢米穀其事聞于
御史先生與御史相切監司府尹疑先生傳說遂啓
罷先生即日治行計程裹糧餘無所犯倉穀元數外
羨餘多至萬餘俞人以爲無所管攝似歸於虛請報
監司以作國儲先生曰後倅何敢私用且近於矜誇
前日梁君子澂之赴居昌也余贐以餞詩曰要民倡
支離和者循其私叩馬聲御史頌德刑雲螭見此輒

【Ⅲ-3】⑧

泚穎處慮如躬罹余豈敢忘此語哉不從既歸高卧
故山怡然自樂家用累乏不以為念丁亥除掌苑途
中又除懷德為縣殘弊用慮營畫倍於咸悅有一宗
親與村民爭訟奴婢積年不決已歷十一官而又移
懷德前倅亦慚於勢力故為延拖先生閱其交籍考
其情狀排眾論決許其民宗親自恃權勢構呈憲府
憲府取見文案曲直顯然宗親沮怛而退又有一女
無後寡婦之婢族侄交爭不得者仗監司之威名
以大惡必欲殺為先生曰豈畏監司殺一不辜累報
冤枉監司激怒巡到招先生詰責先生舉其首末畫

【Ⅲ-3】 ⑨

地分踈監司愧服屢縣未幾見忤於灾傷御史楊俊
民罷歸歲時伏臘會父老宗族以邀以遊多得江湖
之趣又招門族而謀曰先祖塋域在水多院山谷平
代已久子孫踈遠各豐于私力未追遠草木茂欝若
夐數歲永無壽處深可恨也以書相通無少長各備
奠具與之展省祭畢移坐于廣灘川上共飲餕餘兼
以修睦人人欣慕異姓之族亦有來㕟者壬辰倭變
列郡望風奔潰國勢汲汲莫保朝夕先生與任
粹起
公啓英倡募鄉兵得精兵七百餘人先生以病不行
遂推任公爲義將把截錦茂守禦星開皆有功及天

【Ⅲ-3】⑩

兵大來兇賊退屯嶺南。東宮監軍於完府。先生力
疾趨拜且陳時事之可言者十餘條。東宮嘉納焉。
因命本道監司曰朴某於予有甘盤之恩別加優恤。
食物題給。留數日辭歸。宣醞以送甲千任公以義兵
論功除軍資正先生曰虛受　國恩至於三品實
未安將欲陳疏人皆言非但同受賞職之人有所未
安荐任公有害先生令任公上疏自明而備局寢不
舉行，然識者義之乙未春拜翊衛以老病乞歸。東
宮引見情義懇至先生拜曰臣老且死矣願講學修
德以致玉成之地。東宮惻然曰師傅非不多也。始

【Ⅲ-3】⑪

學二年。輔益實多。情意倍他。云及歸。以腹㡇動輒倍
痛常掃一室讀周易及朱子書節。要少不間。晚好
琴常寓懷焉。一家問老何苦也。先生答曰我自樂此。
不爲疲也。丁酉賊又犯本道南原陷沒路塞不通。隱
於天鳳山谷間。或云賊已入京城。大駕不知所在。
人心洶懼。至於附賊屠戮者有之。多士等推先生爲
義將。應募者雲集。軍聲稍振。列邑守令投竄山海者。
恩其成功。竟沮撓之誣訴于監司黃愼。愼招先生詰
問往還珍原。未幾病卒。同年十一月十八日也。配淑
人文氏。禦侮將軍行僉使亮之女性溫柔塞淵事舅

【Ⅲ-3】⑫

姑以孝御僮僕以和。親戚則盡其愛竆之則極其恤。人皆謂眞先生之配也。不幸與先生相繼隔月而終。兵亂孔棘。趍不能葬己亥秋。東宮令侍講院諭本道監司致賻甚優合葬于沙谷艮坐坤向之原榮寵極矣。有男二。長根孝成均進士。因左義兵功除軍資正後又除長水縣監以持服不赴次根悌以左義兵功。除軍資僉奉根孝有子二女二。春秀始就學春長荏孩提一女適前府使崔慶長之子弘有。次女適同郡前府使任百英之孫喜根悌有子。春豪娶軍資正梁山抗之女。女適石川林億齡之孫曦次適同郡進

【Ⅲ-3】⑬

士朴弘仁噫吾湖南素號文獻之地。自麗末至于
本朝以學名世者唯金河西奇高峯李一齋柳眉巖
及我先生而已。河西之學問操行節義文章卓乎其
不可及高峯之議論明快一爽之剛毅不屈眉巖之
博識多聞亦世所罕見而至論其踐履篤實則彼三
賢其與我先生未知其孰優只以名位不逮世無知
者。寧不爲之慨歎。此可爲知者道難與俗人言者也。
噫先生之世系出處今因長水公家藏舊草變加刪
潤略敍其大槩至於言行則非淺見薄識所能形容
其萬一。故廣灘宣丈所著遺事並付于下。以俟他日

知言之君子云耳。

【Ⅲ-4】①

宋子大全卷二百十四

傳

　贈兵曹參判張潤傳

張潤木川人字明甫高麗木川君彬之九代孫也父應翼官宣傳官母金氏舜祥女　嘉靖壬子生潤性氣剛直才略過人身長八尺勇力絶倫少有志於儒學經史子集無不通達屢入科場輒不利遂投筆從事孫吳術年三十一捷　萬曆壬午武科卽授北道邊將遽歸遭父憂自後無意於仕進人或勸之則曰爲仕者何異於繫縶不如肆志以終吾年遂射獵遊

【Ⅲ-4】②

放戊子除父職轉至訓鍊院正時倭釁已啓中外洶
洶朝廷以潤忠勇特降拜泗川縣監明年壬辰倭寇
渡海充斥湖嶺二南於是以潤爲左義兵副將進屯
長水縣沮遏錦山茂朱之賊移兵踰嶺懸軍轉鬪星
山開寧之賊次第退遁前後合戰凡數十斬馘甚多
每戰必先登賈勇與士卒同甘苦信賞必罰士卒皆
爲其腹心時晉州守城諸將見賊勢其盛皆欲引避
潤聞之慷慨奮發以死自誓往見倡義使金千鎰本
道兵使崔慶會謂曰晉陽兩南之咽喉江淮保障實
在雎陽巡遠之守其可已乎遂灑血決榮同入城守

【Ⅲ-4】③

之忠淸兵使黃進亦來會衆推以爲大將潤爲其副
牧使徐禮元怔怯人也涕泣罔措千鎰等將斬之
而不果以公爲巡城將代攝州事而狀聞于朝朝廷
仍拜本州牧使城中懽聲勇氣自倍於是分城而守
皆以爲城南巨石絕險賊不可犯而東西北三面地
平受敵遂與進及金海府使李宗仁各率精銳隨賊
所薄往來相救親持酒食巡城餉士守卒莫不感泣
爭死賊圍城三匝時時衝突鐵丸如雨潤每身先士
卒拒擊益力城中倚以爲重稱以張將軍進忽中丸
而死潤代爲大將蓋前後戰八晝夜賊不能支將解

【Ⅲ-4】④

圍去潤忽復爲飛丸所中而死城遂陷實六月二十
九日也朝廷大施褒典。贈潤兵曹參判遣官賜祭
仁廟朝又命旋閭今　上朝李公師命觀察湖南爲
建祠宇于順天府西妥侑如禮崇報之典無復遺憾
矣潤子孫甚盛多中武科亦有孫仕於朝者人謂忠
節之報在是云。

恩津宋時烈曰晦翁嘗褒尚鄭威愍驤曰虜人分兵
西窺所向降下無不如意如威愍者獨以孤城懲卒
嬰其乘勝燄銳之鋒薇遮三秦以備巡幸虜兵大至
隣援四絕知不能守而勇氣彌厲城陷之日遂隕其

【Ⅲ-4】⑤

生而不悔。是其見危致命殺身成仁皆足以無愧於
人臣之義矣。今張潤可謂有是矣是以　聖朝悼惜
褒恤屢加方伯與鄉士又立廟崇奉蓋非獨慰忠魂
於地下。實以昭示臣子萬世忠義之大訓也晦翁又
言方時大變衆潰如川砥柱屹然一心如水實全其
天萬世不死當時一城中如金千鎰黃進崔慶會李
宗仁諸人優足以當此矣如高從厚不獨死於忠而
亦死於孝也嗚呼休哉。

　　　義士金聲遠傳

金聲遠字景久慶州人故己卯名賢淨之三世孫淨

【Ⅲ-5】①

○

一書進于老先生曰心經之切於學者如菽粟之宜於飽
布帛之宜於煖但微辭奧旨往初學有未易曉敬慕平日
所聞之旨繕寫一通伏惟先生同者取之不同者去之繁
者刪之遺者補之開示聖賢用意之微焉蓋其書悉用老
先生訓也既而有取於多識前言往行之義欲揭齋號曰
大畜老先生改以山天俄隨參判公赴燕行老先生書賀
其遠觀率早夭無後其本末無所考余見其庶從孫世賢
其人頗識家庭故事爲余道其槩云爾。

楓巖文先生小傳

楓巖文先生名緯世字叔章居長興其先南平人勝國時

【Ⅲ-5】②

有集賢太學士公裕平章事克謙其遠祖也公少從橘亭
尹公學又講經義於曾巖之門曾巖亟稱之旣而從姊壻
朴先前內弟尹欽中往謁退溪先生於陶山受學焉少先
生三十三歲以毋老不得卒業而歸旣而舉進士不第遂
絶意進取藥于加智山中若將終身壬辰倭大入　上西
狩公往見朴先前曰今趙憲高敬命軍敗死賊勢日熾若
不早爲之計後時無及與其竄伏偷生孰若死國光前從
之於是傳檄列邑得勇士數百人推朝士任啓英爲義兵
將引軍而東衆至千人聲勢漸振啓英曰軍無見粮素何
公巡鄰縣懷憿曉諭聞者爲之感泣挽粟絡續進與諸道

【Ⅲ-5】③

義兵合爲錦山茂朱之捷捍開寧之鋒奪星山之勢屹爲
保障啓英上其事都元帥權慄亦薦公爲首功云是歲賊
退據蔚山 上還都命罷諸道義兵公歸臥故山已而摺
紳又交薦公才學特拜龍潭縣令公年老不樂仕國憂尙
殷義不敢辭強起任龍潭亦賊衝也賊闌入猶收散民據
要害頗有斬獲邑賴以全越四年戊戌賊撤還公乃投綏
歸邑民號泣乞醟不可得勒石頌惠越二年庚子 上念
公勞績超授波川收使公已病矣卒于家所著有楓巖記
聞內弟尹欽中字仲一號石門居海南橘亭衢之從子師
事退溪先生少先生五十六歲隱居不仕卒年五十一其
監司復嘗宰安東與先生往復有書云朴光前字顯哉
父監司復嘗宰安東與先生往復有書云朴光前字顯哉
居寶城號竹川亦師事退溪。

【Ⅲ-6】①

墓碣銘 並序

國家養士二百年適丁龍蛇之禍所在大夫士相與起義雖小大異勢勝敗五

變而若論其忠義則一也盖義將憲首事而敗沒於錦山兩節度北上湖左

右爲鳥震獸駭無敢爲枝梧計者故承文正字鄭公方有喪未外除自聞變曰

夜西向痛哭直欲無生及是奮然曰　乘輿逃在西陲湖西嶺南擧爲賊藪

國家之卒乘田賦將資於是無則是無中興之基本也吾雖持服義輕重

於斯決矣遂移書于朴竹川光前文楓庵緯世亟發大議翌日二公幷詣公䆤

室呼以烈丈夫願與之同事公曰今能敗召散亡控扼要害使賊不能長驅則

【Ⅲ-6】②

上可以匡復 王室下可以保守一方設令不濟而死與其袖手而待死無寧

死國之爲榮卽就墓哭辭釋衰誓天卽戎前縣監任公啓英及綾城縣令金公

益福亦聞風來會公所募得二百有人而諸公亦如其數矣乃推任公爲主將

公爲從事官前萬戶張潤爲副將文朴爲粮餉叅謀而一切謀畫多出於公遂

發檄列邑文亦皆公所撰也十月決策引兵由樂安順天南原路追賊行收兵

並始募恰滿千餘到南原公見府使尹安性激以忠義尹公卽感勵竭力資助

義聲所及士民之自效者亦相屬於道乃得粮械之粗完進駐長水縣約崔義

將慶會合兵追逐茂錦山之賊仍逾秋風嶺與嶺南義將金沔合勤開之

賊轉向陜川墳討星州屯賊而空之凡此公之所贊畫居多以主將名撰疏陳

情有日志同塡海之烏愚甚移山之夫而忠憤所激不能自已成利鈍有不

可顧謹遣從事官臣鄭思悌奉疏以進慟哭流涕閭知所言公微商賈間道

抵到 行朝進疏獻馘蒙 上嘉獎之恩拜奮義使益勵忠義驅馳千里轉鬪

三載甲午還陣南原兵事單弊未克大獲公焦精竭智百計調度重傷矢石竟

【Ⅲ-6】③

卒于軍實其年五月九日也臨絶有詩曰慷慨風塵倡義出泣辭丘壠卽戈矛

未了人間忠孝願九原歸路恨悠々公諱思悌字幼仁鄭之先望於晉州菁川

君文良公諱乙輔其上祖也入本　朝大提學文定公諱以吾佐郎諱▢獻納

諱得而執義諱國祥禮曹衾制諱忠孝簪組蟬嫣禮賓寺直長諱元招成均生

員諱淑仁卽訓導諱麟孫成均進士宦務郎綾城訓導諱誠卽公之高曾

祖禰也妣淸風金氏部將忠女以嘉靖丙辰十二月二十日生公于寶城道村

薪山第生而異凡兒弱不好弄頴悟夙成容儀器宇儼若成人伯父進士公始

教文字公端拱敬讀一意專精見者咸異之八歳受小學意不在於句讀而必

欲體行乃已進退應對罕有不中節者十歳手錄古人誠孝節烈之可師者作

爲二編常目在之十一歳作祝親壽詩曰草心長擬報春光時命遲來歳月忙

天視昭々神聽邁願加親壽百餘霜盖其忠孝根於天得者自在童卯時已然

矣進士公曰此兒必爲大儒不可專責詞章之學授以大學涵泳玩索殆忘寢

食年旣十五慨然自命以古人爲己之學絶意功令之文獨處嵜㕙之僧庵探

【Ⅲ-6】④

頤經傳工課苦忽有僧入門而請曰遊山勝讀書盍往觀諸公試與之行無

幾步指一處曰公某年月日必丁憂可葬此地仍忽不見後果如其言而葬之

人以謂孝感所致隆慶庚午迫於親命赴鄉鮮得捷而亦不屑焉往拜退陶先

生仍留講學先生大加奬歎萬曆乙酉又以親命赴鄉鮮占魁仍捷會闈兩試

辛卯捷式年文科丙科第一人分隸槐苑爲正字丙戌丁外艱廬墓三年毀幾

滅性而壬辰丁內艱守制之禮一如前喪人以死孝憂之壬辰前一歲忽得夢

作詩曰寶匣拂蛛絲弓刀鳴夜風關雪百草死殺氣回蒼穹戰馬翹首鳴將軍

氣如虹一下萬里道捷烽來漢宮公甚異之書而誌焉翌年果有墨衰之事豈

非前定耶嗟呼三代選擧之法廢而閭門之隱率多湮沒無稱君子惜之若公

始有志於閭門之隱而間旣通籍末又遭時罔極自衡經權奮義行陣名則參

佐實主韜幹雖坐於兵單粮匱不能大投而亦未嘗小卹則不獨其忠亦可以

見其才臨簷一詩宗簡詠杜之恨不是過矣當時任公疏啓及文公狀誌所

記公事旣甚卓卓趙山西所編日記朴竹川書簡亦斑斑可考本非微隱而

【Ⅲ-6】⑤

恩資未及於生前揭厲尙闕於身後自公視之雖當盡吾分而已志士之爲世

道慨歎則不旣大歟公嘗結茅講學於五峰山中仍號五峰山人葬在本郡道

村面頭於山坐巽面乾之原配晉州蘇氏宣傳瑞之女擧二男長瓛娶縣監宣

國衡女生一男曰英哲次瑗娶直長金起男女生二男四女男英浩英漢女金

兒雄李杭盧得君柳時蘊其餘雲仍不可盡錄銘曰

殉國之烈死貴得所志決身殲夫孰曰事鋒鏑之下猗嗟五峰其不可與重峰

霽峰媲嫩而方駕也歟

望銘

通政大夫前行承政院右副承旨兼　經筵叅贊官春秋館編修官曹夏

전라좌의병 관계 주요사료

- 영인자료 -

찾아보기

송정현
전남대학교 명예교수, 전라남도 문화재위원회 위원장

송은일
전남대학교 이순신해양문화연구소 연구실장

정구복
한국학중앙연구원 명예교수, 임진왜란사연구회 명예회장

김강식
동서대학교 교양교육원 교수, 임진왜란사연구회 연구위원

신윤호
국립진주박물관 학예연구원

조원래
순천대학교 교수, 임진왜란사연구회 회장

임진왜란과 전라좌의병

2011년 12월 30일 초판 1쇄 펴냄

엮은이 임진왜란사연구회
펴낸이 김흥국
펴낸곳 도서출판 보고사

책임편집 한나비
표지디자인 윤인희

등록 1990년 12월 13일 제6-0429호
주소 서울특별시 성북구 보문동7가 11번지 2층
전화 922-5120~1(편집), 922-2246(영업)
팩스 922-6990
메일 kanapub3@chol.com
http://www.bogosabooks.co.kr

ISBN 978-89-8433-958-3 93900
ⓒ 임진왜란사연구회, 2011